SPRACHVERGLEICH UND ÜBERSETZEN: FRANZÖSISCH UND DEUTSCH

Akten der gleichnamigen Sektion
des ersten Kongresses des Franko- Romanistenverbandes
(Mainz, 24.-26. September 1998)

ROMANISTISCHE KONGRESSBERICHTE
Herausgegeben von Alberto Gil und Christian Schmitt

6

SPRACHVERGLEICH UND ÜBERSETZEN: FRANZÖSISCH UND DEUTSCH

Akten der gleichnamigen Sektion
des ersten Kongresses des Franko- Romanistenverbandes
(Mainz, 24.-26. September 1998)

Herausgegeben von Sylvia Reinart und Michael Schreiber

Romanistischer Verlag
Bonn 1999

Die Deutsche Bibliothek — CIP-Einheitsaufnahme

Sprachvergleich und Übersetzen: Französisch und Deutsch:
Akten der gleichnamigen Sektion des ersten Kongresses des Franko-Romanistenverbandes (Mainz, 24.-26. September 1998) / hrsg. von Sylvia Reinart und Michael Schreiber. — Bonn: Romanistischer Verl., 1999
  (Romanistische Kongressberichte ; 6)
  ISBN 3-86143-100-9

Romanistischer Verlag
Hochkreuzallee 46, 53175 Bonn

Copyright by Sylvia Reinart and Michael Schreiber

Alle Rechte vorbehalten
ISBN 3-86143-100-9

VORWORT

Der vorliegende Band stellt eine Zusammenstellung von Vorträgen dar, die im Rahmen der Sektion "Sprachvergleich und Übersetzen: Französisch und Deutsch" des ersten Kongresses des Franko-Romanisten-Verbandes in Mainz (23.-26. September 1998) gehalten wurden. Daneben wurden auch einige Beiträge mit einbezogen, die aufgrund zeitlicher Zwänge keinen Eingang in die Sektionsarbeit finden konnten. Der interdisziplinäre Charakter der Sektion, die an der Schnittstelle von Sprach- und Übersetzungswissenschaft sowie von Franko-Romanistik und Germanistik angesiedelt ist, fand ihren Niederschlag in einer Vielzahl von Beiträgen, die fünf Schwerpunkte erkennen lassen:

Unter die Rubrik *Methodik und Didaktik des Sprach- und Übersetzungsvergleichs* fallen die Beiträge von Jörn Albrecht, Jean-René Ladmiral und Gisela Thome. Dabei erörtert Jörn ALBRECHT die Problematik der Anwendung des Übersetzungsvergleichs und des "Paralleltextvergleichs" in kontrastiver Linguistik und Übersetzungsforschung. Fragen der Übersetzungsdidaktik stehen im Zentrum der Beiträge von Jean-René LADMIRAL, der das Problem aus Sicht der allgemeinen Übersetzungstheorie beleuchtet, und Gisela THOME, die eine sprachenpaarbezogene Perspektive in den Vordergrund stellt.

In die Kategorie *Wortbildung - Terminologie - Morphosyntax* fallen die empirisch fundierten Artikel von Christian SCHMITT zu bewertenden Wortbildungselementen, von Franz SCHNEIDER zur Terminologie des Steuerwesens und von Dieter SEELBACH zur Typologie von Prädikatsausdrücken.

Fragen der *Textgrammatik und Stilistik* kommen in den Beiträgen von Sabine BASTIAN und Françoise HAMMER, die Formen des Zitierens und Kommentierens analysieren, von Martine DALMAS, die die Wiedergabe der Konnektoren *enfin* und *finalement* erläutert, und Claudia POLZIN, die sich mit Metaphern im Sprachvergleich befaßt, zur Sprache.

Mit *Textsorten im Sprachvergleich* beschäftigen sich sechs Beiträger. Jannis K. ANDROUTSOPOULOS beleuchtet das Thema Textsortenvergleich und Jugendkultur; Jenny BRUMME befaßt sich mit der Erstellung eines mehrsprachigen Korpus produktbegleitender Texte und Alberto GIL betrachtet deutsche und französische Hypertexte im Kontrast. Wolfgang PÖCKL resümiert das Forschungsprojekt "Kontrastive Textologie", Michael SCHREIBER vergleicht die Syntax von Zeitungsüberschriften in einigen romanischen und germanischen Sprachen, und Uta SEEWALD-HEEG befaßt sich mit der Relevanz von Textsortenwissen am Beispiel der computergestützten Erstellung und Übersetzung von Geschäftskorrespondenz.

Den Abschluß des Bandes bilden *text(sorten)spezifische Übersetzungsprobleme*. Hier finden sich Beiträge von Danielle DUMONTET zur Problematik der "Exotisierung" bei der Übersetzung von Romanen karibischer Autoren, von Andreas MICHEL, der sich mit sprachlichen Anomalien in der philosophischen Fachsprache und den französischen Heidegger-Übersetzungen befaßt, und von Sylvia REINART, die Probleme bei der Übersetzung französischer Wirtschaftsfachtexte erörtert.

Insgesamt zeigt sich also ein deutlicher Schwerpunkt im Bereich der kontrastiven Textlinguistik, und zwar insbesondere der kontrastiven Textologie. Ein weiterer "roter Faden", der sich durch zahlreiche Beiträge zieht, ist der methodologische Aspekt: Was kann der Übersetzungsvergleich zum Sprachvergleich beitragen, und welche Rolle spielt der Sprachvergleich für die Übersetzungswissenschaft? Es versteht sich von selbst, daß die Beiträge dieses Bandes keine endgültige Antwort auf diese Frage geben (können) – vielleicht können sie aber einige Anregungen zu weiteren Diskussionen auf diesem Gebiet geben.

Unser Dank gilt Alberto Gil und Christian Schmitt für die Aufnahme der Sektionsbeiträge in die Reihe „Romanistische Kongreßberichte" sowie Wolfgang Hillen für die reibungslose Zusammenarbeit. Ganz besonders herzlich bedanken möchten wir uns auch bei Claudia Fischer (Stuttgart) für die zügige und gewissenhafte Erstellung der reprofähigen Druckvorlage.

Germersheim und Stuttgart, im Juni 1999   Die Herausgeber

INHALTSVERZEICHNIS

Vorwort 5

Methodik und Didaktik des Sprach- und Übersetzungsvergleichs

JÖRN ALBRECHT: Übersetzungsvergleich und 'Paralleltextvergleich' als Hilfsmittel der konfrontativen Sprachwissenschaft und der Übersetzungsforschung 9

JEAN-RENÉ LADMIRAL: De la théorie traductologique à la pratique de la traduction 33

GISELA THOME: Zur Anwendung des Sprachvergleichs in der Übersetzungsdidaktik 49

Wortbildung - Terminologie - Morphosyntax

CHRISTIAN SCHMITT: Zur Gradation durch Präfixoide mit vorgegebener oder kontextabhängiger Wertungsrichtung. Ein Beitrag zur Kontrastiven Linguistik für das Sprachenpaar Deutsch/Französisch 69

FRANZ SCHNEIDER: Vom Terminologievergleich zum adressatenadäquaten Übersetzungsprodukt. Französisch-deutsche Steuerkonzepte 105

DIETER SEELBACH: Zur Entwicklung zweisprachiger (Fach-)Lexika. (Morpho-)Syntaktische Typologie der Prädikate 125

Textgrammatik und Stilistik

SABINE BASTIAN / FRANÇOISE HAMMER: Um mit Goethe zu sprechen: "Es irrt der Mensch, solang er strebt..." (Tout homme qui marche peut s'égarer). Marker des Zitierens und Kommentierens im Deutschen und Französischen 167

MARTINE DALMAS: Ende gut, alles gut. Die französischen Konnektoren *enfin* und *finalement* im Sprachvergleich 189

CLAUDIA POLZIN: Metaphern im Sprachvergleich. Eine kontrastive Studie an französischen und deutschen Texten 209

Textsorten im Sprachvergleich

JANNIS K. ANDROUTSOPOULOS: Textsortenvergleich und Jugendkultur. Die 'Plattenkritik' in deutschen und französischen Jugendmagazinen	237
JENNY BRUMME: Kontrastive Textologie und Korpusanalyse. Am Beispiel von Bedienungsanleitungen	261
ALBERTO GIL: Sprachvergleich anhand elektronischer Texte. Französisch-deutsche Hypertexte im Kontrast	281
WOLFGANG PÖCKL: Kontrastive Textologie	295
MICHAEL SCHREIBER: Schlagzeilen im Sprachvergleich. Zur Syntax von Zeitungsüberschriften in einigen romanischen und germanischen Sprachen	303
UTA SEEWALD-HEEG: Die Relevanz von Textsortenwissen für die fremdsprachige Textproduktion. Eine Betrachtung am Beispiel der Textsortenklasse Geschäftskorrespondenz im Lichte computerunterstützter Formulierungshilfen	317

Text(sorten)spezifische Übersetzungsprobleme

DANIELLE DUMONTET: Possibilités et limites des transferts culturels dans les traductions allemandes d'auteurs antillais, à l'exemple de Gérard Etienne et de Patrick Chamoiseau	337
ANDREAS MICHEL: Die sprachliche Anomalie in der philosophischen Fachsprache und die französischen Heidegger-Übersetzungen	359
SYLVIA REINART: Einige typische Probleme der Übersetzung französischer Wirtschaftsfachtexte	369

ÜBERSETZUNGSVERGLEICH UND »PARALLELTEXTVERGLEICH« ALS HILFSMITTEL DER KONFRONTATIVEN SPRACHWISSENSCHAFT UND DER ÜBERSETZUNGSFORSCHUNG

(JÖRN ALBRECHT, Heidelberg)

Auf den folgenden Seiten werden einige reichlich abstrakte Überlegungen vorgetragen und anschließend anhand eines konkreten Falls, der Märchensammlungen von Charles Perrault und der Brüder Grimm, eines historisch einmaligen Beispiels für »Paralleltexte«, leider nur notdürftig exemplifiziert. Vor allem der praktische Teil konnte - nicht nur aus den so häufig vorgeschobenen "Gründen der räumlichen Beschränkung" - lediglich angedeutet, nicht wirklich ausgeführt werden.

1 Was heißt und zu welchem Ende treibt man Übersetzungsvergleich?

Die Geschichte des Übersetzungsvergleichs reicht mehrere Jahrhunderte zurück. Vom 16. bis ins 18. Jahrhundert pflegten Sprachtypologen ante litteram Proben aus möglichst vielen Sprachen zusammenzutragen. Als besonders geeignet erwies sich dazu die *oratio dominica*; denn das *pater noster* war ein weit verbreiteter Text, von dem frühzeitig viele Übersetzungen in die unterschiedlichsten Sprachen existierten (vgl. Lüdtke 1978:10). Ich will hier nicht auf die griechische Vorlage zurückgehen, schon der lateinische Text (Matth. 6,9ff.) bietet Anlaß zu interessanten Beobachtungen:

Pater noster, qui es in caelis:
sanctificetur nomen tuum.

Fater unseer, thû pist in himile,
uuîhi namun dînan...

Fater unsêr, der ist in himilom,
kaeuuîhit werde dîn namo....
(nach Eggers 1965:256ff.)

Mit drei Eigentümlichkeiten ihrer Vorlage hatten die Übersetzer in althochdeutscher Zeit offensichtlich besondere Schwierigkeiten: Mit dem Relativsatz, der in der zweiten Person an sein Bezugswort anschließt; mit dem für germanische Vorstellungen – soweit wir diese rekonstruieren können – ungewöhnlichen Plural *caeli* (vgl. *les cieux*) und schließlich mit dem Optativ Passiv *sanctificetur*. Eggers, der diese und ähnliche Beispiele in seiner *Deutsche[n] Sprachgeschichte* diskutiert, betrachtet die aktivische Übersetzung *uuîhi nâmun dînan* als fehlerhaft. Bemerkenswerterweise bietet die *Gute Nachricht Bibel* gerade hier eine aktivische Version: "Mach deinen Namen groß in der Welt". Diese Beobachtungen führen uns zu einer weiteren Frage, genauer gesagt zu einer Präzisierung der ersten Fragestellung:

2 Wem soll der Übersetzungsvergleich dienen, der kontrastiven Sprachwissenschaft oder der Übersetzungsforschung?

Viele, die mit der Methode des Übersetzungsvergleichs arbeiten, haben sich diese Frage meines Erachtens nicht klar gestellt. Soll anhand von Übersetzungen demonstriert werden, worin sich einzelne Sprachen bei der Bewältigung gleicher oder doch wenigstens ähnlicher Inhalte unterscheiden, oder soll der Übersetzungsvergleich der Illustration übersetzerischer Möglichkeiten dienen? Im zuletzt genannten Fall wären wiederum zwei Möglichkeiten zu unterscheiden: Soll historisch-deskriptiv vorgegangen werden, d.h. soll einfach nur dokumentiert werden, wie man bestimmte Texte zu bestimmten Zeiten übersetzt hat, oder soll induktiv-prospektiv vorgegangen werden, sollen vorhandene Übersetzungen als Muster für künftig anzufertigende empfohlen werden? Wer an die *langue-parole*-Dichotomie glaubt – und das tun erstaunlich viele Übersetzungswissenschaftler – muß sich diese Frage in voller Schärfe stellen. Aber auch »aufgeklärte Strukturalisten«, die in dieser Dichotomie nicht mehr als ein methodisches Postulat sehen, können dieser Frage nicht völlig ausweichen. Auch wenn wir in Rechnung stellen, daß der Übersetzer genau wie der gewöhnliche Sprecher seine Sprache nicht nur »benutzt«, sondern gleichzeitig schafft oder zumindest umgestaltet – bekanntlich tun Übersetzer dies in weit höherem Maße als gewöhnliche Sprecher –, müssen wir in der Praxis doch zwischen den virtuellen instrumentalen Möglichkeiten des Ausdrucksmediums und der aktuellen sprachlichen Gestaltung eines vorgegebenen Inhalts unterscheiden.

1) Der Übersetzungsvergleich im Dienste des Sprachvergleichs

In der langen Geschichte der *stylistique comparée* wurde der Übersetzungsvergleich vorwiegend – wenn auch nicht ausschließlich – in den Dienst einer konfrontativen Sprachwissenschaft gestellt:

> C'est par la comparaison de textes de même signification que procède la stylistique comparée et la traduction est son principal instrument d'exploitation; une fois constituée, la stylistique informe et éclaire à son tour la traduction. (Malblanc 1963:18)

Der bei dieser Vorgehensweise aufgezeigte "Sprachstil" soll die Eigentümlichkeiten der betreffenden Sprache hervortreten lassen. Diese Eigentümlichkeiten erscheinen dabei – wenn dies auch von den Vertretern dieser Richtung fast nie expressis verbis eingestanden wird – als »Abweichungen« von einer stillschweigend angenommenen Etalonsprache. Ich gebe hier nur wenige Beispiele aus einschlägigen Arbeiten; das dem schönen Arbeitsheft von Peter Blumenthal entnommene gehört, wie gleich zu zeigen sein wird, zu den subtilsten:

du temps de son mari
als ihr Mann noch lebte

zum Friedensschlusse geneigt
disposé à conclure la paix

à son départ de Paris
when he left Paris

he was safe from recognition
il ne risquait pas d'être reconnu
(nach Albrecht 1970, 47ff.)

une table longue de deux mètres
ein zwei Meter langer Tisch
(Bally ^{4}1965, 16)

Les recherches en soufflerie visent à abaisser en permanence le "Cx"...

Im Windkanal arbeiten *die Ingenieure* an einem möglichst niedrigen Cw-Wert
(nach Blumenthal ²1997, 13)

Die ersten vier Beispiele dokumentieren eine Gefahr des Übersetzungsvergleichs, die besonders dann sehr groß ist, wenn die herangezogenen Beispiele aus *einem* Sprachenpaar und *einer* Übersetzungsrichtung stammen: Man kann durch geschickte Auswahl der Beispiele häufig These und Gegenthese belegen, in unserem Fall die Behauptung, das Französische bevorzuge im Vergleich zu anderen Sprachen den nominalen oder den verbalen Ausdruck. Mario Wandruszka, sicherlich einer derjenigen, die dem Instrument des Übersetzungsvergleichs einen besonders hohen Stellenwert eingeräumt haben, hat frühzeitig vor den Gefahren gewarnt, die aus einer unzulänglichen Anwendung dieser Methode resultieren:

> Gerecht wird ein solches Verfahren natürlich immer nur der Ausgangssprache eines solchen Übersetzungsvergleiches, deren eigentümliche Möglichkeiten gerade durch das vergebliche Bemühen der Übersetzer um Entsprechung und Gleichwertigkeit in ein um so helleres Licht gesetzt werden. Es muß also jeweils jede der zu vergleichenden Sprachen zum Ausgangspunkt genommen werden, jede muß im Original ihre Möglichkeiten zeigen können, an denen die Übersetzungssprachen sich zu messen haben (Wandruszka 1963:253).

Das berühmte Beispiel aus Charles Ballys *Linguistique générale et linguistique française* - ein Buch, in dem viel mit Übersetzungsbeispielen argumentiert wird - steht eindeutig im Dienst des Sprachvergleichs, und zwar sogar auf einer sehr abstrakten Ebene. Es geht um das, was Bally einst *détermination croissante* bzw. *décroissante* nannte (Bally 1965) und was die Generativisten heute - mutatis mutandis - "linksperipher" bzw. "rechtsperipher" nennen (vgl. Macheiner 1995:48ff.).

Das letzte Beispiel soll belegen, daß im Französischen weit häufiger als im Deutschen die syntaktische Funktion "Subjekt" einer Konstituente des Satzes anvertraut wird, der *nicht* die semantische Rolle (bzw. je nach Modell: der Tiefenkasus; die Theta-Rolle usw.) "Agens" zugeschrieben werden kann. Der Aussagewert der meisten Beispiele dieser Art (vgl. ebenfalls: *L'approche de l'ennemi fit fuir les habitants dans les forêts/Vor dem nahenden Feind flohen die Einwohner in die Wälder; Le dialogue Nord-Sud a déjà fait couler beaucoup d'encre/Von einem Nord-Süd Dialog ist schon viel die Rede gewesen* usw. usf.) liegt im Bereich der Norm. Es geht um »idiomatische« Beispiele; würde man die französischen Sätze »wörtlich« ins Deutsche, die deutschen ebenso ins Französische übersetzen, so erhielte man weniger idiomatische, aber in der Regel noch grammatikalisch und lexikalisch korrekte Beispiele. Michael Schreiber spricht in solchen Fällen von der "»wörtlichsten« grammatikalisch korrekten Übersetzung" (vgl. Schreiber 1992:103). Es gehört zu den Schwächen der *stylistique comparée* im weiteren Sinne, daß sie die Ebenen der Norm und des Systems nicht klar unterscheidet; in ein und derselben Kategorie werden Beispiele mit unterschiedlichem Status aufgeführt. Wollte man einen Satz wie *London is cloudy today*, den man täglich im Flugzeug zu hören bekommt, wörtlich ins Deutsche übersetzen, so erhielte man - gemessen am noch gültigen Standard - einen abweichenden deutschen Satz. Aus der Tatsache, daß viele Deutsche bei der genauen Nachbildung *London ist heute bewölkt* (statt: *In London ist es heute bewölkt; London zeigt sich heute bewölkt*) nicht mehr zusammenzucken, erhellt, daß durch häufiges mechanisches Übersetzen nicht nur in der Frühzeit unserer Sprachen, sondern auch heute noch die »schwächeren« Zielsprachen umgestaltet werden.

In einer Hinsicht sind die bisher diskutierten Beispiele - so problematisch ihr Status in anderer Hinsicht sein mag - eindeutig: Sie dienen vorrangig der kontrastiven oder konfrontativen Sprachwissenschaft und allenfalls indirekt der Übersetzungswissenschaft. In anderen Fällen sind die Verhältnisse weit schwieriger zu beurteilen, der Übersetzungsvergleich erscheint hier als "Diener zweier Herren":

2) Der Übersetzungsvergleich als *servitore di due padroni*

In seiner Abhandlung "Über den Gegensinn der Urworte", die auf einen Aufsatz des heute nahezu vergessenen Sprachwissenschaftlers C. Abel mit demselben Titel zurückgeht, zählt Sigmund Freud das lat. Wort *altus* zu den "gegensinnigen" Wörtern, weil es je nach Kontext bald durch "hoch" (*mons altus*, "hoher Berg"), bald durch "tief" (*puteus altus* "tiefer Brunnen") wiedergegeben werden muß. Daß es sich hier um eine banale Fehlinterpretation sprachlicher Fakten, um die "Geburt des Gegensinns [...] aus dem Geist der Übersetzung" handelt, habe ich an anderer Stelle zu zeigen versucht (Albrecht 1996). *Altus* bedeutet "von beträchtlicher Erstreckung in der vertikalen Dimension"; da die meisten Lexeme der modernen Sprachen eine vom Standpunkt des Betrachters ausgehende Richtung implizieren (wie übrigens auch lat. *profundus*) entsteht dieser falsche Eindruck der "Gegensinnigkeit". In bezug auf die vertikale Dimension einer Schneedecke gibt es bemerkenswerte Unterschiede zwischen den verschiedenen Sprachen:

"Etsi mons Cebenna, qui Arvernos ab Helviis discludit, durissimo tempore anni *altissima* nive iter impediebat, tamen discussa nive in *altitudinem* pedum VI atque ita viis patefactis summo militum labore ad fines Arvernorum pervenit" (VII, 8, 2)

"La catena delle Cevenne, [...], con la neve *altissima*, rendeva accidentata la marcia: ciononostante, Cesare fece spalare la neve caduta per un'*altezza* di sei piedi [...]" (Caesar it.:65)

"Now the range of the Cevennes, [...] was likely to hinder the march with great *depth* of snow; however, he cleared away snow six feet *deep* and, [...]" (Caesar engl.:391)

Das Cevennengebiet war zwar [...] von *tiefem* Schnee bedeckt [...]. Doch ließ Cäsar den sechs Fuß (1,80 m) *hohen* Schnee unter höchster Anstrengung seiner Leute wegräumen [...]" (Caesar dt.:209; alle Kursivierungen von mir J.A.).

Eine Analyse dieses Übersetzungsbeispiels kann im Hinblick auf ganz verschiedene Erkenntnisinteressen vorgenommen werden: Zum einen läßt sich anhand des italienischen und des englischen Textes zeigen (nicht "beweisen", dazu ist das Instrument des Übersetzungsvergleichs prinzipiell untauglich), daß der Schnee im Italienischen üblicherweise "hoch", im Englischen üblicherweise "tief" ist. Das liegt daran, daß im Italienischen gewohnheitsmäßig die Erdoberfläche, im Englischen die Oberfläche der Schneedecke zum Bezugspunkt gewählt wird. Insofern steht das Beispiel im Dienst der kontrastiven Sprachbetrachtung. Im Deutschen kann der Schnee "hoch" oder "tief" sein, da wir - in Abhängigkeit von Bedingungen, die noch genauer zu untersuchen wären - entweder die Oberfläche des Schnees oder die Erdoberfläche zum Bezugspunkt wählen können. Das läßt sich u.a. der deutschen Übersetzung der Cäsar-Stelle von Curt Woyte entnehmen. Diese Übersetzung ist jedoch auch für den Übersetzungsforscher mit nach-

geordneten sprachwissenschaftlichen Interessen von Bedeutung: Hat der Übersetzer rein zufällig aus Gründen der Idiomatik das zweimalige Erscheinen des lateinischen Worts *altus* innerhalb eines überschaubaren Passus durch zwei Antonyme wiedergegeben, oder wollte er am Ende ganz bewußt die Möglichkeiten des Deutschen dazu nutzen, die scheinbare Ambiguität des lateinischen Wortes nachzubilden?
Eine solche Frage läßt sich nicht eindeutig beantworten. Die Tatsache, daß man sie überhaupt stellen kann, liefert einen Hinweis auf die Ambivalenz der Funktion des Übersetzungsvergleichs, eine zweifache Ausdeutbarkeit, die beim folgenden Beispiel noch klarer zum Ausdruck kommt:

> Mme Putois ayant demandé de l'eau, le zingueur indigné venait d'enlever lui-même les carafes. Est-ce que les honnêtes gens buvaient de l'eau? Elle voulait donc avoir des grenouilles dans l'estomac.
> (Zola, L'assommoir, 261f.)

> Ob rechtschaffene Leute Wasser tränken? Ob sie Frösche im Magen haben wollten?
> (Anonymus 1900)

> "Trinken denn anständige Leute überhaupt Wasser?" Sie sehne sich wohl nach Fröschen im Magen?
> (Rutra 1925)

> "Trinken denn ehrliche Leute Wasser?" fragte er. Sie wollte wohl Frösche in den Magen bekommen?
> (Blei 1923)

> "Trinken anständige Leute etwa Wasser?" frage er. Sie wolle wohl Frösche in den Magen kriegen?
> (Rieger 1968)

> Tranken anständige Leute denn Wasser? Sie wollte wohl Frösche in den Magen bekommen?
> (Krüger 1975)

Natürlich lassen sich auch anhand dieser Beispiele eine ganze Reihe von sprachlichen Befunden aufzeigen. Die Übersetzungen zeigen wenigstens zum Teil, daß die *est-ce que*-Frage im Französischen Auslöser einer negativen Präsupposition sein kann, worauf in der reichhaltigen Literatur zu den unterschiedlichen Fragetypen meines Wissens kaum hingewiesen wird. Die deutschen Beispiele demonstrieren wenigstens teilweise die »idiomatisch bedingte Notwendigkeit« von Abtönungspartikeln. Es ließe sich leicht anhand weiterer Beispiele zeigen, daß diese Partikeln vor allem bei »flüssigen«, d.h. für den schnellen Konsum bestimmten deutschen Übersetzungen mit hoher Frequenz auch dann erscheinen, wenn im Ausgangstext keine unmittelbaren Äquivalente (zumindest keine lexikalischen) vorhanden sind. Darüber hinaus können diese Beispiele jedoch auch ganz anders interpretiert werden. Der historisch-deskriptiv arbeitende Übersetzungsforscher findet hier ein schönes Anschauungsmaterial dafür, wie deutsche Übersetzer sich das Mittel der *erlebten Rede* zur Wiedergabe des *style indirect libre* im Laufe unseres Jahrhunderts erst mühsam erarbeiten mußten.

Daß empirische Befunde je nach Erkenntnisinteresse und theoretischem Rahmen völlig unterschiedlich interpretiert werden können, ist sicherlich eine banale Feststellung. Hier soll etwas behauptet werden, das über diese einfache Feststellung hinausgeht: Der Übersetzungsvergleich kann denjenigen, der mit ihm arbeitet, dazu verleiten, sein eigentliches Untersuchungsziel aus dem Auge zu verlieren.

Kehren wir nun zunächst zur Frage nach der Aussagekraft des Übersetzungsvergleichs für die kontrastive oder konfrontative (d.h. nicht nur an Unterschieden, sondern auch an Gemeinsamkeiten interessierte) Sprachwissenschaft zurück. Wenn er mit der gebotenen methodischen Vorsicht durchgeführt wird, kann der Übersetzungsvergleich durchaus aufschlußreiche Ergebnisse im Hinblick auf die kontrastive Sprachwissenschaft liefern. Dabei darf man allerdings nicht alle Texte heranziehen, die von ihren Verfassern als "Übersetzungen" ausgegeben werden. Die für die Zwecke des Sprachvergleichs brauchbaren Übersetzungen müssen eine Mittellage innerhalb zweier Extreme einnehmen, die in der Praxis sowohl bei literarischen als auch bei Fachübersetzungen recht häufig nicht eingehalten wird. Die Aussagekraft des Übersetzungsvergleichs für den Sprachvergleich hängt nicht zuletzt von der Art der herangezogenen Übersetzungen ab.

3) Grenzen der Aussagekraft des Übersetzungsvergleichs im Dienste des Sprachvergleichs

Es versteht sich fast von selbst, daß sich extrem freie und vor allem einbürgernde Übersetzungen nicht besonders gut für die Zwecke des Sprachvergleichs eignen. Ich gebe zunächst zwei Beispiele für diesen Typ, die belegen, daß das Phänomen der *belles infidèles* keineswegs auf Frankreich und ebenso wenig auf das 17. und 18. Jahrhundert beschränkt ist:

Doch Antiphos, rasch in dem Panzer,
Sandt' ihm, Priamos Sohn, die spitzige Lanz' im Gewühl her,
Fehlend zwar, doch dem Leukos, Odysseus' edlem Genossen,
Flog das Geschoß in die Scham, da zurück den Toten er schleifte
(Ilias, IV:489ff. in der Übersetzung von Voss)

At Ajax, Antiphous his Jav'lin threw;
The pointed Lance with erring Fury flew,
And Leucus, lov'd by wise Ulysses, slew
(Pope 1716, IV:562ff.)

Wie in fast jeder Nacht fanden Überfliegungen statt, meist durch Minenflugzeuge, kommend und gehend.

Comme presque chaque nuit des avions ennemis survolaient le secteur, pour la plupart des poseurs de mines allant exécuter des missions ou regagnant leurs bases.

Wie in fast jeder Nacht überflogen feindliche Flugzeuge das Gebiet, meistens Minenflugzeuge, die zu Einsätzen aufbrachen oder zu ihren Stützpunkten zurückkehrten.
(Gerd Gaiser, *Die sterbende Jagd*, 168/*Agonie de la chasse*, 179; eigene Rückübersetzung)

Die Übersetzung von Voss in dem Beispiel aus der *Ilias* und meine eigene Rückübersetzung im Falle des Kriegsromans von Gerd Gaiser dienen hier nur als Kontrollinstanzen; sie sollen zeigen, wie groß die Eigenmächtigkeiten sind, die sich die Übersetzer hier im Umgang mit ihrer Vorlage erlaubt haben. Es wird unmittelbar klar, daß die übersetzerischen Entscheidungen in diesen Fällen auf so komplexen Bedingungen beruhen, daß die Aussagekraft der Beispiele im Hinblick auf die Sprachen, in denen sie verfaßt sind, sehr gering ist. Beispiele dieser Art sind allenfalls für eine kontrastive Textlinguistik interessant und auch für diese nur in gewissen Grenzen. Vor allem aus der berühmt-berüchtigten Ilias-Übersetzung von Alexander Pope können nur übersetzungshistorische und literarische, kaum sprachliche Befunde abgeleitet werden. Die Beispiele von Gaiser wären sogar geradezu schädlich, wollte man sie naiv im Sinne der *stylistique comparée* heranziehen. Es bestünde die Gefahr, daß der eigenwillige manieristische Stil für »durchschnittliches Deutsch« ausgegeben würde.

Mit Hilfe des nächsten Beispiels lassen sich zwei weitere Probleme aufzeigen, die mit dem Übersetzungsvergleich verbunden sind.

Au loin, portée par la houle d'un vent sans racines, la musique d'une viole guidant un bal mourant s'effilochait parmi les pins des collines (Pierre Magnan, *La maison assassinée*, 66).

A lo lejos, llevada por la marejada de un viento sin raíces, la música de una viola que guiaba un baile moribundo se deshilachaba entre los pinos de las colinas (*La casa asesinada*, 53).

In weiter Ferne hinter den Pinienhügeln, auf den Wellen eines ursprungslosen Windes herangetragen, erklangen Melodiefetzen einer Drehleier, die zu einem langsam verlöschenden Fest aufspielte (*Das ermordete Haus*; im Druck).

Das erste Problem betrifft das Sprachenpaar. Beispiele aus nah verwandten, strukturell ähnlichen Sprachen sind häufig viel aufschlußreicher in sprachwissenschaftlicher Hinsicht als solche, die aus typologisch unterschiedlichen Sprachen stammen. Der Übersetzer ist in solchen Fällen geradezu dazu gezwungen, seine »translatorische Kreativität« unter Beweis zu stellen. Die Entscheidungen des Übersetzers sind nur zu einem geringen Teil unmittelbar durch die Strukturunterschiede der beiden beteiligten Sprachen bedingt und somit eher für den Übersetzungsforscher als für den Linguisten von Interesse.

Das zweite Problem ist epistemologischer Natur und kann daher hier nur angedeutet werden: Die herangezogene deutsche Übersetzung stammt von mir selbst; sie befindet sich im Druck und wird möglicherweise erst nach dem vorliegenden Artikel erscheinen. Wollte ich aus diesem Beispiel ein wie auch immer geartetes Argument ableiten, das über eine bloße Erläuterung meiner eigenen Entscheidungen hinausginge, so begäbe ich mich in einen Zirkel, den szientistisch denkende Wissenschaftler fürchten wie der Teufel das Weihwasser: Der insgeheim als selbstverständlich angesehene Unterschied zwischen erkennendem Subjekt und zu erkennendem Objekt wäre in höchst anstößiger Weise verwischt. Es sei in diesem Zusammenhang lediglich darauf hingewiesen, daß mit dem Verzicht auf eigene Übersetzungen das Problem nur gemildert, nicht jedoch wirklich ausgeräumt wird. Nur große Mengen von Beispielen, die nach einem nachprüfbar aleatorischen Prinzip ausgewählt wurden, wären ein Garant für eine statistische Determination – die strengste, die wir im Bereich der Sozialwissenschaften überhaupt erreichen können.

Ebenso unbrauchbar für die Zwecke einer konfrontativen Linguistik wie die extrem freien und einbürgernden Übersetzungen sind diejenigen, in denen die Regeln der Zielsprache verletzt werden. Dergleichen geschieht gelegentlich aus Not oder Gedankenlosigkeit; mindestens ebenso häufig jedoch in Verfolgung ganz bestimmter Ziele. Ich gebe wiederum nur wenige Beispiele:

Respondebo, quomodo Stoici [...] respondeant: magnos quidem illos ac venerabiles, non tamen id, quod natura hominis summum habet, consecutos
(Quintilian, Inst. Orat. XII, 1)

ie diroy' a l'exemple des Stoiques, qui interroguez si Zenon, si Cleante, si Chrysippe sont Saiges, respondent, ceulx la certainement avoir été grands, et venerables, n'avoir eu toutefois ce, qui est le plus excellant en la Nature de l'homme
(Du Bellay, *Deffence,* 106)

Das erste Beispiel steht für jene Art »translatorischer Müdigkeit«, mit der wir auch bei neueren Übersetzungen ständig rechnen müssen. Du Bellay bezieht sich hier, in seiner berühmten *Deffence et illustration,* auf eine Stelle bei Quintilian, was gelehrte Kommentatoren frühzeitig aufgedeckt haben. Der A.c.I. im französischen Text ist eine Folge schnellen, nachlässigen Übersetzens. Vergleichbare, von Du Bellay unabhängig von einer lateinischen Quelle formulierte Passus zeigen fast immer finite Konstruktionen und keine Infinitive mit Akkusativen in Subjektsposition. Wir dürfen aus Beispielen dieser Art keine allzu weitreichenden Schlüsse hinsichtlich des Sprachgebrauchs der damaligen Zeit ziehen. Syntagmen wie *in 1999* oder *es macht keinen Sinn* erscheinen in deutschen Pressetexten, die schnell aus englischsprachigen Agenturmeldungen übersetzt werden, sehr häufig; dennoch darf aufgrund dieser Beobachtung nicht behauptet werden, dergleichen sei "ganz normales Deutsch".

Die beiden folgenden Beispiele stehen für absichtliche Verletzungen der grammatikalischen und lexikalischen Regeln der Zielsprache:

ου γαρ μοι γενναῖον αλυσκάζοντι μάχεσδαι
Mir nicht ist's anartend, zurückzubeben im Kampfe
(Ilias/Voss V:253)

ille feminam dicebat animal esse
er sprach ain frouwen sin ain tiere
(Nikolaus von Wyle, Translatzen, zit. nach Strauß 1912:43)

Die Iliasübersetzung von Johann Hinrich Voß ist eines der historisch eindrucksvollsten Beispiele für die »Wende der europäischen Übersetzungsgeschichte« am Ende des 18. Jahrhunderts, eine Wende von einem überwiegend einbürgernden zu einem resolut verfremdenden Übersetzen. Obschon er am Beginn dieser Tradition steht, und die Leser damals noch an *belles infidèles* gewohnt waren, ging Voß nicht nur, was das kulturelle Umfeld betrifft, sondern auch in rein sprachlicher Hinsicht sehr weit. Ulrich von Wilamowitz-Moellendorff hat ihm hundert Jahre später vorgeworfen, er habe "einen Stil geschaffen, mit dem der Deutsche wohl oder übel den Begriff homerisch verbindet, obwohl Trivialität und Bombast seine Hauptkennzeichen sind" (zit. nach Störig 1973:140). Mit seinen Translatzen legt der Humanist Nikolaus von Wyle (um 1410-1478) ganz bewußt Interlinearversionen vor. Seiner Meinung nach konnte dies der Zielsprache Deutsch nur förderlich sein. Er vertrat die Ansicht

Daz ein yetklich tütsch daz usz gutem zierlichen und wol gesetzten latine gezogen und recht und wol getranferyeret wer, ouch gut zierlich tütsche und lobes wirdig, haissen und sin müste.... (vgl. Albrecht 1998:149f.)

Beispiele dieser Art sind in erster Linie für Übersetzungshistoriker, nicht für Sprachwissenschaftler von Belang. Sie können für Sprachhistoriker interessant werden, wenn der Einfluß der Übersetzungstätigkeit auf die betreffende Sprache untersucht werden soll.

Damit wären wir bei einer weiteren Leitfrage angelangt, die man zu stellen hat, wenn man Leistung und Grenzen des Übersetzungsvergleichs als eines methodischen Instruments auf dem Gebiet der Sprach- und Übersetzungsforschung abschätzen möchte:

3 Welche sprachlichen Merkmale sind »resistent« gegen die Auswirkungen »translatorischen Handelns«?

Gibt es sprachliche Merkmale, die auch bei einem recht unbekümmertem Umgang des Übersetzers mit seiner Zielsprache erhalten bleiben, da sie - um eine höchst gefährliche, beim vorläufigen Stand meiner Überlegungen jedoch gestattete - Formulierung zu riskieren, »unterhalb der Bewußtseinsschwelle« des Übersetzers liegen? Ich führe zwei Kategorien von Beispielen auf, bei denen die Struktur der Zielsprache die übersetzerischen Entscheidungen in hohem Maße determiniert, es sei denn, spezifische Gegebenheiten des Makrokontexts würden diese Determination beeinträchtigen:

Wolkenbedeckungsgrad: couverture nuageuse
Bolzenschraubenkopf: tête de vis de la fixation de la mécanique
Durchwahlrufnummer: numéro en ligne d'arrivée directe
Wirtschaftsdünger: amendements organiques produits sur la ferme
Brennelementlagerbecken: piscine de stockage des assemblages combustibles
(Beispiele aus DA Cronjäger 1993; Henrich 1989; Fredrich 1997; Draack 1997; Raison 1997)

Il s'est tué en prenant une forte dose de somnifères
Il s'est tué dans un accident de voiture
er hat sich umgebracht/er ist umgekommen
(nach Albrecht 1997:456, vgl. auch Albrecht 1995:32)

In den Fachterminologien der verschiedensten Wissenschaften entspricht einem deutschen Kompositum mit hoher Wahrscheinlichkeit eine französische Mehrwortbenennung (das trifft natürlich auch für andere romanische Sprachen zu) und zwar gleichgültig, ob die Benennungen in den beiden Sprachen unabhängig voneinander gebildet wurden oder ob eine Benennung bei der Bildung der anderen als Vorbild diente. Mehr noch: Der Entsprechungstyp bleibt sogar dann erhalten, wenn der Übersetzer die zielsprachliche Benennung spontan gebildet hat, weil er in keinem Nachschlagewerk ein geeignetes Äquivalent ermitteln konnte. Vergleichbares gilt für die Interpretation gewisser französischer Reflexivkonstruktionen durch den deutschen Übersetzer: Beim oben stehenden Beispiel entscheidet der Status des Adverbiales mit hoher Sicherheit über die Wahl des zielsprachlichen Äquivalents; *sich umbringen* steht, wenn das Adverbiale Intentionalität nahelegt, *umkommen*, wenn dies nicht der Fall ist.

Das Problem der »Resistenz« zielsprachlicher Merkmale gegenüber »kreativem« Verhalten der Übersetzer ist meines Wissens noch nie ausführlich untersucht worden. Ich selbst habe vor einigen Jahren Überlegungen angestellt, die in die gleiche Richtung führen. Ich habe mich gefragt, welche sprachlichen Fakten sich besonders leicht durch die Tätigkeit der Übersetzer beeinflussen lassen, in welchen Bereichen Übersetzer bei der Auslösung von Sprachwandel beteiligt sein können und in welchen nicht. Ich bin dabei zu folgendem Ergebnis gekommen:

Beeinflußbare Bereiche	*Widerstandsfähige Bereiche*
Phonologische Distribution	phonologisches Inventar/Prosodie
Wortbildung	Formenlehre
Komplexe Syntax/Textsyntax	Syntax des einfachen Satzes
Sekundäre Strukturen des Wortschatzes	Grundstrukturen des Wortschatzes
Randbereiche der Tropik	Kernbereiche der usuellen Tropik
Phraseologie bis hin zu den Kollokationen	
(vgl. Albrecht 1995, 32)	

Ich vermute, daß sich die hier aufgeführten Fakten mutatis mutandis auf die Frage übertragen lassen, die hier interessiert. Die Bereiche, in denen Übersetzer in der Vergangenheit nachweislich die Zielsprachen umgestaltet haben, sind mit hoher Wahrscheinlichkeit auch in der Gegenwart für eigenwillige Entscheidungen und Nachlässigkeiten der Übersetzer anfällig. Ein besonders geeignetes Mittel, die beeinflußbaren Bereiche herauszufinden, ist die Analyse zahlreicher Übersetzungen desselben Ausgangstexts. Wer Stapel von Übersetzungsklausuren zu korrigieren hat, kann hier zum Nutzen der Forschung das Unangenehme mit dem Nützlichen verbinden. Mit diesen Überlegungen wären die Möglichkeiten und Grenzen des Übersetzungsvergleichs als eines Hilfsmittels der Sprach- und Übersetzungsforschung vorläufig ausgelotet. Die Unzulänglichkeiten, die diese Methode mit sich bringt, sind nicht von der Hand zu weisen. Der heuristische Wert dieses Arbeitsinstruments ist indessen so hoch, daß sich gelegentlich sogar diejenigen seiner bedienen, die es aus grundsätzlichen Erwägungen entschieden ablehnen. Man hat sich daher zu fragen, ob es eine Form des Textvergleichs gibt, die geeignet ist, die unleugbaren Schwächen des Übersetzungsvergleichs zu korrigieren und seine Vorteile zu bewahren.

4   Übersetzungsvergleich vs. Paralleltextvergleich

1)   Die Asymmetrie der Übersetzungsrelation

Kehren wir für einen Augenblick nochmals zum Übersetzungsvergleich zurück:

> Dans le dernier film de James Bond, comme on lui demande si l'adversaire qu'il vient de précipiter par-dessus la rampe de l'escalier est *mort* et qu'il répond »J'espère bien!«, je n'ai pu, par exemple, m'empêcher de rire librement. Les plaisanteries sur la maladie ou la mort ne me gênent absolument pas, je me sens même bien en les entendant.

> Wie in seinem letzten Film James Bond einmal gefragt wurde, ob sein Gegner, den er gerade über ein Treppengeländer geworfen hatte, tot sei, und "Na hoffentlich!" sagte, habe ich zum Beispiel erleichtert lachen müssen. Witze über das Sterben und Totsein machen mir gar nichts aus, ich fühle mich sogar wohl dabei.

Bei der Präsentation dieses Beispiels war ich genötigt, die Regeln des wissenschaftlichen Anstands zu suspendieren und meine Quellen vorläufig nicht anzugeben. Wer die beiden Texte sorgfältig studiert hat, ohne gleich weiterzulesen, wird möglicherweise ohne Aufklärung durch den Verfasser bemerkt haben, daß durch die Anordnung der Texte der falsche Eindruck erweckt werden sollte, es handle sich um ein französisches Original. Das Original steht vielmehr an zweiter Stelle, beim französischen Text handelt es sich um eine Übersetzung (*Handke, Wunschloses Unglück*, 9; *Le malheur indifférent*, 13). Dieses simple Vexierspiel soll eine banale Tatsache in Erinnerung rufen, die – vermutlich gerade aufgrund ihrer Banalität – nicht genügend beachtet wird: Die Relation "Übersetzung" ist asymmetrisch; wenn B die Übersetzung von A ist, so folgt daraus, daß A nicht die Übersetzung von B sein kann. Das bedeutet in dem Zusammenhang, um den es hier geht: Originale sind spontane Verbalisierungen einer Ausdrucksintention; Übersetzungen – so »frei« sie immer sein mögen – sind Reverbalisierungen, Abbilder einer Ausdrucksintention, die bereits eine sprachliche Form gefunden hat. Angesichts dieses wohlbekannten, jedoch nicht immer beachteten Sachverhalts läßt sich die w.o. gestellte Frage präzisieren: Gibt es spontane Verbalisierungen in verschiedenen Sprachen, aus denen die konfrontative Sprachwissenschaft und möglicherweise sogar die Übersetzungsforschung Nutzen ziehen kann? Und wenn es so etwas gibt, wie hat das *tertium comparationis* auszusehen, wenn die Textpaare den angestrebten Zweck erfüllen sollen? Damit wären wir endlich bei den *Paralleltexten* angelangt.

2) Was sind Paralleltexte? Versuch einer Explikation

Der Terminus *Paralleltexte* ist in der Fachsprachenforschung und in der Terminologielehre gebräuchlicher als in der Sprach- und Übersetzungswissenschaft. Vor kurzem hat Susanne Göpferich in einem kurzen Artikel innerhalb eines Handbuchs eine Begriffsbestimmung geliefert, der ich nur wenig hinzuzufügen habe. Unter "Paralleltexten" versteht die Autorin

...verschiedensprachige Texte [...], die originär in ihrer jeweiligen Sprache – am besten von kompetenten Muttersprachlern – erstellt wurden, die also keine Übersetzungen voneinander sind, aber ein möglichst ähnliches Thema behandeln und sich in ihrer kommunikativen Funktion entsprechen, d.h. derselben Textsorte(nvariante) angehören (Göpferich 1998:184).

Auf dem Gebiet der übersetzungsbezogenen Terminologiearbeit gehören Paralleltexte zu den wichtigsten Quellen nicht nur bei der Bereitstellung des terminologischen Materials, sondern auch bei der Äquivalenzsicherung (Übersetzungen sensu stricto gelten dabei sogar als Notlösungen). Die Arbeit mit Texten dieser Art läßt sich ohne weiteres auf die Gemeinsprache, ja sogar auf die literarische Sprache übertragen; man hat sich lediglich zu fragen, welche gemeinsamen Eigenschaften vorhanden sein müssen, um die Vergleichbarkeit im gewünschten Bereich zu gewährleisten. Was die Fachtexte betrifft, so hat Susanne Göpferich eine ganze Reihe von Kriterien zusammengestellt, die sich nicht ohne weiteres auf die Gemeinsprache oder auf die Literatur übertragen lassen (vgl. Göpferich 1998:185). Es ist unmöglich, im Rahmen eines kurzen Aufsatzes eine Typologie der wünschenswerten gemeinsamen Merkmale von Texten zu erstellen, die beim interlingualen oder intralingualen Vergleich Verwendung finden sollen, denn eine solche Typologie hätte alle denkbaren Untersuchungsziele zu berücksichtigen. Ich nenne hier nur ein einziges Beispiel, mit dem ich vor vielen Jahren gute Erfahrungen gemacht habe: Schulaufsätze, in denen eine gemischtsprachige Schülergruppe (eine Klasse, in der sich als Gäste eine Reihe von Austauschpartnern befinden) über ein und dasselbe Ereignis (z.B. einen Schulausflug) berichten. Texte dieser Art lassen sich im Hinblick auf Fragestellungen der kontrastiven Linguistik mit Gewinn auswerten.

Diese vorläufige Explikation des Begriffs "Paralleltext" mag bereits eine undeutliche Vorstellung davon erweckt haben, daß die Heranziehung von Paralleltexten kaum geeignet sein dürfte, das Mittel des Übersetzungsvergleichs völlig zu ersetzen. Zwar fällt bei Paralleltexten eine übersetzungsbedingte Distorsion weg, das Phänomen der Reverbalisierung. Andererseits kommen jedoch eine Reihe von Verzerrungen hinzu, die hier nur angedeutet werden können: Man könnte ein sehr generisches *tertium comparationis* wählen, z. B. den Texttyp im allgemeinsten Sinne: erzählen, argumentieren, beschreiben, überzeugen usw. usf. Das hätte den Vorteil, daß man nur auf geringe kulturspezifische Konventionen stoßen würde, die erst von den rein sprachlichen Befunden zu trennen wären. Allerdings bietet die konkrete Manifestation eines solchen Texttyps einen so großen Spielraum, daß ein Vergleich - zumindest in rein sprachlicher Hinsicht - wenig hergeben würde. Wollte man das *tertium comparationis* etwas spezifischer fassen, etwa im Sinn eines Texttyps, der sich in einer historisch gewachsenen Gattung konkretisiert hat (*Roman*, *Novelle* usw.; dabei ergäben sich dann Kategorien wie *historischer Roman* oder *psychologische Novelle*), so wäre man - je nach Untersuchungsziel - mit der Schwierigkeit konfrontiert, die sprachlichen Fakten von den gatttungsbedingten oder die gattungsbedingten von den sprachlichen zu »säubern«. Selbst bei Fachtexten desselben Fachgebiets hätte man die unterschiedlichen Wissenschaftstraditionen der beiden Sprachbereiche zu berücksichtigen.

Zum Schluß soll die Problematik, die mit der Alternative "Übersetzungsvergleich oder Paralleltextvergleich?" verknüpft ist, anhand eines Falles skizziert werden, der es erlaubt, die beiden auf ihre Tauglichkeit zu prüfenden Methoden zu kombinieren. Wir verfügen über einen allgemein bekannten und beliebten Komplex von Texten, der sich sowohl aus Paralleltexten als auch aus Übersetzungen zusammensetzt:

Perrault, *Contes*	Brüder Grimm, *Kinder und Hausmärchen* (KHM)
La belle au bois dormant	*Dornröschen*
Le Petit Chaperon Rouge	*Rotkäppchen*
Cendrillon	*Aschenbrödel/Aschenputtel*
Übersetzungen ins Deutsche	Übersetzungen ins Französische
Die schlafende Schöne im Walde (!)	*La Belle au Bois Dormant*
Rotkäppchen	
Aschenputtel oder Der kleine gläserne Schuh	*Cendrillon*

Wir haben es also mit zwei Textsammlungen zu tun, deren Vergleichbarkeit sowohl auf der Ebene des Stoffs, als auch auf derjenigen der Form gegeben zu sein scheint. Was die Ebene des Stoffs betrifft, so konkurrieren in der Märchenforschung bekanntlich zwei Hypothesen: die traditionelle, positivistische "Wanderungshypothese", die auf den Sanskritforscher Theodor Benfey zurückgeht, und die psychoanalytisch fundierte Hypothese der "Spontangenese" oder Polygenese, deren Vertreter das tertium comparationis für die Märchen der unterschiedlichsten Kulturen auf der Ebene einer universellen symbolischen Bewältigung menschlicher Grundkonflikte vermuten. Da in unserem Fall die Zusammenhänge verwickelter und darüber hinaus, wie gleich darzulegen sein wird, historisch ziemlich gut aufgeklärt sind, ist eine Auseinandersetzung mit diesen beiden Hypothesen nicht notwendig. Die drei im oben stehenden Schema genannten Märchen eignen sich für einen Paralleltextvergleich besonders gut, da bei ihnen zwischen der französischen und der deutschen Fassung die größten Gemeinsamkeiten bestehen. Die Attraktivität des Gesamttextkorpus für die Anhänger des Übersetzungsvergleichs und des Paralleltextvergleichs wird dadurch erhöht, daß beide Sammlungen mehrfach in die jeweils andere Sprache übersetzt worden sind. Wie bereits eingangs ausgeführt, kann hier kein ernsthafter Vergleich durchgeführt, sondern lediglich ein reizvolles Arbeitsvorhaben skizziert werden. Dazu müssen die beiden Sammlungen und das Verhältnis, das zwischen ihnen besteht, noch etwas genauer charakterisiert werden. Was die Form betrifft (den unglücklich gebildeten Terminus *Textsorte* möchte ich in diesem Zusammenhang lieber vermeiden), so haben die beiden in stofflicher Hinsicht unmittelbar vergleichbaren Sammlungen denkbar unterschiedliche literarische Ausgestaltungen erfahren. Perrault, der Wortführer der Modernen in der *Querelle des anciens et des modernes*, macht aus den ihm vorliegenden Stoffen hochstilisierte Gebilde, die sich für unsere Zwecke am besten historisch charakterisieren lassen: Sie sind einerseits noch dem Ideal der "klassischen Dämpfung" verpflichtet (auch über die abseitigsten *inclinations inavouables* muß so gesprochen werden, daß man den Text unbesorgt einem Kind in die Hand geben kann), bereiten jedoch andererseits durch den bewußten Verzicht des Verfassers auf die große Form (*genus sublime*) die Literatur des 18. Jahrhunderts vor.

Ganz anders die deutsche Sammlung. Jacob Grimm hatte in erster Linie antiquarische Interessen. Er wollte die sogenannte „orale Literatur" möglichst authentisch dokumentieren. Die ursprünglich von den Brüdern Grimm protokollierten Texte sind in der Abtei Ölenberg im Elsaß aufgefunden und erst verhältnismäßig spät publiziert worden (vgl. Lefftz 1927). Wilhelm Grimm wiederum, dem wir die allgemein bekannte Fassung der *Kinder- und Hausmärchen* verdanken, hat seinerseits eine literarische Umformung vorgenommen – gegen den heftigen Widerstand seines Bruders. Er gab den Märchen jenen einheitlichen stilistischen Anstrich, den er für volkstümlich hielt, der aber in Wirklichkeit den romantischen Zeitgenossen und Freunden Achim von Arnim und Clemens Brentano abgeschaut war.

Dazu kommt ein weiterer »Störfaktor«. Wir wissen heute, daß zwei besonders wichtige Gewährspersonen der Brüder Grimm, Jeannette und Marie Hassenpflug, aus einer nach Hessen ausgewanderten französischen Hugenottenfamilie stammten, in der noch bis zum Ende des 19. Jahrhunderts Französisch gesprochen wurde und in der man die Perraultschen *Contes* den Kindern erzählte. Es handelt sich hier um einen Fall von "sekundärer Oralität", von "gesunkenem Kulturgut". Die Hassenpflugs, von denen die Brüder Grimm einen Teil ihrer Märchen hatten, schöpften keineswegs aus einer unmittelbar mündlichen und schon gar nicht aus einer genuin deutschen

Überlieferung. Somit erweist sich wieder einmal eines unserer unverwechselbarsten nationalen Güter – ähnlich wie der angeblich preußische Sinn für Organisation und Pflichterfüllung – als französische »Importware«.

Nach diesem etwas leichtfertigen historischen Exkurs schnell noch einmal zurück zu unseren trockenen, dafür jedoch um so seriöseren komparatistischen Fragestellungen. Das im Schema angedeutete Vergleichsprogramm kann hier nur anhand eines einzigen Beispiels illustriert werden, anhand des Anfangs von *La belle au bois dormant/Dornröschen* in verschiedenen Fassungen und Übersetzungen:

Il était une fois un Roi et une Reine, qui étaient si fâchés de n'avoir point d'enfants, si fâchés qu'on ne saurait dire. Ils allèrent à toutes les eaux du monde; voeux, pèlerinages, menues dévotions, tout fut mis en oeuvre, et rien n'y faisait. Enfin pourtant la Reine devint grosse, et accoucha d'une fille; on fit un beau Baptême; on donna pour Marraines à la petite Princesse toutes les Fées qu'on pût trouver dans le Pays (il s'en trouva sept), afin que chacune d'elles lui faisant un don, comme c'était la coutume des Fées en ce temps-là, la Princesse eût par ce moyen toutes les perfections imaginables (Perrault 1697/1997: 25f.)	Ein König und eine Königin kriegten gar keine Kinder. Eines Tags war die Königin im Bad, da kroch ein Krebs aus dem Waßer ans Land und sprach: "du wirst bald eine Tochter bekommen". Und so geschah es auch, und der König in der Freude hielt ein großes Fest, und im Lande waren dreizehn Feen, er hatte aber nur zwölf goldne Teller und konnte also die dreizehnte nicht einladen. Die Feen begabten sie mit allen Tugenden und Schönheiten (Jacob Grimm, Urfassung nach Lefftz 1927, 81f.)
	Vor Zeiten war ein König und eine Königin, die sprachen jeden Tag: "Ach, wenn wir doch ein Kind hätten!" und kriegten immer keins. Da trug es sich zu, als die Königin einmal im Bade saß, daß ein Frosch aus dem Wasser ans Land kroch und zu ihr sprach: "Dein Wunsch wird erfüllt werden; ehe ein Jahr vergeht, wirst du eine Tochter zur Welt bringen." Was der Frosch gesagt hatte, das geschah, und die Königin gebar ein Mädchen, das war so schön, daß der König vor Freude sich nicht zu lassen wußte und ein großes Fest anstellte. Er ladete nicht bloß seine Verwandten, Freunde und Bekannten, sondern auch die weisen Frauen dazu ein, damit sie dem Kind hold und gewogen wären. Es waren ihrer dreizehn in seinem Reiche; weil er aber nur zwölf goldene Teller hatte, von welchen sie essen sollten, so mußte eine von ihnen daheim bleiben (KHM, 1819/o.J., 343)
Es waren einmal ein König und eine Königin, die waren sehr betrübt, daß sie keine Kinder hatten, so betrübt, daß es mit Worten kaum zu sagen ist. Sie fuhren zu allen Bädern der Welt, taten Gelübde, unternahmen Wallfahrten, unter-	Il y avait autrefois un roi et une reine qui disaient chaque jour: »Ah, que ne pouvons-nous avoir un enfant!« et jamais il ne leur en venait. Or, un jour que la reine était au bain, une grenouille sortit de l'eau, vint à terre et lui

warfen sich Andachtsübungen, doch alles war vergebens. Endlich aber wurde die Königin doch schwanger und brachte ein Mädchen zur Welt. Man richtete eine schöne Taufe aus und gab der kleinen Prinzessin alle Feen, die man im Lande finden konnte (man fand ihrer sieben) zu Patinnen, damit eine jede ihr eine Gabe verleihen konnte, wie das damals bei den Feen der Brauch war. Auf diesem Wege sollte die Prinzessin alle erdenklich hervorragenden Eigenschaften erhalten (Perrault/Distelmaier-Haas 1986, 55).	dit: »Ton souhait va être exaucé, avant qu'un an ne soit écoulé tu mettras une fille au monde.« Ce que la grenouille avait dit s'accomplit et la reine eut une fille si jolie que le roi ne put se tenir de joie et donna une grande fête. Il n'y invita pas seulement ses parents, amis et connaissances, mais aussi les sages-femmes, afin qu'elles fussent propices et favorables à son enfant. Il y en avait treize dans tout le royaume, mais comme il ne possédait que douze assiettes d'or dans lesquelles les faire manger, il y eut une qui dut rester chez elle (KHM/Robert 1976:138)

Diese kurze Probe dürfte immerhin zeigen, daß ein Paralleltextvergleich – was immer man darunter verstehen will – nicht weniger, sondern andere Probleme mit sich bringt als der Übersetzungsvergleich. Der Paralleltextvergleich kann – sowohl als Instrument der kontrastiven Sprachwissenschaft als auch der Übersetzungsforschung, nur Ergänzung, niemals Ersatz des Übersetzungsvergleichs sein. Andererseits sollten die beiden Methoden, wo immer dies möglich ist, auch tatsächlich kombiniert werden. In beiden Teildisziplinen, der Sprach- und der Übersetzungswissenschaft, liefert der Übersetzungsvergleich das grundlegende Anschauungsmaterial; der Paralleltextvergleich ist geeignet, die gewonnenen ersten Einsichten zu kontrollieren und gegebenenfalls zu relativieren.

Literaturverzeichnis

a) Primärtexte

C. Iulii Caesaris Commentarii *De Bello Gallico*. Erklärt von Fr. Kraner und W. Dittenberger, Berlin 1960.
Dt.: *Der Gallische Krieg*, üb. Von Curt Woyte, Stuttgart 1951.
Engl. *The Gallic War*, transl. H.J. Edwards, Cambridge/Mass./London 1986.
It.: *La disfatta della Gallia*; trad. Giovanni Cipriani, Venedig 1994.
Du Bellay, Joachim: *La deffence et illustration de la Langue Françoyse*, ed. Emile Person, Paris [2]1892.
Gaiser, Gerd: *Die sterbende Jagd*, München [5]1978.
Frz.: *Agonie de la chasse*, Grenoble 1958.

Grimm, Jakob und Wilhelm: KHM = *Kinder- und Hausmärchen* (= *Grimms Märchen*), herausgegeben und mit Nachwort versehen von Carl Hebling, Zürich, 2 Bde o.J.

Märchen der Brüder Grimm. Urfassung nach der Originalhandschrift der Abtei Ölenberg im Elsaß herausgegeben von Joseph Lefftz, Heidelberg 1927.

Frz.: *Contes*. Choix, traduction et préface de Marthe Robert, Paris 1976 (= Collection folio 840).

Gute Nachricht Bibel, Revidierte Fassung, Stuttgart 1997.

Handke, Peter: *Wunschloses Unglück*, Salzburg 1972.

Frz. *Le malheur indifférent*, trad. Anne Gaudu, Paris 1975 (= Collection folio 976).

Homer: *Ilias*. Übertragen von Hans Rupé (zweisprachige Ausgabe), o.O. [München], 1961.

The Iliad of Homer (Alexander Pope,1716), in: The Poems of Alexander Pope, Vol. VIII, Translations of Homer, London/New Haven 1967.

Ilias. Übersetzt von Johann Heinrich Voss, Text der ersten Ausgabe, Stuttgart 1970.

Perrault, Charles: *Contes. Présentation et dossier - jeu par Fabrice Fajeau*, Paris 1997.

Dt.: *Sämtliche Märchen*. Übersetzung und Nachwort von Doris Distelmaier-Haas, Stuttgart 1986.

M. Fabi Quintiliani *Institutionis oratoriae* libri XII. Ed. L. Rademacher, Leipzig 1959

Zola, Emile: *L'Assommoir*. Edition établie et annotée par Henri Mitterand, Paris 1978.

Der Totschläger, Üb. Anonymus,Berlin, o.J. (um 1900).

Der Totschläger, Üb. Franz Blei, München 1923.

Die Schnapsbude, Üb. Arthur Ernst Rutra, München 1925.

Die Schnapsbude, Üb. Helga Rieger, Karlsruhe 1968.

Der Totschläger, Üb. Gerhard Krüger, Berlin/München 1975.

b) Sonstige Literatur

Albrecht, Jörn: *Le français langue abstraite?* Diss. Tübingen 1970.

Id.: "Una testimonianza pressoché dimenticata della seconda guerra mondiale: *La caccia morente* di Gerd Gaiser", *Agorà 21-22-23* (1981), 71-82.

Id.: "Der Einfluß der frühen Übersetzertätigkeit auf die Herausbildung der romanischen Literatursprachen", in: Christian Schmitt/Wolfgang Schweickard (Hrsgg.): *Die Romanischen Sprachen im Vergleich*. Akten der gleichnamigen Sektion des Potsdamer Romanistentages (27.-30.09.1993), Bonn 1995, 1-37.

Id.: "Die Geburt des Gegensinns der Urworte aus dem Geiste der Übersetzung", in: Angelika Lauer et al. (Hrsg.): *Übersetzungswissenschaft im Umbruch*. Festschrift für Wolfram Wilss zum 70. Geburtstag, Tübingen 1996, 1-6.

Id.: "Reflexivkonstruktionen in einigen romanischen und germanischen Sprachen", in: Gerd Wotjak (Hrsg.): *Studien zum romanisch-deutschen und innerromanischen Sprachvergleich*, Akten der III. Internationalen Arbeitstagung zum romanisch-deutschen Sprachvergleich, Leipzig, 9.-11.10.1995, Frankfurt a. M. [u.a.] 1997, 453-468.

Id.: *Literarische Übersetzung*. Geschichte – Theorie – Kulturelle Wirkung, Darmstadt 1998.

Bally, Charles: *Linguistique générale et linguistique française*, Bern [4]1965.

Blumenthal, Peter: *Sprachvergleich deutsch-französisch*, Tübingen [2]1997.

Cronjäger, Christine: *Terminologische Untersuchung zum Fachgebiet Treibhauseffekt und Klimaänderung im Sprachenpaar Deutsch-Französisch*, Diplomarbeit (unveröffentlicht), Heidelberg 1993.

Draack, Jantje: *Ökologischer Landbau in Deutschland und Frankreich. Eine terminologische Untersuchung des allgemeinen Pflanzenbaus*, Diplomarbeit (unveröffentlicht), Heidelberg 1997.

Eggers, Hans: *Deutsche Sprachgeschichte*, Bd. 1 (Althochdeutsch), Reinbek/Hamburg 1963.

Fredrich, Claudia: *Leistungsmerkmale, Dienstangebot und internationale Zusammenarbeit im ISDN: Eine terminologische Untersuchung im Deutschen und Französischen*, Diplomarbeit (unveröffentlicht), Heidelberg 1997.

Göpferich, Susanne: "Paralleltexte", in: Mary Snell-Hornby et alii (Hrsg.): *Handbuch Translation*, Tübingen 1998, 184-186.

Grünewald, Gesine-Nadia: *Deutsche und französische Märchen. Eine kontrastive Studie*, Diplomarbeit (unveröffentlicht), Heidelberg 1996.

Henrich, Ulla: *Terminologie zum Klavier und zum Flügel im Bereich des Sprachenpaars Französisch/Deutsch*, Diplomarbeit (unveröffentlicht), Germersheim 1989.

Lüdtke, Jens: *Die romanischen Sprachen im Mithridates von Adelung und Vater. Studie und Text*, Tübingen 1978.

Macheiner, Judith: *Übersetzen. Ein Vademecum*, Frankfurt am Main 1995.

Malblanc, Alfred: *Stylistique comparée du français et de l'allemand*, Paris ²1963.

Raison, Isabelle: *Kernenergie. Eine Einführung für Übersetzer und Dolmetscher*. Praxisbezogene Terminologiearbeit zum Sprachenpaar Deutsch-Französisch, Terminologiearbeit (unveröffentlicht), Heidelberg 1997.

Schreiber, Michael: "Stilistische Probleme der niederländisch-deutschen Übersetzung", *Linguistica Antverpiensia* XXVI (1992), 103-126.

Sendrowski, Claudia: *Die literarische Handelsbilanz im Spiegel der Übersetzungen: Emile Zola - L'Assommoir*, Diplomarbeit (unveröffentlicht), Heidelberg 1993.

Störig, Hans-Joachim (Hrsg.): *Das Problem des Übersetzens*, Darmstadt ³1973.

Strauß, Bruno: *Der Übersetzer Nicolaus von Wyle*, Berlin 1912.

Wandruszka, Mario: Besprechung von: Leo Weisgerber, Von den Kräften der deutschen Sprache; Hans Gipper, Bausteine zur Sprachinhaltforschung; Henning Brinkmann, Die deutsche Sprache. Gestalt und Leistung, in: *Zeitschrift für französische Sprache und Literatur* 73 (1963), 249-253.

DE LA THEORIE TRADUCTOLOGIQUE A LA PRATIQUE DE LA TRADUCTION

(JEAN-RENE LADMIRAL, Paris)

au regretté Fritz Paepcke

0.1. S'agissant ici, à Mayence, du premier congrès du *Franko-Romanisten-Verband*, il m'est apparu qu'il convenait que j'intervinsse **en français**. Ainsi ma place était-elle non seulement celle d'un collègue (français), d'un linguiste parmi d'autres, sujet d'un discours scientifique (*wissenschaftlich*); mais c'était aussi du même coup celle d'un objet d'étude, fournissant un "prélèvement" linguistique francophone, pour ainsi dire un élément de "terrain" pour des *Franko-Romanisten*...[1]

Corollairement, il s'en ensuivait que je prisse le risque de l'**improvisation** — et ce, d'autant qu'il m'insupporte d'écouter quelqu'un en train de nous lire (*vorlesen*) un "papier", plus encore sans doute encore que de sacrifier moi-même à ce rite académique — étant entendu, bien sûr, que le secret d'une bonne improvisation est que ça n'en soit pas une. Cela dit, au-delà d'une préférence personnelle, c'est un problème de forme qui touche au contenu lui-même et manifeste un élément important de clivage culturel entre Français et Allemands. Alors qu'un universitaire allemand lira son papier, son collègue français montrera, en règle générale, un goût de l'improvisation qui participe d'un rapport plus "méridional", voire plus théâtral, et sans doute plus profondément catholique, au langage et spécifiquement à l'oralité.

---

[1] Notre expérience est aussi qu'il n'est pas indifférent, ni surtout inutile, de lire le discours théorique de nos disciplines dans la langue de l'autre: d'abord, c'est une occasion renouvelée de nous confronter à cet étrange paradoxe qui veut que le travail intellectuel s'incarne dans une langue naturelle particulière (un "idiome"), et même dans une tradition culturelle nationale (Lamiral 1989: 6-9); mais c'est aussi une façon de mettre en pratique le vieil adage, au demeurant ambigu, qu'il faille "penser en..." ("penser en allemand", "penser en français", etc.), en lui donnant son sens plein, au-delà d'un simple conditionnement verbo-moteur, s'agissant en l'occurrence précisément de *penser* ... Ainsi les romanistes prendront-ils intérêt sans doute à penser la traduction à partir du corpus théorique de la traductologie de langue française, qui est important et assez différent de ce qui s'écrit en allemand: cf. Ladmiral (1992).

Plus généralement, il y a là un aspect particulier du complexe des relations ambivalentes qui se nouent en profondeur dans le cadre du couple **franco-allemand** — dont j'avancerai qu'il constitue un modèle paradigmatique de la **communication interculturelle**, contrairement à la logique actuellement dominante dans ce domaine de recherches, où l'on tend à privilégier de façon outrageusement exclusive (et, à l'évidence, idéologiquement surdéterminé) la perspective Nord-Sud[2]. Au reste, on est resté tout à fait dans le sujet, dans la mesure où vient ici affleurer la problématique "épistémologique" d'une articulation de ces deux sous-disciplines que représentent la linguistique et la "civilisation" (*Landeskunde*) au sein de la *Franko-Romanistik*, cette dernière se trouvant confrontée à l'échéance de ce que j'ai appelé une *interdisciplinarité interne*[3]. A quoi ferait écho ce qu'on pourrait thématiser comme une stylistique comparée (ou une "pragmatique contrastive") franco-allemande de la **discursivité** académique. — Ainsi me suis-je attaché, au niveau anecdotique de la rédaction de la présente étude, à réaliser un double compromis: d'une part, entre l'oral et l'écrit, en reprenant après-coup assez librement l'enregistrement sur cassette de mon intervention à Mayence, comme m'en faisait un peu obligation ce que j'ai dit plus haut de son caractère improvisé; et d'autre part, parallèlement, entre la *scientificité* de mon propos et une écriture volontiers un peu *essayistique*.[4]

0.2. Et puisqu'il m'est échu l'incertain et périlleux privilège de "faire l'ouverture", j'entends ne faire ici qu'indiquer quelques pistes de réflexion, dont certaines seront sans doute reprises dans les discussions qui suivront: en sorte que ma contribution restera de nature **programmatique**, comme l'imposaient au demeurant les limites quantitatives qui lui étaient imparties.

---

[2] Sur cette question de méthode, cf. Ladmiral (1998b). De même, c'est essentiellement à partir du cas "exemplaire" des rapports franco-allemands, et notamment à partir de recherches menées avec l'aide de l'O.F.A.J. (Office franco-allemand pour la Jeunesse) que nous avons problématisé la communication interculturelle dans notre livre : Ladmiral/Lipiansky (^{3}1995).

[3] Je ne puis qu'évoquer ici *en passant* cette problématique, que j'ai développée dans le contexte, homologue, de la germanistique française — lors du XXXe Congrès de l'A.G.E.S. (Association des Germanistes de l'Enseignement Supérieur) à Nanterre, le 24 mai 1997: cf mon étude "Germanistique et interdisciplinarités: du pluralisme interne à l'échéance des confins" (à paraître).

[4] On aura noté que, par un effet d'ironie "imagologique" *a contrario* (cf. Ladmiral / Lipiansky ^{3}1995: 225-279 et *speciatim* 237), j'ai adopté ici un mode globalisant d'embrayeur discursif, à la manière des philosophes de l'Idéalisme allemand que j'ai longuement pratiqués, lors même que j'ai fait profession de m'inscrire dans une tradition française d'énonciation...

D'où un aspect catalogue, présentant le canevas d'un argumentaire pour ainsi dire "squelettique" selon l'ordre d'une succession que le Maître de Kœnigsberg eût appelée "rhapsodique"...[5]

De fait, la traduction étant essentiellement un phénomène binaire, mon approche débouchera sur un certain nombre d'oppositions, d'alternatives ou encore de **dichotomies**, dirai-je en reprenant un concept platonicien. Il y a une logique à cela, dans la mesure où le discours de la théorie traductologique n'ira qu'à formuler des problèmes bien posés, la décision revenant en dernière instance à la subjectivité du traducteur, au niveau de la pratique qui est la sienne.

1. D'emblée, je préciserai que mon titre pourrait tout aussi bien être inversé. "De la théorie traductologique à la pratique de la traduction": c'est l'ordre de l'exposition. Mais l'ordre de l'invention a été chronologiquement inverse : De la pratique traduisante à la théorie traductologique. De fait, la théorie de la traduction que j'ai développée, notamment dans mes "*théorèmes*" (Ladmiral [2]1994), je l'ai proprement induite de ma pratique de traducteur, c'est-à-dire après avoir traduit. En sorte que l'ordre réel a été le suivant:
1°) l'exercice d'une pratique de la traduction;
2°) puis la production d'un discours théorique de la traductologie;
3°) et c'est en faisant fond sur ce double acquis que j'ai enseigné systématiquement la traductologie et la traduction (allemand-français), aussi bien dans le contexte académique de plusieurs disciplines universitaires que dans la perspective professionnelle de la formation des traducteurs.

A vrai dire, cela ne pouvait aller sans quelques préalables implicites et on pourra réintroduire un item au sein de la liste...:
0°) la nécessaire formation linguistique ainsi que la culture philosophique dont, en l'espèce, se soutient la théorie traductologique (Ladmiral 1989:9-15 & [2]1994:XXI).

Au-delà d'un parcours personnel (dans lequel au demeurant beaucoup pourront se reconnaître), ce qui est en cause, c'est la spécificité de la dialectique entre **théorie & pratique**, telle qu'elle se joue dans ce domaine de la

---

[5] A quoi vient s'ajouter l'absence d'exemples concrets, à la fois par manque de place et parce qu'il y a là une aporie du discours traductologique, plus ou moins condamné à invoquer des exemples dé-contextualisés, ce qui est en contradiction directe avec son propre propos: cf. Ladmiral (1995a:254-258). De même, j'ai été amené à me citer un peu souvent, pour aller vite et pour éviter de me répéter. Autant dire que la présente étude s'est révélée être pour moi l'amorce d'un prochain travail plus étendu.

Linguistique Appliquée qu'est la traductologie. En traduction, il conviendra d'opérer une coupure tranchée, c'est-à-dire proprement *dichotomique*, entre théorie et pratique: sans développer ici ce point dont j'ai traité ailleurs (cf. notamment Ladmiral 1998a:137-141), je dirai seulement qu'en cette affaire, il ne peut être question d'application linéaire. — De cet axiome découlent plusieurs corollaires.

2. D'abord, il conviendra de bien distinguer les deux volets du diptyque qui forme l'intitulé de la section *Sprachvergleich und Übersetzen* de ce congrès de Mayence (ce qui nous fournit les items de notre deuxième dichotomie). D'un côté, l'approche comparative dont il s'agit correspond à une projet cognitif de description linguistique de deux systèmes, dans une perspective synchronique — ce qui en fait, bien sûr, tout autre chose que la grammaire comparée et le "comparatisme" qui, aux sources de la linguistique diachronique et de la philologie, ont amplement occupé la tradition germanique, il y aura bientôt presque deux siècles. D'un autre côté: il y a la traduction, qui est une pratique — dont l'objectivation appelle une approche praxéologique qui, dans un second temps (au second degré pour ainsi dire), viendra nourrir le métalangage d'un discours traductologique.

En somme, ce sont deux choses tout à fait différentes, qui se situent à deux niveaux "épistémiques" distincts; et la conjonction qui article le binôme de notre intitulé ne doit en aucun cas être lu ("pragmatiquement") comme une quasi-copule établissant une relation de conséquence entre la linguistique contrastive *et* la traduction, la seconde étant "déduite" de la première. Au contraire, je poserai l'autonomie spécifique de la traductologie; et j'avancerai que l'existence d'une telle discipline n'implique pas forcément que ce soit de la linguistique (comme l'a d'ailleurs indiqué Michael Schreiber dans sa présentation de la section).

Et il y a comme une "reduplication" de cette dichotomie au niveau de l'un de ses deux termes. C'est ainsi qu'au sein de la traductologie, je distinguerai fondamentalement deux approches opposées: ceux que j'appelle les "contrastivistes" et ceux que j'appelle les "traductologues" (*stricto sensu*) (Ladmiral 1987:21).

3. Chez ceux qui prennent la traduction pour objet, comme chercheurs au niveau de la théorie ou comme formateurs des futurs praticiens de la chose, la tentation est grande d'argumenter de façon strictement linguistique.

Ainsi mes **contrastivistes** vont-il s'attacher à comparer le texte-source ou texte de départ (To) et texte-cible ou texte d'arrivée d'une traduction (Tt), analysant les identités et les différences existant au niveau linguistique entre ces deux textes. Cette approche comparative de la traduction mettra en œuvre une méthodologie linguistique, qu'il s'agisse de linguistique descriptive ou *a fortiori* de linguistique contrastive (allemand-français, en l'occurrence), dont les analyses iront à reconstruire rétrospectivement ce qu'on est fondé à supposer qu'auront été les procédures de production de l'énoncé du texte-cible d'une "traduction", à la lumière des items conceptuels d'un étiquetage linguistique: effacement du sujet, nominalisation, implicitation, anaphorisation, etc. Sans qu'éventuellement on renonce pour autant aux ressources de la tradition rhétorique : synecdoque, métonymie, asyndète, anacoluthe... et autres catachrèses[6].

Dans cette perspective, la *traduction* s'entend au sens statique du résultat de l'activité traduisante (texte-cible): ce que j'ai proposé d'appeler "un *traduit", comme on dit un *produit*, par opposition à ce qui serait "le *traduire*" (Ladmiral 1986: 5 sq.). Cela veut dire que lesdits contrastivistes étudient la traduction *après coup* (*nachträglich*): c'est en quelque sorte "la traductologie du lendemain" (comme il y a la pilule "du lendemain"...). Ce projet de connaissance objectivant la traduction (au sens d'un "traduit") correspond à la "traductologie descriptive" — dans le cadre de ce que je me suis plu à appeler mon "quatrain traductologique"[7], distinguant
a) une traductologie normative ou *prescriptive*,
et b) une traductologie *descriptive*,
c) une traductologie scientifique ou *inductive*,
et d) une traductologie *productive*...

Mais plutôt que d'en rester ainsi à l'étude comparée de textes *a posteriori*, comme font les contrastivistes, je plaiderai pour une position plus offensive, et aussi plus risquée, consistant à anticiper ce que sera le travail de la traduction au sens dynamique du mot *das Übersetzen*: c'est ce qu'auront à faire ceux que j'appelle, en l'occurrence, les **traductologues** en un sens restreint. Il s'agira de prendre pour objet spécifique l'activité même

---

[6] Sur l'utilisation de la rhétorique en traductologie, on pourra consulter l'opuscule de Michèle Lorgnet, stimulant et plein d'exemples concrets (italien-français): Lorgnet (1995).

[7] Ladmiral (1987: 20-25). J'ai été amené à reprendre ce schéma récemment, en y apportant un certain nombre de compléments et de commentaires, mais sans y changer l'essentiel: Ladmiral (1997). Si je parle de "quatrain", c'est que — soignant, comme à l'accoutumée, mon "*design* terminologique" — j'ai veillé à ce que les termes choisis riment deux à deux...

de traduire, en amont de ce qui deviendra le texte-cible d'"une traduction". Au lieu de travailler à une description linguistique, on s'engagera dans la démarche réflexive d'une "traductologie productive", qui s'attachera à induire *de* la pratique ce que j'ai appelé des "théorèmes *pour* la traduction". Le romaniste retrouvera là une distinction désormais classique, établie par le philosophe Bergson, entre le "tout fait" et le "se faisant". Mais plus spécifiquement, au niveau linguistique, il s'agira pour le traductologue, en ce sens, d'œuvrer à une pragmatique de l'énonciation, c'est-à-dire de la parole, de la parole-cible, au lieu de s'en tenir à une linguistique de l'énoncé, qui n'a que trop tendance à poser les problèmes de la traduction en termes de langue. Concrètement, il s'agira d'"anticiper un geste phrastique" (dirai-je, pour rependre une formule dont j'use régulièrement dans le cadre de mes enseignements).

En tant que traductologue — et *a fortiori* en tant que traducteur — mon problème n'est pas tant de savoir ce que j'ai fait, ou ce que d'autres ont fait, que de savoir ce que je vais faire, c'est-à-dire de trouver une solution au problèmes de traduction auxquels je me trouve confronté. C'est pourquoi je pense que l'approche, objective et descriptive, des contrastivistes est surtout utile au linguiste et au pédagogue des langues (étrangères); mais dès lors qu'il s'agit de la formation des traducteurs et d'une pratique de la traduction proprement dite, elle l'est beaucoup moins. Tout au plus peut-elle être mise à contribution en un second temps, en cas de difficulté: quand il y a un manque ou un décalage (entre Tt et To), alors on pourra mobiliser ce types d'acquis cognitifs et d'analyses linguistiques pour s'assurer si le texte-cible (Tt) est bien "adéquat" au texte-source (To), pour vérifier la validité de sa traduction et pour y apporter les corrections éventuellement nécessaires.[8]

Il reste qu'à mes yeux, l'essentiel en cette affaire réside dans la capacité d'anticiper la résolution des problèmes (*problem-solving*), à laquelle la théorie de la traduction pourra contribuer à donner accès: c'est là ce que j'appelle la "traductologie productive" (Ladmiral 1987:23-25 & 1997:36-40). Au reste, la position méthodologique que je défends ici touchant la traduction est *mutatis mutandis* à peu près la même que celle qu'il m'est arrivé d'affirmer dans le contexte de la recherche-action que j'ai conduite sur la

---

[8] C'est du moins ce que j'ai retenu de la communication de Gisela Thome, comme aussi de la plupart de celles auxquelles il m'a été donné d'assister à Mayence — sous réserve bien sûr d'une lecture des Actes, plus attentive et surtout plus complète, puisque j'avais été empêché d'assister à l'ensemble des travaux de la section. — D'une façon générale, il y a là un débat que j'avais eu avec Albrecht Neubert à Lund, à Leipzig et ailleurs.

dynamique des groupes bilingues (franco-allemands), et où je critiquais certains de mes collègues psychosociologues, leur reprochant de "prédire le passé" (un peu comme les historiens!), au lieu de m'aider à anticiper les évolutions à venir au sein du groupe[9]. Ce qui m'intéresse, ce n'est pas qu'on me raconte ce que je sais déjà, mais qu'on m'aide à prévoir ce que je ne sais pas encore. Pour rester dans l'isotopie métaphorique que j'évoquai un peu plus haut, d'une façon discrètement implicite qu'imposaient les convenances, je dirai qu'en traduction comme en d'autres contextes, le meilleur moment, c'est avant — quand on monte l'escalier, selon le mot de Sacha Guitry.

4. Ces deux attitudes traductologiques opposées renvoient implicitement encore à une autre dichotomie, opposant deux modes de représentation de l'opération traduisante qu'on pourra schématiser comme suit (Ladmiral 1997:31 sq.).

L'attitude contrastiviste semble présupposer ce qui serait un **schéma transformationnel** de la traduction, en vertu duquel il serait possible de passer du texte-source (To) au texte-cible (Tt) de façon linéaire, par la grâce d'une suite de transformations intermédiaires (représentées ici par les flèches: →).

$$T_0 = T_1 \rightarrow T_2 \rightarrow T_3 \ldots T_\infty = Tt$$

Ce serait supposer l'existence de quelque chose comme des "axes paraphrastiques" permettant de passer d'une langue à l'autre, sans solution de continuité. A l'évidence, cela ne correspond pas à la réalité, mais seulement à une extrapolation hasardeuse à partir d'hypothèses linguistiques qu'il reste au demeurant à valider, ainsi que je me suis attaché à le mettre en évidence (Ladmiral [2]1994:124-126).

A vrai dire, c'est le présupposé qui sous-tend le fantasme de la "machine à traduire". Le projet de la traduction automatique (T.A.) procède en effet d'une assimilation des problèmes de la traduction à un problème de

---

[9] Ladmiral / Lipiansky [3]1995: 58. C'est pourquoi j'ai proposé la mise en place d'un dispositif dont la conceptualisation est tout à fait conforme à la méthodologie de la recherche-action: la "prévision engagée" (*engagierte Prognose*), où le chercheur-animateur prend le risque d'une "falsification" (au sens poppérien du terme) de ses hypothèses, pour ainsi dire d'un jour sur l'autre. Cf. aussi Gabriel / Ladmiral (1999); et, plus généralement, pour une psychologie de la traduction: Ladmiral (1996).

cryptographie. Warren Weaver n'allait-il pas jusqu'à écrire en 1947 : "Lorsque je regarde un article écrit en russe, je me dis: Ceci est réellement rédigé en anglais, mais a été mis en code à l'aide de quelque étrange système de symboles; je vais me mettre à le dédoder"? Comme on sait, entre temps, il a fallu en rabattre beaucoup des ambitions initiales et se limiter à la perspective de la traduction assistée par ordinateur (T.A.O.), voire seulement à l'ergonomie d'une station du traducteur intégrant un synergie homme-machine (cf. Clas / Safar 1992), quitte même à devoir y réinjecter la double dimension de l'idiosyncrasie psychologique et d'une certaine contingence "littéraire" du traducteur... (Ladmiral 1990a:492-497).

Il y avait là une naïveté linguistique, dont on s'étonne même qu'elle ait pu être l'impensé sous-jacent de bien des linguistes s'occupant de traduction. Au reste, ce paradigme correspond à une "philosophie spontanée" de la traduction (comme aurait pu dire Louis Althusser). Bien plus, il renoue avec un imaginaire archaïque, commettant plus ou moins consciemment la traduction à ce miracle "théologique" de l'Inspiration qu'illustre le mythe de la Bible des Septante...[10]

L'alternative rationnelle que j'opposerai audit schéma transformationnel de la traduction est ce que j'appelle le schéma du *salto mortale* **de la déverbalisation** traductive. L'idée est simple: l'essentiel revient à prendre réellement en compte un fait d'expérience irréductible, à savoir qu'il y a une rupture radicale dans la prétendue continuité transformationnelle de l'activité traduisante. Ma thèse est que la traduction est une opération mentale foncièrement binaire, qui s'articule en deux phases hétérogènes:
— une phase (I) de lecture-interprétation et
— une phase (II) de réexpression (*rewording*), c'est-à-dire en l'occurrence de réécriture.[11]

---

[10] Sans aller plus avant, je dirai qu'après quelque vingt ans de recherches sur les problèmes de la traduction, dans le domaine de ce qu'il est convenu d'appeler la Linguistique Appliquée, il m'est apparu que la traduction était aussi un objet philosophique, voire proprement métaphysique, et qu'elle fonctionnait comme un dispositif concret faisant affleurer ce que je me suis hasardé à appeler un "inconscient théologique de la modernité" — à quoi je ne puis ici que faire référence, en renvoyant aux études que j'ai consacrées à cette problématique: Ladmiral 1990b & 1999, etc.

[11] Bien sûr, il y aurait lieu de compléter ce schéma, en évoquant une phase préparatoire, la phase (Ø) de documentation, ainsi que la phase (II*bis*) de "relectures-cible" et la phase (II*ter*) de "relectures-source", etc. Mais l'essentiel, c'est l'"inter-phase" (I) & (II): avec cette dichotomie-là, on est au "cœur" des choses, *in medias res*. C'est un aspect que je ne développerai pas ici, ayant eu l'occasion de l'aborder dans le cadre de précédentes études, auxquels les limites imparties m'imposent de renvoyer le lecteur: Ladmiral 1990a: 491 sq. & 1997: 31 sq, 36-40...

Ce qui nous fait encore une dichotomie! et entre ces deux phases, il y a un *saltus* : car il doit se faire nécessairement un décrochement, permettant une *sémantisation* de l'énoncé-source, c'est-à-dire l'aperception du sens, d'un sens décroché des signifiants (des signifiants-source, mais aussi des signifiants-cible), d'un sens pour ainsi dire désincarné. Le message passe du niveau verbo-linguistique à un niveau psycho-cognitif.

C'est pourquoi j'ai repris le concept de *déverbalisation*, dont on fait assez couramment usage dans la mouvance de Danica Séleskovitch, à l'E.S.I.T. et ailleurs, depuis quelques années[12]. Quant aux critiques dont fait parfois l'objet l'utilisation de ce concept, je pense qu'elles ne sont pas fondées. Certes, ladite déverbalisation est un terme emprunté à la psychologie; mais son usage en traductologie n'est pas censé apporter une explication "scientifique" du phénomène. Ça n'est que l'étiquetage d'une expérience. A ce niveau d'analyse, on s'en tient à la description du vécu du traducteur — en laissant les mécanismes neuro-psychologiques sous-jacents dont il se soutient dans une "boîte noire", comme disent volontiers les psychologues (*black box*), et en renvoyant l'étude à des recherches spécifiques qui relèvent des sciences cognitives et de ce que j'ai appelé la traductologie scientifique ou inductive (cf. *sup.*).

Si, en outre, je me suis plu à user de la métaphore du *saut périlleux* — qui plus est en italien, dans une version plus dramatique pour ainsi dire...[13] — c'est que je voulais connoter (d'une façon un peu ludique) la tension psychique qu'implique le travail de la déverbalisation. C'est un moment délicat et "stratégique" (*kaïros*) que celui de l'articulation entre les deux phases du processus de traduction: entre le *déjà-plus* du texte-source et le *pas-encore* du texte-cible, le traducteur se trouve dans ce que j'oserai appeler un "*no-man's* -langue"! Le signifié du message est fragile et évanescent, pour ainsi dire "à vif", un peu comme l'abdomen du bernard-l'ermite exposé à ses prédateurs, entre les deux coquilles de signifiants linguistiques...

Il est clair que tout cela va dans le sens de l'attitude méthodologique de ceux que j'ai appelés les traductologues par opposition aux contrastivistes. Il

---

[12] On se reportera aux diverses publications de Danica Séleskovitch et de Mariane Lederer: cf. notamment Séleskovitch / Lederer (1984). — Au demeurant, ce qui est vrai de l'E.S.I.T. (École Supérieure d'Interprètes et de Traducteurs, Université de Paris-III) l'est aussi *grosso modo* de l'I.S.I.T. (Institut Supérieur d'Interprétation et de Traduction, Institut Catholique de Paris), et de bien des autres "Écoles-sœurs".

[13] A vrai dire, il est aussi possible de dire en français: le "saut de la mort", ce qui serait la traduction littérale — non *dissimilée* — de l'italien *salto mortale*.

reste que, sur un point peut-être, ces derniers peuvent apporter la contribution d'un contrepoint pédagogique en quelque sorte. Ainsi qu'il a été indiqué, les contrastivistes se situent dans un après-coup de l'événement du traduire et, paradoxalement, c'est pour la première phase de lecture-interprétation, avant le *salto mortale* de la déverbalisation, que leur approche comparative — qui relève d'une traductologie descriptive, d'obédience linguistique — pourra à l'occasion éclairer l'apprenti traducteur.

5. Ainsi qu'il a été indiqué, l'intérêt que je trouve à l'approche contrastiviste concerne essentiellement la didactique des langues, plus que la traductologie proprement dite. Mais là encore, il y aura deux perspectives distinctes, sinon opposées, débouchant sur une nouvelle dichotomie. S'agissant en l'occurrence de traduction, il y aura matière à deux études spécifiques:
— **Didactique de la traduction**,
— **Didactique et traduction**.

Concrètement: la traduction dans le cadre de l'institution pédagogique de l'enseignement des langues, d'une part, et la formation professionnelle des traducteurs, d'autre part, sont justiciables de deux méthodologies tout à fait différentes. C'est là un point que j'avais abondamment développé dans mon livre (Ladmiral ^{2}1994:23-83), suivi en cela par bien d'autres depuis (cf. Lavault ^{2}1998).

En réalité, cette dichotomie didactique renvoie à une dichotomie plus générale touchant la traduction elle-même, à une dichotomie proprement traductologique. Ainsi avais-je été conduit à distinguer, d'une part, ces exercices de traduction pratiqués dans le cadre de l'enseignement des langues (thème, version, etc.) qu'on pourra regrouper sous la catégorie de **traduction pédagogique** et, d'autre part, la traduction proprement dite à laquelle j'avais choisi de donner le nom de **traduction traductionnelle** (Ladmiral ^{2}1994:40-43), parce que j'entendais y subsumer aussi bien la traduction professionnelle que la traduction littéraire et, plus généralement, ce qu'Antoine Berman a judicieusement proposé d'appeler la "traduction des œuvres", pour faire une place à la traduction des Textes sacrés et à la traduction philosophique à côté de la traduction littéraire (Ladmiral 1995b: 412-413).

Il semblerait qu'à vrai dire, en l'espèce, les choses fussent évidentes. De fait, on aura affaire à deux didactiques de la traduction excessivement différentes qui existent parallèlement et s'ignorent totalement — en aval de la

dichotomie opposant ces deux problématiques opposées et complé-mentaires:
— Didactique de la traduction (*professionnelle*),
— Didactique (*des langues*) et traduction.

D'un côté, dans le contexte scolaire et universitaire, la traduction est censée servir à enseigner les langues — et, sans doute plus encore, à contrôler le niveau des connaissances acquises — avec pour conséquences: une surestimation du rôle de la langue et, corrélativement, une sous-évaluation de la dimension cognitive de l'interprétation et du travail "parolique" de la communication dans la traduction. Dans le prolongement de cette "linguisticisation" des problèmes de la traduction, il est une autre conséquence décisive: le mode de traduire pratiqué dans le cadre de ces exercices de "traduction pédagogique" tendra à empêcher les apprenants de prendre la moindre liberté par rapport à la lettre du texte-source, par une sorte de "myopie" traductive. Il y a lieu de voir là l'une des sources où vient s'alimenter le littéralisme en traduction, c'est-à-dire la position de ceux que j'ai critiqués sous le nom de "sourciers" (Ladmiral 1993), par opposition à ceux qui seraient les "ciblistes" — et ce, même si on est fondé à faire l'hypothèse qu'il est en outre d'autres motivations plus profondes qui sont à l'œuvre, théologiques notamment.[14]

D'un autre côté, on aura des institutions vouées à le formation des traducteurs (et des interprètes) professionnels, comme l'E.S.I.T. et l'I.S.I.T., à Paris, ou les Instituts universitaires de formation à la traduction en Allemagne (les anciens "*D.I.*" de ma jeunesse...), à Heidelberg, à Germersheim, à Hildesheim et ailleurs. Il s'y pratique une didactique de la traduction différente et tout à fait spécifique, dont il ne pourra être traité ici, mais qu'on pourra partiellement définir *a contrario*, par opposition à ce qui vient d'être dit... On notera quand même qu'une telle opposition touchant les contenus didactiques renvoie également à des substrats institutionnels: on a affaire à un clivage professionnel, sinon une opposition idéologique, entre ceux qui s'identifient clairement comme universitaires, voire comme "pédagogues", et puis ceux qui jouent sur une double identité professionnelle.

En effet, les collègues qui sont en charge de mettre en œuvre une didactique de la traduction professionnelle (par opposition à une didactique de la traduction dans le cadre de l'enseignement des langues) se trouvent placés dans une constellation de double appartenance que je caractériserai en m'ap-

---

[14] Il ne m'est guère possible ici d'aller au-delà cette affirmation allusive qui fera figure de postulat indémontré, cf. *sup.*: Ladmiral (1990b) & (1998a).

puyant sur la distinction introduite par le sociologue américain Merton entre "groupe d'appartenance" et "groupe de référence". Je dirai que ceux qui assurent la formation en traduction professionnelle sont partagés entre leur *appartenance* institutionnelle au groupe des universitaires (appartenance obtenue de haute lutte, comme on sait, aussi "bien" en France qu'en Allemagne...) et leur groupe de *référence* qui reste l'univers professionnel des traducteurs et, peut-être plus encore, des interprètes — ce qui, au demeurant, correspond aussi le plus souvent, de fait, à l'exercice parallèle de ce second métier, à la fois sans doute pour les bénéfices matériels qu'il est possible d'en retirer, mais aussi parce que le maintien de cette seconde *appartenance* professionnelle (qui a été chronologiquement la première, en général) est le gage de leur efficacité pédagogique, de la même façon qu'il est nécessaire de continuer à pratiquer la médecine pour rester en mesure de l'enseigner adéquatement.[15]

6. Avant d'en venir à conclure, il m'aura fallu me contenter de faire mention, au passage, de trois dichotomies corollaires de la distinction (dichotomique) qui vient d'être faite en matière de didactiques de la traduction.

D'abord: de l'**asymétrie** entre ces deux exercices de "traduction pédagogique" que sont ce qu'on appelle en français **le thème** (*Hinübersetzung*) et **la version** (*Herübersetzung*), les limites imparties à cette étude m'empêchent de rien dire de plus que ce que j'en ai développé ailleurs (Ladmiral [2]1994a:40-64). J'insisterai seulement sur le privilège qui, à mes yeux, revient à la version (Ladmiral [1]1981).

Ensuite: s'agissant des exercices pédagogiques de traduction en général (et plus spécifiquement, donc, de la version), la question reste posée de savoir s'ils peuvent servir positivement de dispositif pédagogique contribuant à l'**apprentissage** de la langue étrangère (L2) ou bien si leur fonction se limite à celle d'une procédure "docimologique" d'**évaluation**, de contrôle des acquis de l'apprentissage (Ladmiral [1]1981:222). Il y a là encore une alternative dichotomique opposant deux positions qui, à vrai dire, sont essentiellement des options pédagogiques, dont la validation empirique reste indécidable,

---

[15] Concrètement, il y a là deux "transversalités" et deux modes d'"implication" différents, dirai-je pour aller vite — me situant en cela dans la mouvance de l'*Analyse Institutionnelle* (A.I.), qui représente tout un courant bien vivant de la psychosociologie française. Pour une première approche de l'A.I., cf. Authier / Hess (1981); et si c'est à la première édition de ce "Que Sais-Je?" que je renvoie là le lecteur (*Franko-Romanist*), c'est qu'il y est fait amplement référence à la traduction...

mais qui trouveront une plausiblité relative dans le contexte de telle ou telle pratique pédagogique.

Enfin: la didactique de la traduction et ses divers prolongements nous renvoient plus fondamentalement, comme cela a été évoqué plus haut, à la dichotomie "inaugurale" qui oppose **sourciers et ciblistes** (Ladmiral 1993). Encore une fois, il y a à la permanence et à l'actualité de ce clivage traductologique essentiel des raisons où les problèmes pédagogiques ont quelque part; mais l'essentiel et ailleurs. On commencera par noter que le littéralisme, que prônent lesdits "sourciers", n'est en réalité très souvent chez le traducteur qu'une forme de *régression* face à une difficulté insurmontée: en quoi on n'aura qu'en partie dépassé la problématique d'une didactique de la traduction, pour aller du côté ce qu'il m'est arrivé d'appeler *cum grano salis* une "*traductothérapie* "! [16] Surtout: il conviendrait dès lors d'ouvrir la présente étude sur les horizons d'une esthétique de la traduction littéraire et d'une philosophie de la traduction, voire d'une théologie de la traduction (cf. *sup.*). Mais c'est là un vaste programme ! comme dit l'autre...

7. Pour conclure, je voudrais ouvrir (qu'on me passe le paradoxe léger de cet oxymore d'étymologie) sur une question elle-même paradoxale et qui pourra faire figure de "question-tabou".

Comme on sait, c'est surtout dans le cadre de l'enseignement des langues étrangères (vivantes ou "mortes") que nous enseignons la traduction et, en particulier, la version. Que cette dernière soit utile à l'apprentissage de la langue étrangère, j'en suis pour ma part convaincu — et ce, à la lumière de ma propre expérience pédagogique — même si c'est une question encore controversée, comme on l'a vu. Ma thèse est que la version est efficace dans une phase seconde (ou "avancée") de l'apprentissage (Ladmiral 1975: 12-16), non seulement comme moyen de stabilisation des acquis linguistiques, mais encore comme mode d'acquisition, dans la mesure où traduction fera office de *sas* permettant le passage de la compétence passive à la compétence active (Ladmiral [1]1981: 225 sq.). Mais ce n'est sans doute pas là l'essentiel.

Et la question est: à quoi bon la traduction et, d'une façon générale, l'enseignement des langues étrangères? est-ce que l'utilité de tout ça, ce n'est

---

[16] Cf. Ladmiral (1997:37). C'est ainsi que — faisant fond aussi sur l'analogie avec les "groupes Balint" — je me plais à assimiler mes cours de traductologie à l'I.S.I.T. à ce que seraient les séances d'une *cure traductothérapeutique* de groupe...

pas essentiellement d'apporter renfort à une maîtrise, qu'on voit maintenant de plus en plus vacillante, de **la langue maternelle**? Poser une telle question, sacrilège, ce n'est pas invalider notre travail de romanistes (de *Franko-Romanisten*), de germanistes (français), etc. C'est en problématiser les finalités réelles; et c'est remettre à sa place la langue dite "maternelle", c'est-à-dire la première, à une époque où elle se trouve de plus en plus fragilisée par tout un contexte socio-culturel[17]. Ne convient-il pas en effet de nous interroger sur cette forme de "bilinguisme" scolaire que René Balibar a appelé le *colinguisme* (Balibar [1]1985) à quoi nous nous efforçons de contribuer par nos enseignements? Plus généralement, il conviendra de repenser notre travail d'enseignants de langues dans le cadre d'un projet pédagogique d'ensemble, relevant d'une philosophie de l'éducation qui n'est qu'un chapitre de la philosophie politique et de la philosophie "tout court"...[18]

Literaturverzeichnis

Authier, Michel / Hess, Remi ([1]1981), *L'analyse institutionnelle* , Paris.
Balibar, Renée, ([1]1985), *L'institution du français. Essai sur le colinguisme des Carolingiens à la République* , Paris.
Clas, André/Safar, Hayssam (edd.) (1992), *L'Environnement traductionnel. La station de travail du traducteur de l'an 2001*: Actes du colloque de Mons, 25-27 avril 1991, Montréal.
Gabriel, Nicole/Ladmiral, Jean-René, (1999), "Malaise dans l'interculturel", in: *Pratiques de formation*, N° 37-38, Février 1999, 203-214.
Ladmiral, Jean-René, (1975), "Linguistique et pédagogie des langues étrangères", in: *Langages*, 39, septembre 1975, 5-18.
Ladmiral, Jean-René, ([1]1981), "Pour la traduction dans l'enseignement des langues: 'version' moderne des Humanités", in: Bausch, Karl-Richard / Weller, Franz-Rudolf (edd.), *Übersetzen und Fremdsprachenunterricht*, Francfort-sur-le-Main, 217-232
Ladmiral, Jean-René, (1986) (ed.), "Présentation", in: Numéro *La Traduction: Revue d'esthétique* , 12 (1986), 5-8.

---

[17] C'est un vaste problème où il y aura lieu de distinguer de nombreuses déterminations, relevant de la linguistique et de la didactique des langues, bien sûr, mais aussi de la psychologie cognitive, d'une psychologie sociale de la communication culturelle, etc. — sans parler des implications politiques que tout cela comporte. Nous y consacrerons une prochaine étude.

[18] Telle serai ma traduction de l'intitulé kantien: *Über Philosophie überhaupt*.

Ladmiral, Jean-René, (1987), "Traductologiques", in: Capelle, Marie-José / Debyser, Francis / Goester, Jean-Luc (edd.), *Retour à la traduction*: Numéro spécial de la revue *Le Français dans le monde*, août-septembre 1987, 18-25.

Ladmiral, Jean-René, (1989), "Pour une philosophie de la traduction", in: *Revue de Métaphysique et de Morale*, 1/1989, 5-22.

Ladmiral, Jean-René, (1990a), "Traduction et informatique: Le traitement de texte au secours du traducteur", in: Thome, Gisela / Arntz, Reiner (edd.): *Übersetzungswissenschaft. Ergebnisse und Perspektiven.* Festschrift für Wolfram Wilss zum 65. Geburtstag, Tübingen, 489-498.

Ladmiral, Jean-René, (1990b), "Pour une théologie de la traduction", in: *TTR. Traduction, Terminologie, Rédaction. Etudes sur le texte et ses transformations* (Concordia University, Montréal), N° 2/1990, 121-138.

Ladmiral, Jean-René, (1992), "30 ans de traductologie de langue française — Éléments de bibliographie", in: *TransLittérature*, 3, juin 1992, 13-22.

N.B.: J'en ai publié une version en allemand (à vrai dire, sans la bibliographie): "Übersetzungswissenschaftliches", in: Métrich, René / Vuillaume, Marcel (edd.), *Rand und Band. Abgrenzung und Verknüpfung als Grundtendenzen des Deutschen* — Festschrift für Eugène Faucher zum 60. Geburtstag, Tübingen, 237-242.

Ladmiral, Jean-René, (1993), "Sourciers et ciblistes", in: Holz-Mänttäri, Justa / Nord, Christiane (edd.), *Traducere navem.* Festschrift für Katharina Reiss zum 70. Geburtstag, Tampere (Finlande), 287-300.

Ladmiral, Jean-René, (^{2}1994), *Traduire: théorèmes pour la traduction*, Paris.

Ladmiral, Jean-René, (1995a), "Sémantiques et traduction", in: Pantaleoni, Luisa / Salmon Kovarski, Laura (edd.), *Sapere Linguistico e Sapere Enciclopedico*. Atti del Convegno Internazionale: Forlì 18-20 Aprile 1994, Bologna, 241-262.

Ladmiral, Jean-René, (1995b), "Traduire, c'est-à-dire... — Phénoménologie d'un concept pluriel", in: *Meta* (Montréal), n° XL/3, septembre 1995, 409-420.

Ladmiral, Jean-René, (1996), "Pour une psychologie de la traduction", in: Lauer, Angelika / Gerzymisch-Arbogast, Heidrun / Haller, Johann / Steiner, Erich (edd.): *Übersetzungswissenschaft im Umbruch*, Festschrift für Wolfram Wilss zum 70. Geburtstag, Tübingen, 27-35.

Ladmiral, Jean-René, (1997), "Les 4 âges de la traductologie - Réflexions sur une diachronie de la théorie de la traduction", in: *L'histoire et les théories de la traduction. Les actes du colloque de Genève (3-5 octobre 1996)*, Berne, ASTTI & ETI, Université de Genève, 11-42.

Ladmiral, Jean-René, (1998a), "Théorie de la traduction : la question du littéralisme", in: *Transversalités. Revue de l'Institut catholique de Paris*, N° 65, janvier-mars 1998, 137-157.

Ladmiral, Jean-René, (1998b), "La Communication interculturelle, une affaire franco-allemande?", in: Dibie, Pascal / Wulf, Christoph (edd.), *Ethnosociologie des échanges interculturels*, Paris, 45-64. Traduction allemande Gernot Glaeser: "Die interkulturelle Kommunikation — nicht nur eine deutsch-französische Angelegenheit", in: *Vom Verstehen des Nichtverstehens. Ethnosoziologie interkultureller Begegnungen*, Frankfurt/New York, 1999, 41-60.

Ladmiral, Jean-René, (1999), "Sur la philosophie de la culture impensée de la traduction", in Hess, Remi / Wulf, Christoph (edd.), *Parcours passages et paradoxes de l'interculturel*, Paris, 141-164. — Traduction allemande sous presse.Ladmiral, Jean-René/Lipiansky, Edmond Marc (1989, ^{2}1991, ^{3}1995), *La Communication intercultu-relle*, Paris. — Traduction allemande sous presse.Lavault, Élisabeth (^{2}1998), *Fonctions de la traduction en didactique des langues*, Paris.

Lorgnet, Michèle A., (1995), *Pour une traduction holistique: recueil d'exemples pour l'analyse et la traduction*, Bologne.

Séleskovitch, Danica / Lederer, Marianne (1984), *Interpréter pour traduire*, Paris.

N.B.: Conformément à un usage de plus en plus répandu dans les publications en sciences humaines (et qu'on peut trouver agaçant), j'ai été amené à citer plusieurs de mes propres travaux: la présente étude s'inscrit en effet dans le cadre d'une réflexion d'ensemble, dont c'était l'occasion de faire apparaître la cohérence, et avec laquelle il m'a semblé utile de marquer certains points de contact; c'était aussi une façon d'alléger cette même étude qui, avec le recul, menaçait de prendre une ampleur excessive. Et puis, je suis quant à moi reconnaissant aux auteurs que je lis quand ils me fournissent des indications de cette nature... Enfin, ce m'a été l'occasion de mentionner certains numéros spéciaux de revues et autres publications collectives consacrés à la traduction qu'autrement, peut-être, le lecteur eût ignoré. En revanche, je me suis limité à très peu de choses pour ce qui est des références bibliographiques en général.

ZUR ANWENDUNG DES SPRACHVERGLEICHS IN DER ÜBERSETZUNGSDIDAKTIK

(GISELA THOME, Saarbrücken)

1 Zum Begriff "Übersetzungsdidaktik"

Wenn im folgenden von Übersetzungsdidaktik gesprochen wird, so ist damit in einem sehr generellen Sinn die Ausbildung angehender Berufsübersetzerinnen und -übersetzer gemeint, die üblicherweise an Hochschulinstituten stattfindet. Nicht verstanden werden kann darunter ein geschlossenes Konzept der Stoffauswahl und Stoffvermittlung zum Aufbau der translatorischen Kompetenz als der Fähigkeit zur angemessenen zielsprachlichen Wiedergabe ausgangssprachlichen Textmaterials, die gleichwohl im Übersetzungsunterricht als oberstes Lernziel angestrebt wird. Über ein solches Konzept verfügt die Translationswissenschaft als akademisches Fach nämlich auch nach den fünfzig Jahren ihres Bestehens und trotz fast ebenso langer, zunächst vereinzelter, jedoch seit den frühen Siebzigern deutlich verstärkter Bemühungen um eine Didaktisierung ihrer Erkenntnisse bislang bestenfalls in Ansätzen. In der einschlägigen Literatur behandelt man eine Fülle spezifischer Einzelaspekte wie die lerntheoretischen Grundlagen der Übersetzungslehre (Reiss 1974), den Einbezug der Textanalyse in die Übersetzerausbildung (Thiel 1974, 1980; Bühler 1984, 1990; Thiel/Thome 1990), den Umgang mit den unterschiedlichen Schwierigkeitsgraden von Texten (Thome 1975, Nord 1997), Fragen der Textauswahl (Gravier 1978:203ff.; Arntz 1984, Seiler de Duque 1997), die Integration der Übersetzungstheorie in den Übersetzungsunterricht (Gravier 1978:203; Hönig/Kußmaul 1982, Juhel 1985), die Nutzung psycholinguistischer Forschungsergebnisse und fehleranalytischer Erkenntnisse (Kußmaul 1984, 1986; Joyce 1997), die lernpsychologische Fundierung der translatorischen Didaktik (Wilss 1984), den Einsatz des Computers in der Übersetzerausbildung (Schmitz 1990, Teuscher 1990), die Einbeziehung handlungstheoretisch-funktionalen Wissens (Schmidt 1992, Nord 1996), die Integration von Übersetzungstheorie und Übersetzungspraxis (Emsel 1997, Herting 1997) oder die Vermittlung von Übersetzungsverfahren (Schreiber 1997). Alle diese Einzelansätze schließen sich jedoch noch keineswegs zu einem kohärenten didaktischen Ganzen zusammen. Diesen Eindruck des Fragmentarischen vermögen auch die in jüngster Zeit vorgelegten, um eine ganzheitliche Sicht bemühten Untersuchungen zur Übersetzerausbildung (Gile 1995, Kußmaul 1995, Wilss 1996) nicht zu widerlegen. Übersetzungsdidaktik stellt sich nach wie vor als vergleichsweise heterogene Vielzahl von Anregungen und Denkanstößen zum Übersetzungsunterricht dar, die derzeit noch ihrer Korrelierung miteinander harren.

2 Sprachvergleich und Übersetzungswissenschaft

Diese für die hier zu behandelnde Thematik nicht gerade angenehme Ausgangssituation wird zusätzlich dadurch verschärft, daß der Begriff des Sprachvergleichs übersetzungswissenschaftlich bisher nicht so vereindeutigt ist, daß man übersetzungsdidaktisch in vernünftiger Weise mit ihm arbeiten könnte. Die von Halliday/McIntosh/Strevens (1964:112) vorgenommene Gleichsetzung von *comparative descriptive linguistics* und *contrastive linguistics* lebt in der Übersetzungswissenschaft ebenso fort wie die auf die gleiche Quelle zurückgehende Auffassung von Kontrastiver Linguistik und Übersetzungswissenschaft als den beiden über viele Gemeinsamkeiten verfügenden Teildisziplinen des synchron-deskriptiven Sprachvergleichs (Coseriu 1981:188; Kühlwein/Wilss 1981:7ff.; Wilss 1996:73ff.). Früh schon schreibt man dem Sprachvergleichstyp Kontrastive Linguistik als systemlinguistischer Variante die Funktion einer Basis-, Hilfs- oder Voraussetzungswissenschaft für die als deren sprachverwendungslinguistische Entsprechung charakterisierte Übersetzungswissenschaft zu (Wilss 1977:222; 1996:81; Coseriu 1981:193f.; Schmitt 1991). Doch auch die noch so detaillierte Rekapitulation von Parallelen und Übereinstimmungen zwischen Kontrastiver Linguistik und Übersetzungswissenschaft (Wilss 1996:71ff.) kann nicht darüber hinwegtäuschen, daß Übersetzen es nicht primär mit Sprache als solcher in ihrer systematischen Ausprägung, sondern speziell mit deren individueller textueller Gestaltung zu tun hat. Diese liegt stets in Form des Originals als abgeschlossene Ausfertigung vor und ist jeweils mit deren Überführung in ihre zielsprachliche Fassung neu zu leisten. Übersetzungswissenschaft ist demnach ihrem Wesen nach nicht Sprachvergleichs-, sondern Textvergleichswissenschaft. Allerdings hat für sie der Sprachvergleich konkrete Bedeutung als im Übersetzungsprozeß anwendbare spezifische Technik der Aktivierung von für die Textbildung relevantem Sprachwissen im Sinne von Kenntnissen über beide jeweils beteilige Sprachsysteme. Sprachvergleich vollzieht sich hier als textuell gelenkter Zugriff auf dieses Wissenspotential durch die nach bestimmten Schwerpunkten erfolgende Zuordnung von Fremdsprache und Muttersprache. Der jeweilige Schwerpunkt ergibt sich dabei aus den Erfordernissen des zu übersetzenden bzw. des neu zu erstellenden Textes als der beiden zentralen Untersuchungsgegenstände der Übersetzungswissenschaft. Der Sprachvergleich fungiert somit als Bindeglied zwischen der Erschließung des ausgangssprachlichen Textes und seiner zielsprachlichen Rekonstruktion. Als Zwischenschritt zwischen der Analyse- und der Synthesephase entspricht er der in der Literatur im Zusammenhang mit der Modellierung des Übersetzungsprozesses kontrovers diskutierten und dort bislang seltsam vage gebliebenen Transferphase (Wilss 1977:95f.; Krings 1986:6ff.; Koller 1994:96ff.). Die Sinnhaftigkeit der Situierung der sprachvergleichenden Operationen in der Mitte des Übersetzungsvorgangs wird durch Erkenntnisse bestätigt, die durch Anwendung der Methode des Lauten Denkens auf übersetzerisches Verhalten gewonnen worden sind: Die beobachteten Übersetzer und Übersetzerinnen schalten vor den Syntheseschritt häufig explizit eine Testphase, in der sie ausgangssprachliche Textsegmente mit potentiellen zielsprachlichen Entsprechungen vergleichen (Krings 1986:263ff., 405ff. und passim; Lörscher 1991:103 und passim). Allerdings kann bei ihnen dieser Probeschritt auch entfallen, so daß dann Erschließung und Überführung des Ausgangstextes unmittelbar aufeinanderfolgen. Demnach kann der Übersetzungsprozeß aus drei oder auch nur aus zwei Phasen bestehen. Die alte Frage, ob er als Zweischritt- oder Dreischrittschema darzustellen ist, erweist sich damit als weitgehend beantwortet. Der Sprachvergleich kann notwendig werden oder auch nicht. Er ist eben der fakultative Teil des Übersetzungsvorgangs.

3 Sprachvergleich und Übersetzungsdidaktik

3.1 Zum Stand der Dinge

Die Klärung des Verhältnisses von Übersetzungswissenschaft und Sprachvergleich im Hinblick auf dessen spezifische Funktion und Position im Übersetzungsprozeß hat selbstverständlich unmittelbare Auswirkungen auf die Einbeziehung sprachvergleichender Überlegungen in die Übersetzerausbildung. Diese sind trotz ihres fakultativen Charakters grundsätzlich in der universitären Lehre einzuplanen, damit die Studierenden erforderlichenfalls auf sie zurückgreifen und mit ihnen umgehen können. Allerdings kann Sprachvergleich heute mit Sicherheit nicht mehr betrieben werden, wie er seit den fünfziger Jahren für das Sprachenpaar Französisch - Deutsch etwa von Malblanc (1968) und bis in die achtziger Jahre hinein von Truffaut (1983) praktiziert worden ist, nämlich auf der Grundlage von Sammlungen zweisprachiger Beispiele zu Schwerpunkten vor allem der Grammatik. Die Motivation dieser Übersetzungslehrbücher ist die Erleichterung der Produktion korrekter Übersetzungen durch das Wissen um die zwischen den beiden beteiligten Sprachen bestehenden Gesetzmäßigkeiten. Die Schwäche dieses Ansatzes besteht freilich darin, daß das präsentierte Material nach rein formal-grammatischen und nicht nach ausdrücklich übersetzungsrelevanten Gesichtspunkten aufgebaut ist. Hinzu kommt, daß Bezugspunkt der Ausführungen der Satz und nicht - wie ja für das Übersetzen unverzichtbar - der Text ist. Dieses letztgenannte Defizit wird zwar in ähnlich motivierten, aber eben textuell ausgelegten Werken wie denen von Gallagher (1980) oder Henschelmann (1980) relativiert. Dennoch hat dieser gesamte, immerhin unmittelbar aus der Praxis des universitären Übersetzungsunterrichts erwachsene Ansatz nicht nachhaltig zu einer sinnvollen Form der Einbeziehung des Sprachvergleichs in die Übersetzungsdidaktik beitragen können.

Bemühungen um Alternativen oder doch wenigstens Weiterentwicklungen sind freilich in der seither erschienenen Literatur nicht erkennbar. Die bereits erwähnten neuen übersetzungsdidaktischen Gesamtdarstellungen beschränken sich auf einige ganz sporadische und sehr allgemeine Bemerkungen zur prinzipiellen übersetzungsunterrichtlichen Relevanz systematischer Kenntnisse in den beteiligten Sprachen resp. ihres Vergleichs miteinander, ohne sich näher zu deren exaktem Stellenwert oder gar zu ihrem genauen Ort im übersetzungsdidaktischen Ensemble zu äußern (Gile 1995:126; Kußmaul 1995:17, 74; Wilss 1996:71ff.). Zwei gleichfalls erst jüngst erschienene kleinere Einzeluntersuchungen (Järventausta 1996, Hansen 1997) stellen zwar immerhin die Nützlichkeit des Sprachvergleichs für Übersetzen und Übersetzerausbildung ins Zentrum ihrer Ausführungen und betonen dabei auch die Wichtigkeit des textuellen Aspekts. Doch lassen auch sie die Frage offen, welche Rolle der Sprachvergleich im übersetzungsunterrichtlichen Kontext nun im einzelnen zu spielen hat, wie er sich hier einbringen läßt und was er bewirken kann. Eine Antwort darauf erscheint jedoch um so dringlicher, als seine Relevanz für die Übersetzerausbildung -

wie eine Umfrage unter Saarbrücker Kollegen und Kolleginnen ergeben hat - in der translatorischen Lehre unumstritten ist und sprachvergleichende Überlegungen hier wohl auch mehr oder weniger regelmäßig angestellt werden. Wie alles bisherige übersetzungsdidaktische Procedere werden jedoch auch Konzeption, Systematik und Methodik der Einbeziehung des Sprachvergleichs deutlich von der jeweils lehrenden Person bestimmt. Einheitlichkeit besteht allerdings insofern, als auf ihn normalerweise immer dann zurückgegriffen wird, wenn es gilt, Einvernehmen über fragwürdige zielsprachliche Lösungen herbeizuführen oder gravierende translatorische Fehlleistungen in ihrer Entstehung und in ihren Auswirkungen zu klären. Hier erfüllen Überlegungen zu den jeweiligen sprachenpaarspezifischen Konvergenzen und Divergenzen folglich bislang eine rein diagnostisch-therapeutische Aufgabe. Damit aber wird die Chance vergeben, die aus dem Wesen solcher Erkenntnisse als Voraussetzungswissen für adäquates translatorisches Handeln herzuleitende fehlerpräventive Funktion zu nutzen, ein Umstand, der dringend der übersetzungsdidaktischen Korrektur bedarf.

3.2 Die Anwendung des Sprachvergleichs in der Übersetzungsdidaktik

Im Rahmen einer solchen Korrektur ist zu klären, wie der Sprachvergleich funktionsgerecht und systematisch sowohl in den übersetzungstheoretischen als auch in den übersetzungspraktischen Teil des Ausbildungsprogramms eingebracht werden kann. Hierzu sind nach Grund- und Hauptstudium wie auch nach Inhalt und Methode differenzierte Formen der Lehre zu entwickeln, die gewährleisten, daß sprachvergleichende Operationen zu einem sinnvoll einbezogenen integralen Bestandteil studentischer Übersetzungsaktivitäten werden. In der räumlichen Beschränkung dieses Beitrags können dazu lediglich einige Vorschläge unterbreitet und Erfahrungswerte mitgeteilt werden.

Das Bewußtsein, wie nützlich die Gegenüberstellung der beiden beteiligten Sprachen sein kann, wenn es darum geht, die ausgangssprachliche Vorlage adäquat zu dekodieren und dabei bereits ihr gemäße Enkodierungsmöglichkeiten für den Zieltext zu reflektieren, läßt sich am ehesten in den einführenden Vorlesungen des Grundstudiums wecken und fördern. Diese Lehrveranstaltungen können sich jedoch - ihrer "natürlichen" Theorieausrichtung zum Trotz - nicht damit begnügen, Kontrastive Linguistik lediglich allgemein als der Übersetzungswissenschaft nahestehende Disziplin vorzustellen. Sie sollten vielmehr anhand von - per Overheadprojektor oder Kopien zugänglich gemachten - Kurztexten und ihren Übersetzungen einen Eindruck von dem vermitteln, was etwa im Zusammenhang mit dem Sprachenpaar Französisch - Deutsch im ausgangssprachlichen Text an Problemen auftreten kann, welche die Reflexion der zwischen den beiden Sprachen bestehenden Übereinstimmungen und Abweichungen und die gedankliche Vorwegnahme möglicher Lösungen im zielsprachlichen Text rechtfertigen oder sogar erfordern. So kann z.b. gezeigt werden, wie sich schon in der Realisierung etwa von Wortfeldern und Begriffssystemen oder in den unterschiedlichen Satzbauplänen und den von ihnen mitbeeinflußten Möglichkeiten der Satzverknüpfung das jeweilige Zusammenspiel von mikro- und makrotextuellen Gegebenheiten in beiden Sprachen beobachten und erfassen läßt. Die so gewonnenen sprachvergleichenden Basiskenntnisse können sodann in ebenfalls noch zum Grundstudium gehörenden Proseminaren vertieft und später in Hauptseminaren erweitert werden. In diesen nunmehr auf vorwiegend studentische Eigeninitiative ausgelegten Lehrveranstaltungen des Fortgeschrittenen- und Hauptstudiums können nach entsprechender Einführung auf jeweils spezifischem Niveau in Referaten und Hausarbeiten Schwerpunkte wie Kohärenzmittel oder Abtönung an vorgegebenen oder selbstgewählten Textbeispielen im Sprachvergleich untersucht und in der Gruppe diskutiert werden. Die Kontinuität in der Behandlung sprachvergleichender Themen im wissenschaftlichen Teil des Übersetzerstudiums bietet den Vorteil, daß der Sprachvergleich als Hilfe zum adäquaten Umgang mit den jeweiligen sprachspezifischen Texteigenheiten stets präsent bleibt und so die Voraussetzungen dafür geschaffen werden, daß seine Anwendung zu einer selbstverständlichen Strategie bei der Bewältigung konkreter Übersetzungsaufgaben wird.

Praktische Übersetzungsarbeit nimmt, da sich die Translationswissenschaft als empirische, anwendungsorientierte Disziplin begreift, in der gesamten Übersetzerausbildung einen besonders breiten Raum ein. Hier liegt folglich auch der Schwerpunkt des Einsatzes des Sprachvergleichs und damit auch einschlägiger didaktischer Erfahrung. Die nach Studienphasen differenzierten Übungen an aktuellem gemeinsprachlichen Textmaterial mit entsprechend unterschiedlichen Schwierigkeitsgraden - auf den besonderen Status der Fachtexte kann hier nicht eingegangen werden - bieten in gleichem Umfang Übersetzen aus der Fremdsprache und Übersetzen in die Fremdsprache, also *version* und *thème*, an. Die Studierenden verfügen in individuell höherem oder geringerem Umfang über die entscheidenden Komponenten der translatorischen Kompetenz, nämlich kommunikative Kompetenz in Fremd- und Muttersprache, Fähigkeit zur Äquivalentsetzung der Elemente beider Sprachen sowie Sachkompetenz (Thiel 1980:18; Krings 1986:27). Im Idealfall besitzen sie bereits textanalytisches und übersetzungsprozedurales Wissen. Mit Hilfe dieser Voraussetzungen können sie nun bei der Präsentation jedes neuen Textes im Grundstudium gemeinsam, im Hauptstudium in selbständiger häuslicher Vorbereitung systematisch die drei möglichen Phasen des Übersetzungsvorgangs beispielhaft durchlaufen. Sie analysieren zunächst die je nach Übersetzungsrichtung fremd- oder muttersprachliche Vorlage gründlich auf ihre inhaltlichen, pragmatischen wie auch sprachlich-formalen Besonderheiten und Eigentümlichkeiten hin. Bei diesem ersten übersetzungsprozessualen Schritt können bereits spezifische Verwendungsweisen von Sprache festgestellt werden, die aus Studenten- und/oder Dozentensicht die vergleichende Heranziehung entsprechender Aussageformen oder Strukturen in der Zielsprache als hilfreich erscheinen lassen. Die jeweiligen Textstellen werden markiert und nach Abschluß der Analyse noch einmal kritisch daraufhin durchgemustert, ob sie sich in deren Verlauf vielleicht geklärt haben. Ist dies der Fall (und er ist gar nicht so selten), kann auf einen Sprachvergleich verzichtet und nahtlos zur zielsprachlichen Synthese übergegangen werden. Bleiben dagegen Fragen offen, werden sie durch den problemzentrierten Einbezug der jeweiligen anderen beteiligten Sprache gelöst. Dabei genügt es nicht, ein einzelnes Textsegment sprachvergleichend auf seine Überführung in die Zielsprache vorzubereiten, sondern es wird als Gelegenheit genutzt, den Sprachbereich, dem es angehört, möglichst umfassend zu behandeln. So kann z.B. ein lexikalisches Problem Anlaß dazu sein, das betreffende Wortfeld in beiden Sprachen zu vergleichen und von dort aus - gegebenenfalls unter zusätzlicher Berücksichtigung der Isotiopiezugehörigkeit des betreffenden Elements - zu dessen im Textzusammenhang semantisch optimaler Entsprechung zu gelangen. Auf der syntaktischen Ebene kann etwa die Notwendigkeit der semantischen Vereindeutigung eines *gérondif* die Möglichkeit bieten, die Adverbialsatzbildung bzw. -verwendung als solche sprachvergleichend zu behandeln. Unter textsyntaktischem Aspekt können im Text gesammelte Konnektoren dazu führen, die in den beiden Sprachen zur Verfügung stehenden Kohäsionsmittel zum Vergleichsgegenstand zu machen. Die Studierenden sind erfahrungsgemäß an solchen grundsätzlichen Klärungen durchaus interessiert und empfinden sie keineswegs - wie man befürchten könnte - als Verzögerung der eigentlichen Übersetzungsphase. Wenn sie von Studienbeginn an den Dreischritt Textanalyse - Sprachvergleich - Textsynthese gewohnt sind, wird er ihnen im Laufe des Grundstudiums zur gemeinsam praktizierten Arbeitsgewohnheit, die es ihnen erlaubt, ihn im Hauptstudium auch selbständig durchzuführen. Im Übersetzungsunterricht der höheren Semester, in denen sich das Interesse zunehmend von lexikalischen und syntaktischen auf textlinguistische und stilistische Fragen verlagert, kann sich dann der Zwischenschritt Sprachvergleich - wie übrigens auch die Analyse des Ausgangstextes - auf die Präsentation der Ergebnisse der häuslichen Vorbereitung reduzieren und so der zielsprachlichen Reverbalisierung des Textes immer breiteren Raum belassen.

3.3 Ein Beispiel aus der universitären Praxis

Die Anwendung des Sprachvergleichs im praktischen Übersetzungsunterricht soll nunmehr an einem Beispiel aus dem Grundstudium wegen der hier noch detailliert stattfindenden Behandlung sprachvergleichender Fragen konkretisiert werden. Die Aufgabenstellung besteht im Übersetzen des folgenden Textes aus *Le Monde diplomatique* vom Mai 1997 aus dem Französischen ins Deutsche. Die zum Sprachvergleich herangezogenen Elemente sind darin bereits markiert.

«LE BÊTISIER DE MAASTRICHT»

Si courte, la mémoire des Français?

1 Le pari sur la dissolution que vient de faire le président Jacques Chirac repose sur l'hypothèse que les Français de 1997 ont la mémoire courte. Si l'on pense qu'une élection **doit** constituer la sanction d'un débat, et que ce débat ne **saurait** faire table rase du passé, deux publications arrivent à point nommé.
5 La première, que propose Le Canard enchaîné, est un inventaire des promesses de candidat non tenues par le président Chirac depuis son élection en 1995: 98 pages y suffisent à peine. La seconde, tout aussi édifiante, rapporte les propos définitifs tenus par certains partisans du «oui» lors de la ratification du traité de Maastricht en 1992. Rétrospectivement, une telle couronne de «perles» est aussi inquiétante pour
10 la santé de la démocratie que les reniements du président de la République.
Ne nous attardons pas sur M. Bernard Kouchner (*«Avec Maastricht, on rira beaucoup plus»*) ou M. Brice Lalonde (*«C'est beau! ... C'est fou!»*). Car plus graves

sont les analyses, totalement démenties par les faits, que des dirigeants réputés responsables ont «vendues» aux électeurs. De M. Valéry. Giscard d'Estaing, qui
15 promettait «*un emploi amélioré*», à Mme Martine Aubry renchérissant sur ce thème: «*Plus d'emploi, plus de protection sociale et moins d'exclusion.*» Mais, aussi bien dans l'apologie sans nuances du traité que dans le mépris affiché à l'égard de ceux qui n'y étaient pas favorables, les politiques auront largement été distancés par les «grandes signatures» des médias.
20 Jean-Pierre Chevènement, qui a organisé ce florilège - non sans délectation, on l'imagine -, n'a pas omis d'y faire figurer les paroles des enthousiastes de Maastricht devenus, après-coup, déçus, sceptiques, sinon «repentis». Dans une préface érudite, il explique que, si le «oui» a été «*un vote d'adhésion à un projet vague, mais en phase avec l'idéologie dominante*», le «non» a été «*un vote de résistance*». Ce qui expli-
25 que son - court - échec: «*Pour triompher de la mythologie mystificatrice de l'Establishment, il eût fallu un mythe plus puissant. La vision d'avenir de ce que peut être une Europe citoyenne, faite de nations solidaires, n'était pas encore mûre.*»
Ce n'est malheureusement pas en quatre semaines de campagne menée à la hussarde que **pourra** se tenir devant l'opinion, autrement que sous la forme de
30 slogans, le débat de fond sur la nature, les modalités et le calendrier de la nécessaire construction de l'Europe.
B. C.

Die Analyse des Originals, über die bereits anderweitig eingehend berichtet wurde (Thome 1998), ist abgeschlossen. Schon während ihrer Durchführung haben sich bei den Studierenden vereinzelte Unsicherheiten bezüglich der Vorlage resp. vage Vorüberlegungen hinsichtlich der Umsetzungsmöglichkeiten eingestellt. Beides sind erste Hinweise auf evtl. erforderliche sprachvergleichende Operationen. Diese divergieren im übrigen je nachdem, ob wie bei den deutschsprachigen Studierenden in die Muttersprache oder wie bei ihren frankophonen Kommilitonen in die Fremdsprache zu übersetzen ist. Das zeigt sich deutlich in den Angaben zum Sprachvergleich. Von den deutschen Studenten werden ausschließlich syntaktische Probleme als besprechungswürdig genannt. Ihre französischsprachigen Kommilitonen sehen durchweg lexikalische Fragen als erklärungsbedürftig an. Aus Raumgründen konzentrieren sich die Ausführungen zu diesen Schwerpunkten des Sprachvergleichs bei der deutschen Gruppe speziell auf die komplexen Gefüge, bei der frankophonen Gruppe ganz auf die Modalverbformen. Beide Bereiche werden von den Studierenden als für sie besonders wichtig angegeben.
Beim erstgenannten Schwerpunkt liegt der Akzent auf den 16 Attributsätzen des Originals, die durch Unterstreichung hervorgehoben worden sind.

Ihre Frequenz verleiht ihnen auch textuelle sowie stilistische Relevanz und trägt zudem deutlich zur Informationsverdichtung bei. Funktional wie formal besteht zwischen beiden Sprachen weitgehend Konvergenz (vgl. Helbig/Buscha 1986:675ff.). Einzige Ausnahme ist die im Deutschen gegebene zusätzliche Ausdrucksmöglichkeit der partizipialen Variante durch die nicht mehr satzwertige Prämodifizierung.

Konjunktionalsatz

(1) l'hypothèse que les Français de 1997 ont la mémoire courte (Z. 2)

die Annahme, daß die Franzosen von 1997 ein kurzes Gedächtnis haben

Relativsatz

(2) Chevènement, qui a organisé ce florilège (Z. 20)

Chevènement, der diese Stilblütensammlung herausgegeben hat

Partizipialkonstruktion

(3) une Europe citoyenne, faite de nations solidaires (Z. 27)

a) ein Europa der Bürger, gebildet aus solidarischen Nationen
b) ein aus solidarischen Nationen gebildetes Europa der Bürger

Die Ermittlung der Strukturen in beiden Sprachen stellt für die Studierenden zunächst nicht das eigentliche Problem dar. Ihr Interesse konzentriert sich vielmehr auf die erwähnte Häufigkeit der genannten Satzformen und die damit verbundene Frage nach deren Verwendbarkeit auch im deutschen Text. In diesem Zusammenhang ist darauf hinzuweisen, daß das Französische generell deutlich stärker als das Deutsche zum Gebrauch von Attributsätzen tendiert. Diese aus langjähriger Erfahrung erwachsene Erkenntnis wird durch die Literatur (Blumenthal 1997:29) ebenso bestätigt wie durch die in der deutschsprachigen Ausgabe der Zeitung enthaltene Übersetzung des Artikels, in der ganze vier Relativsätze und eine vereinzelte Partizipialkonstruktion als Prämodifikation zu finden sind. Darüber hinaus ist auch zu erwähnen, daß die im Französischen so beliebte Reihung von Attributsätzen im Deutschen außer aus den genannten Gründen nicht zuletzt deshalb vermieden werden sollte, weil hier die Aufeinanderfolge gleichartiger Nebensätze generell als stilistisch unschön gilt. Der übersetzungsprozessuale Zwischenschritt Sprachvergleich in Sachen Attributsatz muß demzufolge in die gemeinsame Suche nach zielsprachlichen Ausweichmöglichkeiten münden. Die Überlegungen zentrieren sich auf die sich bietenden Lösungswege Überführung in einen Hauptsatz (der von der deutschen Übersetzerin präferierte Weg) und Rückgriff auf ein Genitivattribut. Daneben bleibt die im Schriftdeutschen (zumindest ab einem gewissen stilistischen Niveau) ausgesprochen beliebte Verwendung der Prämodifizierung, deren Entlastungsfunktion gerade auch bei der im Französischen nicht seltenen Relativsatzhäufung entsprechend hervorzuheben ist. Mit diesem von den Studierenden teils lediglich rekapitulierten, teils für sie auch neuen, in jedem Fall systematisierten Wissen lassen sich die zahlreichen Attributsätze beim Aufbau der zielsprachlichen Version kontextadäquat bewältigen. Die im folgenden zusammengestellten Resultate der gemeinsamen sprachvergleichenden Bemühungen gehen als Vorgaben in die Synthesephase des Übersetzungsprozesses ein.

Konjunktionalsatz bleibt erhalten:
(1) l'hypothèse que les Français ... ont la mémoire courte (Z. 2) → die Annahme, daß die Franzosen ... ein kurzes Gedächtnis haben
Relativsatz bleibt erhalten:
(2) la dissolution que vient de faire le président J.C. (Z. 1) → die Parlamentsauflösung, die Präsident J.C. gerade vollzogen hat
(3) les analyses ... que des dirigeants ... ont «vendues» aux électeurs (Z. 13 f.) → welche ... Führungskräfte den Wählern "verkauft" haben
(4) ceux qui n'y étaient pas favorables (Z. 17 f.) → diejenigen, die ihm ablehnend gegenüberstanden
(5) Chevènement, qui a organisé ce florilège (Z. 20) → Chevènement, der diese Stilblütensammlung herausgegeben hat
(6) La vision ... de ce que peut être une Europe ... (Z. 26f.) → Die Vision dessen, was ein ... Europa sein kann
Relativsatz → Hauptsatz:
(7) La première, que propose *Le Canard enchaîné* (Z. 5) → Die erste stammt vom *Canard enchaîné*
(8) M. Valéry Giscard d'Estaing, qui promettait ... (Z. 14 f.) → Valéry Giscard d'Estaing versprach ...
(9) Ce qui explique son - court - échec (Z. 24 f.) → Dies erklärt sein - kurzfristiges - Scheitern

Partipialsatz → Relativsatz:
(10) promesses de candidat non tenues par le président C. (Z. 5 f.) → Wahlversprechen als Kandidat, die Präsident C. nicht gehalten hat

Partizipialsatz → Genitivattribut:
(11) propos définitifs tenus par certains partisans du «oui» (Z. 7 f.) → Abschlußerklärungen einiger Befürworter des "Ja"

Partizipialsatz → Prämodifikation:
(12) les analyses, totalement démenties par les faits (Z. 13) → die durch die Tatsachen völlig widerlegten Analysen
(13) enthousiastes de Maastricht devenus ... déçus (Z. 21 f.) → inzwischen enttäuschte Anhänger des Vertrags von Maastricht
(14) une Europe ..., faite de nations solidaires (Z. 27) → ein aus solidarischen Nationen gebildetes Europa
(15) campagne menée à la hussarde (Z. 28f.) → brutal geführter Wahlkampf

Partizipialsatz → Hauptsatz:
(16) Mme Martine Aubry renchérissant sur ce thème (Z. 15) → Martine Aubry überbot ihn mit der Feststellung ...

Während der vereinzelte Konjunktionalsatz beibehalten wird, sind die acht Relativsätze und sieben Partizipialkonstruktionen des Originals zielsprachlich in sechs Relativsätze, vier Hauptsätze, vier Prämodifikationen und ein Genitivattribut überführt und damit deutschen Diversifikationsanforderungen angepaßt worden.

Im Zusammenhang mit dem von den frankophonen Studierenden genannten Schwerpunkt stellen die (im Text fett gedruckten) Modalverbformen nicht zufällig einen besonders erklärungswürdigen Problembereich dar. Es handelt sich dabei um lexikalische Einheiten mit relativ großer Bedeutungsvielfalt (vgl. Helbig-Buscha 1986:131ff.; Neitz 1991:64ff.) und in beiden Sprachen nicht selten unterschiedlicher Verteilung der jeweiligen semantischen Leistung, so daß oft nur vom Kontext aus beurteilt werden kann, welche Bedeutungsvariante vorliegt bzw. einzusetzen ist. Allein die Unterscheidung von *müssen* und *sollen* als möglichen Entsprechungen von *devoir* stellt erfahrungsgemäß selbst für fortgeschrittene Frankophone eine ständige Herausforderung dar. Das hängt damit zusammen, daß *devoir* und *müssen* in den Bedeutungskomponenten Empfehlung, Aufforderung, Auftrag und Notwendigkeit übereinstimmen, gerade die letztgenannte Sinneinheit jedoch zugleich auch von *sollen* abgedeckt wird, das seinerseits die zusätzliche Komponente der Verpflichtung mit *müssen* teilt. Semantische Überschneidungen der beiden genannten deutschen Modalverben bestehen auch mit *falloir*, das sowohl Auftrag als auch Verpflichtung und Notwendigkeit zum Ausdruck bringen kann. Dem Modalverb *können* mit der semantischen Komponente Fähigkeit entsprechen im Französischen *savoir* und *pouvoir*, die sich in ihrer Verwendung häufig nach geistigem bzw. körperlichem Vermögen unterscheiden lassen. Darüber hinaus deckt *pouvoir* wie *können* die beiden zusätzlichen Bedeutungskomponenten Möglichkeit und Erlaubnis ab und kann zudem einen Wunsch ausdrücken. In allen diesen Bedeutungsvarianten wird objektive Modalität realisiert, d.h. die Art des Verhältnisses zwischen dem Satzsubjekt und der im Infinitiv genannten Handlung (vgl. Helbig/Buscha 1986:131; Neitz 1991:34 und passim). Mit Ausnahme von *savoir* können die genannten Modalverben beider Sprachen jedoch auch subjektive Modalität tragen, nämlich das Verhalten des Subjekts zu dem bezeichneten Vorgang zum Ausdruck bringen (Helbig/Buscha und Neitz loc. cit.). So decken *falloir* und *pouvoir* bzw. *müssen* und *können* Vermutung, *devoir* und *sollen* fremde Behauptung ab. Die folgende Übersicht über die im Text enthaltenen Modalverben und ihre verschiedenen Bedeutungen vermittelt einen Eindruck von der im Deutschen und Französischen gleichermaßen zu verzeichnenden Komplexität der semantischen Gegebenheiten in diesem Wortfeld.

Objektive Modalität
(Art des Verhältnisses zwischen dem Satzsubjekt und der im Infinitiv ausgedrückten Handlung)

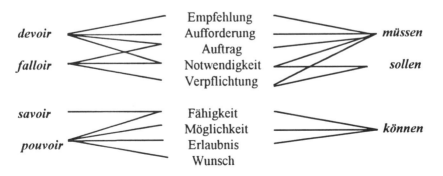

Subjektive Modalität
(Verhalten des Subjekts gegenüber dem bezeichneten Vorgang)

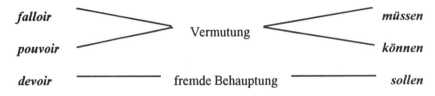

falloir   *müssen*

                   Vermutung

pouvoir   *können*

devoir   ——————— fremde Behauptung ——————— *sollen*

Der Sprachvergleich hat hier das Ziel, die Formen zu rekapitulieren, ihr Bedeutungspotential bewußt zu machen und mit Hilfe dieses Wissens zur kontextgerechten Auswahl anzuregen. Diese wird im konkreten Text zusätzlich dadurch erschwert, daß eine Differenzierung zwischen Indikativ und Konjunktiv bei der Überführung von *doit* (nach *on pense*) (im französischen Text Z. 3), von *saurait* (Z. 3) und von *il eût fallu* (Z. 26) vorzunehmen ist. Auch der Ertrag der sprachvergleichenden Gegenüberstellung der im Text enthaltenen Modalverben wird unter den Vorgaben für die Synthese aufgeführt.

Verpflichtung
(1) qu'une élection **doit** constituer (Z. 3)   eine Wahl **solle** der Anlaß sein

Fähigkeit
(2) que ce débat ne **saurait** faire table rase (Z. 3 f.)   diese Debatte **könne** nicht über ... hinweggehen

Notwendigkeit
(3) il **eût fallu** un mythe (Z. 26)   hätte es einen Mythos geben **sollen**

Möglichkeit
(4) ce que **peut** être une Europe (Z. 26 f.)   was ein Europa sein **kann**

	Vermutung
(5) que **pourra** se tenir ... le débat	**wird** die Debatte geführt werden
(Z. 29f.)	**können**

Die Auswahl der Bedeutungskomponenten ist entsprechend der obigen Übersicht und im Einklang mit dem Kontext getroffen worden. Die Belege (1) - (4) gehören zur Kategorie der objektiven, Beispiel (5) zur Kategorie der subjektiven Modalität. Die Erfahrung zeigt, daß der Einbezug des Sprachvergleichs in den Übersetzungsvorgang den Verlauf der entscheidenden dritten Phase nicht nur erleichtert, beschleunigt und vor größeren Fehlern bewahrt, sondern darüber hinaus die Sicherheit der Studierenden im Hinblick auf die Entscheidung für oder gegen mögliche Übersetzungslösungen spürbar erhöht. Zudem addieren sich die einzelnen Sprachvergleichs-Schwerpunkte im Laufe der Zeit zu einem beachtlichen Bestand an kontrastlinguistischen Kenntnissen, auf die in der weiteren Ausbildung wie auch später im Beruf immer wieder zurückgegriffen werden kann. Der Sprachvergleich selbst als zunächst regelmäßig und regelgeleitet geübte Strategie wird nach und nach eine selbstverständlich und schließlich fast automatisch praktizierte übersetzungsprozessuale Vorgehensweise, die entscheidend zur translatorischen Qualität beiträgt und einen in Studium und Praxis gleichermaßen ernstzunehmenden zeit- und kostensparenden Faktor darstellt.

4 Zusammenfassung der Ergebnisse

Die Resultate des Beitrags können wie folgt resümiert werden: Im Rahmen einer aus vielen verschiedenen Einzeluntersuchungen noch erst zu erstellenden Didaktik des Übersetzens hat der Sprachvergleich als fakultativ anwendbare spezifische Technik der Aktivierung von für den zielsprachlichen Textaufbau relevantem systemlinguistischen Wissen über beide am Übersetzungsvorgang beteiligte Sprachen seinen Platz sinnvollerweise in der Transferphase des Übersetzungsprozesses. Er vollzieht sich hier als textuell gesteuerter Zugriff auf dieses Wissen und folgt dabei den aus den Erfordernissen des zu übersetzenden bzw. des neu zu gestaltenden Textes erwachsenden Schwerpunkten. Seine Nutzung dient der Fehlerprophylaxe. Er fördert und verkürzt nachweislich die Textsynthesephase und maximiert die Qualität des Übersetzungsprodukts. Sprachvergleich kann in der Übersetzerausbildung in allen Studienabschnitten und in allen Formen universitärer Lehre in entsprechend niveaugerechter Differenzierung Anwendung finden. Doch kommt er logischerweise vor allem in den praktischen Übungen zum Zuge, wo er im Grundstudium zunächst gemeinsam durchzuführen ist, während er im Hauptstudium vorwiegend in selbständiger Einzelarbeit bewältigt werden kann. Durch seine konsequente Anwendung in der Übersetzungsdidaktik läßt sich kontinuierlich ein beachtliches Potential an kontrastlinguistischen Kenntnissen ansammeln, mit dessen in Studium wie Berufspraxis gleichermaßen wirksamer Hilfe unter Zeit- wie Kostenersparnis hochwertige Übersetzungsarbeit geleistet werden kann.

Literaturverzeichnis

Arntz, Reiner (1984), "Das Problem der Textauswahl in der fachsprachlichen Übersetzungsdidaktik", in: Wilss/Thome (edd.), S. 204-211.
Arntz, Reiner/Thome, Gisela (edd.) (1990), *Übersetzungswissenschaft. Ergebnisse und Perspektiven. Festschrift für Wolfram Wilss*, Tübingen.
Blumenthal, Peter (1997), *Sprachvergleich Deutsch-Französisch*, 2. Aufl., Tübingen.
Bühler, Hildegund (1984), "Textlinguistische Aspekte der Übersetzungsdidaktik", in: Wilss/Thome (edd.), S. 250-259.
Bühler, Hildegund (1990), "Orality and Literacy", in: Arntz/Thome (edd.), S. 536-544.
Coseriu, Eugenio (1981), "Kontrastive Linguistik und Übersetzungstheorie: ihr Verhältnis zueinander", in: Kühlwein/Thome/Wilss (edd.), S. 183-199.
Emsel, Martina (1997), "Übersetzungswissenschaft und Lehre im Fach Spanisch", in: Fleischmann/Kutz/Schmitt (edd.), S. 115-121.
Enquist, Nils Erik (1978), "Contrastive Textlinguistics and Translation", in: Grähs/Korlén/Malmberg (edd.), S. 169-188.
Fleischmann, Eberhard/Kutz, Wladimir/Schmitt, Peter A. (edd.) (1997), *Translationsdidaktik. Grundfragen der Übersetzungswissenschaft*, Tübingen.
Gallagher, John Desmond (1981), *Cours de Traduction allemand - français. Textes politiques et économiques. Deutsch - französische Übersetzungsübungen. Lehrbuch mit Texten über Politik und Wirtschaft*, München.

Gile, Daniel (1995), *Basic Concepts and Models for Interpreter and Translator Training*, Amsterdam, Philadelphia.
Grähs, Lillebill/Korlén, Gustav/Malmberg, Bertil (edd.), *Theory and Practice of Translation. Nobel Symposium 39, Stockholm, September 6-10, 1976*, Bern, Frankfurt a.M., Las Vegas.
Gravier, Maurice (1978), "Pédagogie de la traduction", in: Grähs/Korlén/Malmberg (edd.), S. 201-212.
Halliday, Michael A.K./McIntosh, Angus/Strevens, Peter (1964), *The Linguistic Sciences and Language Teaching*, London.
Hansen, Gyde (1997), "Habacht-Signale beim Übersetzen in die Fremdsprache (am Beispiel Dänisch-Deutsch)", in: Fleischmann/Kutz/Schmitt (edd.), S. 133-139.
Helbig, Gerhard/Buscha, Joachim (1986), *Deutsche Grammatik. Ein Handbuch für den Ausländerunterricht*, 9. Aufl., Leipzig.
Henschelmann, Käthe (1980), *Technik des Übersetzens Französisch - Deutsch*, Heidelberg.
Herting, Beate (1997), "Zur Integration von Übersetzungswissenschaft und -praxis in der Ausbildung", in: Fleischmann/Kutz/Schmitt (edd.), S. 79-86.
Hönig, Hans/Kußmaul, Paul (1982), *Strategie der Übersetzung*, Tübingen.
Järventausta, Marja (1996), "Wieviel kontrastive Grammatik braucht der Übersetzer? Vom Nutzen kontrastiv-linguistischen Wissens für den Übersetzer", in: Kelletat, Andreas F. (ed.), *Übersetzerische Kompetenz. Beiträge zur universitären Übersetzerausbildung in Deutschland und Skandinavien. Publikationen des Fachbereichs Angewandte Sprach- und Kulturwissenschaft der Johannes Gutenberg-Universität Mainz in Germersheim*, Reihe A, Bd. 22, Frankfurt a.M., S. 91-104.
Joyce, Jacqueline (1997), "The Concept of Error Analysis Applied to Third Level Translation Courses", in: Fleischmann/Kutz/Schmitt (edd.), S. 145-131.
Juhel, Denis (1985), "La place de la réflexion théorique dans l'apprentissage de la traduction", in: *Meta* 30/3, S. 292-295.
Koller, Werner (1992), *Einführung in die Übersetzungswissenschaft*, 4. Aufl., Heidelberg, Wiesbaden.
Krings, Hans P. (1986), *Was in den Köpfen von Übersetzern vorgeht. Eine empirische Untersuchung zur Struktur des Übersetzungsprozesses an fortgeschrittenen Französischlernern*, Diss. Bochum, Tübingen.

Kühlwein, Wolfgang/Wilss, Wolfram (1981), "Kontrastive Linguistik und Übersetzungswissenschaft", in: Kühlwein/Thome/Wilss (edd.), S. 7-17.

Kühlwein, Wolfgang/Thome, Gisela/Wilss, Wolfram (edd.) (1981), *Kontrastive Linguistik und Übersetzungswissenschaft. Akten des Internationalen Kolloquiums Trier/Saarbrücken, 25.-30.9.1978*, München.

Kußmaul, Paul (1984), "Wie genau soll eine Übersetzung aussehen? Wie können wir Studenten bei ihren semantischen Entscheidungen helfen?", in: Wilss/Thome (edd.), S. 52-59.

Kußmaul, Paul (1986), "Übersetzen als Entscheidungsprozeß. Die Rolle der Fehleranalyse in der Übersetzungsdidaktik", in: Snell-Hornby, Mary (Hg.), *Übersetzungswissenschaft - eine Neuorientierung. Zur Integration von Theorie und Praxis*, Tübingen, S. 206-229.

Kußmaul, Paul (1995), *Training the Translator*, Amsterdam, Philadelphia.

Lörscher, Wolfgang (1991), *Translation Performance, Translation Process, and Translation Strategies. A Psycholinguistic Investigation.* Tübingen.

Malblanc, Alfred (1968), *Stylistique comparée du français et de l'allemand. Essai de représentation linguistique comparée et Etude de traduction*, 4. Aufl., Paris.

Mason, Ian (1982), "The role of translation theory in the translation class", in: *Quinquereme* 5/1, S. 8-13.

Neitz, Marie-Luise (1991), *Die englischen, deutschen und französischen Modalverben in Veröffentlichungen der Europäischen Gemeinschaft.* Diplomarbeit an der Fachrichtung 8.6 Angewandte Sprachwissenschaft der Universität des Saarlandes, Saarbrücken.

Nord, Christiane (1996), ""Wer nimmt denn mal den ersten Satz?" Überlegungen zu neuen Arbeitsformen im Übersetzungsunterricht", in: Lauer, Angelika/Gerzymisch-Arbogast, Heidrun/Haller, Johann/Steiner, Erich (edd.), *Übersetzungswissenschaft im Umbruch. Festschrift für Wolfram Wilss*, Tübingen, S. 313-327.

Nord, Christiane (1997), "Leicht - mittelschwer - (zu) schwer", in: Fleischmann/Kutz/Schmitt, S. 92-102.

Reiss, Katharina (1974), "Didaktik des Übersetzens. Probleme und Perspektiven", in: *Le Langage et l'Homme* 9, S. 32-40.

Schmidt, Heide (1992), "Übersetzungsverfahren. Metamorphose eines traditionellen Begriffs", in: Salevsky, Heidemarie (ed.), *Wissenschaftliche Grundlagen der Sprachmittlung*, Frankfurt a.M.

Schmitt, C. (1991), "Kontrastive Linguistik als Grundlage der Übersetzungswissenschaft", in: *Zeitschrift für französische Sprache und Literatur* CI/3, S. 227-241.

Schmitz, Klaus-Dirk (1990), "Einsatz neuer Technologien in der Übersetzerausbildung", in: Arntz/Thome (edd.), S. 289-298.

Schreiber, Michael (1997), "Übersetzungsverfahren: Klassifikation und didaktische Anwendung", in: Fleischmann/Kutz/Schmitt (edd.), S. 219-226.

Seiler de Duque, Dagmar (1997), "Übersetzerische Kompetenz und Textauswahl im Übersetzungsunterricht Deutsch - Spanisch - Deutsch für Anfänger", in: Fleischmann/Kutz/Schmitt (edd.), S. 109-114.

Teuscher, Gerhart (1990), "Zum Einsatz computergestützter Lernprogramme bei Übersetzungsübungen", in: Arntz/Thome (edd.), S. 299-307.

Thiel, Gisela (1974), "Ansätze zu einer Methodologie der übersetzungsrelevanten Textanalyse", in: Kapp, Volker (ed.), *Dolmetscher und Übersetzer*, Heidelberg, S. 174-185 (2. Aufl. 1984).

Thiel, Gisela (1980), "Übersetzungsbezogene Textanalyse als Kontrollinstrument für den Lernfortschritt im Übersetzungsunterricht", in: Wilss, Wolfram/Poulsen, Sven-Olaf (edd.), *Angewandte Übersetzungswissenschaft. Internationales übersetzungswissenschaftliches Kolloquium an der Wirtschaftsuniversität Aarhus/Dänemark, 19.-21. Juni 1980*, S. 18-32.

Thiel, Gisela/Thome, Gisela (1990), "Übersetzen als Texten", in: *Der Deutschunterricht* 42/1, S. 43-51.

Thome, Gisela (1975), "Die Übersetzungsprozeduren und ihre Relevanz für die Ermittlung des translatorischen Schwierigkeitsgrads eines Textes", in: Nickel, Gerhard/Raasch, Albert (edd.), *Kongreßbericht der 6. Jahrestagung der GAL*, Bd. I: Wilss, Wolfram (ed.), *Übersetzungswissenschaft*, Heidelberg, S. 39-51.

Thome, Gisela (1998), "Printmedien und Übersetzen. Zur deutschsprachigen Ausgabe von *Le Monde diplomatique*", in: *Zeitschrift für Angewandte Linguistik, GAL-Bulletin* 28, S. 53-71.

Truffaut, Louis (1983), *Problèmes linguistiques de traduction*, München.

Vinay, Jean-Paul/Darbelnet, Jean (1958), *Stylistique comparée du français et de l'anglais. Méthode de traduction*, Paris.

Wilss, Wolfram (1977), *Übersetzungswissenschaft. Probleme und Methoden*, Stuttgart.

Wilss, Wolfram (1984), "Perspektiven der Angewandten Übersetzungswissenschaft", in: Wilss/Thome (edd.), S. 1-8.
Wilss, Wolfram (1996), *Übersetzungsunterricht. Eine Einführung*, Tübingen.
Wilss, Wolfram/Thome, Gisela (1984) (edd.), *Die Theorie des Übersetzens und ihr Aufschlußwert für die Übersetzungs- und Dolmetschdidaktik. Translation Theory and its Implementation in the Teaching of Translating and Interpreting. Akten des internationalen Kolloquiums der AILA, 25.-30.7.1983*, Tübingen.

ZUR GRADATION DURCH PRÄFIXOIDE MIT VORGEGEBENER ODER KONTEXTABHÄNGIGER WERTUNGSRICHTUNG
Ein Beitrag zur Kontrastiven Linguistik für das Sprachenpaar Deutsch/Französisch

(CHRISTIAN SCHMITT, Bonn)

1 Methodologische Leitgedanken

Die Praxis sprachlichen Handelns führt uns tagtäglich vor Augen, daß unsere Grammatiken und Lexika für die Sprechhandlungen in der Zielsprache meist nicht ausreichen; vor allem seit der pragmatischen Wende werden wir uns zunehmend der Defizite dieser ansonsten unverzichtbaren Hilfsmittel bewußt, und so überrascht nicht, daß z.b. auch und gerade die Übersetzungswissenschaft ein zunehmendes Interesse für didaktische Ansätze zeigt, die sprachliches Handeln in zwei Sprachen kontrastieren (Koller [2]1983:131; Wilss 1997:71-85) und damit über die primär dem Erkenntnisgewinn dienenden Systemvergleiche von Sprachen (Rein 1983) insofern hinausführen, als sie aus handlungsäquivalenten Textsegmenten Listen und Inventare mit gleichwertigen Einheiten auf der *parole*-Ebene gewinnen, die dann der Optimierung der Performanz in der jeweils gewählten Zielsprache dienen können (Schmitt 1991; 1997). Denn eines ist inzwischen klar geworden: Sprachlich adäquat handeln kann nicht, wer nur die Strukturgrammatik (Dubois 1962a) beherrscht, aber keine Kompetenz für die Pragmatik sprachlicher Regeln besitzt; Ausschnitte aus inhalts- und handlungsgleichen Texten dienen ohne Zweifel der Verbesserung sprachlichen Handelns, da sie wiedereinsetzbar sind, sobald sich eine vergleichbare Kommunikationssituation von neuem ergibt.

Noch sind Fremdsprachenlehre und Übersetzungsgrammatik zu einseitig auf strukturanaloge Wiedergabe (Nord 1997:35) ausgerichtet, doch darf man sicher von der Annahme ausgehen, daß die besseren einsprachigen Grammatiken, die in der Regel der Verbesserung der Sprachkompetenz und -performanz von Muttersprachlern dienen, heute alle handlungsorientierte Grammatiken darstellen, die mehr als nur Grundstrukturen von Sprachen vermitteln möchten. Ähnliches sollte auch für die kontrastiven, in der Regel sprachenpaarbezogenen Grammatiken gelten, wobei natürlich vorausgesetzt werden muß, daß pragmatische Zielsetzung für die ausgangssprachliche (as) wie die zielsprachliche (zs) Beschreibung ebenso die Grundlage bildet, wie davon ausgegangen werden muß, "daß b e i d e verglichenen Sprachen in ein und demselben Modell" (Rein 1983:89) beschrieben werden. Wenn diese Prämissen beherzigt werden, spielt die Frage der Strukturanalogie kaum noch eine Rolle, weil ein auf sprachlicher Äquivalenz basierendes Wörterbuch und eine Übersetzungsgrammatik die Problematik der kommunikativen Gleichwertigkeit im Auge haben und nicht versuchen werden, ausgangssprachliche Formen durch zielsprachliche Formen wiederzugeben. Die pragmatische Äquivalenz ist wesentlich höher einzuschätzen als ein der Skopostheorie gerecht werdendes Translat (Vermeer 1986:324ff.), da hier kaum Informationsverlust auftreten dürfte.

2 Präfixoide mit vorgegebener und textabhängiger Wertungsbasis in der AS

Neben der Gradation durch Präfixoide, die der quantitativen Graduierung eines Merkmals und der Steigerung der Intensität eines Prozesses (Suščinskij 1985:99) dienen, besitzt das Deutsche eine Reihe von Präfixen (wie *super-*, *Erz-*), Präfixoiden (wie *Affen-*, *Bomben-*) oder Suffixoiden (wie *-berg*, *-schwemme*), die eine semantische Modifikation des Basisworts insofern bewirken, als sie diesem Merkmale wie <sehr groß>, <riesig>, <höchst> oder <wichtigst> u.a.m. (Erben [3]1993:79) hinzufügen, die in Abhängigkeit vom Text unterschiedliche Nuancen kreieren (Stepanova/Fleischer 1985:126). Sie dienen in der Regel dem subjektiv-wertenden Ausdruck, denn sie wirken nach Ansicht der Duden-Grammatik "deutlich emotional verstärkend" ([5]1995:491), und dies besonders umgangssprachlich, wobei z.B. *Bullen-* (*Bullenhitze*), *Mist-* (*Mistkerl*) oder *Mords-* (*Mordsgaudi*) etc. mit "starken emotionalen Beiwerten" (Fleischer [5]1982) Verwendung finden, so daß Ladissow zu Recht von "Volkssuperlativen" (1981:91) spricht. *Mordsgaudi* unterscheidet sich von *Gaudi* dadurch, daß der denotative Gehalt der Basis mit "semantischen Merkmalen nicht-denotativen Charakters angereichert" (Ladissow 1983:23) ist und die präfigierte Form in erster Linie die emotionale Einstellung des Sprechers zum Sachverhalt ausdrückt.

Dabei lassen sich grundsätzlich zwei Gruppen intensivierender Präfixoidbildungen ausmachen: Bei der ersten kann das Präfixoid auf denotativer Ebene durch <groß> substituiert werden, sowie durch Angaben der Qualität oder Menge (Ladissow 1983:34), bei der zweiten hingegen ist nur eine Substitution durch Wertungsadjektive möglich, die das Basissubstantiv emotionalisieren (Schmitt 1998). Der ersten Gruppe entsprechen dt. *Riesen-/riesen-, Höllen-* oder *Heiden-*; ihren Äquivalenten habe ich bereits in einer anderen Studie meine Aufmerksamkeit gewidmet (Schmitt 1998). Hier sollen Präfixoide behandelt werden, die der zweiten semantischen Gruppe zugeordnet werden können, also Präfixoide, die die Wertungsadjektive einer nicht-konnotativen synonymischen Aussage ersetzen können. Dabei stützt sich die als eher programmatisch zu verstehende Analyse auf literarische Texte verschiedener Stilebenen, zu denen professionelle französische Übersetzungen vorliegen: je einem Roman von Frisch (*Homo Faber. Ein Bericht*) und Grass (*Aus dem Tagebuch einer Schnecke*) sowie dem Text von Christiane F. (*Wir Kinder vom Bahnhof Zoo*), dessen Eignung für derartige Studien bereits von Zimmer (1981:135) und Radtke (1984) unterstrichen wurde.

Die Vorgehensweise bleibt von semantischen Kriterien bestimmt, wobei sich Aussagen jeweils auf Paralleltextsegmente (Schmitt 1991) beziehen, die sich durch pragmatische Äquivalenz auszeichnen.

3 Empirische Analyse

Im untersuchten Korpus konnten 19 verschiedene Präfixoide nachgewiesen werden, die insgesamt 47 Okkurrenzen kennen. Sie können weiter unterteilt werden in (1) eine Untergruppe mit negativer und (2) eine Untergruppe mit positiver Wertungsrichtung. Die Gruppen präsentieren sich wie folgt:

(1) **negative Wertungsrichtung**:
    (a)   durch die Bedeutung des Präfixoids vorgegeben:
        Scheiß-:   Scheißkneipe, -arbeit, -spießer, -Zivilbullen, -kampf und -krampf, -dreck, -Poster, -droge, -schule (2x), -gesellschaft, -Staat, -freundlichkeit;
        Dreck(s)-:   Dreckarbeit, Dreckskerl;
        Mist-:   Miststück, -stücke, -kerl;

		Horror-:	Horrortrip (2x), -geschichten (2x), -träume;
		Frankenstein-:	Frankensteingesicht, -fratze;
		Penner-:	Pennerwein;
		Weltuntergangs-:	Weltuntergangsstimmung;

    (b) kontextdeterminierte oder basisabhängige Bedeutung:

Blitz-:	Blitzsiege;
Backofen-:	Backofenluft;
Großkaliber-:	Großkaliberwort;
Oma-:	Oma-Nachthemd;
Skiläufer-:	Skiläuferbräune (2x).

(2) **positive Wertungsrichtung**:
    (a) durch die Semantik des Präfixoids vorgegeben:

Engels-:	Engelsgesicht;
Glanz-:	Glanzidee;
Traum-:	Traumplatz, -wohnung;
Wunsch-:	Wunschpferde, -schnecken;
Lieblings-:	Lieblingsspielplatz, -schüler (3x), -gedanke, -idee;

    (b) kontextdeterminierte oder basisabhängige Bedeutung:

Wahnsinns-:	Wahnsinnstat;
Super-:	Supertrick.

3.1 Negative Wertungsrichtung

Diese kann durch die Semantik des Präfixoids vorgegeben sein oder aber erst durch Text und Kontext geschaffen werden.

3.1.1 Durch die Bedeutung des Präfixoids vorgegebene Wertungsrichtung

Zu dieser Gruppe gehören sieben Präfixoide, von denen *Scheiß-* das produktivste, *Penner-* das am wenigsten produktive ist.

(a) *Scheiß-*: Dieses Präfixoid hat intensivierende Funktion und wird daher als Bestimmungsglied aufgefaßt, das "auf derb emotionale Weise Abneigung, Ärger u.ä. ausdrückt" (Duden 1976-81, *scheiß-, Scheiß-*), oder auch als Präfix der Gradation (Kühnhold 1978:208), das im Adjektivbereich, aber auch im Substantivbereich (Küpper 1982:84, s.v.) produktiv ist. Hier hat es als Erstglied im Vergleich zum freien Morphem eine Bedeutungsveränderung erfahren, denn es verleiht dem Basiswort die Konnotation der Verächtlichkeit und kann dabei in Verkettung auftreten, wie dies ein Segment aus *Christiane F.* belegt:

"Nur daß man in ihren Gesichtern jetzt noch viel deutlicher sah, was für ekelhafte *Spießer* das waren. Ich stellte mir vor, daß diese fetten Spießer jetzt aus irgendeiner *Scheißkneipe* oder von irgendeiner *Scheißarbeit* kamen. Dann gingen diese Schweinsgesichter ins Bett und dann wieder zur Arbeit und dann sahen sie fern. Ich dachte: Du kannst froh sein, daß du anders bist. (...). Daß du jetzt auf Pille bist und den Durchblick hast und siehst, was für *Scheißspießer* in der U-Bahn sind" (CFK [5]1979:53; Hervorhebung hier und in der Folge vom Vf.).
"C'est juste que je les vois mieux, que je me rends mieux compte à quel point ils ont l'air dégueulasse, ces bourgeois. Ils doivent rentrer de leur *saleté de travail*. Après, ils vont regarder la télé, aller au pieu, et remettre ça, métro-boulot-dodo. Je pense: 'Tu as bien de la chance de ne pas être comme eux (...). D'avoir pris ce truc qui te montre ce qui se passe dans le métro. *Quelles têtes ils ont!*'" (CFD 1981:63).

Dieser Passus zeigt die verschiedenen Intensivierungsfunktionen des Präfixoids: Es werden jeweils negativ-wertende Adjektive einer neutralen Aussage ersetzt (**heruntergekommene Kneipe* → *Scheißkneipe*, **harte Arbeit* → *Scheißarbeit*, **unangenehme Spießer* → *Scheißspießer*), die Erzählerin möchte ihre subjektiven Gefühle der Verachtung und Ablehnung zum Ausdruck bringen. Dabei wird bei zwei markierten Basissubstantiven (*Kneipe, Spießer*) die abwertende Bedeutung intensiviert, während bei einem (*Arbeit*) die Emotionalität erst erzeugt wird. Im ausgangssprachlichen Text wird der derbe, umgangssprachliche Charakter des Passus durch andere Kraftausdrücke wie *fette Spießer* und *Schweinsgesichter* verstärkt.

Im Translat fällt zunächst auf, daß *Scheißkneipe* keine Entsprechung gefunden hat, während die Abwertung der Arbeit ihr expressives Pendant in *saleté de travail* und die Verachtung der Individuen ihr Äquivalent in dem expressiven Ausrufesatz *Quelles têtes ils ont!* (gemeint: *les bourgeois*) kennen, wobei *bourgeois* als "personne appartenant à la classe moyenne, caractérisée par son conformisme intellectuel, esthétique et social" (GRob, s.v. *bourgeois*) zu verstehen ist, während *Quelle tête il a!* "se dit d'une personne qui a un air défait, fatigué" (GRob, s.v. *tête*). Es wird deutlich, daß im zielsprachlichen Text die denotative Äquivalenz der stilistisch-expressiven und dem umgangssprachlichen Niveau geopfert wurde, wobei dem Ausrufezeichen ein besonderes Gewicht zukommt und eine umgangssprachliche Isotopie durch die Folge *télé – aller au pieu - remettre ça* sowie *métro-boulot-dodo* ("d'abord image de la condition ouvrière dans sa répétitivité abrutissante, elle symbolise plus largement la vie urbaine contraignante", Rey/Chantreau 1979, s.v. *métro*) produziert wird.

Betrachten wir die weiteren Verwendungen dieses der Emotionalität dienenden Präfixoids:

"Ich hatte keine Angst. Ich wußte, daß sie eine Vierzehnjährige nicht in den Knast stecken konnten. Ich war nur voll sauer auf die *Scheiß-Zivilbullen*" (CFK [5]1979:200).
"Je n'ai pas peur. Je sais bien qu'ils ne peuvent pas mettre en taule une gamine de quatorze ans. Mais *quels salauds, ces flics en civil!*" (CFD 1981:196).

"Mich störte das nicht mehr weiter, denn ich wollte ja nur von meiner Clique anerkannt werden, in der es eben den *Scheißkampf* und *Scheißkrampf* nicht gab" (CFK [5]1979:63).
"Au fond ça ne me dérange plus guère, car tout ce qui m'importe désormais c'est d'être reconnue par ceux de la bande. Et dans la bande, *toute cette merde, la compétition, le stress, etc.*, ça n'existe plus" (CFD 1981:76).

"'Willst du denn nicht damit aufhören? 'Ich sagte: 'Mutti, ich täte nichts lieber als das. Ehrlich. (...). Ich will wirklich von diesem *Scheißdreck* weg'" (CFK [5]1979:143).
"'Tu ne veux pas arrêter? 'Je lui réponds: 'Maman, c'est mon plus cher désir. Sincèrement. (...). Je veux vraiment me sortir de *cette merde*'" (CFD 1981:166).

"Über meinem Bett hing ein Poster. Da war eine Skeletthand mit einer Spritze drauf. (...). Stundenlang starrte ich auf dieses *Scheiß-Poster* und wurde beinah wahnsinnig" (CFK [5]1979:204).

"Au-dessus de mon lit il y a un poster: une main de squelette barrée d'une seringue. (...). Je passe des heures à fixer cette *saleté de poster*, j'en deviens presque dingue" (CFD 1981:200).

"Sie redeten auch über H, über Heroin. Alle waren sich einig, daß das eine *Scheißdroge* sei, daß man sich auch gleich eine Kugel in den Kopf schießen könne (...)" (CFK [5]1979:68).
"Ils parlent aussi de l'H, de l'héroïne. Ils sont tous d'accord pour dire que c'est une *saloperie*, qu'on ferait mieux de se tirer une balle dans la tête (...)" (CFD 1981:82).

"Das fängt doch erst mal damit an, daß die Menschen lernen, miteinander umzugehen. Das sollten wir an dieser *Scheißschule* erst mal lernen. Daß der eine irgendein Interesse für den anderen hat" (CFK [5]1979:62).
"C'est d'abord apprendre aux gens à vivre avec les autres. Voilà ce qu'on devrait nous apprendre dans cette *foutue école*. A s'intéresser les uns aux autres" (CFD 1981:75).

"Als ich noch nicht auf H gewesen war, hatte ich vor allem Angst gehabt. Vor meinem Vater, (...), vor der *Scheiß-Schule* und den Lehrern, vor Hauswarten, (...)" (CFK [5]1979:195).
"Avant, j'avais peur de tout. De mon père, (...), de *cette saloperie d'école* et des profs, des gardiens d'immeubles (...)" (CFD 1981:190).

"Aber ich dachte dann, die von der RAF hätten vielleicht doch den Durchblick. Man könne diese *Scheißgesellschaft* nur mit Gewalt ändern" (CFK [5]1979:275).
"Je me disais cependant que ces gens de la bande à Baader faisaient peut-être la bonne analyse de la situation. Qu'on ne peut changer *cette société pourrie* que par la violence" (CFD 1981:277).

"Ich bekam auf einmal eine unbändige Wut auf die Polizei und unsere Regierung. Ich kam mir völlig alleingelassen vor. (...). Plötzlich hörte ich mich laut '*Scheiß-Staat*' sagen" (CFK [5]1979:245).
"Je me suis tout à coup sentie abandonnée de tous, envahie d'une rage folle contre la police et le gouvernement. (...). Tout à coup je me suis entendue prononcer, à haute voix, '*les salauds*'" (CFD 1981:240f.).

"In der U-Bahn hätte ich heulen können vor Wut, daß ich mich mit Kakao und Kuchen und ekelhafter *Scheißfreundlichkeit* von einer Bullenbraut hatte ablinken lassen" (CFK ⁵1979:221).
"Je me suis fait avoir par cette flicaille, son chocolat, son gâteau et ses *sourires*. J'en pleurerais de rage" (CFD 1981:215).

Stark expressives *Scheiß-Zivilbullen* wirkt im ausgangssprachlichen Text doppelt abwertend, eine Entsprechung kann nur dadurch erreicht werden, daß im zielsprachlichen Text die *flics* als *salauds* beschimpft werden, denn *flic* ist keine Äquivalenz zu *Bulle*, "le terme est aujourd'hui employé par les policiers eux-mêmes" (GRob, s.v. *flic*).

Scheißkampf und *Scheißkrampf* hängen semantisch nicht nur eng zusammen, sondern bilden auch auf Satzebene eine lockere Einheit, der die Übersetzerin mit der Paraphrase *toute cette merde* resümierend zu begegnen sucht, wobei *merde* natürlich als vulgär markiert ist (PRob, s.v.).

Dabei stellt *merde* ein Kataphorikum dar, denn in der Folge wird expliziert, worin sie besteht: *compétition, stress, etc.*, also in Lexemen, die negative Vorstellungen und Gefühle zum Ausdruck bringen.

Scheißdreck wird bereits in hohem Maße als Einheit empfunden, ist also weitgehend idiomatisiert. Das Präfixoid leistet hier also lediglich die Intensivierung der ohnehin konnotierten Basis *Dreck*, die mit der Markierung 'salopp abwertend' (Duden 1976-81, s.v.) in der Bedeutung von "minderwertiges oder wertloses Zeug" gebraucht wird. Das Translat *merde*, "senti comme plus ou moins vulgaire mais très courant" (GRob, s.v.), entspricht der ausgangssprachlichen Bildung in denotativer wie konnotativer Hinsicht.

Bei *Scheiß-Poster* und *Scheißdroge* substituiert das Präfixoid Wertungsadjektive einer nicht-konnotativen Aussage, die Wertung ist also verstärkt und emotionalisiert. Die Wiedergabe durch *saleté de poster* resp. *saloperie* ist deshalb als handlungsäquivalent einzuschätzen, weil *saleté* eine expressiv verstärkte negative Beurteilung leistet und *saloperie* in seiner übertragenen Bedeutung "chose sans valeur" stilistisch als populär markiert ist (PRob, s.v.); dabei spielt auch die Wortbildung eine gewisse Rolle, denn *-erie* tritt oft in pejorativer Bedeutung (Haensch/Lallemand-Rietkötter 1972:33) auf, so daß *saloperie* synchronisch analysierbar bleibt.

Die Wortgebildetheit *Scheißschule* wird einmal mit dem Substantiv-Adjektiv-Syntagma *foutue école*, ein anderes Mal mit *saloperie d'école* wiedergegeben. *Foutu* als vorangestelltes Adjektiv besitzt hier expressivverstärkende und wertende Funktion, ist als populär markiert im Sinne von "très mauvais, désagréable" (GLarLF, s.v.) und, da "le sens propre primitif tend à ne plus avoir qu'une valeur historique" (Cellard/Rey 1981, s.v. *foutre*), wird so völlig äquivalent die ablehnende Haltung der Sprecherin gegenüber der Schule zum Ausdruck gebracht; ähnliches gilt auch für *saloperie d'école*, das den denotativen Gehalt der ausgangssprachlichen Bildung erfaßt und die Expressivität und Stilebene des Originals bewahrt.

Bei *Scheißgesellschaft* erfährt die Basis durch das Präfixoid eine Intensivierung und gleichzeitige negative Bewertung, wobei die Wortgebildetheit vor allem die Gefühle der Ablehnung und der Verachtung seitens der Sprecherin zum Ausdruck bringt; eine sachliche Wertung ohne Expressivität hätte *ungeliebte* oder *verhaßte Gesellschaft* lauten müssen. Nachgestelltes *pourri* leistet ebenfalls eine abfällige Bewertung ("très mauvais, insupportable", GRob, s.v.), die durch das Evozieren der direkten Bedeutung "corrompu ou altéré par la décomposition" (PRob, s.v.) noch expressiv verstärkt wird.

Bei der Wiedergabe von *Scheiß-Staat* durch *les salauds* ist die Übersetzerin bewußt vom ausgangssprachlichen Text abgewichen, doch hat diese Option der Äquivalenz m.E. nicht geschadet: Im ausgangssprachlichen Text wird durch das Präfix auf emotional derbe Weise die ablehnende Einstellung gegenüber diesem Staat zum Ausdruck gebracht, mithilfe eines Kraftworts macht die Protagonistin ihrem Ärger und ihrer Verzweiflung Luft. Der expressive Charakter des deutschen Textes wird durch die Form des Ausrufs noch zusätzlich verstärkt, die negative emotionale Wertung ist in fr. *salaud* insofern enthalten, als dieses Lexem in der Umgangssprache eine "personne méprisable, moralement répugnante" (PRob, s.v.) bezeichnet. Zwar bleibt *Staat* durch diese Entscheidung unübersetzt, dafür werden aber *la police et le gouvernement* als *salauds* beschimpft. Wer, was der Gesamttext durchaus rechtfertigt, die konnotativen Mitteilungselemente über die denotativen stellt, wird zum Ergebnis kommen, daß es sich um eine gute Lösung handelt, da die in der deutschen Wortgebildetheit zum Ausdruck gebrachte Ablehnung und Empörung durch diese Entscheidung fokussiert wurden.

Auch die Bildung von *Scheißfreundlichkeit*, die in erster Linie die subjektiven Gefühle der Wut und Verachtung drastisch formuliert, hätte eine ähnliche Äquivalenz wie *Scheiß-Staat* verdient. Stattdessen findet sich im zielsprachlichen Text *sourires*, wodurch auf die Übersetzung der emotionalen Dimension verzichtet und die abwertende, mißbilligende Haltung der Protagonistin unterschlagen wird. Das Defizit kann auch nicht durch das negativ markierte *flicaille* (GRob, s.v.) sowie das umgangssprachliche *se faire avoir* ('fam.', PRob, s.v.) beseitigt werden; von einer pragmatischen Äquivalenz läßt sich daher kaum sprechen, so daß hier eine modellhafte Lösung nicht vorliegt.

(b) *Dreck(s)*-: Dieses mit substantivischen Basen verbundene Präfixoid erhält vom Duden (1976-81, s.v. *Dreck-*) durchweg stilistische Markierungen wie 'umgangssprachlich', 'salopp abwertend' oder 'derbes Schimpfwort'; es läßt sich nicht vom freien Morphem *Dreck* trennen, das 'umgangssprachlich' soviel wie "Schmutz" bedeutet; in übertragener Bedeutung ist der Begriff <Dreck> jedoch "Bestandteil zahlreicher Kraft- und Scheltworte sowie Redensarten und umgangssprachlicher Ausdrücke" (Küpper 1982-84, s.v.). Eine gewisse semantische Loslösung des Präfixoids von dem freien Morphem läßt sich jedoch feststellen, denn *Dreck(s)-* hat die Funktion eines emotional-wertenden Präfixoids übernommen, das "das Grundwort als minderwertig, widerwärtig und niederträchtig, natürlich auch als schmutzig" (Küpper 1982-84, s.v.) charakterisiert. Neben dieser mit den Semen des freien Morphems konvergierenden Bedeutung kennt das Präfixoid noch eine zweite Verwendung, denn in bezug auf ein kleines Kind läßt sich – je nach Situation und Text – kaum in Frage stellen, daß die Bildung eine gewisse Zärtlichkeit und Sympathie mitschwingen läßt. Da diese Funktion hier nicht berücksichtigt wird, bleiben als Korpusbeispiele nur zwei Belege, die wieder aus *Christiane F.* stammen:

"Ich sah, wie sie von den Türken in eine Pension abgeschleppt wurden, und wartete draußen stundenlang, bis sie endlich mit der *Dreckarbeit* fertig waren" (CFK [5]1979:293).
"J'ai vu les Turcs les traîner dans un hôtel. On attend de les voir ressortir après leur *sale boulot*. Ça dure des heures" (CFD 1981:297).

"Als ich das hörte, rastete ich aus: 'Du bist doch ein ganz mieser *Dreckskerl*. (...). Aber du bist eben doch nur eine miese schwule Sau'" (CFK [5]1979:299).
"En entendant ça, j'éclate: 'Tu es vraiment un salaud, un *dégueulasse*. (...) Mais tu n'es qu'un sale pédé'" (CFD 1981:303f.).

Im ersten Beispiel wird die Basis *Arbeit* durch das Präfixoid intensiviert; ein neutrales *sehr schwere, harte, schmutzige Arbeit* wird durch *Dreck-* verstärkt und emotionalisiert, die Bildung bringt auf deutliche Weise ihre subjektive Ablehnung und ihren Ekel gegen die Prostitution zum Ausdruck. Bei der französischen Entsprechung *sale boulot* ist *boulot* als populär markiert (GLarLF, s.v.), *sale* bewirkt die negative Bewertung. Man darf also von einer Äquivalenz in denotativer wie in konnotativer Hinsicht ausgehen. *Dreckskerl* weist nach Ansicht des Duden (1976-81, s.v. *Drecks-*) den Charakter eines derben Schimpfwortes auf; die stilistisch markierten *salaud* und *dégueulasse* (PRob, s.v.v.) erzielen dieselbe Wirkung; dem deutschen Schimpfwort entsprechen damit Wortgebildetheiten aus dem französischen Substandard.

(c) *Mist-*: Mit bestimmten substantivischen Basen funktioniert das Präfixoid *Mist-* als intensivierendes Element; diese sind von Komposita mit ihrer ursprünglichen Bedeutung zu trennen (z.B. *Misthaufen, Mistkarre*), die keine stilistische Markierung kennen (Duden 1976-81, s.v. *mist-*). Das Erstglied *Mist-* hat im Vergleich zum freien Morphem eine gewisse semantische Verschiebung durchgemacht und übernimmt rein verstärkende, emotional-wertende Funktionen, ohne daß das Mitschwingen der Semantik des freien Morphems völlig ausgeschlossen werden könnte, zumal *Mist* auch immer wieder in Flüchen vorkommt. In der gehobenen Sprache wird *Mist-* (obwohl es weniger derb wirkt als *Scheiß-*) grundsätzlich vermieden; im Korpus tritt es nur bei *Christiane F.* auf:

"Ich sagte: 'Du bist das letzte *Miststück*. Ich will nie wieder was mit dir zu tun haben'" (CFK [5]1979:294).
"Je lui lance: 'Tu es une *salope*. Je ne t'adresse plus la parole'" (CFD 1981:298).

"Ich sagte mir: 'Die können dich mal am Arsch lecken. Dein ganzes Leben haben sie sich nicht um dich gekümmert. (...). Und diese *Miststücke* von Eltern glauben nun plötzlich zu wissen, was für dich gut ist'" (CFK [5]1979:240).
"Je me dis: 'Eh bien dorénavant tu les emmerdes. Ils ne se sont jamais occupés de toi, (...). Tes *salauds* de parents n'ont pas levé le petit doigt, et tout à coup ils s'imaginent savoir ce qui est bon pour toi'" (CFD 1981:234f.)

"Wir mußten uns gegen einen VW lehnen, die Arme hoch und wurden nach Waffen durchsucht, obwohl keiner von uns älter als sechzehn war. Dieser *Mistkerl* von Bulle ging mir dabei auch noch an die Titten" (CFK [5]1979:286).
"On nous fait mettre bras levés contre une Volkswagen pour nous fouiller – des fois qu'on serait armés. Pourtant, le plus vieux d'entre nous n'a pas seize ans. Ce *salaud* de flic en profite pour me peloter les nichons" (CFD 1981:290).

Das derbe Schimpfwort *Miststück* (Duden 1976-81, [2]*Mist-*) wird von der Protagonistin gegen die sie enttäuschende Freundin gebraucht; es enthält eine negative emotionale Wertung, die durch *Stück*, ein in bezug auf Menschen gebrauchtes 'derb abwertend' wirkendes Lexem (Duden 1976-81, s.v.), noch zusätzlich expressiv verstärkt wird. Auch hier läßt sich feststellen, daß *salope* "femme dévergondée, de mauvaise vie; prostituée" (GRob, s.v.) ein referentielles wie stilistisches Äquivalent bildet, wie auch im zweiten Beispiel bei *salauds* der Gehalt der ausgangssprachlichen Wendung in denotativer wie konnotativer Hinsicht adäquat wiedergegeben wird. Auch *Mistkerl*, das als derbes Schimpfwort markiert ist (Duden 1976-81, s.v.), hat seine genaue Entsprechung gefunden in *ce salaud de flic*, da auch hier denotative wie konnotative Gleichwertigkeit vorliegt (GRob, s.v. *flic*).

(d) *Horror-*: Das dem Latein entlehnte Präfixoid *Horror-* hat speziell in der Drogensprache eine besondere Bedeutung entwickelt, die sich von der gemeinsprachlichen ("Abscheu, Entsetzen", WddG [6]1970-77) unterscheidet. Diese erklärt sich aus Verbindungen wie *auf den Horror kommen* "durch Rauschgift in Ekstase geraten" (Küpper 1982-84, s.v.), sie berechtigt, von einem mehr und mehr semantisch selbständigen Element auszugehen. Wie Küpper (1982-84) ausführt, sind einige Bildungen aus dem Englischen übernommen, so z.B. *Horrorfilm, Horrorschocker* oder *Horrortrip* (vgl. auch Sáez Godoy 1995). Die ermittelten Bildungen dürfen daher als an die englische Wortbildung angelehnte Derivate gelten:

"Ich war froh, daß ich nicht auf Horror gekommen war. Die meisten kommen bei der ersten Pille auf einen *Horrortrip*" (CFK [5]1979:61).
"J'ai eu de la chance. Pour la plupart des gens, le premier *voyage est moche*, c'est la panique" (CFD 1981:73).

"Am Samstag im Sound warf ich einen Trip. Es war der *totale Horror*. Das erste Mal, daß ich wirklich einen *Horrortrip* hatte" (CFK [5]1979:79).
"Le samedi, au Sound, je décide de m'offrir un voyage. C'est *l'horreur totale*. Pour la première fois, j'ai vraiment un *freak out*" (CFD 1981:94f.).

"Einige Fixer waren nach einem Zusammenbruch zwangsweise eingeliefert worden in Bonnies Ranch und erzählten später die tierischsten *Horrorgeschichten*" (CFK [5]1979:279).
"Quelques fixers y ont été internés d'office après s'être écroulés en pleine rue, et à la sortie ils ont raconté des *histoires abominables*" (CFD 1981:281f.).

"Auf der Szene hören sie von rückfällig gewordenen Fixern bereits '*Horror-Geschichten*' über die Therapiestätten" (CFK [5]1979:264).
"Ils ont entendu, de la bouche de fixers ayant rechuté, *les récits des 'atrocités' commises* dans les centres de thérapie" (CFD 1981:263).

"Wenn ich eindöste, hatte ich keine *Horrorträume*. Dann kamen mir Bilder vom herrlichen Leben nach der Therapie" (CFK [5]1979:224).
"Quand je m'assoupis, je n'ai pas de *cauchemars*, je rêve de ce que sera ma vie après la thérapie. Merveilleuse" (CFD 1981:218).

Das mit der stilistischen Markierung 'Jargon' (Duden 1976-81, s.v.) versehene *Horrortrip* ist heute Bestandteil der Umgangssprache (Küpper 1982-84, s.v.); *Horror-* verstärkt hier den emotionalen Gehalt, ermöglicht den konnotativen Bedeutungszuwachs. Der zielsprachliche Text enthält zwei verschiedene Optionen, denn die erste Übersetzung stellt eine Umschreibung mit Definitionscharakter dar, während die zweite den aus dem angloamerikanischen Drogenslang stammenden Ausdruck *freak out* (Green 1986:143) gebraucht.

Aufgrund der Markiertheit seiner Bestandteile - *moche* ist 'fam.' (GRob, s.v.), *c'est la panique* umgangssprachlich (GRob, s.v.) - wird bei der ersten Option das Sprachniveau zielsprachlich erfaßt, während der im Französischen unübliche Anglizismus, den die Übersetzerin an anderer Stelle gar definiert ("Quand un voyage psychédélique se passe mal", CFD 1981:88) über die denotative Gleichwertigkeit nicht hinauskommt und daher ebenso wenig ein Äquivalent darstellt wie die Gleichsetzung von *histoires abominables* mit *Horrorgeschichte*, das noch durch *tierischst* verstärkt wird, oder dt. *Horror-Geschichten* mit dem hinsichtlich seines Affektivitätsgehalts sicher nicht gleichwertigen frz. *récits des 'atrocités' commises*, das auch nicht die vagen Bezüge zwischen den beiden ausgangssprachlichen Konstituenten zum Ausdruck bringt. Auch bei der Gleichsetzung von *Horrorträume* mit *cauchemar* "rêve pénible dont l'élément dominant est l'angoisse" (PRob, s.v.) ist lediglich eine denotative Äquivalenz gelungen, denn zum einen gehört *cauchemar* nicht zur Drogensprache, zum andern fehlt ihm die affektive Intensivierung; sein deutsches Äquivalent ist eher *Alptraum*.

(e) *Frankenstein-*: Dieses - sonst nicht als Präfixoid in der Fachliteratur geführte - Morphem dient dem Ausdruck des Abscheuerregenden und widerwärtig Häßlichen, denn "manche Figuren in den Frankenstein-Filmen sind ein Ausbund der Häßlichkeit" (Küpper 1982-84, s.v.); ich betrachte es als Affixoid, weil in den Textstellen der Bezug zur Film- und Romanfigur von Mary Shelley in den Hintergrund gerückt ist und der Name allgemein für das Gruslige und Schaurige schlechthin steht. *Frankenstein-* wird hier also als intensivierendes, ansonsten neutralem *sehr häßlich* oder *abscheuerregend* entsprechendes sprachliches Zeichen verstanden:

"Ich hatte ein Poster (...) an der Wand. In der rechten unteren Ecke war ein kleiner blauer Fleck. Der verwandelte sich plötzlich in eine wahnsinnige Fratze, in ein echtes *Frankensteingesicht*" (CFK ^{5}1979:73).
"J'ai épinglé au mur un poster (...). Dans le coin, en bas à droite, il y a une petite tache bleue. Voici qu'elle se métamorphose en un masque grimaçant, une vraie *tête de Frankenstein*" (CFD 1981:88).

"Das erste Mal, daß ich wirklich einen Horrortrip hatte. Diese *Frankenstein-Fratze* von dem Punkt auf meinem Poster war wieder da" (CFK ^{5}1979:79).
"Pour la première fois, j'ai vraiment un freak out. Ce *masque de Frankenstein*, jailli du point bleu au bas du poster, grimace à nouveau" (CFD 1981:94f.).

Hier wird die auch aus dem umgangssprachlichen Kontext erhellende Expressivität durch *tête/masque de Frankenstein* zielsprachlich äquivalent wiedergegeben, da man davon ausgehen darf, daß der französische Leser mit Frankenstein ähnliche Assoziationen verbindet wie der deutsche.

(f) Penner-: Wie bei *Frankenstein-* mag es zunächst ungewöhnlich erscheinen, das Element *Penner-* als intensivierendes Affixoid aufzufassen; doch gilt für *Penner-*, daß es sich in diesen Bildungen vom freien Morphem *Penner*, einem als 'salopp abwertend' markierten Substantiv (Duden 1976-81, s.v.) mit der Bedeutung "Landstreicher, Obdachloser" bzw. "Mann, der auf Parkbänken (o.ä.) nächtigt" (Küpper 1982-84, s.v.), semantisch entfernt hat. Es ist also zu unterscheiden zwischen *Pennerasyl* oder *Pennerbleibe*, wo das Erstglied seine ursprüngliche Bedeutung beibehalten hat und ein Kompositum vorliegt, und *Pennerdienst* "bequemer Dienst" oder *Pennersüppchen* "Wassersuppe" (Küpper 1982-84, s.v. *Penner-*), wo *Penner-* als intensivierendes Äquivalent zu *sehr schlecht, minderwertig* auftritt, vergleichbar einer Stelle bei *Christiane F.*:

> "Bier war zu teuer. (...) Wir kauften eine Literflasche Rotwein für 1,98 Mark. *Pennerwein* nannten sie das" (CFK [5]1979:45).
> "La bière c'est trop cher (...). Nous achetons, pour deux marks, un litre de vin rouge - *du gros rouge qui tache*" (CFD 1981:55).

Expressiv-intensivierendes *Penner-* kann zweifellos in die neutral-wertenden Adjektive *sehr schlecht, minderwertig* transponiert werden; die Protagonistin verleiht ihrer Aussage eine subjektive, emotional-affektive Wertung, die mit der expressiven idiomatischen Wendung *du gros rouge qui tache* wiedergegeben wird, einer *locution familière*, mit der man den "vin rouge fort et de dernière qualité" (GRob, s.v. *tacher*) bezeichnet. Die Redewendung erklärt sich aus der Tatsache, daß "le vin rouge en général, et surtout les vins rouges 'industriels', laissent sur les nappes et les chemises des taches à peu près indélébiles" (Cellard/Rey 1981, s.v. *gros-qui-tache*). Zielsprachlich wurde also denotative wie stilistische Äquivalenz gewahrt.

(g) Weltuntergangs-: Die mit dem Weltuntergang verbundenen Vorstellungen der Angst, Bedrohung und des Infernos wurden durch zahlreiche Filme der Vergangenheit einem breiten Publikum vermittelt. Obwohl diese Visionen bei allen Bildungen mitschwingen, läßt sich doch von einer zaghaften Loslösung des Affixoids *Weltuntergangs-*, eines intensivierenden Morphems, von dem freien Morphem *Weltuntergang* zumindest an einer Stelle sprechen:

> "Es war also wieder mal so weit. *Weltuntergangsstimmung.* Selbstmordgedanken. Ich kannte das ja schon, daß es überhaupt nicht mehr weiterging" (CFK [5]1979:279).
> "Voilà donc une toxico de plus au bout du chemin. La *déprime noire.* Les idées de suicide" (CFD 1981:281).

Hier wird *Stimmung* durch *Weltuntergangs-* verstärkt und emotionalisiert; als nicht-konnotative Entsprechungen könnten hier *sehr schlecht, düster, pessimistisch* o.ä. fungieren. Dem ausgangssprachlichen Text wird das seit 1973 geläufige *déprime* "état de dépression psychologique" (PRob, s.v.), ein "faux déverbal de déprimer, être déprimé" (Cellard/Rey 1981, s.v. *déprime*), voll gerecht, so daß man von einem pragmatischen Äquivalent sprechen kann, zumal *noir* im zielsprachlichen Text die stilistische Konnotation verstärkt.

3.1.2 Durch Kontext und Basis vorgegebene Wertungsrichtung

Zu dieser Gruppe, deren negative Wertungsrichtung aus dem Kontext und/oder der Bedeutung des Basissubstantivs resultiert, zähle ich *Blitz-, Backofen-, Großkaliber-, Oma-* und *Skiläufer-*.

(a) *Blitz-*: In Verbindung mit nominalen und adjektivischen Basen wird *Blitz-* als intensivierendes Affixoid gebraucht; Komposita wie *Blitzschlag* oder *Blitzableiter* (Duden 1976-81, s.v. [1]*blitz-, Blitz-*) sind von expressiven Bildungen vom Typ *Blitzkerl, Blitzmerker* (Küpper 1982-84, s.v. *Blitz-*) aus semantischen Gründen zu trennen (Wellmann 1975:140), da diese auf der speziellen Bedeutung "überaus schnell" (Duden [4]1984:461) oder "plötzlich ausbrechend" basieren:

> "Indem er (...), gelang es ihm, die *Blitzsiege* deutscher Waffen fragwürdig zu machen; (...)" (TES [6]1987:129).
> "En bousculant (...), il réussit à remettre en question les *victoires éclairs* des armes allemandes; (...)" (JUE 1974:137).

Hier besteht Äquivalenz zwischen der ausgangssprachlichen Bildung und der zielsprachlichen Option; dabei spielt eine Rolle, daß das teilweise eine nazistische Markierung kennende *Blitz-/blitz-* (WddG [6]1970-77, s.v.) vielfach für französische Bildungen Pate gestanden hat und daß im Französischen inzwischen bei *éclair* eine Reihenbildung besteht.

(b) *Backofen-*: Auch *Backofen-* dient mehr und mehr der Wortbildung, wobei sich das Erstglied von der Bedeutung des freien Morphems zunehmend entfernt hat:

"(...), Sturm ohne Regen, kein Tropfen will fallen, es kann nicht, weil keine Wolken, nichts als Sterne, nichts als der heiße und trockene Staub in der Luft, *Backofenluft*, ich schaukle (...)" (HFB [13]1982:181).
"(...), orage sans pluie, pas une goutte ne veut tomber, ne peut tomber, parce qu'il n'y a pas de nuages, rien que des étoiles, rien que de la poussière chaude et sèche dans l'air, un *air de four*, je me berce (...)" (HFR 1961:219).

Ausgangs- und Zielsprache kennen denselben idiomatisierten Vergleich und *four* dient der Intensivierung wie *Backofen-*; daher liegt es nahe, im Translat einer formalen wie inhaltlichen Aquivalenz den Vorzug zu geben.

(c) *Großkaliber-*: Der Begriff aus der Waffentechnik dient zur okkasionellen Bildung von Neuwörtern, wobei das Präfixoid in erster Linie der expressiven Verstärkung dient:

"Wenn die Waffen zu sprechen beginnen. Am 1. September 1939 wurden in Danzig, wo das erste *Großkaliberwort* fiel, die Wohnungen vieler Juden durchsucht" (TES [6]1987:96).
"Quand les armes commencent à parler. Le 1er septembre 1939, à Danzig, où tomba le premier *mot de gros calibre*, les logements de nombreux Juifs furent perquisitionnés" (JUE 1974:102).

Das intensivierende Affixoid *Großkaliber* steht hier an der Stelle eines neutralen *sehr hart, entscheidend* oder *zerstörerisch*, wobei durchaus noch die Bedeutung des freien Morphems deutlich mitschwingt; das französische Translat darf als inusuelle Lehnprägung verstanden werden, die sich handlungsäquivalent in den Text einordnet.

(d) *Oma-*: Die kindersprachliche Umbildung *Oma* "benennt fast immer etwas Altes, Überholtes und nicht mehr Modisches, das offensichtlich nicht mehr dem entspricht, was die heutige Zeit erfordert" (Küpper 1982-84, s.v. *Opa*); daher besitzt *Oma-*, wie auch weitgehend synonymes *Opa-* als Erstglied in zahlreichen Verbindungen präfixoiden Status, denn in *Omabrille, Omakleid, Oma-Look* (Küpper 1982-84, s.v. *Oma*) hat es sich semantisch vom freien Morphem deutlich entfernt und besitzt dabei affektiv-expressiven Wert wie im folgenden Beispiel:

"Ich hatte plötzlich Angst, daß ich wie Püppi nie wieder aus der Wachstation rauskäme und in meinem *Oma-Nachthemd* und der Riesen-Unterhose vor mich hindämmern würde" (CFK [5]1979:281).

"J'ai peur tout à coup: et si moi aussi on me gardait ici toute ma vie, affublée d'une *chemise de nuit rétro* et d'une culotte pour géante?" (CFD 1981:284).

Auch hier ist es der Übersetzerin gelungen, eine konnotativ gleichwertige Lösung durch den Gebrauch des aus *rétrograde* rückgebildeten Neologismus und Modeworts *rétro* (1973; GRob, s.v. *rétro*) zu schaffen, denn *rétro* "se dit d'une mode, d'un style qui imite le passé ou s'y réfère" (Guilbert 1980, s.v. *rétro*).

(e) *Skiläufer-*: Diskutabel scheint die Einordnung von *Skiläufer-* unter die Affixoide, doch läßt sich kaum in Frage stellen, daß dieses Morphem in den folgenden Bildungen eine gewisse Bedeutungsverschiebung gegenüber dem freien Morphem kennt:

"Selbst wenn du ihn vom Fernsehen her zu kennen meinst, (...), klebt dir plötzlich das Hemd, (...), wenn dich gleichzeitig all das anatmet, (...) - wenn dich das alles - plötzlich da und in *Skiläuferbräune* - methodisch anhaucht, dir auf den Atem schlägt, (...)" (TES [6]1987:87).
"Même quand tu crois le connaître pour l'avoir vu à la télévision, (...), tout d'un coup ta chemise colle à la peau, (...), quand simultanément te souffle au visage tout ce qui (...) - soudain présent, *hâlé par les champs de neige* - quand tout cela te souffle au nez méthodiquement, te coupe le souffle (...)" (JUE 1974:93).

"(...) und schrieb, (...), eine langatmige und immer wieder neu ansetzende Beschimpfung der barzelhaften Mittvierziger: Ihre auf Schmierseife gleitenden Bekenntnisse, (...), ihre steuerfreie *Skiläuferbräune* (...)" (TES [6]1987:194f.).

"(...), je rédigeai une invective prolixe et à répétitions des barzéliens autour de quarante-cinq ans: Leurs confessions glissant sur le savon noir, (...), leur *hâle de ski* exempté de taxes, (...)" (JUE 1974:210).

Diese, beide bei Grass ausgewiesenen Belege stellen okkasionelle Bildungen dar, bei denen das Erstglied als intensivierendes Präfix fungiert. Bei der ersten Option, einer die *champs de neiges* als Ursache für die Bräune anführenden Umschreibung, liegt allenfalls denotative Äquivalenz vor; aber auch die zweite Option kann nur bedingt als pragmatisch gleichwertig bezeichnet werden, da die Gleichsetzung von *Skiläufer-* mit *hâle de ski* das Bild nur teilweise rettet.

Insgesamt umfaßt die Gruppe negativ-wertender Präfixoide zwölf verschiedene Einheiten mit 33 Okkurrenzen. Die Translate zeigen deutlich, daß es einen formalen, der deutschen Affixoidbildung entsprechenden Typ nicht gibt, und daß die Wiedergabe durch recht unterschiedliche Mittel erfolgt. Einer deutschen Präfixoidbildung können zumindest sechs verschiedene Kategorien in der Zielsprache Französisch entsprechen:

(1) Wiedergabe durch <u>Paraphrase</u>: Sie wurde in Fällen wie *c'est la panique* "Horrortrip", *hâlé par les champs de neige* "Skiläuferbräune", *histoires des 'atrocités' commises* "Horrorgeschichten" oder *toute cette merde, la compétition* "Scheißkampf und Scheißkrampf" gewählt.

(2) Daneben gibt es als Äquivalente <u>Substantiv-Adjektiv-Syntagmen</u>, wie sie (mit Voranstellung) bei *foutue école* "Scheißschule" oder *sale boulot* "Drecksarbeit" und (mit Nachstellung) bei *chemise de nuit rétro* "Oma-Nachthemd", *déprime noire* "Weltuntergangsstimmung", *histoires abominables* "Horrorgeschichten" oder *société pourrie* "Scheißgesellschaft" vorliegen.

(3) Eine weitere Gruppe basiert auf <u>stilistischen Mitteln</u>, wie z.B. *les salauds(!)* "Scheiß-Staat", *Quels salauds, ces flics en civil!* "Scheiß-Zivilbullen", *Quelles têtes ils ont!* "Scheißspießer", *saleté de poster* "Scheiß-

Poster", *saleté de travail* "Scheißarbeit" und *saloperie d'école* "Scheißschule".

(4) Die nächste Gruppe umfaßt zielsprachliche Komposita für ausgangssprachliche Präfixoidbildungen, wie *air de four* "Backofenluft", *hâle de ski* "Skiläuferbräune", *masque de Frankenstein* "Frankensteinfratze", *mot de gros calibre* "Großkaliberwort", *tête de Frankenstein* "Frankensteingesicht" und *victoires éclairs* "Blitzsiege".

(5) Vielfach wurde die lexikalische Äquivalenz (meist '*substantif unique*') gewählt, vgl. *cauchemars* "Horrorträume", *dégueulasse* "Dreckskerl", *freak out* "Horrortrip", *merde* "Scheißdreck", *salaud* "Mistkerl", *salauds* "Miststücke", *salope* "Miststück", *saloperie* "Scheißdroge", *sourires* "Scheißfreundlichkeit".

(6) Etwas isoliert bleibt *du gros rouge qui tache* "Pennerwein", wo ein idiomatischer Ausdruck dem ausgangssprachlichen Präfixoid entspricht.

Das Französische besitzt also kein dem Deutschen gleichwertiges System mit negativ-wertenden, intensivierenden Präfixoiden, verfügt aber durchaus über zahlreiche Möglichkeiten, die dieselbe Leistung und letztlich auch denselben Ertrag bringen wie das deutsche Teilsystem, denn Defizite wie die Nicht-Übersetzung von *Scheißkneipe* sind nicht sprachlich bedingt, sondern allein der Übersetzerin anzulasten.

3.2 Positive Wertungsrichtung des Präfixoids

Die Befunde scheinen den allgemeinen Erfahrungen der Sprachanalyse zu entsprechen: Bei Expressivität sind die positiven Bildungselemente, die das System anbietet, weniger zahlreich als die negativen. Ansonsten läßt sich hier wieder dieselbe Unterscheidung vornehmen wie bei den negativen Präfixoiden: Es gibt eine Gruppe, bei der die positive Wertungsrichtung als kontruktionsexterne Bedeutung vorgegeben ist, und eine zweite, deren Bedeutung von der Basis und dem Text bestimmt wird.

3.2.1 Vorgegebene positive Wertrichtung

Zu dieser Gruppe gehören fünf Präfixoide: *Engels-, Glanz-, Traum-, Wunsch-* und *Lieblings-*; diese verteilen sich regelmäßiger über das Korpus als die Präfixoide mit negativer Wertungsrichtung und sind auch adäquater in den Wortbildungslehren der deutschen Sprache beschrieben.

(a) *Engels-*: In freier Verwendung besitzt *Engel* eine religiöse Bedeutung, umgangssprachlich wird es auch zur Bezeichnung eines unschuldigen Menschen verwendet (Duden 1976-81, s.v.). Als Erstglied (Petermann 1971:110) hat *Engels-* eine Bedeutungsverschiebung erfahren, die ihren Ausgangspunkt nimmt von den positiven Assoziationen, die bei *Engel* immer mitschwingen: "Der geflügelte Bote Gottes gilt als Sinnbild der Reinheit, als hehre Verkörperung aller Tugenden, aller Schönheit und aller himmlischen (= unkörperlichen) Liebe" (Küpper 1982-84, s.v.):

"Sie hatte echt ein unschuldiges *Engelsgesicht*. Sie heiße Babsi, sagte sie und fragte, ob ich einen Trip für sie hätte" (CFK [5]1979).
"Elle a un vrai *visage d'ange* qui respire l'innocence. Elle se présente, 'Babsi', et me demande si je peux lui filer un trip" (CFD 1981:108).

Die Präfixoidbildung entspricht einer neutralen Aussage mit Adjektiven wie *sehr schön* oder *rein*, denen allerdings die subjektiv-emotionale Wertung fehlt; dieser emotional-wertenden Funktion entspricht - neben ebenfalls möglichem *comme un ange* - frz. *visage d'ange* (GRob, s.v.).

(b) *Glanz-*: Auch *Glanz-* hat in zahlreichen substantivischen Wortgebildetheiten die Funktion eines intensivierenden Präfixoids; den Ausgangspunkt dürfte die umgangssprachliche Wendung *mit Glanz* bilden, da das Affixoid hier eine Verstärkung im Sinne von "ausgezeichnet; tüchtig; mit Auszeichnung" (Küpper 1982-84, s.v.) ausdrückt (vgl. auch Ladissow 1983:36), die mit der Bedeutung von *glänzen* wenig zu tun hat (Ladissow 1983, n. 21).

"Als sich herausstellte, daß es keine Zimmer gibt, dämmert es bereits; Sabeth fand es eine *Glanzidee* von mir, einfach weiterzuwandern in die Nacht hinaus und unter einem Feigenbaum zu schlafen" (HFB [12]1982:150).

"Lorsque nous avons compris qu'il n'y avait pas de chambres, la nuit tombait déjà; Sabeth trouvait mon *idée épatante*, de continuer ainsi dans la nuit, à pied, et de coucher sous un figuier" (HFR 1961:182).

Glanzidee ist die expressiv-emotionale Variante von *sehr gute Idee*; da *épatant* stilistisch als 'familier' (PRob, s.v.) markiert ist, werden der denotative und der expressive Wert in der zielsprachlichen Option beibehalten.

(c) *Traum-*: Der *Traum* erscheint wie die Erfüllung geheimer Wünsche und kommt daher in Bildungen wie *Traumbeine, Traumboy, Traumfrau, Traumwohnung* (Küpper 1982-84) dem Superlativ nahe:

"Ich wußte, am Sound war die Scene. (...). Da waren also unheimlich coole Typen, dachte ich mir. Das war so ein *Traumplatz* für mich kleines Mädchen, (...)" (CFK [5]1979:63).
"Je sais qu'au Sound il y a la Scène. (...). A mon idée, ça doit être plein de types vachement cool. Un *endroit fabuleux* pour la petite fille que je suis, (...)" (CFD 1981:76).

"Wir malten schöne alte Häuser. Genau die Häuser, in denen meine *Traumwohnung* einmal sein sollte" (CFK [5]1979:317).
"Nous avons dessiné des maisons, de belles maisons anciennes. Exactement *semblables à celle où je voudrais habiter un jour*" (CFD 1981:324).

Die intensivierende Funktion von *Traum-* wird im ersten Beispiel vom nachgestellten, affektbetonten, hyperbolischen Adjektiv *fabuleux*, das auch synchronisch noch mit *Traum* entsprechendem *fable* verbunden ist, denotativ wie konnotativ angemessen übernommen, während selbst die Verwendung des Konditionals beim zweiten Beispiel nicht für eine in der Expressivität adäquate, geschweige denn äquivalente Paraphrase sorgt.

(d) *Wunsch-*: Wie bereits der Duden (1971-78, s.v.v. *wunsch-, Wunsch-*) ausführt, hat sich in bestimmten Wortgebildetheiten mit *wunsch-/Wunsch-* das Erstglied semantisch vom freien Morphem *Wunsch* entfernt, indem es das Bestimmungsglied auf emotionale Weise charakterisiert:

"Während Bruno neben der Vorgartentür hockt und auf den täglichen Knall wartet, Laura *Wunschpferde* malt, Raoul einen Tauchsieder umbaut, (...)" (TES [6]1987:70).
"Tandis que Bruno, à l'affût derrière la porte du jardin, attend la collision quotidienne, que Laura peint des *chevaux imaginaires*, que Raoul refait un bouilleur-plongeur, (...)" (JUE 1974:74).

"Wir suchen die Priele nach Seeohren und die Algenkiste nach *Wunschschnecken* ab. Vielleicht finden wir ein Wellhorn - oder zwei" (TES [6]1987:148).
"Nous cherchons les oreilles de mer dans les étiers et les *hélicidés idéaux* dans les fouillis d'algues. Nous trouverons peut-être un peigne - ou deux" (JUE 1974:159).

Pferd und *Schnecke* werden in den beiden Beispielen intensiviert; dabei entstehen inusuelle Wortgebildetheiten, die als neutrale Aussagen *ideale, den Wünschen/Vorstellungen entsprechende fiktive Pferde/Schnecken* lauten müßten. Frz. *imaginaire* ist zwar weitgehend äquivalent (PRob, s.v.), doch fehlt diesem Translat die Ungeläufigkeit der ausgangssprachlichen Bildung; auch *hélicidés idéaux* stellt keine gleichwertige Option dar, zumal das Nomen als zoologisches Fachwort markiert bleibt (GRob, s.v.).

(e) *Lieblings-*: Intensivierende Funktion darf deshalb diesem Präfixoid zugesprochen werden, weil *Lieblings-* "zur Bezeichnung von besonders bevorzugten Personen, Gegenständen, Orten, abstrakten Begriffen, zu denen man eine persönliche Beziehung hat und von denen es mehrere vergleichbare gibt" (Duden 1976-81, s.v.), dient und eine äußerst produktive Gruppe (Petermann 1971,112) bildet mit recht unterschiedlichen Derivaten:

"Ich ritt viel. Wir machten Schnitzeljagden mit Pferden und zu Fuß. Unser *Lieblingsspielplatz* war immer noch unten am Bach" (CFK [5]1979:97).
"Je fais beaucoup de cheval. On organise des tas de rallyes, pédestres ou équestres. Mais notre *terrain de jeu favori* est toujours le ruisseau" (CFD 1981:116).

"Der Schüler Fritz Gerson war (...) - Schon muß ich mich, bevor ich ihn zur Figur mache und zu Zweifels *Lieblingsschüler* ernenne, grundsätzlich korrigieren: (...)" (TES ⁶1987:54).
"L'élève Fritz Gerson était (...) - Avant d'en faire un personnage et de le nommer *meilleur élève* de Zweifel, il faut que je me corrige par principe: (...)" (JUE 1974:58).

"Wenn sich Zweifel und ich dennoch Fritz Gerson zum *Lieblingsschüler* und Schneckensammler, zum nebenbei zionistischen Agitator erfinden, dann nur (...)" (TES ⁶1987:55).
"Si Zweifel et moi-même insistons malgré tout pour faire de Fritz Gerson son *élève favori*, un collectionneur et, de surcroît, un militant sioniste, c'est seulement (...)" (JUE 1974:58).

"(...) - und weil Zweifel als Studienassessor auf einen *Lieblingsschüler* besteht" (TES ⁶1987:55).
"(...) - et parce que Zweifel dans ses fonctions de professeur stagiaire insiste pour avoir un *chouchou*" (JUE 1974:58).

"Sein *Lieblingsgedanke*. Das Selbstgenügen. Die Angleichung der Geschlechter. Das Ende aller Geschichte" (TES ⁶1987:173).
"Sa *pensée favorite*. Le supplice à soi-même. L'identification des sexes. La fin de toute histoire" (JUE 1974:187).

"Als Manfred Augst auf dem Kirchentag sprach, hörte ihn jemand aus der Gemeinde (...) ins Mikrofon sprechen. 'Da ist ja schon wieder unser Herr Augst mit seiner komischen *Lieblingsidee!*'" (TES ⁶1987:200).
"Quand Manfred Augst parla dans le microphone au Congrès des Eglises, quelqu'un de la paroisse (...) l'entendit. 'Ça y est, encore notre bon Monsieur Augst *qui chevauche son dada!*' (JUE 1974:216).

Expressives *Lieblingsspielplatz*, das einem neutralen *bevorzugter Spielplatz* entspricht, wird mit dem weitgehend wertungsfreien Adjektiv *favori* "qui est l'objet de la prédilection de qqn, qui plaît particulièrement" (PRob, s.v.) ebenso neutral wie *Lieblingsschüler* durch *élève favori* übersetzt, so daß keine pragmatische Äquivalenz besteht; problematisch bleibt auch die Wiedergabe von *Lieblingsschüler* durch das Substantiv-Adjektiv-Syntagma *meilleur élève*, da hier sogar denotative Ungleichwertigkeit besteht. Die emotional-affektive Komponente des ausgangssprachlichen Textes wird nur bei der Option *élève chouchou* bewahrt, da der als 'familier' markierte 'terme d'affection' *chouchou* "favori, préféré" (PRob, s.v.) bedeutet und auch stilistisch äquivalent ist, ja eher noch stärkere Expressivität als das ausgangssprachliche Textsegment kennt. Bei *Lieblingsgedanke/pensée favorite* ist zwar die denotative, aber nicht die konnotative Äquivalenz erreicht worden, während bei *Lieblingsidee* und *chevaucher son dada* von einer gelungenen, in jeder Hinsicht äquivalenten Option gesprochen werden kann.

3.2.2 Basisdeterminierte oder kontextdeterminierte Wertungsrichtung

Diese Gruppe zeichnet sich dadurch aus, daß die konstruktionsexterne Bedeutung des Affixoids keine Hinweise auf die positive Wertungsrichtung liefert; diese Subklasse beschränkt sich in unserem Korpus auf zwei Affixoide:

(a) **Wahnsinns-:** Als freies Morphem bezeichnet *Wahnsinn* in seiner Grundbedeutung eine "krankhafte Verwirrtheit im Denken und Handeln; (...); Geistesgestörtheit" (Duden 1976-81, s.v.), umgangssprachlich hingegen findet es sich in Wendungen wie *ist ja Wahnsinn* und dient dabei zum Ausdruck höchster Anerkennung, wobei von folgender Bedeutungsentwicklung auszugehen ist: "Das Gemeinte ist so unvorstellbar unübertrefflich, daß man darüber den Verstand verlieren könnte" (Küpper 1982-84, s.v.); diese führt beim Affixoid zur Grundbedeutung "jegliches Maß übersteigend" (Küpper 1982-84, s.v. *wahnsinnig*), wobei das Übermaß sich je nach Kontext und Bedeutung des Basissubstantivs emotional-affektiv auf positive wie negative Wertung - vgl. *Wahnsinnsarbeit, Wahnsinnshitze, Wahnsinnsidee* oder *Wahnsinnssumme* - beziehen kann:

> "Das Geilste aber ist unsere Kalkgrube. Ein wahnsinniges Loch mitten in der Landschaft. (...). Unheimlich klare Bäche fließen durch dieses *Wahnsinns-Tal*. Und aus den Wänden kommen Wasserfälle" (CFK [5]1979:333).
> "Mais le plus fantastique, c'est notre carrière de gypse. Un trou gigantesque en pleine campagne. (...). Cette *vallée des merveilles* est

sillonnée de ruisseaux cristallins, des cascades jaillissent de la muraille" (CFD 1981:341).

Emotionales *Wahnsinns-Tal* entspricht hier einem neutralen *besonders schönes Tal*; die besondere Affektivität und die Wertungsrichtung ergeben sich aus dem Kontext und dem konnotierten Superlativ von *geil*. Mit *merveille* "chose qui cause une intense admiration" (PRob, s.v.) werden denotativer Wert und konnotative Wertung weitgehend äquivalent erfaßt: Nicht umsonst trägt eines der interessantesten Feriengebiete der französischen Südalpen seit kurzem diesen Namen.

(b) *Super-*: Bei diesem Element kann man einerseits von einem echten Präfix (Wellmann 1975:138) ausgehen, andererseits aber auch von einem Lehnpräfix (Kühnhold 1978:193) und sogar einem Präfixoid, da *super* inzwischen auch als freies Morphem verwendet wird; wichtiger für meine Untersuchung bleibt jedoch, daß *super-* in Bildungen wie *Superfrau, Superknüller* etc. (Küpper 1982-84, s.v.) die Funktion einer emotional-wertenden Verstärkung kennt, wobei das Element im heutigen Sprachgebrauch eine Tendenz zur Steigerung mit positiver Wertung aufweist (Fleischer [5]1982:227), wenn man die technischen Bildungen vom Typ *Supergenerator* ausschließt (und damit auch Flugzeugtypenbezeichnungen wie *Super-Constellation*, HFB [13]1982:7 oder *Super one-eleven*, TES [6]1987:11 nicht berücksichtigt):

"Wir wollten die Kohle mit Schlauchen und Klauen zusammenkriegen. Stella hatte da eine ganze Menge Tricks auf Lager. Wir gingen gleich ins Kadewe, das Kaufhaus des Westens, um einen *Supertrick* auszuprobieren" (CFK [5]1979:131).
"(...): on se fera notre fric avec la manche et la fauche. Stella a plus d'un tour dans son sac. Elle *en a un génial*, on file tout de suite l'expérimenter dans un grand magasin, le Kadewe" (CFD 1981:153).

Supertrick stellt nicht nur eine sachliche, sondern eine gefühlsmäßige Bewertung von *Trick* dar, die durch den salopp-umgangssprachlichen Kontext noch intensiviert wird. Diese Aspekte werden in der geglückten Übersetzung uneingeschränkt berücksichtigt: *génial* als Modewort der Jugend ist synonym zu "chouette, extra, formidable" (PRob, s.v.), und auch die 'locution' *avoir plus d'un tour dans son sac* wird der salopp-umgangssprachlichen Sprachverwendung im ausgangssprachlichen Text gerecht. Insgesamt umfaßt die kleine Gruppe von Bildungen mit positiv-affektiver, intensivierender Wertungsrichtung nur sieben verschiedene präfixoide Elemente mit 14 Okkurrenzen; ihre Wiedergabe erfolgt in der Zielsprache mittels folgender Kategorien:

(1) Das Substantiv-Adjektiv-Syntagma nimmt einen zentralen Raum ein; dabei können Voranstellung (*meilleur élève* "Lieblingsschüler"), Nachstellung (*chevaux imaginaires* "Wunschpferde", *élève favori* "Lieblingsschüler", *endroit fabuleux* "Traumplatz", *hélicidés idéaux* "Wunschschnecken", *pensée favorite* "Lieblingsgedanke", *terrain de jeu favori* "Lieblingsspielplatz", *tour génial* "Supertrick") und prädikativer Gebrauch (*idée épatante* "Glanzidee") nachgewiesen werden.

(2) Seltener sind die Komposita mittels syndetischer Elemente (*visage d'ange* "Engelsgesicht", *vallée des merveilles* "Wahnsinns-Tal").

(3) Nur je einmal treten die Paraphrase (*maisons semblables à celle où je voudrais habiter un jour* "Traumwohnung"), ein idiomatischer Ausdruck (*qui chevauche son dada* "Lieblingsidee") und das äquivalente Substantiv (*chouchou* "Lieblingsschüler") als Äquivalente auf.

Insbesondere fällt auf, daß in keinem einzigen Beispiel die deutsche affektive Affixoidbildung durch eine entsprechende französische Bildung wiedergegeben wurde, obwohl dies z.B. beim Präfixoid *super* leicht möglich gewesen wäre (vgl. Tribouillard 1997:21-23); es scheint eine Abneigung gegen diese Formalstruktur zu herrschen, wie gegen hyperbolische überhaupt, denn nicht umsonst warnen Puristen: "Aussi le locuteur devrait-il n'y recourir qu'avec une prudente modération, sous peine d'éveiller la suspicion de l'auditeur découvrant dans ces techniques de persuasion les pièges du discours" (Tribouillard 1997:23). Doch sind nicht nur puristische Argumente anzuführen; weit entscheidender bleibt, daß das Französische über kein den deutschen präfixoiden Intensiva entsprechendes Wortbildungsmuster verfügt und daher auf die Aktualisierung verschiedenartiger Übersetzungslösungen angewiesen ist, wobei das in der französischen Prosa dominierende Substantiv-Adjektiv-Syntagma eine klare Präferenz besitzt. Im Französischen sind markierte Adjektive und konnotierte Kraftausdrücke im

Substandard (Schmitt 1986) recht frequent, und so bieten diese beiden Lösungsmöglichkeiten den Vorteil, im Gegensatz zu okkasionellen Konstruktionen erwartbare Optionen darzustellen.

4 Ergebnisse und Perspektiven

Wissenschaftlicher Fortschritt in der kontrastiven Lexikologie und Grammatik ist nur mühsam zu erreichen, da für überzeugende as und zs Einträge zu Recht heute umfangreiche Korpora vorausgesetzt werden. Diese Leistung konnte und sollte der Beitrag nicht erbringen, für eine exemplarische Aussage und punktuelle Verbesserungen dürfte das Korpus jedoch genügen.

Das Korpus zeigt zum einen, daß verhältnismäßig häufig auftretende Präfixoide wie z.B. das bei *Christiane F.* rekurrente *Scheiß-*, ein Element der salopp-derben Jugendsprache, zielsprachliche Optionen kennt, die als systematisierbare Lösungsvorschläge didaktisch wie lexikologisch von Interesse sind. Ferner wird deutlich, daß die Distribution der Präfixoide textsortenabhängig ist und daher auch als ein solches Phänomen in Wörterbüchern und Grammatiken dargestellt werden sollte:

Christiane F.: 15 Präfixoide	(*Affen-, Drecks-, Engels-, Frankenstein-, Höllen-, Horror-, Lieblings-, Mist-, Oma-, Penner-, Scheiß-, Super-, Wahnsinns-, Weltuntergangs-*; dazu noch hier nicht behandeltes *Riesen-*, vgl. Schmitt 1998).
Frisch: 7 Präfixoide	(*Affen-, Backofen-, Glanz-, Grabes-, Heiden-, Höllen-, Toten-*).
Grass: 5 Präfixoide	(*Blitz-, Großkaliber-, Lieblings-, Skiläufer-, Wunsch-*, dazu noch hier nicht behandelte *Blei-, Giganten-, Kalbshaxen-, Ober-*, vgl. Schmitt 1998).

Ebenso dokumentiert ein Vergleich der paradigmatisch ausgewählten Texte deutlich, daß diese Präfixoide vielfach dann auftreten, wenn es nicht auf die Qualität der Erzählung, sondern auf Positionen und Funktionen der Protagonisten ankommt, wie insbesondere aus *Christiane F.* erhellt, wo durch negativ-wertende Präfixoide (neben anderen Sprachmitteln) die derbe Ablehnung, die entschiedene Mißbilligung oder die tiefe Verachtung und die grobe Beschimpfung (vgl. z.b. *Dreck-, Mist-, Scheiß-*) zum Ausdruck gebracht wird; die gehobene Literatursprache läßt den Gebrauch dieser Elemente ebenso wenig zu wie z.B. den von Präfixoiden der Jugendsprache. Hier treten dementsprechend fast nur Affixoide mit mehr oder weniger stark intensivierendem Wert auf.

Was die französischen Äquivalente betrifft, so sollten in einer Grammatik für zielsprachliches Handeln die acht Kategorien (Wiedergabe durch Substantiv-Adjektiv-Syntagma, durch Paraphrasierung, durch stilistische Mittel, durch lexikalische Einheiten, durch zielsprachliche idiomatische Ausdrücke, durch Komposita oder Wortbildungsprodukte mit Suffix oder Suffixoid) unbedingt systematisch aufgenommen werden, damit nicht nur (mehr oder weniger) gelungene Optionen präsentiert, sondern auch Wege zu analogischen Bildungen gewiesen werden, wobei Hinweise auf das Textniveau und die Kontextabhängigkeit der zielsprachlichen Lösungen angebracht erscheinen. Es versteht sich von selbst, daß mit der Erweiterung der Korpora auch die Einträge wachsen werden und die Strukturierung verfeinert werden kann. Derartige Studien sind nötig, denn der Praktiker kann sich kaum mit der Feststellung begnügen, daß es im Französischen kein Wortbildungsmuster zu geben scheint, das dem der Verbindung von Intensiva mit einer Basis im Deutschen entspricht, obwohl im Französischen prinzipiell die Möglichkeit zur präfixalen Steigerung (Widdig 1982; Tribouillard 1997) gegeben ist; vielmehr ist er darauf angewiesen, möglichst viele Lösungen zu erhalten, die ihm bei seiner Entscheidung eine Hilfe bieten können. Auch kommt er kaum weiter, wenn er erfährt, daß im Deutschen präfixoide Elemente mit bildhaft-expressivem Charakter die Funktion der Intensivierung übernehmen, während die im Französischen frequenten 'préfixes/préfixoïdes savants' primär in Fachsprachen auftreten und dort anderen kommunikativen Zielen dienen. Wichtiger bleiben für ihn die Zuordnungs- und Äquivalenzregeln für deutsche Intensiva als die von Bally für das Deutsche ausgemachte "prédilection pour les mots complexes, composés, préfixaux et suffixaux" (^{4}1965:341), die nach Malblanc zum Erfahrungswert "l'allemand assemble où il peut, le français aime à détacher" (1968:44) führt. Da nun einmal feststeht, daß "le français a perdu l'usage régulier des suffixes appréciatifs" (Bally ^{4}1965:365), und ebenso die intensivierenden Affixe allgemein ausgemustert bleiben, erweist sich die Ermittlung der potentiellen Äquivalenztypen ausgehend von Paralleltexten als grundlegend für handlungsäquivalentes Übersetzen. Dabei bildet die Ermittlung von gleichwertigen ausgangssprachlichen und zielsprachlichen Textsegmenten zwar ein recht mühsames Procedere im Rahmen der Korpuslinguistik, doch haben ihre Ergebnisse den Vorteil, auf dem tatsächlichen Gebrauch von zwei Sprachen zu basieren und daher als authentische ausgangssprachliche und zielsprachliche Äußerungen einsetzbar zu sein.

5 Bibliographie

5.1 Korpus

Christiane F., *Wir Kinder vom Bahnhof Zoo*. Nach Tonbandprotokollen aufgeschrieben von Kai Hermann und Horst Rieck. Mit einem Vorwort von Horst E. Richter, Hamburg ^{5}1979. (= CFK ^{5}1979)

Moi, Christiane F., 13 ans, droguée, prostituée ..., Témoignages recueillis par Kai Hermann et Horst Rieck. Préface de Horst-Eberhard Richter. Traduit de l'allemand par Léa Marcou, Paris 1981. (= CFD 1981)

Frisch, Max, *Homo Faber. Ein Bericht*, Frankfurt ^{13}1982. (= HFB ^{13}1982)

Frisch, Max, *Homo Faber. Un rapport*. Traduit de l'allemand par Philippe Pilliod, Paris 1961. (= HFR 1961)

Grass, Günther, *Aus dem Tagebuch einer Schnecke*, Darmstadt und Neuwied ^{6}1987. (= TES ^{6}1987)

Grass, Günther, *Journal d'un escargot*. Traduit de l'allemand par Jean Amsler, Paris 1974. (= JUE 1974)

5.2 Wörterbücher und Nachschlagewerke

Cellard, Jacques/Rey, Alain (1981), *Dictionnaire du français non conventionnel*, Paris/New York/Barcelona/Mexico/Rio de Janeiro.

Duden (1976-1981), *Das große Wörterbuch der deutschen Sprache in 6 Bänden*. Herausgegeben und bearbeitet vom Wiss. Rat (...) unter Leitung von Günther Drosdowski, Mannheim/Wien/Zürich.

Duden (1993-1995), *Das große Wörterbuch der deutschen Sprache in 8 Bänden*, 2. völlig neu bearbeitete und erweiterte Auflage. Herausgegeben und bearbeitet vom Wiss. Rat (...) unter Leitung von Günther Drosdowski, Mannheim/Leipzig/Wien/Zürich.

Green, Jonathan (1986), *The Slang Thesaurus*, London.

Guilbert, Louis/Lagane, René/Niobey, Georges (1971-1978), *Grand Larousse de la langue française en six (sept) volumes*, Paris [= GLar].
Guilbert, Pierre (1980), *Dictionnaire des mots contemporains*, Paris.
Klappenbach, R./Steinitz, W. (^{6}1970-77), *Wörterbuch der deutschen Gegenwartssprache*, Bde 1-6, Berlin [WddG].
Küpper, Heinz (1982-84), *Illustriertes Lexikon der deutschen Umgangssprache*, in 8 Bänden, Stuttgart.
Rey, Alain/Chantreau, Sophie (1979), *Dictionnaire des expressions et locutions figurées*, Paris.
Robert, Paul (^{2}1985), *Le Grand Robert de la langue française*. Dictionnaire alphabétique et analogique de la langue française, deuxième éd. entièrement revue et enrichie par Alain Rey, 9 Bde, Paris [= GRob].
Robert, Paul (^{3}1993), *Le Petit Robert*. Dictionnaire alphabétique et analogique de la langue française, Paris [= PRob].

5.3 Fachliteratur

Abusamra, F. (1974), "Die Funktion der Elemente *ober, über, wieder* und *unter* in der Wortbildung der deutschen Gegenwartssprache", in: *Wissenschaftliche Zeitschrift der Karl-Marx-Universität Leipzig* 23, 141-163.
Bally, Charles (^{4}1965), *Linguistique générale et linguistique française*, Bern.
Berthelon, Christiane (1955), *L'expression du haut degré en français contemporain. Essai de syntaxe affective*, Bern.
Coseriu, Eugenio (1972), "Über Leistung und Grenzen der kontrastiven Grammatik", in: Nickel, Gerhard (ed.), *Reader zur kontrastiven Linguistik*, Frankfurt, 39-57.
Coseriu, Eugenio (1981), "Kontrastive Linguistik und Übersetzung: ihr Verhältnis zueinander", in: Kühlwein, Wolfgang/Thome, Gisela/ Wilss, Wolfram (edd.), *Kontrastive Linguistik und Übersetzungs-wissenschaft*, München, 183-199.
Dubois, Jean (1962), "Les superlatifs absolus", in: *Le français dans le monde* 11, 35-38.
Dubois, Jean (1962a), *Etude sur la dérivation suffixale en français moderne et contemporain*, Paris.

Duden (^{4}1984/^{5}1995), *Grammatik der deutschen Gegenwartssprache*, hrsg. und neu bearbeitet von Günther Drosdowski in Zusammenarbeit mit Gerhard Augst, Peter Eisenberg, Mannheim/Wien/Zürich.

Erben, Johannes (1983), *Einführung in die deutsche Wortbildungslehre*, Berlin [^{3}1993].

Fleischer, Wolfgang (1969), "Stilistische Aspekte der Wortbildung", in: *Deutsch als Fremdsprache* 6, 167-171.

Fleischer, Wolfgang (1978), "Konnotation und Ideologiegebundenheit in ihrem Verhältnis zu Sprachsystem und Text", in: *Wissenschaftliche Zeitschrift der Karl-Marx-Universität Leipzig* 27, 543-553.

Fleischer, Wolfgang (1978a), "Zur Typologie der deutschen Wortbildung in Sprachsystem und Sprachverwendung", in: *Linguistische Arbeitsberichte der Karl-Marx-Universität Leipzig* 23, 7-12.

Fleischer, Wolfgang (1978b), "Regeln der Wortbildung und der Wortverwendung", in: *Deutsch als Fremdsprache* 15, 78-85.

Fleischer, Wolfgang (^{5}1982), *Wortbildung der deutschen Gegenwartssprache*, Tübingen.

Fleischer, Wolfgang/Barz, Irmhild (^{2}1995), *Wortbildung der deutschen Gegenwartssprache*. Unter Mitarbeit von Marianne Schröder, Tübingen.

Grieve-Schumacher, Madeleine (1960), *Die Nominalkomposition im Französischen*, Winterthur.

Guilbert, Louis/Dubois, Jean (1961), "Formation du système préfixal intensif en français moderne et contemporain", in: *Le français moderne* 29, 87-111.

Haensch, Günther/Lallemand-Rietkötter, Annette (1972), *Wortbildungslehre des modernen Französisch*, München.

Ivir, Vladimir (1981), "The Communicative Model of Translation in Relation to Contrastive Analysis", in: Kühlwein, Wolfgang/Thome, Gisela/Wilss, Wolfram (edd.), *Kontrastive Linguistik und Übersetzungswissenschaft*, München, 209-218.

Koller, Werner (^{2}1983), *Einführung in die Übersetzungswissenschaft*, Heidelberg.

Kühlwein, Wolfgang/Wilss, Wolfram (1981), "Kontrastive Linguistik und Übersetzungswissenschaft - Einleitung", in: Kühlwein, Wolfgang/Thome, Gisela/Wilss, Wolfram (edd.), *Kontrastive Linguistik und Übersetzungswissenschaft*, München, 7-17.

Kühnhold, Ingeburg, u.a. (1978), *Das Adjektiv*. Schriften des IdS: Deutsche Wortbildung. Typen und Tendenzen in der Gegenwartssprache, Hauptteil 3, Düsseldorf.

Ladissow, Alexander (1981), *Untersuchungen zur Konnotation in der nominalen Wortbildung der deutschen Gegenwartssprache*, Diss. Leipzig.

Ladissow, Alexander (1983), "Konnotation in der nominalen Wortbildung der deutschen Gegenwartssprache", in: *Linguistische Studien* 105, 21-48.

Malblanc, Alfred (1968), *Stylistique comparée du français et de l'allemand. Essai de représentation linguistique comparée et étude de traduction*, Paris.

Mitterand, Henri ([7]1981), *Les mots français*, Paris.

Nord, Christiane (1997), "So treu wie möglich? Die linguistische Markierung kommunikativer Funktionen und ihre Bedeutung für die Übersetzung literarischer Texte", in: Keller, Rudi (ed.), *Linguistik und Literaturübersetzen*, Tübingen, 35-59.

Olsen, Susan (1986), *Wortbildung im Deutschen*, Stuttgart.

Petermann, Heinrich (1971), "Semantische Veränderungen erster Kompositionsglieder im Grenzbereich zwischen Zusammensetzungen und Präfixbildungen", in: *Deutsch als Fremdsprache* 8, 108-113.

Peytard, Jean (1975), *Recherches sur la préfixation en français contemporain*, 3 Bde, Lille/Paris.

Peytard, Jean (1977), "Néologisme préfixé et diffusion socio-linguistique en français contemporain", in: *Le français moderne* 45, 289-299.

Radtke, Edgar (1982), "Die Rolle des Argot in der Diastratik des Französischen", in: *Romanische Forschungen* 94, 151-166.

Radtke, Edgar (1984), "Die Übersetzungsproblematik von Sondersprachen - am Beispiel der portugiesischen, französischen und italienischen Übertragungen von 'Christiane F., Wir Kinder vom Bahnhof Zoo'", in: *Umgangssprache in der Iberoromania*. Festschrift für Heinz Kröll, Tübingen, 63-80.

Rein, Kurt (1983), *Einführung in die Kontrastive Linguistik*, Darmstadt.

Reiss, Katharina/Vermeer, Hans J. (1984), *Grundlegung einer allgemeinen Translationstheorie*, Tübingen.

Sáez Godoy, Leopoldo (1995), *El lenguaje secreto de las drogas en Chile. Yerba, gomas, jale, neo y afines*, Santiago de Chile.

Sachs, Emmy (1963), "On *steinalt*, *stockstill* and Similar Formations", in: *Journal of English and Germanic Philology* 62, 581-596.

Scharnhorst, Jürgen (1982), "Stilfärbung und Bedeutung. Die Darstellung der Stilfärbung 'abwertend' (pejorativ) im Wörterbuch", in: *Forschungen und Fortschritte* 36, 208-212.

Schmitt, Christian (1986), "Der französische Substandard", in: Holtus, Günter/Radtke, Edgar (edd.), *Sprachlicher Substandard*, I, Tübingen, 125-185.

Schmitt, Christian (1990), "Französisch: Sondersprachen", in: Holtus, Günter/Metzeltin, Michael/Schmitt, Christian (edd.), *Lexikon der Romanistischen Linguistik (LRL)*, Bd. V,1, Tübingen, 283-307.

Schmitt, Christian (1991), "Kontrastive Linguistik als Grundlage der Übersetzungswissenschaft. Prolegomena zu einer Übersetzungsgrammatik für das Sprachenpaar Deutsch/Französisch", in: *Zeitschrift für französische Sprache und Literatur* 101, 227-241.

Schmitt, Christian (1993), "Ausgangssprachliche Produktivität und zielsprachliche Aktivität in der Wortbildungslehre. Zu den französischen Entsprechungen deutscher Kollektivmorpheme", in: *Vielfalt des Deutschen*, Festschrift für Werner Besch, Frankfurt e.a., 533-549.

Schmitt, Christian (1995), "Distanz und Nähe romanischer Sprachen: Zum Beitrag des Übersetzungsvergleichs, dargestellt an den Sprachenpaaren Deutsch-Französisch/Spanisch", in: Dahmen, Wolfgang (e.a.; edd.), *Konvergenz und Divergenz in den romanischen Sprachen*, Tübingen, 349-380.

Schmitt, Christian (1997), "Prinzipien, Methoden und empirische Anwendung der kontrastiven Linguistik für das Sprachenpaar Deutsch/ Spanisch", in: Wotjak, Gerd (ed.), *Studien zum romanisch-deutschen und innerromanischen Sprachvergleich*, Frankfurt, 9-30.

Schmitt, Christian (1998), "Zur Gradation mittels Präfixoiden. Ein Beitrag zur Kontrastiven Linguistik für das Sprachenpaar Deutsch/ Französisch", in: *Grammatische Strukturen und grammatischer Wandel im Französischen*, Festschrift für Klaus Hunnius, Bonn, 425-449.

Stepanova, Marija D./Fleischer, Wolfgang (1985), *Grundzüge der deutschen Wortbildung*, Leipzig.

Suščinskij, I.I. (1985), "Die Steigerungsmittel im Deutschen", in: *Deutsch als Fremdsprache* 22, 95-100.

Thiele, Johannes ([2]1985), *Wortbildung der französischen Gegenwartssprache. Ein Abriß*, Leipzig.

Tribouillard, Jean (1997), "Hyper super génial", in: *Défense de la langue française* 185, 21-23.

Vermeer, Hans J. (1986), *Voraussetzungen für eine Translationstheorie. Einige Kapitel Kultur- und Sprachtheorie*, Heidelberg.
Wandruszka, Mario (1967), "Romanische und germanische quantifizierend-qualifizierende Suffixe", in: *Archiv für das Studium der neueren Sprachen und Literaturen* 118, 161-175.
Wandruszka, Mario (1969), *Sprachen - vergleichbar und unvergleichlich*, München.
Wellmann, Hans (1975), *Das Substantiv*. Schriften des IdS: Deutsche Wortbildung. Typen und Tendenzen in der Gegenwartssprache, Hauptteil 2, Düsseldorf.
Widdig, Walter (1982), *'Archi-', 'ultra-', 'maxi-' und andere Steigerungspräfixe im heutigen Französisch*, Genf.
Wilss, Wolfram (1977), *Übersetzungswissenschaft. Probleme und Methoden*, Stuttgart.
Wilss, Wolfram (1997), *Übersetzungsunterricht. Eine Einführung. Begriffliche Grundlagen und methodische Orientierungen*, Tübingen.
Zemb, Jean M. (1978/84), *Vergleichende Grammatik Französisch-Deutsch*, 2 Bde, Mannheim/Wien/Zürich.
Zimmer, Rudolf (1981), *Probleme der Übersetzung formbetonter Sprache. Ein Beitrag zur Übersetzungskritik*, Tübingen.

VOM TERMINOLOGIEVERGLEICH ZUM ADRESSATENADÄQUATEN ÜBERSETZUNGSPRODUKT
Französisch-deutsche Steuerkonzepte

(FRANZ SCHNEIDER, Erlangen-Nürnberg)

1 Grundsätzliches zu Steuern und Übersetzung

Wenn Sie wieder einmal durch französische Dörfer fahren, dann fallen Ihnen vielleicht jene recht alten Häuserfronten auf, die ohne Tür und ohne Fenster zur Straße hin gebaut wurden. Die Antwort auf die Frage, warum das so ist, finden Sie in einer mittlerweile nicht mehr gültigen lokalen Steuergesetzgebung. Bis 1926 mußte nämlich eine *Contribution des portes et des fenêtres* entrichtet werden, deren Höhe sich nach Anzahl und Größe der zur Straße weisenden Öffnungen im Mauerwerk richtete (Mehl/Beltrame 1992:95).

Einerseits sind steuerliche Konzepte aufgrund ihres hohen Realitätsgehaltes eine wertvolle Hilfe, die Eigenarten eines Landes und seiner Menschen zu verstehen. Andererseits beanspruchen sie insbesondere für den von außen Kommenden ein hohes Maß an Verstehensaufwand. Doch dieser lohnt sich, denn er kommt der Qualität des terminologischen "Übersetzungsprodukts" zugute, das am Ende des Verstehensprozesses steht.

Der Terminus *Übersetzung* wird zunächst in einer undefinierten Weise gebraucht, er wird aber schließlich so bestimmt werden, wie es die Ausführungen nahelegen.

2 Ternäre Steuersystematik als gemeinsame Vergleichsbasis

Am Beginn des Terminologievergleichs steht die Ermittlung einer gemeinsamen Vergleichsbasis. Es geht also um die Frage, ob sich die französischen und die deutschen Steuerkonzepte in einer vergleichbaren Gesamtsystematik darstellen lassen. Im Hinblick auf die vorhandenen äußeren Systeme des Steuerrechts sind die Bedingungen hierfür ungünstig. Auf französischer Seite gibt es zwar den *Code général des Impôts* (CGI 1997). Mit diesem fast zweieinhalbtausendseitigen Opus liegt in der Tat eine Kodifikation der französischen Steuergesetze in einer zusammenhängenden und auch sprachlich homogenen Ordnungsstruktur vor. Auf deutscher Seite finden wir jedoch nichts Vergleichbares. Die *Abgabenordnung* (AO 1997) ist von viel geringerem Umfang, setzt andere Akzente und stellt keineswegs ein Pendant des *CGI* dar. Selbst deutsches Ordnungsbedürfnis hat es bisher nicht vermocht, dem Steuerchaos durch eine Kodifikation Einhalt zu gebieten. Anstrengungen, die Vielzahl der Texte der einzelnen Steuerarten in einem einzigen Steuergesetzbuch zu bündeln, sind über das Stadium von Entwürfen nicht hinausgekommen (Tipke/Lang 1996:§ 4 Rz. 8).

Eine Systematisierung, die von der Steuer- oder Ertragshoheit ausgeht, ist wegen des sehr unterschiedlichen staatlichen Aufbaus, hier zentralistische, da föderale Strukturen, die ein äußerst kompliziertes System des Finanzausgleichs hervorgebracht haben, wenig ergiebig. Das gilt auch für die bekannte Systematisierungsmöglichkeit nach direkten und indirekten Steuern. Die grobe dualistische Struktur erlaubt nur recht lockere systematische Verortungen.

Eine tragfähige Vergleichsbasis findet sich in einem weltweit anerkannten Fundamentalprinzip gerechter Besteuerung, dem Prinzip der wirtschaftlichen Leistungsfähigkeit der Bürger. Die drei Indikatoren dieses Prinzips bilden die Grundlage für die ternäre Struktur der hier gewählten Vergleichsbasis: *le revenu/das Einkommen, le patrimoine, la fortune* oder *le capital/das Vermögen* und *la consommation/der Konsum* oder *Verbrauch* (Tipke/Lang 1996:§ 4 Rzn 81ff.). Diese Dreiteilung entspricht auch den Anforderungen an einen modernen Steuerbegriff (Grosclaude/Marchessou 1997:n° 14; Vallée 1997:43f.).

Die beiden folgenden Schaubilder geben einen Überblick über die dreiteilige Struktur des französischen und des deutschen Steuersystems:

Les impôts sur le revenu		Les impôts sur le patrimoine/la fortune/le capital	Les impôts sur la dépense
L'impôt sur le revenu (des personnes physiques) (IR[PP])	L'impôt sur les sociétés (L'impôt sur les bénéfices des sociétés) (IS)	Les droits d'enregistrement - Les droits de mutation à titre gratuit	L'impôt général sur la dépense - La Taxe sur la valeur ajoutée (TVA)
Les cotisations accessoires à l'impôt sur le revenu - La contribution sociale généralisée (CSG) - La contribution au remboursement de la dette sociale (CRDS)	Les sociétés de capitaux (option pour IR de la SARL) - IS - L'imposition forfaitaire annuelle (Ifa) - La contribution supplémentaire de 10% - Le précompte - La surtaxe de 15%	Les droits de succession Les droits de donation - Les droits de mutation à titre onéreux Les mutations de propriété d'immeubles - L'impôt de solidarité sur la fortune (ISF)	Les régimes particuliers de TVA - La TVA immobilière Les impôts particuliers sur la dépense - Les accises (les contributions indirectes) Les droits sur l'alcool Les droits sur les tabacs manufacturés Les droits sur les huiles minérales
Le régime des plus-values et moins-values professionnelles à long terme		Les impôts directs locaux - Les deux taxes foncières - La taxe d'habitation - La taxe professionnelle	
Les revenus patrimoniaux - Les revenus de capitaux mobiliers - Les plus-values privées immobilières/sur valeurs mobilières		Les taxes assises sur les salaires - la taxe sur les salaires - la taxe d'apprentissage	
		Les taxes assises sur les véhicules - La taxe différentielle sur les véhicules à moteur (La vignette) - La taxe sur les véhicules de tourisme des sociétés - La taxe à l'essieu - La taxe sur les véhicules de société	

Steuern vom Einkommen und Ertrag			Steuern auf das Vermögen	Steuern auf die Verwendung von Einkommen u. Vermögen
Einkommen-steuer	Körperschaft-steuer	Gerwerbeertrag-steuer	Vermögenstransfer	Allgemeine Verbrauch-steuern
- veranlagte ESt			- Erbschaftssteuer	- Umsatzsteuer (Mehrwert-
- nicht veranlagte			- Schenkungssteuer	steuer)
Lohnsteuer				
(Quellenabzug)			Vermögensbesitz	Besondere Verbrauch-Steuern
Zuschlagsteuern			- (Vermögensteuer)	- Mineralölsteuer
- Kirchensteuer			- (Gewerbekapitalsteuer)	- Alkoholsteuer
- Solidaritäts-zuschlag			- Grundsteuer	- Tabaksteuer
				Besondere Verkehr- und Aufwandsteuern
(Betriebliche Veräußerungs-einkünfte)				- Grunderwerbsteuer
- Abzug von Reinvestition				- Kraftfahrzeugsteuer
- Reinvestitionsrücklage)				- Versicherungsteuer
				- Feuerschutzsteuer
Kapitalertrag-steuer (Quellen-abzug)				- Rennwett- und Lotteriesteuer
Private Veräuße-rungseinkünfte				Kommunale Aufwand-Steuern
- Spekulations-geschäfte				- Hundesteuer
				- Vergnügungsteuer
				- Zweitwohnungsteuer

Um den Überblick nicht zu erschweren, sind nur wesentliche Steuerarten aufgeführt. Die Auswahl ist des weiteren durch konzeptuelle Divergenzen zwischen dem französischen und dem deutschen System bestimmt. Von ihnen kann allerdings nur ein ganz kleiner Ausschnitt im Rahmen dieser Ausführungen angesprochen werden. Von der Erwähnung der fast unüberschaubaren Fülle der *Taxes parafiscales*, also der *parafiskalischen Abgaben*, sogenannter *Quasisteuern,* und *Sonderabgaben* wurde abgesehen. Auf französischer Seite ist ihr enormer Umfang eine Erklärung dafür, daß Frankreich im Hinblick auf die Höhe des *Prélèvement social*, der *Sozialabgaben*, eine Spitzenposition innerhalb der EU-Staaten einnimmt (Vallée 1997:41f.).

Eine weitere grundsätzliche Bemerkung erfordert der hier durchgeführte Systemvergleich. Man tut gut daran, sich nicht einzulassen auf den Versuch trennscharfer Definitionen von solchen Termini wie *impôt, taxe, contribution, cotisation, droit, redevance* u.s.w. Eine praxisrelevante Abgrenzung ist wegen der geringen Definitionsbemühungen des französischen Gesetzgebers schlechterdings nicht möglich (Vallée 1997:37; Grosclaude/Marchessou 1997:n°s 2-4). Auf deutscher Seite mag die Situation mit solchen Termini wie *Steuern, Gebühren, Beiträge* und *Sonderabgaben*

(Tipke/Lang 1996:§ 3 Rzn 9-27) klarer sein. Es ändert nichts an dem Vorteil einer pragmatischen Vorgehensweise, d.h. von den einzelnen Steuerarten innerhalb eines systematischen Zusammenhangs auszugehen. Dies gilt umso mehr, als die Blickrichtung der Untersuchung immer vom französischen zum deutschen System verlaufen wird.

In dem folgenden Schaubild ist die dreiteilige Struktur der beiden Systematiken auf die Termini der drei genannten Leistungsfähigkeitsindikatoren reduziert. Das besondere Untersuchungsinteresse gilt der linken Spalte, was durch das Fragezeichen angedeutet ist:

Drei Hauptgruppen der Steuern in Frankreich und Deutschland		
Impôts sur le revenu	Impôts sur le patrimoine/ la fortune/le capital	Impôts sur la dépense
?	Steuern auf das Vermögen	Steuern auf die Verwendung von Einkommen und Vermögen

3 "Übersetzungs"-Varianten des pluralen Konzepts *Impôts sur le revenu*

Die besondere terminographische und übersetzerische Anforderung des Terminus *Impôts sur le revenu* liegt in seinem pluralen Gebrauch. Das folgende Schaubild stellt den gemeinten Sachverhalt, der nun im einzelnen ausgeführt wird, dar.

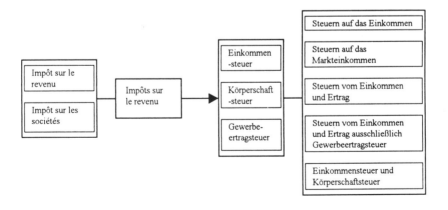

Auf französischer Seite stellt der plurale Terminus eine recht solide Benennungskonvention dar. Sie faßt den jeweils singular zu verstehenden *Impôt sur le revenu*, die Einkommensteuer, und den *Impôt sur les sociétés*, die Körperschaftsteuer, zusammen. Auf deutscher Seite ist dagegen keine gleichermaßen eindeutige Benennungskonvention auszumachen. Man ist gezwungen, über Reflexionen steuertheoretischer Art verschiedene Benennungsmöglichkeiten für den zugrunde liegenden Sachverhalt ausfindig zu machen.

Wenn man den pluralen Terminus *Impôts sur le revenu* durch *Steuern auf das Einkommen* wiedergibt, dann geschieht dies unter folgenden sprachlichen und begrifflichen Voraussetzungen. Man bedient sich der Sprache des Steuergesetzgebers. Dieser definiert den Einkommensbegriff im Körperschaftsteuergesetz nicht und verweist stattdessen auf den Einkommensbegriff des Einkommensteuergesetzes (§ 8 I KStG) (Schneidewind/Schiml 1997:187f.). Der Logik dieser Verfahrens entspricht die durchaus anzutreffende Redeweise von der *Einkommensteuer der Körperschaften* (Wolf 1996:149).

Eine etwas größere begriffliche Präzision in der Wiedergabe des französischen Terminus erreicht man mit dem Terminus *Steuern auf das Markteinkommen*. Mit ihm begibt man sich auf die wissenschaftliche Ebene einer einkommenstheoretischen Diskussion. Sie macht deutlich, daß der Begriff des Markteinkommens alle am Markt realisierten Einkünfte abdeckt. Er läßt sich damit der Einkommensteuer ebenso wie der Körperschaftsteuer zugrunde legen (Tipke/Lang 1996:§ 8 Rzn 33-35, 38).

Als ein weiterer Terminus kommt der in der weiter oben gezeigten Gesamtsystematik gewählte in Frage: *Steuern vom Einkommen und vom Ertrag*. Er dürfte sich in seiner Unmißverständlichkeit am besten für den Gebrauch in der Steuerpraxis eignen. Die Aufspaltung des synthetischen Konzepts des *Revenu* in die Konzepte des *Einkommens* und des *Ertrags* beruht auf einer spezifisch wirtschaftswissenschaftlichen Argumentation. Danach kann eine Körperschaft, also ein Unternehmen als juristische Person, kein Einkommen haben. Es wirft vielmehr einen Ertrag ab. Ein Einkommen entsteht erst, wenn Ertragsteile einem privaten Haushalt zufließen und ihm als Kaufkraft zur privaten Verfügung stehen (Tipke/Lang 1995:§ 11 Rz. 20). Legt man diese Argumentation zugrunde, dann erweist sich die o.g. Redeweise von der *Einkommensteuer der Körperschaften* als problematisch.

Der nächste mögliche Terminus erreicht periphrastische Qualität. Er setzt an dem vorhergehenden Terminus an und expliziert eine wesentliche Differenz zwischen dem französischen und dem deutschen ertragsteuerlichen Konzept. In letzterem ist nämlich die Gewerbeertragsteuer enthalten. Die *Taxe professionnelle, die französische Gewerbesteuer,* enthält jedoch kein ertragsteuerliches Element und demnach keine Gewerbeertragsteuer. Die höchste begriffliche Präzision, aber eine geringe sprachliche Ökonomie, wird so mit der folgenden terminologischen Periphrase erreicht: *Steuern vom Einkommen und vom Ertrag ausschließlich der Gewerbeertragsteuer.*

Die einfachste Form der "Übersetzung" schließlich addiert lediglich die beiden Steuerarten, die in dem pluralen Konzept der *Impôts sur le revenu* enthalten sind. Dies ergibt das terminologische Tandem: *Einkommensteuer und Körperschaftsteuer.*

4 Symmetrie und Asymmetrie französischer und deutscher Einkunftsarten

In der Folge werden das singulare Konzept des *Impôt sur le revenu, der Einkommensteuer* und daran anschließend das Konzept des *Impôt sur les sociétés, der Körperschaftsteuer,* eingehender betrachtet.

Der terminographische und übersetzerische Reiz des einkommensteuerlichen Konzepts läßt sich etwas abstrakt so beschreiben: Trotz der weitgehenden Identität der Einzelemente des französischen und des deutschen Konzepts kommt es durch die unterschiedliche Gruppierung dieser Einzelelemente zu einer konzeptuellen Asymmetrie. Das folgende Schaubild konkretisiert jene Einzelelemente. Dabei handelt es sich um die *Catégories de revenu, die Einkunftsarten,* auf die der Impôt sur le revenu bzw. die Einkommensteuer erhoben werden. Die Zuordnung der deutschen zu den französischen Einkunftsarten läßt sich relativ problemlos durchführen:

Parallelisierung französischer und deutscher Einkunftsarten, die der Einkommensbesteuerung unterliegen	
Revenus fonciers	Einkünfte aus Vermietung und Verpachtung
Bénéfices industriels et commerciaux (BIC)	Einkünfte aus Gewerbebetrieb
Rémunérations allouées aux gérants et associés de certaines sociétés	Einkünfte aus nichtselbständiger Arbeit
Bénéfices de l'exploitation agricole (BA)	Einkünfte aus Land- und Forstwirtschaft
Traitements, salaires, émoluments, indemnités, pensions et rentes viagères	Einkünfte aus nichtselbständiger Arbeit; sonstige Einkünfte (z.B. Leibrente)
Bénéfices des professions non commerciales et revenus y assimilés (professions libérales etc.) (BNC)	Einkünfte aus selbständiger Tätigkeit (Freie Berufe bzw. freiberufliche Tätigkeit)
Revenus de capitaux mobiliers (particuliers)	Einkünfte aus Kapitalvermögen (Privatpersonen)
Plus-values de cession à titre onéreux de biens ou de droits de toute nature	Einkünfte aus Gewerbebetrieb, aus selbständiger Tätigkeit, aus Land- und Forstwirtschaft (Veräußerungsgewinne); sonstige Einkünfte (Einkünfte aus Spekulationsgeschäften)

Das folgende Schaubild zeigt die *Catégories de revenus* in zwei Gruppen aufgeteilt und zwar in die *Revenus professionnels* und in die *Revenus patrimoniaux*:

Les catégories des revenus	Die Einkunftsarten
LES REVENUS PROFESSIONNELS	**GEWINNEINKÜNFTE**
Les traitements, salaires, pensions et rentes viagères	Einkünfte aus Land- und Forstwirtschaft
Les bénéfices industriels et commerciaux (BIC)	Einkünfte aus Gewerbebetrieb
Les bénéfices non commerciaux (BNC)	Einkünfte aus selbständiger Arbeit
Les bénéfices agricoles (BA)	**ÜBERSCHUSSEINKÜNFTE**
Les rémunérations des dirigeants d'entreprise	**Einkünfte aus nichtselbständiger Arbeit**
LES REVENUS PATRIMONIAUX	Einkünfte aus Kapitalvermögen
Les revenus fonciers	Einkünfte aus Vermietung und Verpachtung
Les revenus de capitaux mobiliers	Sonstige Einkünfte
Les plus-values de cession des particuliers	

Die deutschen Einkunftsarten weisen ebenfalls eine Zweiteilung auf. Die Benennungen *Gewinneinkünfte* und *Überschußeinkünfte* lassen jedoch erahnen, daß der deutschen Aufteilung eine andere Logik zugrunde liegen muß als der französischen. Es fällt auf, daß die *Traitements, salaires, pensions et rentes viagères* und die ebenfalls dieser Einkunftsart unterzuordnenden *Rémunérations des dirigeants d'entreprise* mit jenen Einkunftsarten zusammengefaßt sind, die aus einer unternehmerischen Tätigkeit resultieren. Sie bilden zusammen die *Revenus professionnels*. In der deutschen Gliederung sind dagegen die *Einkünfte aus nichtselbständiger Arbeit* klar von den Unternehmenseinkommen getrennt. Das übersetzerische Problem tritt bei dem Konzept der *Revenus professionnels* auf. Die *Revenus patrimoniaux* lassen sich dagegen ohne Bedenken durch den Terminus *Vermögenseinkünfte* wiedergeben.

Fragen wir also nach dem Unterscheidungskriterium von *Revenus professionnels* und *Revenus patrimoniaux*. In der Fachliteratur findet man für *Revenus professionnels* auch den Terminus *Revenus du travail*. Das Gesetz unterscheidet vier solcher Einkunftsarten nach der Art der Arbeit und nach dem Ort ihrer Ausführung (Grosclaude/Marchessou 1997:n° 91). Als Unterscheidungskriterium gegenüber den *Revenus patrimoniaux* fungiert die Arbeitskraft, sei es jene des Unternehmers oder jene des Lohnabhängigen. Sie wird als eine *sich verbrauchende Einkunftsquelle* betrachtet. Die *Revenus patrimoniaux* basieren dagegen nach dieser Sehweise auf einer *unverbrauchbaren Einkunftsquelle*, dem Vermögen. Diese Zweiteilung durch den Gesetzgeber, die auf der volkswirtschaftshistorischen Unterscheidung von *Arbeits-* und *Vermögens-* oder *Besitzeinkünften* beruht (Gabler 1988:281), ist alles andere als logisch. Es ist vielmehr davon auszugehen, daß alle Einkünfte auf einem planmäßigen und zielgerichteten Handeln des Menschen beruhen (Tipke/Lang 1996:§ 9 Rz. 122). Unter einem logischen Gesichtspunkt sind die Unternehmenseinkommen als *Revenus mixtes* aufzufassen, denn sie entstehen durch Anwendung von Arbeitskraft auf Kapital bzw. Vermögen (Di Malta 1995:n° 37).

Der Zweiteilung des deutschen Gesetzgebers in *Gewinneinkünfte* und *Überschußeinkünfte* (§ 2 II EStG) liegen die Kriterien der *unternehmerischen* und *nicht-unternehmerischen Aktivität* zugrunde. Erstere ist auf die Erzielung von Gewinn ausgerichtet, letztere identifiziert sich durch einen *Überschuß der Einnahmen über die Werbungskosten* (Tipke/Lang 1996:§ 9 Rzn 181ff.).

5 Übersetzungsproblematik der *Revenus professionnels* - eine Folge begriffssystematischer Asymmetrie

Die "Übersetzung" des Konzepts der *Revenus professionnels* gestaltet sich schwierig. Dennoch kann man hierzu auf begriffliche Elemente der deutschen Systematik zurückgreifen. Das erklärt sich durch das Tertium comparationis, das den deutschen wie den französischen *Einkunftsarten* zugrunde liegt. Hieraus erklärte sich schon die relativ unproblematische Zuordnungsmöglichkeit der französischen und deutschen *Einkunftsarten*. Dieses gemeinsame Dritte besteht in dem Rückgriff auf die gleichen einkommenstheoretischen Konzeptionen. Und zwar der *Conception du revenu de l'enrichissement,* der sog. *Reinvermögenszugangstheorie,* und der *Con-*

ception du revenu de la source, der sog. *Quellentheorie* (Grosclaude/Marchessou 1997:n° 78; Tipke/Lang 1996:Rzn 181-184). Die deutsche Zweiteilung der *Einkunftsarten* beruht auf diesen beiden Theorien. Die *Gewinneinkünfte* werden nach der *Reinvermögenszugangstheorie* ermittelt, die *Überschußeinkünfte* nach der *Quellentheorie*. In der französischen Zweiteilung schlagen sich diese beiden Theorien nicht nieder. Das mit dem Konzept der *Revenus professionnels* verbundene übersetzerische Problem läßt sich daher wie folgt beschreiben: Die einzelnen *Einkunftsarten,* die es umfaßt, basieren zwar auf den gleichen einkommenstheoretischen Konzeptionen wie die deutschen. Die Aufteilung dieser *Einkunftsarten* erfolgt aber nach einem Kriterium, dem der *Arbeitseinkünfte,* das in der deutschen Aufteilung keine Entsprechung hat.

Aus diesen sachtheoretischen Bedingungen lassen sich ein addierendes, ein synthetisierendes Übersetzungsverfahren und eine Mischung aus beiden Verfahren ableiten.

Das folgende Schaubild verdeutlicht diesen Sachverhalt:

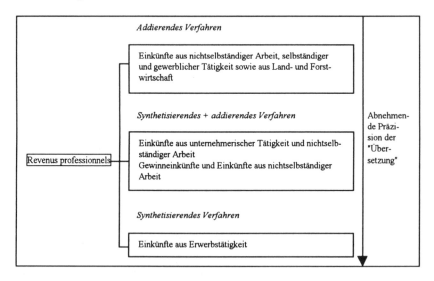

In einem ausschließlich addierenden Verfahren werden in dem zielsprachlichen System vorhandene und benannte partikulare Konzepte aneinandergereiht, um den Terminus *Revenus professionnels* wiederzugeben. In diesem Falle geschieht dies mit den einzelnen deutschen *Einkunftsarten.*

Man erhält also das Gebilde *Einkünfte aus nichtselbständiger Arbeit, selbständiger und gewerblicher Tätigkeit sowie aus Land- und Forstwirtschaft.* Eine Mischung von synthetisierendem und addierendem Verfahren verringert die Anzahl der partikularen Konzepte und ersetzt die dadurch wegfallenden durch ein synthetisches Konzept. Dies führt zu folgenden Übersetzungsgebilden: *Gewinneinkünfte und Einkünfte aus nichtselbständiger Arbeit* oder *Einkünfte aus unternehmerischer Tätigkeit und nichtselbständiger Arbeit* (Tipke/Lang 1996:§ 9 Rz. 52). Ein rein synthetisierendes Verfahren sucht nach einem umfassenden Oberbegriff und führt zu dem Übersetzungsvorschlag *Einkünfte aus Erwerbstätigkeit.* Dabei umfaßt der Begriff *Erwerbstätigkeit* die Tätigkeit von Nichtselbständigen, Selbständigen in Gewerbe, Landwirtschaft und freien Berufen (Gabler 1988:1622). Diese Definition des Begriffs *Erwerbstätigkeit* ist allerdings nicht unumstritten. Vertreter einer weiten Auffassung ordnen diesem Begriff alle *Einkunftsarten* unter (Tipke/Lang 1996:§ 9 Rzn 52, 54, 121f.).

6 Übersetzen als Erfinden oder Entdecken begrifflicher Merkmale

Bisher war des Öfteren von Übersetzung die Rede. Gemeint ist damit immer ein Erfinden oder Entdecken begrifflicher Merkmale gewesen. Zu den begrifflichen Merkmalen eines vorgegebenen französischen Steuerkonzepts wurden funktional vergleichbare begriffliche Merkmale eines deutschen Steuerkonzepts in Beziehung gesetzt. Mit der treffenden Benennung dieses Typs von Übersetzungshandlung tut man sich in der Fachliteratur recht schwer. Man spricht vom "begrifflichen Umsetzen" (Arntz 1994:286), von dem "Herstellen von vergleichenden Beziehungen zwischen Begriffen" (Sandrini 1996:147), von einem "qualitativen Matching" von Konzepten (Schneider 1998:5, 215f., 221-231, 246, 252, 255, 298, 308). Bisweilen hat man Mühe, die Beschreibung dieser Übersetzungshandlung nachzuvollziehen: "traducir consiste en transponer un mismo derecho a otra lengua que conoce otro" (Thiry 1997:38). Die dieser Behauptung zugrunde liegende sprachtheoretische Auffassung von einer <u>völligen</u> Deverbalisierung konzeptueller Elemente wird von dem Autor nicht geteilt. In dem oben beschriebenen Fall des pluralen Konzepts der *Impôts sur le revenu* mußten Konzeptelemente insofern "erfunden" werden, als sie erst aufgrund von fachlichen Reflexionen und Definitionsbemühungen determiniert werden konnten. Im

Falle der einzelnen *Einkunftsarten* handelte es sich um eine einfache Entdeckungsprozedur. Die schon zweifelsfrei definierten Konzepte brauchten nur ausfindig gemacht und einander zugeordnet zu werden. Im Falle des Konzepts der *Revenus professionnels* waren beide Prozeduren in Reinform und in gemischter Form eingesetzt worden. Ob man von Erfindung oder Entdeckung der begrifflichen Merkmale spricht, darf nur von den objektiv vorhandenen theoretischen und praktischen Problematisierungsmöglichkeiten eines fachlichen Konzepts abhängen, nicht aber von dem Wissensniveau des Terminologen.

7 Eine Dienstleistung des Terminologen für den Übersetzer

7.1 Demonstriert am Beispiel des *Impôt sur les sociétés* und der *Körperschaftsteuer*

Am nun folgenden Beispiel der *Impôt sur les sociétés (IS)*, der *Körperschaftsteuer*, soll, in logischer Applikation der bisherigen Einsichten, deutlich werden, in welche Richtung sich die Dienstleistung des Terminologen für den Übersetzer oder den übersetzenden Experten bewegen sollte:

Ternär gegliedertes übersetzerisches Hilfsinstrument

L'impôt sur les sociétés (F), L'impôt sur les bénéfices des sociétés (F)	Die Körperschaftsteuer (D)	Die Körperschaftsteuer Die Steuer auf Unternehmensgewinne (Ü)
Sociétés de capitaux + option pour les sociétés de personnes...	Kapitalgesellschaften... Keine Personengesellschaften	Kapitalgesellschaften Est besteht eine Option für Personengesellschaften
Le principe de territorialité	Das Welteinkommensprinzip	Das Territorialprinzip, auch: das Quellen- oder Ursprungsprinzip
L'imposition limitée	Die unbeschränkte Steuerpflicht	Die beschränkte Steuerpflicht
L'impôt sur les sociétés Taux normal: 33,33%	Die Körperschaftsteuer: Tarifbelastung auf einbehaltene Gewinne: 45% Ausschüttungsbelastung: 30%	Der einheitliche Körperschaftsteuersatz (, der nicht zwischen Tarifbelastung und Ausschüttungsbelastung unterscheidet,) beträgt...
L'impôt sur les plus-values nettes à long terme + réserve spéciale des plus-values: 19%	[Veräußerungsgewinne von Anlagegütern können in die steuerbefreite Reinvestitionsrücklage, einem Sonderposten mit Rücklageanteil, eingestellt werden]	Der ermäßigte Steuersatz von 19% auf Veräußerungsgewinne aus langfristiger Wertsteigerung von Anlagegütern; die ermäßigte Körperschaftsteuer von 19% auf Veräußerungserlöse von Anlagegütern, die mehr als zwei Jahre dem Unternehmen gehörten, ...

Vom Terminologievergleich zum adressatenadäquaten Übersetzungsprodukt 117

Le mécanisme de l'avoir fiscal appliqué lors de la distribution de bénéfices n'ayant pas été soumis à l'IS au taux normal:	Das körperschaftsteuerliche Anrechnungs- oder Vergütungsverfahren bei Gewinnausschüttung:	Le mécanisme de l'avoir fiscal: das körperschaftliche Anrechnungsverfahren; die Anrechnung der Körperschaftsteuergutschrift auf die Einkommensteuer; die Hinzurechnung des Steuerguthabens zu den Dividenden und dessen anschließender Abzug von den fälligen Steuern (Ü)
Au niveau de la société versement du précompte mobilier comme avance sur l'avoir fiscal Le précompte exigé par le Trésor sur la distribution de bénéfices provenant de - la réserve spéciale des plus-values à long terme - une filiale étrangère - un exercice clos depuis plus de cinq ans	Beim Unternehmen Herstellung der Ausschüttungsbelastung durch Körperschaftsteuer-Änderung: Körperschaftsteuerminderungen und -erhöhungen je nach Vorbelastung des ausgeschütteten Gewinns (Regelfall: Steuerminderung)	L'avoir fiscal: das (aus der Körperschaftsteuergutschrift resultierende) Steuerguthaben (Ü); die Steueranrechnung; die Steuervergütung Le précompte: die Ausschüttungssteuer (Ü) / auf Gewinne, die noch nicht zum normalen Körperschaftsteuersatz versteuert wurden; die Vorauszahlung, die der Trésor zur Gewährung des Körperschaftsteuerguthabens von dem Unternehmen erhält (Ü)
Au niveau de l'actionnaire atténuation de la double imposition par imputation de l'avoir fiscal sur l'ensemble des revenus, l'avoir fiscal étant matérialisé pas le certificat d'avoir fiscal	Beim Aktionär Beseitigung der Doppelbesteuerung durch Anrechnung der Körperschaftsteuer auf die Einkommensteuerschuld oder durch Vergütung durch das Finanzamt	La réserve spéciale des plus-values à long terme: die spezielle Rücklage (Ü) / für Gewinne aus dem Abgang von Anlagegütern, die mindestens zwei Jahre dem Unternehmen gehörten (Ü); der Sonderposten für Gewinne aus der Veräußerung von langfristig gebundenen Vermögensgegenständen
La contribution supplémentaire / exceptionnelle de 10%	Solidaritätszuschlag (5,5% auf KSt)	Die 10%ige Zuschlagsteuer auf die Körperschaftsteuer (Ü)
La surtaxe temporaire de 15%	Ø	Die zeitlich befristete 15%ige Annexsteuer auf die KSt (Ü)
L'imposition forfaitaire annuelle (Ifa)	Ø	Die umsatzabhängige jährliche Körperschaftsteuer (Ü)

Das vorstehende Schaubild vereinfacht, trotz einer nicht zu leugnenden Komplexität, den Sachverhalt. Zu diesen Vereinfachungen sind einige Erklärungen notwendig. Die Übersetzung von *Impôt sur les sociétés (IS)* oder *Impôt sur les bénéfices des sociétés* durch *Körperschaftsteuer* oder *Steuer auf die Unternehmensgewinne* scheint völlig problemlos. Schaut man sich jedoch das französische und das deutsche Steuerkonzept näher an, so treten eine Reihe von Subkonzepten mit teilweise beträchtlichen Unterschieden hervor. Bei einem mikroskopisch vorgehenden Vergleich würden sie ein enormes Ausmaß erreichen. Diese Unterschiede ergeben sich z.B. aus der jeweiligen Zusammensetzung und Berechnung der *Bemessungsgrundlage*, des *Bénéfice imposable*, des *steuerpflichtigen Gewinns* also. Hier wie dort fließen *Jahresergebnis, Bewertungen von Beständen, Abschreibungen, Rückstellungen, abziehbare* und *nicht abziehbare Aufwendungen* und viele

Elemente mehr in die Berechnung des *steuerpflichtigen Ergebnisses* ein. Die Merkmale dieser Elemente können jedoch erheblich in der französischen und deutschen Rechnungslegungspraxis differieren. Auf diese Feinheiten soll hier nicht eingegangen werden. Der sachlichen Korrektheit halber muß ebenfalls erwähnt werden, daß in dem hier dargestellten vereinfachten Schaubild die körperschaftsteuerlichen Aspekte der folgenden Sachverhalte keine Berücksichtigung finden: die genauen Bestimmungen im Hinblick auf eine Reihe von nicht genannten *Unternehmensformen*, die *Distributions déguisées/occultes - die verdeckte Gewinnausschüttung*, die *Intégration fiscale - die Organschaft*, der *Régime des sociétés mères et filiales - das Schachtelprivileg*, die verschiedenen Arten von *Exonérations - Steuerbefreiungen*, die Regelungen bei *Fusion, Scission* und *Transformation d'une société - Verschmelzung, Teilung* und *Umwandlung eines Unternehmens*, den *Bénéfice consolidé - den konsolidierten Gewinn* u.a.m.

Das Schaubild macht deutlich, daß in Deutschland *Kapitalgesellschaften* der *Körperschaftsteuer* unterliegen (andere Unternehmensformen sollen hier nicht genannt werden). In Frankreich gilt dies zwar ebenfalls, doch besitzen *Personengesellschaften* eine Option für eine Besteuerung nach dem *Impôt sur les sociétés* (Di Malta 1995:n° 46).

Bei der Besteuerung wendet Frankreich den *Grundsatz der Territorialité* an. Danach werden strikt nur die Gewinne jener Unternehmen besteuert, die sich auf französischem Boden befinden, seien es französische oder ausländische Unternehmen (Di Malta 1995:n° 151; Vallée 1997:115). Für die deutsche Körperschaftsteuer sind dagegen sämtliche Einkünfte eines Unternehmens weltweit maßgebend, d.h. es wird nach dem gesamten *Welteinkommen (le bénéfice mondial)* gefragt. Entscheidend ist, daß das Unternehmen in Deutschland seine *Geschäftsleitung* oder seinen *Sitz* hat (Lück 1989:457). Aus dem für die französische Körperschaftsteuer gültigen *Territorialitätsprinzip* leitet sich logischerweise eine *Imposition limitée, die beschränkte Steuerpflicht*, ab, so wie sich aus dem für die deutsche Körperschaftsteuer gültigen *Welteinkommensprinzip die unbeschränkte Steuerpflicht* ableiten läßt (Tipke/Lang 1996:§ 11 Rz. 15; Stawinoga 1994:23f.).

In Frankreich wird keine Differenzierung der Steuersätze nach den *Bénéfices distribués* und den *Bénéfices non distribués* vorgenommen. *Der Steuersatz* beträgt einheitlich 33 1/3% (Di Malta 1995:270). In Deutschland werden dagegen *die ausgeschütteten Gewinne* mit 30% und *die einbehaltenen* oder *thesaurierten Gewinne* mit 45% besteuert (Schneidewind/Schiml 1997:188f.).

In Frankreich besteht die besondere Regelung, daß die sogenannten *Plus-values à long terme*, d.h. *Veräußerungserlöse auf Aktiva, die länger als zwei Jahre in der Bilanz gestanden haben*, nur mit 19% besteuert werden. Bedingung hierfür ist, daß dieser Erlös in eine *spezielle Rücklage*, die sogenannte *Réserve spéciale des plus-values à long terme*, eingestellt wird (Grosclaude/Marchessou 1997:n° 316). Diese *Plus-value à long terme* hat sich historisch aus den sogenannten *steuerfreien Rücklagen* entwickelt, mit denen *Reinvestitionen in neue Anlagevermögensgegenstände* erleichtert werden sollten (Vallée 1997:110). Diese Bedingungen erlauben es, eine funktionale Beziehung zu dem in Deutschland vorhandenen Typ der *Reinvestitionsrücklage nach § 6b III EStG* herzustellen, die den *steuerlichen Gewinn* mindert.

Der sogenannte *Précompte mobilier* wird für alle *Ausschüttungen* fällig, die bisher nicht dem *normalen Steuersatz* von 33 1/3% unterworfen wurden. Er entspricht der Höhe des *Avoir fiscal*, d.h. 50% der ausgeschütteten Summe und kommt den Anteilseignern als *Steuergutschrift* zugute. Die Benennung *Précompte* findet ihre Logik in dem Umstand, daß eine *Vorauszahlung* an den Trésor durch das Unternehmen die materielle Voraussetzung für die Gewährung des *Avoir fiscal* durch den Trésor an den Anteilseigner ist (Grosclaude/ Marchessou 1997:n° 340). Die "avance de l'avoir fiscal" stellt, mit anderen Worten, einen Ersatz für einen nicht gezahlten *IS* dar (Cozian 1996:n° 1251). In Frage kommen hier z.B. *Gewinne aus dem Abgang von Anlagegütern*, den sogenannten *Plus-values à long terme*. Sie wurden bei Einstellung in die dafür vorgesehene Rücklage, wie schon erwähnt, mit lediglich 19% besteuert. Wenn sie der Rücklage entnommen werden und zur tatsächlichen Ausschüttung gelangen, wird der *Précompte* fällig. Um zu verhindern, daß durch den nachträglich fälligen *Précompte die Tarifbelastung* von 33/13% überstiegen wird, wird er gegebenenfalls auf die Differenz zwischen dem *ermäßigten Steuersatz* der *Plus-values* und dem *normalen Steuersatz* begrenzt (Stawinoga 1994:173). Der *Précompte* wird ebenfalls bei *steuerfreien Gewinnen von Auslandstöchtern* fällig, die in Frankreich von der *Muttergesellschaft* ausgeschüttet werden. Auch bei der *Ausschüttung von Rücklagen, die vor mehr als fünf Jahren durch Einstellung von Gewinnen entstanden sind,* wird er fällig (Grosclaude/ Marchessou 1997:n° 340).

Nicht ganz so einfach erweist sich die Suche nach genauen funktionalen Entsprechungen zum *Précompte mobilier*. Eine direkt vergleichbare Entsprechung zu diesem Konzept ist nicht vorhanden. Dennoch läßt sich der

Mechanismus des *Précompte* zu dem *körperschaftsteuerlichen Anrechnungsverfahren* in Beziehung setzen. Und zwar speziell zu dem Verfahren der *Herstellung der Auschüttungsbelastung bei der Körperschaft.* Man spricht hierbei von der *Körperschaftsteuer-Änderung.* Durch sie erfolgt ähnlich dem französischen Verfahren eine Anpassung der bisherigen *Tarifbelastung* an die *Ausschüttungsbelastung* (Gabler 1988:2992). Im Körperschaftsteuergesetz (§ 27 I) ist die *Herstellung der Ausschüttungsbelastung* von 30% vorgesehen, wenn *die Vorbelastung des ausgeschütteten Gewinns* hiervon nach oben oder unten abweicht. Es kommt also zu nachträglichen *Körperschaftsteuerminderungen* oder *-erhöhungen.* Den Regelfall stellt dabei *die Steuerminderung* dar. Das gilt z.B. für den Fall, daß *der ausgeschüttete Gewinn* aus der mit 45% besteuerten *Gewinnrücklage* stammt (Tipke/ Lang 1996:§ 11 Rz. 143).

Der körperschaftsteuerpflichtige Empfänger ist einer *doppelten Besteuerung* ausgesetzt, und zwar einmal als *Gesellschafter* und *Aktionär,* der Körperschaftsteuer von 33 1/3% und einmal, als *Privatperson,* dem jeweiligen Einkommensteuersatz. Um diese Form der *Double imposition,* der *Doppelbesteuerung,* zu beseitigen, gibt es das Instrument des *Avoir fiscal,* eine spezielle Form des *Crédit d'impôt.* Dieser *Avoir fiscal* entspricht 50% der erhaltenen *Nettodividenden.* Das sind die Dividenden, von denen der *Impôt sur les sociétés* abgezogen wurde. Der *Avoir fiscal* wird zunächst zur *Nettodividende* hinzugerechnet, um dann aber in einem weiteren Berechnungsschritt wieder von der *persönlichen Einkommensteuerschuld* abgezogen zu werden (Cozian 1996:n°s 895, 1241). *Das ausschüttende Unternehmen* stellt dem *Ausschüttungsempfänger* ein "certificat sur l'avoir fiscal" aus (Cozian 1996:n°s 1241).

Zum französischen Verfahren des *Avoir fiscal* bei *Einkommen aus Dividenden* läßt sich eine Parallele in der deutschen Besteuerungspraxis ausmachen. Im Rahmen des *Anrechnungsverfahrens* muß *die ausschüttende Körperschaft* über *die hergestellte Ausschüttungsbelastung* eine spezielle Bescheinigung, *die* sog. *Körperschaftsteuergutschrift,* ausstellen (Lück 1989:458). Die Konsequenz besteht darin, daß der *Anteilseigner* bzw. *Ausschüttungsempfänger* die Körperschaftsteuer in Höhe von 30% des *unversteuerten Gewinns,* das sind 3/7 der *Bardividende,* auf seine *Einkommensteuerschuld* anrechnen kann. Dadurch wird die *Ausschüttungsbelastung* beim Anteilseigner und *der ausgeschüttete Gewinn* völlig von der Körperschaftsteuer entlastet (Tripke/Lang 1996:§ 11 Rz. 165).

Seit 1995 wird auf den *Impôt sur les sociétés* noch eine *Contribution supplémentaire* oder *exceptionnelle* von 10% erhoben und seit Juli 1997 eine weitere *Surtaxe* von 15%, so daß sich *der effektive Steuersatz* von 33,3% auf 36,6 % und sogar 41,6% erhöht. Dieser erheblich über der *Tarifbelastung* von 33,3% liegende Steuersatz hat zur Folge, daß der *Avoir fiscal* nicht ausreicht, um *die Doppelbesteuerung* völlig zu beseitigen. Es ist daher korrekter, lediglich von einer *Atténuation de la double imposition* zu sprechen (Vallée 1997:109, 113). Die *Contribution supplémentaire* oder *exceptionnelle* erlaubt einen gewissen Vergleich mit dem *Solidaritätszuschlag* von 5,5% auf die deutsche Körperschaftsteuer. Allerdings wird auch dieser Zuschlag im Gegensatz zur französischen Praxis wie die Körperschaftsteuer vergütet. Das bedeutet, daß man beim deutschen *Anrechnungsverfahren* von einer völligen *Beseitigung der Doppelbesteuerung* sprechen kann (vgl. auch Di Malta 1995:n°s 50, 51).

Eine besondere Form des *Impôt sur les sociétés* liegt in der sogenannten *Imposition forfaitaire annuelle (Ifa)* vor. Es handelt sich hierbei um eine *Mindeststeuer* in Form einer *Jahresfixsteuer,* die sich in Abhängigkeit vom Umsatz bemißt (Stawinoga 1994:199). Kurioserweise muß sie dann entrichtet werden, wenn das Unternehmen keinen Gewinn erwirtschaftet hat. Ihr Erfinder, der ehemalige Premierminister Raymond Barre, wollte damit jene Unternehmen treffen, die die Ertragssituation in ihren Bilanzen ungünstiger als tatsächlich darstellten (Grosclaude/Marchessou 1997:n° 332). In dem deutschen Körperschaftsteuerkonzept läßt sich zu dieser Steuer kein Pendant ausfindig machen.

7.2 Logische Struktur des übersetzerischen Hilfsinstruments

Bei einem abschließenden Blick auf das Schaubild soll nicht mehr das sachliche Detail, sondern die Logik, die der Struktur dieses Schaubildes zugrunde liegt, im Vordergrund stehen. Hierdurch soll sein Charakter als Übersetzungswerkzeug deutlich werden. Sein besonderes Merkmal besteht in der dreiteiligen Struktur. Die linke und die rechte Spalte stehen in der Relation Ausgangssprache - Zielsprache zueinander. Zwischen der linken und der mittleren Spalte steht dagegen die konzeptuelle Natur der Beziehungen im Vordergrund. Es erfolgt eine Parallelisierung von Subkonzepten und Elementen des französischen Konzepts des *Impôt sur les sociétés* mit (in der Regel funktional) vergleichbaren Subkonzepten und Elementen des deutschen Konzepts der *Körperschaftsteuer*. Durch diese Form der Präsentation wird ein enger begriffssystematischer Zusammenhang hergestellt. In der linken und mittleren Spalte herrscht die strenge Bedingung, daß nur originalsprachliche Fachtermini verwendet werden. Die parallelisierten Konzepte erlauben die Deduktion von Differenzen und die schnelle Erfassung von Nullentsprechungen. Dennoch bleiben Lücken durch die Einbindung in ein begriffssystematisches Umfeld übersetzerisch entscheidbar (Sandrini 1996:187f.). Der mittleren Spalte fällt die Aufgabe zu, die zentrale inhaltliche Dimension als nicht zu eliminierende Verstehensgrundlage in den Übersetzungsvorgang zu verankern. Dabei wird unterstellt, daß der Übersetzende an mehr oder weniger vertrautes Wissen aus dem eigenen Wirtschaftsraum anknüpfen kann.

Die Übersetzungen in der rechten Spalte bewegen sich zwischen den beiden Extremen von konzeptgesteuerter und benennungsgesteuerter Übersetzung. Der erste Übersetzungstyp ist weitgehend immun gegenüber Anziehungskräften der sprachlichen Oberfläche ausgangssprachlicher Einheiten. Er ist bestrebt, mit zielsprachlichen Originaltermini zu arbeiten, sofern dies aus der ausgangssprachlichen Perspektive fachlich vertretbar ist. Seine Qualität steht in einer direkten, ursächlichen Beziehung zur Qualität der Konzeptparallelisierung in den Spalten eins und zwei. Diese Qualität manifestiert sich in dem Lösungsgrad der zielsprachlichen von den ausgangssprachlichen Strukturen (vgl. Arntz 1994:296). Von ihr hängen entscheidend die Möglichkeiten zur auftrags- und adressatenadäquaten Feinabstimmung des terminologischen Übersetzungsprodukts ab. Der benennungsgesteuerte Übersetzungstyp unterliegt den Attraktionskräften der sprachlichen Oberfläche ausgangssprachlicher Einheiten. Zwischen den beiden genannten Übersetzungsextremen liegen Erklärungsäquivalente mit den unterschiedlichsten Mischungsverhältnissen von konzeptgesteuerten und benennungsgesteuerten Übersetzungsverfahren. Mit dem Warnsignal (Ü), d.h. "Übersetzung", werden solche Produkte versehen, die in bezug auf das zielsprachliche Konzept- oder Benennungssystem hybride Merkmale aufweisen. Die letztlich von ihrer Subjektivität nicht zu befreiende Beurteilungsinstanz hierfür ist der Terminologe.

Es kann kein Zweifel darüber bestehen, daß in einer qualitativ hochwertigen, und das heißt, in einer adressatenvariablen terminologischen Übersetzung, der konzeptgesteuerte Übersetzungstyp grundsätzlich den benennungsgesteuerten dominieren muß. Diesem kommt lediglich der Status eines Zufallsprodukts zu, für den Fall, daß Konzeptsteuerung und Benennungssteuerung zusammenfallen, oder der Status einer sowohl im positiven als auch im negativen Sinne nicht vermeidbaren Restgröße.

Literaturverzeichnis

Abgabenordnung mit Finanzgerichtsordnung und Nebengesetzen. 21. Auflage. Stand: 1. Januar 1997. Beck-Texte im dtv. München.
Arntz, Reiner (1994): "Terminologievergleich und internationale Terminologieangleichung", in: Snell-Hornby, Mary (Hrsg.), *Übersetzungswissenschaft. Eine Neuorientierung.* Tübingen. 283 - 310.
Code Général des Impôts 1997. Dalloz. Paris.
Cozian, Maurice (1996): *Précis de fiscalité des entreprises.* Vingtième édition. Paris.
Di Malta, Pierre (1995): *Droit fiscal européen comparé.* Paris.
Einkommensteuerrecht. Einkommensteuergesetz mit Einkommensteuer-Grund- und Splittingtabelle, Einkommensteuer-Durchführungsverordnung, Einkommensteuer-Richtlinien. Beck-Texte im dtv. München.
Gabler Wirtschaftslexikon. Taschenbuch-Kassette mit 6 Bänden. 12. Auflage 1988. Wiesbaden.
Grosclaude, Jacques/Marchessou, Philippe (1997). *Droit fiscal général.* Paris.
Körperschaftsteuerrecht. Körperschaftsteuergesetze mit Körperschaftsteuerdurchführungsverordnung und Körperschaftsteuer-Richtlinien. 8. Auflage. Stand: 1. Januar 1997. Beck-Texte im dtv. München.
Lück, Wolfgang (Hrsg.) (1989): *Lexikon der Rechnungslegung und Abschlußprüfung.* 2., überarbeitete und erweiterte Auflage des "Lexikons der Wirtschaftsprüfung - Rechnungslegung und Prüfung". Marburg.
Mehl, Lucien/Beltrame, Pierre (1992): *Le système fiscal français.* 5e édition mise à jour. Paris.
Sandrini, Peter (1996): *Terminologiearbeit im Recht. Deskriptiver begriffsorientierter Ansatz vom Standpunkt des Übersetzers.* TermNet International Network for Terminology. Wien.
Schneider, Franz (1998): *Studien zur kontextuellen Fachlexikographie. Das deutsch-französische Wörterbuch der Rechnungslegung.* Lexicographica Series Maior 83. Tübingen.
Schneidewind, Günther/Schiml, Kurt (1997): *Beck-Ratgeber Steuerlexikon mit Fallbeispielen.* München.

Stawinoga, Rainer (1994): *Handbuch der französischen Körperschaftsteuer.* Deutsch-Französische Industrie- und Handelskammer (Hrsg.). 3., überarbeitete Auflage. Bielefeld.

Thiry, Bernard (1997): "Bilingüismo y bijuridismo", in: San Ginés Aguilar, Pedro/Ortega Arjonilla, Emilio (Eds.), *Introducción a la traducción jurídica y jurada (Francés-Español). Orientaciones metodológicas para la realización de traducciones juradas y de documentos jurídicos.* Peligros (Granada).

Tipke, Klaus/Lang, Joachim (1996): *Steuerrecht.* 15., völlig überarbeitete Auflage. Köln.

Vallée, Annie (1997): *Pourquoi l'impôt. Voyage à travers le paysage fiscal.* Paris.

Wolf, Jakob (1996): Lexikon Betriebswirtschaft. Alle Grundbegriffe der Unternehmensführung in knapper und übersichtlicher Form. München.

ZUR ENTWICKLUNG ZWEISPRACHIGER (FACH-)LEXIKA
(Morpho-)Syntaktische Typologie der Prädikate

(DIETER SEELBACH, Mainz)

1 Einleitung

Theoretische Grundlage unserer kontrastiven Arbeit ist die unter der Leitung von M. Gross und G. Gross in Paris entwickelte Lexikongrammatik, die ihrerseits auf der distributionellen und transformationellen Grammatik (Harris 1957) und auf der Operator-Grammatik (Harris 1976 und 1978) beruht, die die in Sätzen vorkommenden Wörter in Operatoren und Argumente aufteilt:

> "Each word is assigned to a set on the basis of the arguments it requires: the words on which there is no constraint as to argument are simple arguments; the others are operators, belonging to different sets. Every simple sentence is thus composed of an operator with its range of arguments. Elision of any of these will then account for sub-structures."
> (Harris 1978)

Operatoren sind die **Prädikatsausdrücke** einer Sprache. Einfache Sätze sind in diesem Rahmen auf die Formel

> Operator (arg0, arg1, arg2, ...)
> oder
> Prädikatsausdruck (arg0, arg1, arg2, ...)

abzubilden, wobei der Operator oder Prädikatsausdruck die Form eines Verbs, Adjektivs, Nomens oder idiomatischen Ausdrucks haben kann.

> *désir-* (N0hum, N1: que S + (de) V W)

ist beispielsweise die (verkürzte) lexikongrammatische Kodierung für die aktualisierten Sätze

(1) *Max désire (que Marie revienne vite + travailler sur ce problème)*
(2) *Max est désireux (que Marie revienne vite + de travailler sur ce problème)*
(3) *Max a le désir (que Marie revienne vite + de travailler sur ce problème)*,

die formal unterschiedliche Prädikatsausdrücke enthalten, welche jedoch in ein und derselben Weise verwendet werden. Ähnlich kann man mit

-*tätig*- (N0hum, N1: als <Beruf>)

drei morphologisch unterschiedliche deutsche Prädikatsausdrücke beschreiben, deren Verwendung identisch ist:

(4) *Max betätigt sich als Übersetzer*
(5) *Max ist als Übersetzer tätig*
(6) *Max übt eine Tätigkeit als Übersetzer aus.*

Die beiden verkürzten Kodierungen beschreiben jeweils einen Prädikatsausdruck mit seinen morphologischen Varianten, die in transformationeller Beziehung zueinander stehen, und zwar **in den Sätzen**, in denen sie auftauchen können.

Die Relevanz dieses Ansatzes für die Entwicklung von (Fach-)Lexika und die maschinelle und/oder computergestützte Übersetzung Dt.-Frz. und Frz.-Dt. ergibt sich einerseits aus der Tatsache, daß beispielsweise (2) und (5) nicht mit einem entsprechenden einfachen Adjektiv in der (jeweils unterschiedlichen) Zielsprache ausgedrückt werden können, was zur Bildung von **Paaren von unterschiedlichen Prädikatsausdrücken** führt, und zum anderen aus der Tatsache, daß man in dieser Grammatikkonzeption von vornherein die **Verwendung** der Wörter (und Ausdrücke) als Basis für die Beschreibung von Sätzen angenommen hat.

2 Was ist unter der Verwendung eines Prädikatsausdrucks zu verstehen?

Die Verwendung eines Prädikatsausdrucks (ob verbal, adjektival oder nominal) ergibt sich aus

1. der **Argumentdomäne** (diese ist definiert über seine syntaktischen Eigenschaften, die mit den unterschiedlichen distributionellen Grundstrukturen, in die der Ausdruck paßt, einhergehen, und über die Objektklassenzugehörigkeit seiner Argumente, siehe dazu Abschitt 2.1. und (15) bis (22)):

(7) *Max compte les enfants* 32PL: N0 V N1Plur[1]
(8) *Le caissier vous compte 500 Francs* 36DT: N0 V N1 à N2hum
(9) *Luc compte 45 ans* 32NM: *passive
(10) *Pol compte avec la pluie* 35R: N0 V Prep N1
(11) *Max compte Luc parmi ses amis* 38R: N0 V N1 Prep N2
(12) *Luc compte qu'il fera beau* 6: N0 V Que S
(13) *Que Max ait dit cela compte pour Luc* 5: Que S V Prep N1
(14) *Luc compte sur Max pour faire ce travail comme il faut.* 16: N0 V Prep N1 (pour V^1 W)

(15) *Max compte mille francs pour ce travail*
(16) *Le garçon a compté (les chaises + le pain)*
(17) *(Max + Cette équipe) compte treize joueurs*
(18) *Cet examen compte pour (la note finale + les étudiants)*

(19) *Luc regarde le journal*
(20) *Max regarde le match*
(21) *Le prof regarde ta dissertation*
(22) *Cette affaire regarde nous tous*

2. seiner (u.a. über die Argumentdomäne ableitbaren) **Bedeutung** (so ergeben sich Synonyme und Antonyme sowie zielsprachliche Entsprechungen)

---

[1] Die Codenamen vor den Grundstrukturen beziehen sich auf die Verbtabellen von M. Gross und Mitarbeitern (siehe Leclère 1990 und M. Gross 1975).

(7') *Max zählt die Kinder*
(8') *Der Kassierer zählt Ihnen 500 Francs vor*
(9') *Luc ist 45 Jahre alt*
(10') *Pol rechnet mit Regen*
(11') *Max zählt Luc zu seinen Freunden*
(12') *Luc glaubt, daß es schönes Wetter gibt*
(13') *Daß Max dies gesagt hat, ist wichtig für Luc*
(14') *Luc (verläßt sich + zählt) auf Max (, daß diese Arbeit gut gemacht wird)*
(15') *Max (setzt an + berechnet) 1000 Francs für diese Arbeit*
(16') *Der Ober hat (die Stühle gezählt + das Brot berechnet)*
(17') *(Max zählt + diese Mannschaft besteht aus) dreizehn Spieler(n)*
(18') *Diese Prüfung (wird auf die Gesamtnote angerechnet + ist wichtig für die Studenten)*

(19') *Luc schaut auf die Zeitung (Luc schaut sich die Zeitung an)*
Sy: *jeter un coup d'oeil sur*; En: *to look at*
(20') *Max schaut dem Spiel zu (Max schaut sich das Spiel an)*
Sy: *assister à, suivre*; En: *to watch*
(21') *Der Lehrer schaut deinen Aufsatz nach*
Sy: *corriger*
(22') *Diese Sache geht uns alle an (Diese Sache betrifft uns alle)*
Sy: *concerner*

3. seiner **Morphologie,** siehe dazu auch Abschnitt 3. Im Gegensatz zu den Beispielen (1) bis (6) gibt es bisweilen nur **zwei** morphologische Realisierungen ein und derselben Verwendung (also nur eine morphologische Variante):

nur Verben und Nomina
    Max veut reussir   *Die Arbeiter streiken.*
    Max a la volonté de réussir   *Die Arbeiter machen einen Streik.*

nur Nomina und Adjektive:
    Luc a de la volonté   *Hans hat Hunger*
    Luc est volontaire   *Hans ist hungrig*

nur Verben und Adjektive:
Cette histoire (horrifie + fâche) Jean Paul
Cette histoire est (horrifiante + fâcheuse) pour Jean Paul

Jan sprüht vor   *Das langweilt mich*
(Witz + Intelligenz)
Jan ist sprühend vor   *Das ist (mir + für mich) langweilig*
(Witz + Intelligenz)

oder es gibt sogar nur **eine** morphologische Realisierung einer Verwendung (also keine morphologische Variante):

Ce problème intrigue Max   *Max hat Appetit auf Kekse*
Luc a faim   *Jan ist ängstlich*
Les ouvriers font (la) grève   *Luc ist stürmisch*
Max a peur de Luc   *Hans friert*

Nur in einigen wenigen ihrer zahlreichen unterschiedlichen Verwendungen haben z. B. *suivre* und *verstehen* eine morphologische Variante in Form eines Nomens (vgl. Seelbach 1997b):

Les journalistes et les gardes du corps suivent le Président de la République
Les journalistes et les gardes du corps constituent la suite du Président de la République

Luc versteht deine Probleme   *Luc hat Verständnis für deine Probleme*

4. der **Aktualisierung** (Konjugation bei Verben, Stützverben bei Nomina und Adjektiven).

*Ce livre (vous intéressera + **aura** de l'intérêt pour vous + **sera** intéressant pour vous)*

Décision wird mithilfe von *prendre* aktualisiert, *Entscheidung* mithilfe von *treffen* oder *fällen*.
    Regarder in der Verwendung von *concerner* ist z.B. im *passé composé* überhaupt nicht aktualisierbar:

*Cette affaire nous a tous regardés
Cette affaire nous a tous concernés

5. der **Aktionsart**, z.B.: *Freude* kann durativ und punktuell verwendet werden.

Die Freude der Afrikaner am Fußball ist durativ:
(Sie haben Freude am Fußball)
Le plaisir des Africains ...
(Ils prennent plaisir au football)

Die Freude der Afrikaner über den Sieg Nigerias ist punktuell:
(Sie empfinden Freude über den Sieg Nigerias)
La joie des Africains ...
(Ils éprouvent de la joie devant la victoire du Nigéria)

Unterschiede bei der Aktualisierung laufen in diesem Beispiel parallel. Vgl. auch: *peureux* (durativ) versus *peur*, wo noch die unterschiedliche morphologische Realisierung hinzukommt und die Situation bei den deutschen Äquivalenten dieselbe ist (*ängstlich* vs. *Angst*).

6. den **Transformationen**, die für ihn typisch sind, z.B.: *prendre* erlaubt nur in den Verwendungen 'prendre un (<médicament> + <lieu stratégique>)' die Nominalisierung.

prendre un (cachet d'Aspirine + steak) → *la prise d'un cachet d'Aspirine*
  * *la prise d'un steak*

prendre (une ville + un taxi + un sentier) → *la prise d'une ville*
  * *la prise d'un taxi*
  * *la prise d'un sentier*

Das deutsche Äquivalent ist übrigens (zufällig) in beiden Fällen *Einnahme*.
   Regarder hat in der Verwendung von *concerner* kein Passiv:

*Nous sommes tous regardés par cette affaire

Nous sommes tous concernés par cette affaire

Nicht nur die (über Transformationen beschreibbaren) morphologischen Varianten (vgl. 3) charakterisieren die Verwendung eines Prädikatsausdrucks, sondern auch seine übrigen transformationellen Eigenschaften.

7. der **Domäne**, z.B. *prendre* in der Verwendung von '*prendre un* <lieu stratégique>' gehört ins Militärwesen. *Dépression* muß u.a. mit *Tief* oder *Depression* übersetzt werden in Abhängigkeit vom Sachgebiet: Meteorologie versus Medizin; die Aktualisierung ist auch hier verschieden:

il y a une dépression versus *(avoir + faire) une dépression*
(es (gibt + herrscht) ein Tief versus *eine Depression haben)*

8. dem **'Niveau de Langue'** und anderen Dia-Varianten, z.B. *bouffer* versus *manger*

2.1 Was sind Objektklassen?

Objektklassen sind semantische Klassen, die über die Syntax definierbar und kontrollierbar sind. Der Terminus wurde von G. Gross (1992 und 1994) eingeführt. Ein Ansatz für ein Definitionskriterium sind auch die im Rahmen der Qualia-Struktur für Nomina von Pustejovsky 1991 angenommene agentive und telische Rolle. Schließlich sind Objektklassen, denen prädikative Nomina angehören, über **typische** Stützverben (verbes supports appropriés) zu finden und zu definieren. Um die trockene linguistische Argumentation etwas attraktiver zu machen, wollen wir dies an Beispielen aus der Domäne Fußball zeigen.

1. Tilgbarkeit von Objektklassen oder deren Elemente in der (grammatischen) Objektposition

Wenn wir Sätze hören wie   *Tigana a dribblé*
Platini a marqué
Köpke hat gehalten

interpretieren wir die mitverstandenen, aber weggelassenen zweiten Argumente als <joueur> oder besser <adversaire> bei *dribbler*, als <but> im Fall von *marquer* und als <(Tor)Schüsse, Bälle> bei *halten*, wenn wir wissen, daß *Köpke* zur Klasse der <Torleute> gehört. Bei einigen Verben geben die tilgbaren grammatischen Objekte Aufschluß über die Objektklassse. Nomina, die hinter diesen Verben auftauchen, sind jeweils Elemente dieser Klassen. So ist beispielsweise in einer anderen Domäne aus einem Satz wie

Sur ce compte, vous pouvez déposer à tout moment

auf die Objektklasse <somme d'argent> zu schließen.

2. Distributionelle Unterschiede bei einfachen Verben

Kommen wir zurück zum Fußball. Wenn wir uns nur auf Verben beschränken, die in die distributionelle Grundstruktur *N0hum V N1* passen, führen die Unterschiede in der Akzeptabilität von Nomina in der Position N1 auf den ersten Blick zu Klassen wie <balle,ballon>, <joueur>, <coéquipier> und <adversaire>:

On peut (brosser (schlenzen) + réceptionner (annehmen) + râtisser (angeln) + donner (abgeben) + centrer (flanken) + rater (verfehlen) + recevoir (zugespielt bekommen) + jongler (hochhalten) + ...) (une balle + un ballon)

On (sert + démarque + lobe + bouscule + dribble + tacle + feinte + ceinture + exclut + soigne + économise + titularise + pénalise+ déstabilise...) un <joueur>

On (sert + démarque + *accroche + *tacle + *dribble + ...) un <coéquipier>

On (*sert + *démarque + accroche + tacle + dribble + ...) un <adversaire>

Bei einer systematischen Untersuchung von Verben, die in der Gemeinsprache in diese Struktur passen, fand man zahlreiche Restriktionen auf N1, die auf die Existenz von Objektklassen schließen lassen: *ressemeler* erlaubt in dieser Position ausschließlich Nomina, die in die Klasse <Schuhwerk> gehören. Weniger extrem, aber noch immer stark eingeschränkt ist die Semantik von Nomina in dieser Position bei Verben wie *jacter, jaser, écorcher* <langue>..., *contracter* <maladie infectieuse>, <habitude>..., *manier* <outil>..., *embouteiller* <boisson>, *rédiger* <texte>, *épeler* <mot> und vielen anderen. Vgl. insbesondere die etwa 500 Verben der Tabelle 32R3 (Leclère 1990).

Betrachten wir noch die Struktur *N0hum élire N1hum N2*. Hier können in der Position N2 nur Nomina vom Typ *hum*:<fonction> eingesetzt werden:

On a élu Luc (président + doyen + député + ...)
Les joueurs ont élu Didier Déchamps capitaine.

Dagegen würde in

Luc est passé (capitaine + maître de conférences)

dasselbe Nomen in der Position N1 nicht mehr als <(Ehren)Amt>, sondern als <militärischer (oder universitärer) Titel> verstanden werden.

Denken wir schließlich auch an dt. *fällen*, das in unserer Ausgangsstruktur zusammen mit *pflanzen* Nomina in der Position N1 als Elemente der Klasse <Bäume> definiert. Dieses Beispiel leitet über zum dritten Kriterium.

3. Telische und agentive Rolle von Nomina

Gehen wir von einem Nomen aus, beispielsweise von dem prädikativen Nomen *coup franc* (Freistoß), und fragen wir uns: wie kommt er zustande?, was macht man damit?

On peut (siffler + tirer + rater + réussir + obtenir + recommencer +...) un coup franc

Andere Nomina, die in der Position von *coup franc* auftreten können, sind *pénalty, corner, coup franc direct, coup franc indirect, renvoi aux six mètres* und *coup d'envoi*. Sie bilden die Klasse der <ruhenden Bälle> oder <coups de pied arrêtés>. Die Einschränkungen auf den Subjekten dieser Verben lassen sich ebenfalls über Objektklassen unterscheiden:

<arbitre> *(siffle + donne + refuse + *provoque + *frappe) un coup franc*
<gardien> *(arrête + renvoie + repousse (des deux poings) + *donne + *frappe) un coup franc*
<joueur> *(tire + frappe + provoque + *siffle + *donne + *refuse) un coup franc*

Eine genauere Untersuchung von *coup franc* ergibt, daß dieses ein Element weiterer Objektklassen ist, z.B. der Klasse der <sanctions> oder <Sanktionen>:

Un coup franc peut être (provoqué par un joueur+(contesté + réclamé) par le public).
L'arbitre sanctionne une faute par un coup franc.
Ce coup franc est juste ou injuste, mérité etc.

Coup franc (direct) ist schließlich auch Element der Klasse <tirs> oder <(Tor)Schüsse>:

Un coup franc peut (être (transformé + renvoyé + repoussé + placé + frappé + brossé + cadré) + passer à côté + ...)

4. 'Verbes supports appropriés'

Nominale Prädikate werden häufig durch *typische* Stützverben aktualisiert. Diese tragen bisweilen zur Definition von Objektklassen bei, wie die folgenden Beispiele zeigen:

Des <joueurs> *(donnent + prennent) des* <coups>
　　　　　　　　　　　<Schläge> *(versetzen + mitbekommen)*
<joueurs> *(font + commettent) des* <fautes>
　　　　　　　　　　　<Fouls> *begehen*

Des <matchs> *ont lieu à une certaine* <date>, *dans un certain* <stade>
　　　　　　　　　<Spiele> *finden statt*

Des <équipes> *ou* <entraîneurs> *(pratiquent + appliquent) une* <tactique>, *un* <système de jeu>
       ein <System> *(spielen + pflegen + anwenden)*

<Spieler> *(spielen + schlagen)* <Pässe>
       (donner + faire) des <passes>
<Spieler> *(schießen + erzielen + machen)* <Tore>
       [*marquer des* <buts>]

<Spieler> *(ziehen + fügen) sich* <Verletzungen> *zu*
       [se blesser (l'un l'autre)]

On (inflige + subit) une <défaite>
       <Niederlage>$_{AKK}$ *(zufügen + erleiden)*,
On remporte des <victoires>
       <Siege>$_{AKK}$ *(landen + davontragen)*

<Tore> *fallen*   *il y a des* <buts>

5. 'Opérateurs appropriés'

Objektklassen sind schließlich extensional und über die Menge ihrer typischen Prädikatsausdrücke zu definieren. Diese haben dann die Form von Verben, Nomina, Adjektiven (oder idiomatischen Ausdrücken), wie dies von G.Gross und Mitarbeitern am Beispiel von Klassen wie <moyens de transport>, <vêtements>, <voies> etc. gezeigt wurde.

  <Sportler> z.B.   *(gewinnen + verlieren + trainieren)*
         (erleiden eine Niederlage + landen einen
         Sieg + haben Ausdauer)
         sind (fit + übertrainiert + gedopt)
         (kommen unter die Räder + weisen
         <Gegner> *in die Schranken)* etc.

Zur Definition von Objektklassen vgl. insbesondere auch *Langages* 131 (Le Pesant/Mathieu-Colas 1998)

3 Kontrastive Typologie der Prädikatsausdrücke

In Abhängigkeit von der oben definierten Verwendung von Prädikatsausdrücken sind nun - gewissermaßen als Nebenprodukt bei der Kodierung von Lexikoneinträgen für eine zweisprachige lexikalische Datenbank (vgl. G. Gross 1992 und Seelbach 1992 und 1997) - für beliebige Ausgangs- und Zielsprachen jeweils aus morpho-syntaktischen Kategorien und deren Kombinationen bestehende Paare oder Entsprechungen von Prädikatsausdrücken zu ermitteln, die entweder aus (nahezu) identischen Ausdrucksformen bestehen oder aus unterschiedlichen. Es seien zunächst einige Paare von Prädikatsausdrücken des ersten Typs für das Französische und Deutsche vorgestellt (vgl. Tabelle S. 138). Es werden **mots simples** (...*simple*), ('einfache') Wörter, die durch *blancs* begrenzt sind, und **mots composés** (...*comp*) unterschieden, Mehrwortausdrücke, die mindestens ein *blanc* enthalten. Darüberhinaus gibt es einen Typ von **komplexen Prädikatsausdrücken**, der aus einer Verbindung von 'mots simples' oder 'mots composés' mit deren **adverbes appropriés** (*Adv...prop*) besteht. Dabei handelt es sich um (einfache) Adverbien (*Advsimple*) oder um adverbiale Mehrwortausdrücke (*Advcomp*), die typischerweise und normalerweise mit den prädikativen 'mots simples' und 'mots composés' zusammen vorkommen. Ein weiterer Typ von komplexen Prädikatsausdrücken, der im folgenden aber nicht behandelt wird, wird durch Wortkombinationen gebildet, die ein (Stütz-)Verb in einer kausativen Verwendung enthalten (Vsupcaus). Hier sind immer zugleich einfache, nicht-kausative Sätze bei der Interpretation involviert. Während faire für Vsimple, rendre für Adjprédsimple und mettre für die auf präpositionaler Basis gebildeten Adjprédcomp als kausative Operatoren verwendet werden, findet man das kausative Stützverb donner häufig bei nominalen Prädikaten (Npréd), die in ihrer aktionsartenneutralen Verwendung durch avoir gestützt werden. Im Deutschen ist lassen kausatives Operatorverb für Verben, machen für Adjektive und bringen für adjektivale Mehrwortausdrücke, die auf präpositionaler Basis gebildet sind.

Zumindest für nominale Prädikate gilt jedoch, daß *Vsupcaus* in hohem Maße lexikalisch bedingt ist, und daß die ganze Konstruktion zurecht als komplexer Prädikatsausdruck, der aus einem kausativen (Stütz-)Verb und einem nominalen Prädikat besteht, in den Lexikoneinträgen der prädikativen Nomina kodiert werden muß:

donner confiance à qn	jm Vertrauen (schenken + *geben)
jm Angst (machen + einjagen)	faire peur à qn
jm Freude machen	faire (*de la joie + plaisir) à qn
bei jm Freude (wecken + *erregen) an	éveiller son plaisir à faire qch
éveiller de la rancune	Groll (*wecken + hervorrufen + erregen)
exciter (la jalousie + la colère + la rage)	(Eifersucht + Zorn + *Wut) erregen
(Angst + Ärger + Empörung) erregen	(*exciter + provoquer) de (la peur + l'irritation + l'indignation)
jn in (Aufregung + Panik) versetzen	provoquer de (l'excitation + la panique chez qn) (faire paniquer qn) mettre qn (en émoi + *en panique)
jn in Freude versetzen	inspirer (de) la joie à qn
donner l'idée à qn de faire qch	jn auf die Idee bringen, etwas zu tun
donner l'impression à qn de faire qch	bei jm den Eindruck erwecken, daß

Adjprädkomp und *Nprädkomp* sind deutsche Adjektival- bzw. Nominalkomposita (durch *blancs* begrenzt) wie *bleifrei (sans plomb)* oder *Kraftprobe (bras de fer* oder *épreuve de force).*

Parallele Ausdrucksformen von Prädikatsausdrücken

Französisch	Deutsch	Französisch	Deutsch
V(préd)simple (=Vsimple)	V(préd)simple (=Vsimple)	<hum> emprunter <mt-c>	nehmen + fahren mit
Adjprédsimple	Adjprédsimple	<calcul, déduction> être juste	(richtig + korrekt) sein
Nprédsimple	Nprédsimple	<hum> faire une visite à <hum>	einen Besuch machen bei
V(préd)comp (=Vcomp)	V(préd)comp (=Vcomp)	<hum> (prendre + gagner) le large	<hum> das Weite suchen
Adjprédcomp	Adjprädkomp	<salarié> être au chômage	arbeitslos sein
	Adjprédcomp		ohne Arbeit sein
Nprédcomp	Nprädkomp	<enseignant> donner un cours de tennis à <apprenant>	eine Tennisstunde (geben + erteilen)
	Nprédcomp	<hum> (donner + porter) les premiers soins à <hum>	<humDat> erste Hilfe leisten
Vsimple Advsimpleprop	Advsimpleprop Vsimple	<vêtement> aller bien à <hum>	<humDat> gut stehen
		<date> aller bien à <hum>	<humDat> gut passen
Vsimple Advcompprop	Advcompprop Vsimple	<hum> payer <marchandise> par acomptes	auf Raten bezahlen
Advsimpleprop Adjprédsimple	Advsimpleprop Adjprédsimple	<hum> être grièvement blessé	schwer verletzt sein
Adjprédsimple Advcompprop	Advcompprop Adjprédsimple	<joueur-t> être fort du (pied) gauche	mit (links + dem linken Fuß) stark sein
Advsimpleprop Adjprédcomp	Advsimpleprop Adjprédcomp	<joueur> être (techniquement + physiquement) à la hauteur	(technisch + körperlich) auf der Höhe sein
Adjprédcomp Advcompprop	Advcompprop Adjprédcomp	<joueur> être en forme au bon moment	im richtigen Moment in Form sein
Advsimpleprop Nprédsimple	Advsimpleprop Nprédsimple	faire sévèrement la critique de N	an N scharf Kritik üben
Advcompprop Nprédsimple	Advcompprop Nprédsimple	(faire une demande + déposer (une) plainte) en bonne et due forme	in aller Form (einen Antrag stellen + Klage erheben)
Vsupcaus Nprédsimple	Nprédsimple Vsupcaus	<stimulus> donner (faim + de l'appétit) à <hum>	<humDat> (Hunger + Appetit) machen
Vsupcaus Nprédcomp	Nprédcomp Vsupcaus	<hum> donner le feu vert à N1	N1Dat grünes Licht geben
Vsupcaus Adjprédsimple	Adjprédsimple Vsupcaus	<alcool>, <cigarettes> rendre malade <hum>	krank machen
Vsupcaus Adjprédcomp	Adjprédcomp Vsupcaus	<entraîneur> mettre en forme <sportif>	in Form bringen

Damit ist die kategoriale Uniformität von (komplexen) Prädikatsausdrücken dieser beiden Sprachen sicher längst nicht erschöpfend beschrieben. Im Zuge der Lexikonentwicklung können nun auch Paare, die aus *unterschiedlichen* Ausdrucksformen bestehen, herausgearbeitet werden. Dies sei ausgehend von einfachen Verben, Adjektiven und Nomina demonstriert: Untersuchen wir zunächst das einfache Verb *monter* in der konstant bleibenden syntaktischen Umgebung *N0(hum) V N1*. Wir finden u.a. die Verwendungen:

(1) *Pol monte le Tartufe*
(2) *Max monte la Rue de Rivoli*
(3) *Léa monte son cheval*
(4) *Ida monte le violon (d'un ton)*
(5) *Luc monte une tente*
(6) *Max monte une agence de publicité*
(7) *Les saumons montent la rivière*
(8) *Les péniches montent le Rhin*
(9) *L'étalon monte cette jument*
(10) *Max monte la rivière à la nage*

Diese unterscheiden sich durch die unterschiedliche Objektklassenzugehörigkeit der Nomina in der Position N1: <pièce de théâtre> in (1), <voies> in (2), <montures> in (3), <instruments à cordes> in (4), <habitation provisoire> in (5), <entreprise> in (6), <cours d'eau> in (7) und (10), <voie fluviale> in (8), <animal femelle> in (9). In (7) bis (9) ist auch N0 durch unterschiedliche Objektklassen eingeschränkt: <poissons> oder <moyens de transport nautiques> in (7) und (8), <animal mâle> in (9) usw.

Die Form der zielsprachlichen entsprechenden Prädikatsausdrücke von *monter* interessiert uns: *inszenieren* (1), *reiten* (3) und *decken* (9) sind einfache Verben (*Vsimple*), *hoch-* oder *entlanggehen* (2), *aufschlagen* (5), *aufbauen* (6), *hochschwimmen* (7) und (10) und *hochfahren* (8) sind Partikelverben oder separable Präfixverben (*Vpart*) und *höher stimmen* (4) ist ein komplexer Prädikatsausdruck vom Typ *Advsimpleprop Vsimple*, ähnlich wie übrigens *monter à la nage* (10): *Vsimple Advcompprop*

Daraus ergeben sich die Paare
Vsimple=Vsimple
Vsimple=Vpart
Vsimple=Advsimpleprop Vsimple

Vsimple Advcompprop = Vpart,
von denen die letzten drei aus unterschiedlichen Ausdrücken bestehen.

Untersuchen wir nun frz. *sortir* in der Domäne Fußball. Wir finden acht unterschiedliche **Verwendungen** und fünf unterschiedliche **formale Entsprechungen**:

(1) *La balle sort* — *ins Aus gehen* (Vcomp) + *ausgehen* (Vpart)

(2) *Köpke sort* — *(he)rauslaufen* (Vpart)

(3) *L'équipe sort* — *hinten rauskommen* (Advsimpleprop Vpart) + *nach vorne marschieren* (Advcompprop Vsimple)

(4) *L'arbitre sort le carton rouge* — *ziehen* (Vsimple) + *zücken* (Vsimple)

(5) *Les Argentins ont sorti les Anglais* — *rauswerfen* (Vpart)

(6) *Maldini a sorti cette balle* — *ins Aus lenken* (Vcomp)

(7) *Les joueurs sortent des vestiaires* — *((he(raus))kommen)* (Vpart + Vsimple)

(8) *Maldini sort Di Pietro* — *rausnehmen* (Vpart) + *auswechseln* (Vpart)

(4') *Der Schiri (zieht + zückt) die rote Karte*
        Vsimple

(7') *Die Spieler kommen aus den Kabinen*
        Vsimple

(2') *Köpke läuft (he)raus*
        Vpart

(8') *Maldini nimmt Di Pietro (he)raus*
        Vpart

(5') *Die Argentinier haben die Engländer rausgeworfen*
        Vpart

(3') *Die Mannschaft kommt hinten raus*
    Vpart Advsimpleprop

(hinten rauskommen)
Advsimpleprop Vpart

(3'') *Die Mannschaft marschiert nach vorne*   *(nach vorne marschieren)*
       Vsimple Advcompprop   (Advcompprop Vsimple)

(1') *Der Ball (geht ins Aus + geht aus)*   (6') *Maldini lenkt den Ball ins*
                                                  Aus
          Vcomp   Vpart   Vcomp

Durch die Annahme von **Objektklassen** sind auch hier die unterschiedlichen Verwendungen und Übersetzungen von *sortir* zu erklären, und **Paare von Prädikatsausdrücken** zu bilden:

(1) <balle, ballon> *sortir*   *ins Aus gehen, ausgehen*
(2) <gardien> *sortir*   *(he)raus(laufen + kommen)*
(3) <équipe> *sortir*   *hinten rauskommen + nach*
                                                      vorne marschieren
(4) <arbitre> *sortir* <carton>   *ziehen + zücken*
(5) <équipe> *sortir* <équipe> de <compétition> *rauswerfen*
(6) <joueur> *sortir* <balle, ballon>   *ins Aus lenken*
(7) <joueurs> *sortir de* <lieu>   *((he)raus)kommen (aus)*
(8) <entraîneur> *sortir* <joueur>   *rausnehmen + auswechseln*

(4)/(7)   Vsimple = Vsimple
(2)/(8)/(7)/(1)/(5)   Vsimple = Vpart
(3)   Vsimple= Advsimpleprop Vpart
(3')   Vsimple= Advcompprop Vsimple
(6)/(1)   Vsimple = Vcomp

So entstehen für Sprachpaare (hier Frz.-Dtsch.) unterschiedliche kontrastive Typologien von Prädikatsausdrücken. Grundlage dieser Typologien sind die Verwendungen quellsprachlicher Ausdrücke mit ihren zielsprachlichen Entsprechungen, die ebenfalls in einer ganz bestimmten Verwendung im übersetzten Satz vorkommen. Wir haben bei *sortir* und seinen Verwendungen im Fußball drei neue Paare von Prädikatsausdrücken gefunden, nämlich die drei letzten.

Nehmen wir nun das einfache Adjektiv *juste* in den Sätzen

    (1)   *Monsieur X est juste*

(2) *Monsieur X n'était pas juste*
     avec moi
(3) *Cette punition était juste*
(4) *Ce calcul n'est pas juste*
(5) *Ce pull est un peu juste*
(6) *Cette balance est juste*
(7) *Ce violon est juste*

Die unterschiedlichen deutschen Entsprechungen (und französischen Synonyme bzw. Antonyme) ergeben sich aus den unterschiedlichen Objektklassen, denen die Nomina in der Position N0 angehören. Es ergeben sich schematisch die folgenden (Auszüge aus) Lexikoneinträge(n) und damit neue Paare von Prädikatsausdrücken (das Feld M bezieht sich auf die 'Morphologie', z.B. auch auf die Form von Prädikatsausdrücken):

juste #1 / N0: hum / Sy: droit, honnête / De: aufrecht, aufrichtig / M: Adjprédsimple
juste #2 / N0: <enseignant>, <patron> / N1: avec <apprenant>, <employé> / Sy: équitable / De: gerecht, fair (gegenüber N1) / M: Adjprédsimple
juste #3 / N0: <récompense, punition> / Sy: légitime, fondé / De: gerecht(fertigt), legitim, berechtigt / M: Adjprédsimple
juste #4 / N0: <calcul, déduction> / Sy: correct, exact / De: richtig, fehlerfrei, korrekt / M:Adjprédsimple
juste #5 / N0: <vêtement> / Sy: serré, étriqué / De: eng sitzen / M: Advsimpleprop Vsimple
juste #6 / N0: <instrument de mesure> / Sy: exact, précis / De: richtig gehen / M: Advsimpleprop Vsimple
juste #7 / N0: <instrument à cordes> / Sy: accordé / De: stimmen / M: Vsimple

Die beiden neuen Paare von Prädikatsausdrücken, die sich aus (5), (6) und (7) ergeben, sind:
   Adjprédsimple = Advsimpleprop Vsimple
   und
   Adjprédsimple = Vsimple

Betrachten wir schließlich noch die einfachen (autonomen) nominalen Prädikate *tête* und *main* aus der Fußballsprache in den Sätzen

(1) *Zidane a fait une tête*   (Nprédsimple)

(2) *Maradona a fait une main* (Nprédsimple)

Eines der entscheidenden Kriterien für die Analyse von *tête* und *main* als nominale Prädikate ist die Tilgbarkeit von *faire*, dem Stützverb, oder die Nominalgruppenbildbarkeit. In

(3) *La tête de Zidane a assuré la victoire des Français*
und
(4) *La main de Maradona n'est pas passée inaperçue*

haben die Nominalgruppen im Grunde den Status eines einfachen Satzes, wie die Paraphrasen zeigen:

(3') *La tête qu'a fait Zidane a assuré la victoire des Français*
(4') *La main qu'a fait Maradona n'est pas passée inaperçue*

Mögliche Entsprechungen sind für (1)

(1') *Zidane hat geköpft*
(1'') *Zidane hat einen Kopfball gemacht*

für (2)

(2') *Maradona hat (Hand + Hände) gemacht*
(2'') *Maradona hat ein Handspiel gemacht*
(2''') *Maradona hat (den Ball) mit der Hand gespielt*

Die Formen der entsprechenden Prädikatsausdrücke sind *köpfen* (1'), also Vsimple, *(einen Kopfball + ein Handspiel) machen*, (1'') und (2''), also Nprädkomp und *(Hand + Hände) machen* (2') respektive *(den Ball) mit der Hand spielen* (2'''), also Vcomp.

Diese Analyse ist folgendermaßen zu rechtfertigen:

(a) *Jeder hat (das Handspiel von Maradona + den Kopfball von Zidane) gesehen*
aber:
(b) ** Jeder hat die (Hand + Hände) von Maradona gesehen*

Bei (1'') und (2'') ist Nominalgruppenbildbarkeit möglich, bei (2') nicht. Darüber hinaus beinhaltet

(2'''') Maradona hat gespielt

in keiner Weise (2''') und bedeutet etwas ganz anderes, und zwar entweder *er war aufgestellt* oder *er hat abgespielt*.
Es ergeben sich die neuen Paare
Nprédsimple = Vsimple
Nprédsimple = Nprädkomp
und
Nprédsimple = Vcomp.

Weitere Paare ergeben sich ausgehend von

    (5) *Zidane a marqué de la tête*   (Vsimple Advcompprop)

Mögliche Entsprechungen sind

    (5')   *Zidane hat mit dem Kopf getroffen*
    (5'')   *Zidane hat ein Tor geköpft*
    (5''')   *Zidane hat (einen Treffer + ein Tor) mit dem Kopf erzielt*
    (5'''')   *Zidane hat eingeköpft*
    (5''''')   *Zidane hat (einen Kopfballtreffer erzielt + ein Kopfballtor gemacht).*

Folglich finden wir
    Vsimple Advcompprop = Advcompprop Vsimple (5')
        (mit dem Kopf treffen)
    Vsimple Advcompprop = N1prédsimple Vsimpleprop (5'')
        (ein Tor köpfen)
    Vsimple Advcompprop = Nprédsimple Advcompprop (5''')
        (einen Treffer mit dem Kopf erzielen)
    Vsimple Advcompprop = Vpart (5'''')
        (einköpfen)
    Vsimple Advcompprop = Nprädkomp (5''''')
        (einen Kopfballtreffer erzielen)

Das erste Paar kennen wir bereits, die anderen sind neu. Das zweite Paar enthält im Deutschen eine stereotypische Prädikat-Argument Kombination, die in zweisprachigen Fach-Lexika unentbehrlich ist, und auf die wir zurückkommen. Exakt diese Kombination findet sich übrigens auch in der französischen Paraphrase von (5), nämlich in

(5a) *Zidane a placé un coup de tête (magistral)*
      Vsimpleprop N1prédcomp

Mögliche deutsche Entsprechungen sind hier

(5a') Zidane hat mit einem (traumhaft) plazierten Kopfstoß getroffen
                         Advcompprop Vsimple
oder
(5a'') Zidane hat einen (traumhaft) plazierten Kopfstoß gemacht.
                       Adjprop Nprädkomp

Daraus entstehen die Paare:

Vsimpleprop N1prédcomp = Advcompprop Vsimple
Vsimpleprop N1prédcomp = Adjprop Nprädkomp

Notieren wir zum Abschluß die Paare von Prädikatsausdrücken, die sich aus den unterschiedlichen Verwendungen von frz. *marquer* und dt. *halten* in der Domäne Fußball ergeben und schauen wir, welche dieser Paare bisher noch nicht vorgestellt wurden.

(1) *Kohler va marquer van Basten*   (2) *Platini a marqué le dernier but de la tête*
     (Kohler wird van Basten decken)   *(Platini hat das letzte Tor mit dem Kopf erzielt)*

(2a) *Tigana a marqué sur un corner de Platini*
     (Tigana hat ein Tor im Anschluß an einen Eckball von Platini (geschossen + erzielt))

(2b) *Papin a marqué d'une reprise de volée de la limite des 18 mètres.*

(Papin hat mit einem Ball aus der Luft von der Strafraumgrenze aus (getroffen + ein Tor erzielt))

(3) Le match catastrophe contre le Bayern va marquer le jeune gardien parisien
(Das katastrophale Spiel gegen Bayern wird dem jungen Torhüter von Paris unter die Haut gehen)

[(4) Beckenbauer a souvent marqué contre son camp
(Beckenbauer hat oft Eigentore gemacht)]

(5) Paris hält das Unentschieden (6) Köpke hat einen Elfmeter gehalten
(Le PSG (conserve + garde) le match nul)   *(Köpke a arrêté un pénalty)*

(7) Kohler hat van Basten gehalten
(Kohler a réussi (le + son) marquage de van Basten)

[(8) Juve hält den Ball (in den eigenen Reihen)
(La Juve conserve le ballon)

(9) Der Trainer hält große Stücke auf seine Abwehr
(L'entraineur a une grande confiance dans sa défense)]

Vsimple = Vsimple (1), (5), (6), (2b)
Vsimple = Nprédsimple (2a), (2b)
Vcomp = Vcomp (8)
Vsimpleprop N1prédsimple = Nprédsimple (2)
Vsimple = Vcomp (3)
Vsimple Advcompprop = Nprädkomp (4)
Vsimpleprop N1prédsimple = Vsimple (7)
Nprédcomp = Vcomp (9)

Die drei ersten Paare sind bekannt, die fünf letzten sind neu. In zwei Paaren haben wir wieder ein prädikatives Nomen im Französischen, nämlich *but* und *marquage*, das als Argument in der direkten Objektfunktion zusammen mit einem seiner 'verbes appropriés' (*Vsimpleprop*) jenen besonderen Typ von Prädikat-Argument Kombination bildet, auf den wir im Lexikon nicht verzichten können.

Über weitere komplexe Prädikatsausdrücke, die *marquer* oder *halten* als Vsimple enthalten, ergeben sich die Paare:

(marquer de près)	*(aus kurzer Distanz treffen)*
Vsimple Advcompprop	=Advcompprop Vsimple
(marquer comme à l'entraînement)	*(Tore schießen wie im Training)*
Vsimple Advcompprop	=Nprédsimple Advcompprop
(marquer contre le cours du jeu)	*(ein Tor schießen, das nicht dem Spielverlauf entspricht)*
Vsimple Advcompprop	=Nprédsimple Rel
(marquer à la culotte)	*((eng + preß) decken)*
Vsimple Advcompprop	=Advsimple Vsimple
	((hautnah + messerscharf) decken)
Vsimple Advcompprop	=Advkompprop Vsimple
(am Trikot halten)	*(tirer (par + à + E) le maillot)*
Advcompprop Vsimple	=Vcomp
	(faire un tirage au maillot)
Advcompprop Vsimple	=Nprédcomp

Es finden sich drei weitere Paare, wenn wir die beiden deutschen in dieser Situation verwendbaren Prädikatsausdrücke *am Trikot festhalten* (Advcompprop Vpart) und *am Trikot ziehen* (Vcomp) mit einbeziehen, nämlich
Vcomp = Advcompprop Vpart
Nprédcomp = Advcompprop Vpart
und wiederum
Nprédcomp = Vcomp

Entscheidend für diese Argumentation und damit für diese Kodierungen ist, daß ein Spieler normalerweise nicht *zieht*, daß, wenn er *hält* oder *festhält*, er *am Trikot* (oder *an der Hose*) *hält* oder *festhält*. Entsprechend gilt für das Französische: celui qui *'tire'* ne le fait pas *'par le maillot'* ou quand on *tire*, ce n'est pas le *maillot* qu'on tire. So erklärt sich die Analyse von *am Trikot ziehen* oder *tirer (à + par + E) le maillot* als Vcomp.

Zur besseren Übersicht seien an dieser Stelle einmal die Entwürfe von Lexikoneinträgen für *marquer* und *halten* aufgeführt.

marquer:

<joueur> marquer <adversaire> <joueur> faire un marquage sur <adversaire>	decken
<joueur> marquer (<but>) (de <partie du corps>)	(mit DEM <Körperteil>) ein Tor (schießen + erzielen + machen)
<joueur> marquer (<but>) (sur (<action offensive> + <coup de pied arrêté>))	ein Tor (schießen + erzielen + machen) (im Anschluß an + nach) (<Offensivaktion> + <ruhender Ball>)
<joueur> marquer (<but>) ((de <frappe>)	(mit EINER <Schußtechnik>) (treffen + ein Tor schießen)
<joueur> marquer <but> (de(puis) (<distance> + <position>))	(aus (<Distanz> + <Position>)) treffen + ein Tor schießen)

[Argumentdomäne (range of arguments)]:
<joueur> marquer (<but>) (de <partie du corps> + <frappe>) (sur (<action offensive> + <coup de pied arrêté>)) (de (<distance> +

ein Tor (mit DEM <Körperteil> + EINER <Schußtechnik>) im

<position>))	Anschluß an (<Offensivaktion> + <ruhenden Ball>) aus (<Distanz> + <Position>)(schießen+erzielen)
<événement désagréable> marquer (l'esprit de) <joueur>	DEM <Spieler> unter die Haut gehen (Vcomp)

Lineare Version: (M bedeutet 'Morphologie' und V 'Variante')

marquer	#1 / M:Vsimple / N0:<joueur> / N1:<adversaire> / V1:marquage / M:Nprédsimple / N0:<joueur> / N1:sur <adversaire> / Vsup: faire + effectuer / Det:UN// De:decken / M:Vsimple
marquer à la culotte	/ M:Vsimple Advcompprop / N0:<joueur> / N1:<adversaire> // De1: (eng + preß) decken / M:Advsimpleprop Vsimple // De2: (hautnah + messerscharf) decken / M:Advkompprop Vsimple
marquer	#2 / M:Vsimple / N0:<joueur> / N1:<but> / N2:sur <action offensive>, <coup de pied arrêté> // De1: Tor / M:Nprédsimple / Vsup:(machen + schießen + erzielen) / Det: EIN / N1: nach <action offensive>, <coup de pied arrêté> // De2: Treffer / M:Nprédsimple / Vsup:erzielen / Det: EIN / N1: nach <action offensive>, <coup de pied arrêté> // De3: treffen / M:Vsimple / N1: im Anschluß an <action offensive>, <coup de pied arrêté>

marquer contre son camp / M:Vsimple Advcompprop / N0:<joueur> // De: Eigentor / M:Nprädkomp / Vsup:(schießen + machen) / Det: EIN

marquer en contre / M:Vsimple Advcompprop / N0:<joueur>,<équipe> // De: Kontertor / M:Nprädkomp / Vsup:(schießen + machen + erzielen) / Det: EIN

marquer de loin / M:Vsimple Advcompprop / N0:<joueur> // De: aus der Ferne treffen / M:Advcompprop Vsimple

marquer #3 / M:Vsimple / N0:<événement désagréable> / N1:<(l'esprit de) joueur> // De: unter die Haut gehen / M:Vcomp [CP1] / N1:HumDat

halten:

<équipe> halten <score>	garder, conserver, tenir
<gardien> halten (<tir> + balle + ballon)	arrêter, faire l'arrêt de
<joueur> halten <adversaire>	réussir le marquage de
<équipe> den Ball (in den eigenen Reihen) halten (Vcomp)	(garder + conserver) le ballon (Vcomp)
<joueur> am Trikot halten (Advcomp Vsimple)	tirer (par + à + E) le maillot (Vcomp) faire un tirage au maillot (Nprédcomp)
<joueur> die Sohle draufhalten (Vcomp)	laisser traîner une semelle (Vcomp)

Lineare Version:

halten	#1 / M:Vsimple / N0:<équipe> / N1:<score> // Fr: garder + conserver + tenir / M:Vsimple
halten	#2 / M:Vsimple / N0:<gardien> / N1: <tir> + balle + ballon // Fr1: arrêter / M:Vsimple // Fr2: arrêt / M: Nprédsimple / Vsup:faire / Det: LE / N1: de <tir>+ balle + ballon
halten	#3 / M:Vsimple / N0:<joueur> / N1:<adversaire> / Sy:ausschalten // Fr:réussir le marquage / M: Vsimpleprop N1prédsimple / Modif: de <adversaire>
am Trikot halten	M:Advcompprop Vsimple / N0:<joueur> / V1: am Trikot festhalten / M:Advcompprop Vpart / V2: halten / M:Vsimple / V3: festhalten / M:Vpart // Fr1: tirer (par + à + E) le maillot / M:Vcomp [CP1,C1] // Fr2:tirage au maillot / M:Nprédcomp [N à N]/ Vsup:faire / Det: UN

4 Vorteile einer Analyse über Objektklassen und Paare von Prädikatsausdrücken

Bei einer kontrastiven Beschreibung über Paare von Prädikatsausdrücken und Objektklassen, zu denen deren Argumente gehören können, erscheinen einige notorische Schwierigkeiten der maschinellen Übersetzung in neuem Licht. Ich meine Phänomene wie Polysemie, Grade der Flexibilität und Fixiertheit von Einzelwörtern in Wortkombinationen, Category-Switching, Head-shifting sowie Divergenzen bei der Zuordnung von grammatischen Funktionen und thematischen Rollen (Argumentpermutationen und ähnliches).

Die unterschiedlichen Verwendungen oder die **Polysemie** von einfachen Prädikatsausdrücken konnte anhand der bisherigen Beispiele hinreichend illustriert werden. Die Behandlung von **Problemen der eingeschränkten Kombinierbarkeit** ist gerade angeklungen. Sie seien noch einmal zusammenfassend demonstriert am Beispiel von Prädikationen, an deren Bildung dtsch. *halten* in der Domäne Fußball beteiligt ist.

(1) *Marseille hält das Unentschieden*
(2) *Köpke hält einen Volleyschuß*
(3) *Dortmund hält das Tempo*
(4) *Der Trainer hat eine (Standpauke + Gardinenpredigt) gehalten*
(5) *Köpke hat gut gehalten*
(6) *Köpke hat im Nachfassen gehalten*
(7) *Blanc hat am Trikot gehalten*
(8) *Bayern hält den Ball (in den eigenen Reihen)*
(9) *Kohler hält die Sohle drauf*
(10) *Der Trainer hält große Stücke auf seine Abwehr*

Halten ist zunächst relativ frei, d.h. in Prädikat-Argument Kombinationen, mit unterschiedlichen Objektklassen kombinierbar: <Torleute> halten <(Tor)Schüsse, Bälle>; <Mannschaften> halten <Spielstände>; <Spieler> halten <Gegenspieler>. *Halten* ist weiter 'verbe simple approprié', also typisches (einfaches) Verb, für das nominale Prädikat *Tempo*. Die Prädikat-Argument Kombinationen *das Tempo (halten + herausnehmen + forcieren + ...)* werden mit *N1prédsimple Vsimpleprop* beschrieben. Da diese oft einfachen und komplexen Prädikatsausdrücken entsprechen, wie wir bereits gesehen haben, bilden sie mit diesen besonderen Typen von Äquivalenzpaaren. Noch eingeschränkter kombinierbar und stärker fixiert mit anderen Elementen und nicht wie in (1), (2) und (3) als Einzelwort-Operator zu beschreiben, ist *halten* in (4) bis (10). In (4) ist es Stützverb für prädikative Nomina(lkomposita). In (5) bis (10) ist schließlich die Unterscheidung zwischen *komplexen Prädikatsausdrücken* vom Typ *Adv...prop Vsimple* und *(verbalen) idiomatischen Ausdrücken (Vcomp)* zu machen.
Während nämlich

(5') (6') *Köpke hat gehalten*
(7') *Blanc hat gehalten*

absolut normal sind und semantisch gewissermaßen (5), (6) und (7) enthalten, werden (8') und (10') nicht akzeptiert, und (9') ist semantisch total verschieden von (9).

(8') *Bayern hält
(9') Kohler hält ≠ (9)
(10') *Der Trainer hält.

In komplexen Prädikatsausdrücken behalten die einfachen Verben ihre Bedeutung in einer bestimmten Verwendung bei und können jeweils ohne ihre 'adverbes appropriés' (typischen Adverbien) in dieser Lesart vorkommen. In verbalen idiomatischen Ausdrücken ist dies nicht der Fall.

Auch verbale idiomatische Ausdrücke, im Vergleich zu den anderen eingeschränkten Nomen-Verb-Verbindungen in hohem Maße fixierte und unflexible Wortkombinationen, sind oft geringfügig modifizierbar:

den Ball halten = den Ball in den eigenen Reihen halten
(C1)   (C1 P2)
conserver le ballon = garder le ballon   (C1)
die Sohle draufhalten = den Fuß draufhalten (C1)

Entweder sind ganz bestimmte Elemente weglaßbar (oder hinzufügbar) oder sie sind durch ganz wenige andere ersetzbar. Absolut fixiert sind schließlich Ausdrücke wie *jm. die Stange halten* oder *auf jn. große Stücke halten*.

Mit unserem in Entwicklung befindlichen Lexikon sind sämtliche Prädikat-Argument-Kombinationen, in denen halten Einzelwort-Operator oder prädikatives Verb ist (Vsimpleprop), die Stützverbkonstruktionen oder nominalen Prädikate, die von halten gestützt werden, sowie die komplexen und die idiomatischen Prädikatsausdrücke, die mit halten zu bilden sind, zu identifizieren und zu übersetzen:

N1 Vsimpleprop	(<(Tor)Schüsse,Bälle>, <Kopfstöße>, <Gegenspieler>, <Spielstände> halten)	in (1) und (2)
N1prédsimple Vsimpleprop	(das Tempo halten)	in (3)
Nprädkomp	(eine Gardinenpredigt halten)	in (4)
Advsimpleprop Vsimple	(gut halten)	in (5)
Advcompprop Vsimple	(im Nachfassen halten)	in (6)

Advcompprop Vsimple	(am Trikot halten)	in (7)
Vcomp [C1(P2)]	(den Ball (in den eigenen Reihen) halten)	in (8)
Vcomp [C1]	(die Sohle draufhalten)	in (9)
Vcomp [C1PN]	(große Stücke halten auf)	in (10)

Die korrekte Generierung (und Übersetzung) gelingt auch hier endgültig über die Objektklassen:

N0: <Mannschaft>, N1: <Spielstand>	in (1)
N0: <Torleute>, N1: <Schüsse>	in (2)
N0: <Mannschaft>, <Spieler>	in (3) und (8)
N0: <Trainer>	in (4) und (10)
N0: <Torleute>	in (5) und (6)
N0: <Spieler>, <Torleute>	in (7) und (9)
N0: <Trainer>, N1: <Spieler, Mannschaft>	in (10)

Bei den einfachen Fällen von **Category-switching** werden die Paare aus unterschiedlichen 'mots simples' gebildet. Häufig entsprechen einfache prädikative Verben einfachen prädikativen Adjektiven oder Nomina und umgekehrt.

Vsimple = Adjprédsimple

(Diese Uhr + dieser Zug) steht	(Cette montre + Ce train) est arrêté(e)
<chronomètre>, <mt-fc>, ... stehen	être arrêté
Die (Auswahl + Mannschaft) steht	(L'effectif + L'équipe) est complet(e)
<hum: collectif> stehen	être complet
Das (Kind + Rind) steht	(Le bébé + Le veau) est debout
<petit enfant>, <animal nouveau-né> stehen	être debout

Vsimple = Noprédsimple

Die Arbeiter streiken *Les ouvriers font (la) grève*
<employés>, <salariés> *streiken* *faire (la) grève*

<joueur-f> *sperren* <Gegenspieler> *faire obstruction (à + sur)*
<joueur-f> *marquer* *ein Tor machen*
<joueur-f> *foulen* <Gegenspieler> *faire une faute sur*
<gardien> *halten* *faire un arrêt*
<joueur-f> *plonger* *eine Schwalbe machen*
<gardien> *plonger* *eine Parade machen*

Das nominale Prädikat ist bisweilen morphologisch und semantisch mit dem Verb (oder Adjektiv) verbunden:
   Streik – streiken, Foul – foulen, obstruction – obstruer etc.
und bisweilen autonom:
   Tor, faute, Schwalbe, tête etc.
Es gibt weder
   *toren oder **schwalben* noch **fauter* oder **têter*

Adjprédsimple = Noprédsimple

Ihr ist schwindlig *Elle a le vertige*
<humDat> *schwindlig sein* *avoir le vertige*
<sportif> *être combatif* *ein Kämpfer sein*

Komplizierte Formen von Category-Switching liegen vor, wenn Mehrwortausdrücke oder komplexe Ausdrücke mit typischen Adverbialen involviert sind.

Vsimple = Adjprédcomp (oder Adjprädkomp)

<salarié> *chômer* *(ohne Arbeit + arbeitslos) sein*
<mt-fc> *stehen* *être à l'arrêt*

Vsimple = Nprédcomp (oder Nprädkomp)

<hum> *frühstücken*   *prendre son petit déjeuner*
<Spieler> *tunneln* <Gegenspieler>   *(faire + effectuer) un petit*
                                       pont sur
<hum> *se suicider*   *Selbstmord begehen*

Adjprédsimple = Nprädkomp

<match> *être capital*   *ein Schlüsselspiel sein*
<joueur-f> *être titulaire*   *Stammspieler sein*

Adjprédcomp (oder Adjprädkomp) = Nprédsimple

<mt-c> *être en retard*   *Verspätung haben*
<hum> *in Angst sein um* <hum>   *avoir peur pour*
<Lohnempfänger> *(arbeitslos + ohne*   *être chômeur*
Arbeit) sein

Vsimple = Vcaus Nprédsimple (oder Nprédsimple Vcaus)

<hum> *encourager* <hum>   <humDat> *Mut machen*

Nprédcomp = Vsimple Advsimpleprop (oder Advsimpleprop Vsimple)

<hum> *die freie Auswahl haben*   *choisir librement*
<équipe-f> *pratiquer un jeu aérien*   *hoch spielen*
<gardien> *faire un bel arrêt*   *gut halten*
<avion-s> *eine (kurze + lange) Landung*   *atterir (court + long)*
machen
<équipe-f> (*et* <équipe-f>) *faire match nul*   *unentschieden spielen*
<sportif> *vollen Erfolg haben*   *réussir pleinement*

Das Französische scheint hier eine Vorliebe für die nominalen Prädikate zu haben, wie die folgenden Beispiele zeigen, die sich leichter finden lassen als die komplexen Prädikatsausdrücke vom Typ *Vsimple Advsimpleprop*:

<hum> *faire un versement mensuel*　　　*jm. eine* <Geldsumme>
à <humDat>　　　　　　　　　　　　　*monatlich überweisen*

<prof> *faire passer un examen oral à*　<humAKK> *mündlich*
<hum>　　　　　　　　　　　　　　　*prüfen*

<hum> *faire une protestation écrite contre*　gegen <Ereignis>
<événement>　　　　　　　　　　　　　　　*schriftlich protestieren*

<hum> *avoir une confiance aveugle*　　<humDat> *blind*
dans <hum>　　　　　　　　　　　　　*vertrauen*

Derartige 'Tendenzen' sind jedoch mit größter Vorsicht zu genießen, zumal die jeweils entsprechenden nominalen Prädikate im Deutschen durchaus existieren, und die komplexen Prädikatsausdrücke, die keine einfachen Adverbien, sondern typische adverbiale Mehrwortausdrücke enthalten, ihrerseits im Deutschen genauso vorkommen wie im Französischen, wie die nächsten Paare zeigen:

Nprédcomp − Vsimple Advcompprop (oder Advcompprop Vsimple)

<joueur-f> *einen Paß in den Rücken*　　*centrer en retrait*
der Abwehr machen
<joueur-f> *faire un tirage au maillot*　　*am Trikot halten*
<joueur-f> *faire une passe dans le dos*　*hinter den Mann spielen*
(de <coéquipier>*)*
<joueur-f> *faire un sauvetage sur la ligne*　*auf der (Tor)linie retten*
(du but)

Nprédsimple = Advcompprop Vsimple

<défenseur> *faire un jaillissement*　　*(plötzlich) nach vorne*
　　　　　　　　　　　　　　　　　　　starten

Nprädkomp = Vsimple Advcompprop

<joueur-f> *ein Eigentor machen*　　　*marquer contre son camp*

<joueur-f> *(einen Kopfballtreffer erzielen*   *marquer de la tête*
+ *ein Kopfballtor machen)*
<Mannschaft> *den Anschlußtreffer erzielen*   *revenir au score*

Es gibt offenbar in beiden Sprachen Prädikate in Form von nominalen (Mehrwort-)Ausdrücken, die in der jeweiligen Zielsprache (noch) nicht in dieser Form 'lexikalisiert', d.h. als Termini fixiert, sind und durch (einfache) Verben mit typischen Adverben realisiert werden müssen.

An die Stelle von einfachen Verben (Vsimple) können in den Paaren im Deutschen uneingeschränkt Partikelverben (Vpart) treten. Auch hier entstehen häufig typische Fälle von *Category-switching*.

Nprédcomp = Vpart

<hum> *faire demi-tour*   *umkehren*
<conducteur> *faire un appel de phares*   *aufblenden*
<joueur-f> *faire une remise en jeu*   *einwerfen*
<arbitre> *donner (le coup d'envoi à* +   *anpfeifen* + *abpfeifen*
le coup de sifflet final de) <match>

Nprédsimple = Vpart

<adolescent> *faire une fugue*   *(aus* + *ab)rücken*
<gardien-f> *faire une sortie*   *(he)rauslaufen*
<joueur-f> *faire (la* + *une) touche*   *einwerfen*
<joueur> *faire une passe*   *abspielen*

Adjprédsimple = Vpart

<évènement> *être antérieur à* <évènement>   *vorausgehen*
<joueur-f> *être statique*   *herumstehen*

Vsimple Advcompprop = Vpart

<hum> *se tuer dans un accident*   *umkommen*
<hum> *payer* <marchandise> *par acomptes*   *abstottern* (fam.)

Vcaus Adjprédcomp = Vpart

<hum> *mettre en service* <mt-c>   *einsetzen*

Nprédcomp = Advcompprop Vpart

<joueur-f> *avoir un face à face avec*   *dem* <Torwart> *Auge in*
<gardien>   *Auge gegenüberstehen*

Typische Entsprechungen von *Vpart* sind auch, wie wir gesehen haben, komplexe Prädikatsausdrücke vom Typ *Vsimple Advcompprop*.

Vsimple Advcompprop = Vpart

<joueur-f> *marquer de la tête* <but>   *einköpfen*
<hum> *monter à la nage* <cours d'eau>   *hochschwimmen*
<hum> *partir en vélo*   *wegradeln*
<mt-fc> *entrer en gare*   *einfahren*

Als weitere notorische Schwierigkeit gilt eine besondere Form des **Head-Shifting**. Hierbei entsprechen komplexe Prädikatsausdrücke des Deutschen, die durch die Kombination von einfachen Verben mit deren 'adverbes appropriés' gebildet werden, den schon mehrfach angetroffenen Verbindungen von prädikativen Nomina in der direkten Objekt(Argument)-Position mit ihren 'verbes appropriés' im Französischen.

Le PSG accélère le jeu   *PSG spielt schneller*
accélérer le jeu   *schneller spielen*
Vsimpleprop N1prédsimple   =   Advsimpleprop Vsimple

In der französischen Prädikation ist der syntaktische Kopf der Konstruktion, nämlich *accélérer*, zugleich semantischer Kopf. In dem deutschen komplexen Ausdruck ist *spielen* zwar syntaktischer Kopf, aber nicht semantischer. Der semantische Kopf ist das Adverb (*schneller*), das für *spielen* in derselben Weise typisch (approprié) ist, wie das Verb (*accélérer*) für *jeu*.

    Weitere Beispiele aus der Domäne des Fußballs für dieses Phänomen sind:

<gardien-f> (assurer + rater) sa prise (sicher + schlecht) fangen
(de balle)
<joueur-f> (manquer + ajuster) (schlecht + genau)
(sa passe + son tir) (passen + schießen)
<joueur-f> resserrer le marquage konsequenter decken
<joueur-f> contrôler sa passe kontrolliert abspielen
<joueur-f> enchaîner des (accélérations mehrfach hintereinander
+ dribblings) (schnell starten + dribbeln)

Abschließend seien noch einige Beispiele für **Divergenzen bei der Zuordnung von grammatischen Funktionen und thematischen Rollen** (Argumentpermutation und ähnliches) aufgeführt. Die Prädikatsausdrücke haben mit Ausnahme des letzten Beispiels immer die Form von einfachen Verben (Vsimple) im Frz. und von entsprechenden einfachen Verben (Vsimple) oder Partikelverben (Vpart) im Deutschen. Auch diese Phänomene lassen sich auf relativ natürliche Weise über Objektklassen und Paare von Prädikatsausdrücken behandeln.

Vsimple = Vsimple

<chirurgien> amputer N1hum de <extrémité>   <humDat><Extremität>$_{AKK}$
                                            amputieren
<équipe> (rencontrer + affronter) <équipe> treffen auf
<équipe> et <équipe> s'arracher <joueur>   sich (reißen + streiten) um
<joueur> aggraver <score (négatif)>   erhöhen auf
<joueur> s'approcher de (but + 18 mètres)   sich DEM (Tor +
                                            Strafraum) nähern
<joueur> et <joueur> se disputer le ballon um den Ball kämpfen

<spectateurs> apprécier <match>   <Spiel> gefallen <Zuschauer>$_{DAT}$

<match> basculer sur <coup de pied arrêté> <ruhende Bälle> kippen
                                            <Spiel>$_{AKK}$

Vsimple = Vpart

<spectateurs> acclamer <joueur>   <Spieler>$_{DAT}$ zujubeln
<joueur> passer <adversaire>   vorbeigehen an

<arbitre> annuler <décision du juge de touche>	sich hinwegsetzen <u>über</u>
<joueur> frôler <sanction>	(knapp) vorbeigehen <u>an</u>
<joueur> arrêter (<tir> + ballon) de <partie du corps>	(<Schuß> + Ball) abwehren <u>mit</u>
<joueur> sauter <u>sur</u> <adversaire>	<Gegner>$_{AKK}$ anspringen
<joueur> s'approcher <u>de</u> (but + 18 mètres)	<u>auf</u> (Tor + Strafraum) zugehen
<joueur> devancer <gardien>	<Torwart>$_{DAT}$ zuvorkommen
<élém-but> renvoyer (<tir> + ballon)	(<Schuß> + Ball) abprallen von <élém-but>
<joueur> déposséder <adversaire> de ballon	<Spieler> den Ball abnehmen <Gegner>$_{DAT}$
<entraîneur> remarquer <joueur>	<Spieler> auffallen <Trainer>$_{DAT}$
<joueur> va mieux	<Spieler>$_{DAT}$ geht es besser

5 Anwendungen

Ausgehend von der in Entwicklung befindlichen lexikalischen Datenbank der Fußballsprache sind einerseits Übersetzungsvarianten in der Zielsprache zu generieren und andererseits Übersetzungshilfen zu erstellen, die jeweils Situationen aus der Perspektive eines der Protagonisten der 'Fußballszene' beschreiben, und zwar aus der Perspektive der Spieler, der Schiedsrichter, der Mannschaften, der Trainer, der Torleute, der Zuschauer (Spielstände und Ergebnisse) etc.

Für *Paris schlägt Bayern (3:1)* könnten z.B. folgende Paraphrasen und Übersetzungen angeboten werden:

Le PSG (bat + s'impose sur + gagne contre) le Bayern (sur le score de 3:1).
(Victoire du PSG sur le Bayern)
Le Bayern (se fait battre par + s'incline devant + perd contre) le PSG
(Défaite du Bayern devant le PSG).

Le PSG inflige une (défaite + correction) au Bayern.
Le PSG prend le dessus sur le Bayern.

Paris (schlägt + besiegt + gewinnt gegen) Bayern München (mit 3:1).
Paris landet einen Sieg (gegen + über) Bayern München.
Bayern München erleidet eine Niederlage gegen Paris.
Bayern München (unterliegt + verliert gegen) Paris.
Paris erteilt Bayern München eine Abfuhr.
Paris setzt sich über Bayern München hinweg.

Für *Zidane a marqué de la tête*

Zidane hat mit dem Kopf getroffen.
Zidane hat ein Tor geköpft.
Zidane hat (ein Tor + einen Treffer) mit dem Kopf erzielt.
Zidane hat (ein Kopfballtor gemacht + einen Kopfballtreffer erzielt).
Zidane hat eingeköpft.
Zidane hat mit einem Kopfstoß (getroffen + ein Tor gemacht).

Aus der Perspektive des Spielers ergäbe sich z.B. die folgende Liste von Entsprechungen, wenn man diejenigen Lexikoneinträge zusammenstellt, die die Kodierung *N0:<joueur>* enthalten:

un joueur	Ein Spieler
frapper	(aufs Tor) schießen
marquer	ein Tor (schießen + machen)
marquer un adversaire	den Gegner decken
marquer contre son camp	ein Eigentor (schießen + machen)
plonger	eine Schwalbe machen
faire une faute sur un adversaire	den Gegner foulen
faire un petit pont (sur un adversaire)	den Gegner tunneln + einen Beinschuß machen
dribbler	dribbeln
dribbler un adversaire	den Gegner um(dribbeln + spielen)
faire un tacle	hineingrätschen
faire une interception	dazwischengehen + den Ball abfangen

faire un centre sur (un coéquipier + le premier poteau)	eine Flanke (auf den Mitspieler + auf den kurzen Pfosten)(ziehen + schlagen)
ouvrir (le score + la marque)	das erste Tor schießen
vendanger une occasion	am leeren Tor vorbeischießen
faire une passe en profondeur	einen Steilpaß (spielen + machen)
faire une reprise de volée	den Ball aus der Luft nehmen + eine Direktabnahme machen
faire une tête plongeante	einen Hechtkopfball machen
faire un une-deux (avec son coéquipier)	einen Doppelpaß spielen (mit seinem Mitspieler)
(faire un centre + centrer) en retrait	einen Paß in den Rücken der Abwehr machen (von der Torauslinie)
faire une passe en retrait	einen Rückpaß machen
faire un retourné (acrobatique)	einen Fallrückzieher machen
faire (une papinade + un ciseau couché)	einen Seitfallzieher machen
faire une tête	einen Kopfball machen + köpfen
faire une (touche + remise en jeu)	einwerfen
être l'homme de la dernière passe	Vorbereiter sein
être le buteur	Goalgetter sein
être le meneur de jeu	Spielmacher sein
être le porteur du ballon	der ballführende Spieler sein
être sur la touche	draußen sein
être (assis) sur le banc (de touche + des remplaçants)	auf der Bank sitzen
être (hors-jeu + en position d'hors-jeu)	(im) Abseits stehen + sich in Abseitsstellung befinden
faire le coup du chapeau	einen Hattrick machen
faire de la dentelle	für die Galerie spielen + Mätzchen machen

usw.

Die zusammen mit <Spieler> hier in Perspektive gesetzten Klassen sind <Gegenspieler> und <Mitspieler>.
Anwendungen im Bereich der Übersetzerausbildung und im Sprachunterricht sowie die Kompilierung eines (mehrsprachigen) Fachlexikons in Papierversion für diejenigen, die beruflich oder als Journalisten und Zuschauer

mit Europa- und Weltfußball zu tun haben, sind ebenfalls denkbar und von den in der Datenbank gespeicherten Informationen ableitbar.

Literaturangaben

Gross, G.: Forme d'un dictionnaire électronique. In: Clas, A./Safar, H. (dir.): L'environnement traductionnel. Silllery/Montreal: Presse de l'Université du Québec. 1992, 255-271.

Gross, G.: Classes d'objets et description des verbes. In: Langages 115 (1994), 15-31.

Gross, G.: Une sémantique nouvelle pour la traduction automatique: Les classes d'objets. La Tribune des industries de la langue et de l'information électronique. Nos 17,18, 19 (1995), 16-19.

Gross, G.: Eliminating Semantic Ambiguity by Means of a Lexicon-Grammar. In: Bresson, D./Kubczak, H. (Hrsg.): Abstrakte Nomina: Vorarbeiten zu ihrer Erfassung in einem zweisprachigen syntagmatischen Wörterbuch. Tübingen 1998, 253-271.

Gross, G.: Pour une véritable fonction «Synonymie» dans un traitement de texte, Langages n° 131 (1998), 102-113.

Gross, M.: Méthodes en syntaxe. Paris 1975.

Gross, M.: Les bases empiriques de la notion de prédicat sémantique, Langages n° 63 (1981), 7-52.

Gross, M.: Les phrases figées en français. In: L'information grammaticale 59 (1993), 36-41.

Gross, M.: La fonction sémantique des verbes support, Travaux de Linguistique 37 (1998), 25-46.

Harris, Z. S.: Cooccurrence and Transformation in Linguistic Structure. In: Language 33 (1957), 283-340.

Harris, Z. S.: Notes du Cours de Syntaxe. Paris, Seuil, 1976.

Harris, Z. S.: Operator-Grammar of English. Linguistica Investigationes 2:1 (1978), 55-92.

Le Pesant, D. / Mathieu-Colas, M.: Les Classes d'Objets (Langages 131) 1998

Leclère, Ch.: Organisation du lexique-grammaire des verbes français. Langue Française 87 (1990), 112-122.

Pustejovsky, J.: The generative Lexicon. In: Computational Linguistics, vol. 17, Nr. 4, MIT Press, 1991.

Sabatier, P.: Un lexique-grammaire du football. In: Linguisticae investigationes XXI: 1 (1997), 163-197.
Seelbach, D.: Zur Entwicklung von zwei- und mehrsprachigen lexikalischen Datenbanken und Terminologiedatenbanken. In: Kuhlen, R. (Hrsg.): Experimentelles und praktisches Information Retrieval, Festschrift für Gerhard Lustig, Konstanz 1992, 225-253.
Seelbach, D.: Classes d'objets et typologie comparée des prédicats du français et de l'allemand - Elaboration d'un dictionnaire bilingue du français. In: BULAG: Actes du colloque international FRACTAL (1997a), 337-359.
Seelbach, D.: Grundlagen und Werkzeuge auf dem Weg zu einer übersetzungsorientierten Lexikographie. In: Huber, D./Worbs, E. (Hrsg.): Ars transferendi. Sprache, Übersetzung, Interkulturalität. Frankfurt 1997b, 165-192.

UM MIT GOETHE ZU SPRECHEN: "ES IRRT DER MENSCH SOLANG ER STREBT..." (TOUT HOMME QUI MARCHE PEUT S'EGARER)
Marker des Zitierens und Kommentierens im Deutschen und Französischen

(SABINE BASTIAN, Leipzig / FRANÇOISE HAMMER, Heidelberg)

1   Einleitung - Theoretische Grundpositionen

In unserem Beitrag, der im Kontext früherer Untersuchungen zur Phraseologie des Kommentierens (Bastian/Hammer 1997, 1999) entstanden ist, wenden wir uns dem Phänomen des Zitierens als Form des Kommentierens und seiner phraseologischen Markierung zu.

Wir gehen davon aus, daß Zitieren als Wiederaufnahme eines fremden Diskurses eine besondere Form intertextueller Paraphrase darstellt, die dementsprechend der Kommentierung (Pittner 1993:319) im weitesten Sinne dient. Zu den Hauptmerkmalen des Zitats gehört im Gegensatz zu Plagiat und Parodie dessen Erkennung durch eine Textmarkierung.

Wir unterscheiden zunächst zwischen wörtlichem, indirektem Zitieren und Redeerwähnung. Unter wörtlichem Zitieren d.h. "direkter Rede" (style direct) der traditionellen Grammatik als autonymischer Wiedergabeform (Authier-Revuz 1992) verstehen wir eine Sprachhandlung, bei der der referierende Sprecher die gleichen Worte wie der zitierte Sprecher verwendet oder zumindest vorgibt, es zu tun. Um eine Verwechslung mit den Begriffen der traditionellen Grammatik zu vermeiden, wird hier von "direktem Zitieren" (DZ) gesprochen. Zum direkten Zitieren ist es erforderlich, daß der referierende Sprecher seine Äußerung entsprechend kennzeichnet. Die Tatsache, daß er angibt, "die Wiedergabe sei ein wörtliches Zitat" (Gülich 1978), gilt als eines der entscheidenden Kriterien für die Abgrenzung dieser Form der Redewiedergabe von dem indirekten Zitieren (IDZ) und der Redeerwähnung (RE).

Beim indirekten Zitieren gibt der referierende Sprecher den fremden Text mit eigenen Worten wieder, wobei autonymische Elemente eingeschlossen sein können. Bei der Redeerwähnung, als Extremfall der Redewiedergabe, wird nur noch Bezug auf die referierte Äußerung genommen, ohne auf deren genauen Wortlaut zurückzugreifen.

Zwischen fast wörtlichem Zitieren und Redeerwähnung kann das IDZ auf subtile Weise das Referierte kommentieren, d.h. eine Stellungnahme oder Erläuterung des referierenden Autors einbeziehen. Die Markierungen können daher explizit sein, indem sie direkt auf die Quelle verweisen, andererseits können sie diese "verschweigen", indem ihre Identifizierung als interpretatorische Leistung des Empfängers erwartet wird.

Im Hinblick auf einen intra- und interlingualen Vergleich zu Funktionen und Markierungen des Zitierens in Abhängigkeit von Text- und Diskurssorten werden zunächst vor allem Phraseologismen betrachtet. Während die Analyse der französischen Texte eine große Vielfalt an Markern für Zitierungen gezeigt hat, deren erste Inventarisierung anhand von Beispielen aus unseren Korpora im Kapitel 3.1 versucht werden soll, wird anhand eines Korpus deutscher Pressetexte die Polyfunktionalität der Marker des Zitierens wie des Kommentierens untersucht. Dazu wird im Kapitel 3.2 beispielhaft das Phraseolexem "*wie es heißt*" aus kontrastiver Sicht näher analysiert.[1]

Da die Betrachtung von Pressetexten in unseren bisherigen Analysen einen großen Raum eingenommen hat, sollen dazu einige Überlegungen vorangestellt werden:

Im Hinblick auf die hier gewählte Problemstellung sind Zeitungstexte von besonderer Relevanz, da Nachrichten, wie die Etymologie des Wortes es andeutet, in Hauptsache durch Rückgriff auf schon existierende Texte mündlicher (bzw. schriftlicher) Übertragung entstehen, die es zu referieren und weiter zu vermitteln gilt. Damit ist das Zitieren ein konstitutives Merkmal von Zeitungsnachrichten und -sprache.

Redewiedergaben sind Bestandteile des Zeitungsartikels. Als *discours raconté* (mit eventuell eingebetteten *discours cité*) steht somit der neue Text in quasi-synonymischer Beziehung zum referierten Diskurs. Er gleicht weitgehend der Paraphrase (Bastian/Hammer 1997; vgl. auch Pittner 1993) und erfüllt u.E. entsprechend die Funktion des Kommentierens, d.h. Erläuterns durch Herstellung von Analogiebeziehungen, wie es die Formeln *wie es heißt, comme on dit, suivant l'expression de...* zeigen.

Auf Grund kognitiven Wissens, ist dem Leser aber bekannt, daß Zeitungstexte auf (Agentur-)Meldungen, d.h. auf Zitaten beruhen. Die Quelle, also Diskurs 1, kann daher im Diskurs 2 voll integriert und *unsichtbar* werden. Bei der schriftlichen Nachricht genügen zur Kennzeichnung des

---

[1] Das französische Korpus wurde von S. Bastian, das deutsche von F. Hammer bearbeitet.

zitierten Diskurses minimale typographische Hervorhebungen wie die Anordnung von Titel und Untertitel, lexikalische Markierungen (wie modale Hilfsverben im Deutschen) oder grammatische Markierungen wie Modi und Zeiten.

Der bewußte Gebrauch von Zitateinführungen durch Phraseologismen wie: *um mit Goethe zu sprechen, X zufolge, Nach den Worten von X, selon/d'après X, selon l'expression/les termes de X* erweist sich somit meistens als redundant, daher sind ihre Funktionen auf Text- oder Illokutions-Ebene zu hinterfragen. Wir gehen von der These aus, daß Zitateinführungen neben ihrer Dokumentationsfunktion (die Nennung der Zitatquelle) vor allem kohärenz- und kohäsionsstiftend wirken. Die Kommentierung des referierenden Autors (Kerbrat-Orecchioni 1980) trägt einerseits zur besseren Verständlichkeit und zum Informations-Mehrwert des Textes und andererseits durch Konkretisierung und Veranschaulichung zu einer virtuellen Interaktion zwischen Autor und Leser bei. Die Nachricht ist nur selten eine objektiv-neutrale Information; sie drückt zugleich eine selektive Stellungnahme des Autors und seine Haltung gegenüber dem Leser aus.

Durch das DZ wird die These des Artikelautors veranschaulicht, "wörtlich verdingt", daher konkreter und wahrhaftiger für den Leser. Das IDZ dagegen eignet sich außerdem besonders gut dazu, die Nachricht expressiv oder appellativ zu manipulieren. Oft genügt dazu bereits die einführende Markierung. So entsteht zwischen Leser und Artikelautor eine persönliche Interaktion, indem die Meldung als Appell oder Wink verstanden wird. Manche Zitate erfüllen zugleich propositionelle und illokutive Funktionen.

Da es zu den Anliegen eines Zeitungsartikels gehört, bei minimalem Textumfang den Informationsinhalt zu maximieren, führt dies (zusammen mit den oben genannten Gründen) zur Minimierung der expliziten lexikalischen Zitatmarkierungen. Daher sind auch Zitate in Kurzmeldungen und Notizen weniger häufig als in Berichten oder Analysen und unter den Zitaten ist die RE die häufigste Form.

Da im Zeitungsartikel im allgemeinen die Information in ihrem Bedeutungsgehalt wichtiger ist als ihre "wörtliche" Ausformulierung (mit Ausnahme von Berichten über Verträge, Konferenzen oder Urteile), kommt funktionsbedingt der indirekten Redewiedergabe (IDZ und RE) eine größere Rolle zu. Die Frequenz direkter Redewiedergabe könnte daher ein Indiz für das Textthema sein.

Bezeichnend für Zeitungstexte ist die Verschachtelung von (manchmal schon zitierten) Zitaten ineinander und die Häufung von Vernetzungen, in denen DZ in IDZ oder RE integriert werden:

(1) "Männer können sich 5 bis 6 Flops erlauben, bevor es bergab mit Ihnen geht" zitiert *Premiere* einen Agenten. (Anfangszeile eines Artikels mit dem Titel *Macht ist männlich* der Zeitschrift Premiere)

Das DZ besteht dabei meistens aus einem Syntagma oder einzelnen Lexemen, die als Belege für das Zitat fungieren. Das direkte Zitat trägt somit zur Wahrhaftigkeit und Anschaulichkeit des IDZ oder der RE bei.

Die Form des Zitierens scheint also nicht willkürlich, sondern funktional bedingt.

2 Material und Methode

Für die Auswertung französischer Texte wurde zunächst eine Pilotstudie zur lückenlosen Erfassung aller Zitierungen in ca. 20 Texten der französischen Tages- bzw. Wochenschriften *Le Monde*, *Le Figaro* und *Le Canard Enchaîné* angefertigt. Daran anschließend wurden mit Hilfe der französischen Datenbank *Lecticiel* 200 Texte zu den Bereichen *Economie* (E), *Droit* (D), und *Médecine* (M) auf die Verwendung markanter Phraseolexeme, die der Zitateinführung dienen, untersucht; zugleich wurden sämtliche direkten Zitate (soweit als solche typographisch gekennzeichnet) auf ihre sonstigen Markierungen hin betrachtet. Das Korpus wurde durch einige Stichprobenuntersuchungen an wissenschaftlichen Texten der Sprachwissenschaft und -didaktik abgerundet.

Zum Deutschen wurden Ausgaben der *Süddeutsche Zeitung* (SZ), *Dernières Nouvelles d'Alsace* (DNA) in der deutschen Ausgabe, und von *Das Parlament* ausgewertet. Für den Vergleich wurden die Einführungen von Hans Wysling (HW) zum Briefwechsel von Thomas Mann herangezogen. Zur Prüfung der Analyseergebnisse wurden außerdem die Korpora BZK und HBK vom IDS Mannheim berücksichtigt. Es wurden insgesamt etwa 100 Belege von "*wie es heißt*" untersucht.

3 Diskussion der Ergebnisse

3.1 Auswertung des französischen Teilkorpus

Bei der Betrachtung der Redewiedergabe im Französischen wurden verschiedene Textsorten im Vergleich untersucht: Im Bereich der wissenschaftlichen Texte waren dies vor allem Lehr- und Fachbuchtexte, wissenschaftliche Zeitschriftenartikel und Monographien, dazu kamen populärwissenschaftliche Artikel und verschiedene Textsorten aus französischen Tageszeitungen und Wochenschriften.

Dabei zeigten sich auch Unterschiede in bezug auf die Art der Redewiedergabe:

Zu unterscheiden war zunächst zwischen der Aufnahme und Kommentierung fremder bzw. eigener Rede, andererseits auch zwischen der Wiedergabe mündlicher oder schriftlicher Äußerungen: Wenn man davon ausgehen kann, daß eine objektive Wiedergabe vor allem der fremden Rede (z.B. nach einer Pressekonferenz oder beim Bericht über eine Arbeitsberatung) eigentlich deren quasi-integrale Aufnahme (in Form des direkten Zitats) erfordern würde, was wiederum die mühselige Arbeit der Aufzeichnung und/oder Transkription erfordert und zudem schwer zu lesen wäre, wird klar, daß ein solcher Bericht immer synthetisierend, selektiv und zugleich paraphrasierend sein muß.

Die Untersuchung der französischen Pressetexte hat ergeben, daß Unterschiede hinsichtlich des gewählten Kommunikationsverfahrens (z.B. Berichten, Argumentieren, Beschreiben) auch zu differenziertem Umgang mit Zitierverfahren führen. So weisen Texte des berichtenden Typs (Bezugnahme auf vor allem mündlich geäußerte Texte) eine große Varietät an Formen der Redewiedergabe auf.

Die fremde Rede wird in diesen Texten fast ausnahmslos typographisch und sprachlich markiert. Zu den typographischen Mitteln gehören: die (häufige) Nutzung der Kursivschrift für in Anführungszeichen gesetzte direkte Zitate (man beachte Besonderheiten in der Form: «...»); diese können Sätze oder ganze Absätze, aber auch kürzere Segmente betreffen, die die "exakten" Äußerungen, auf die Bezug genommen wird, wiedergeben. Bei der Untersuchung der Pressetexte fiel auf, daß insbesondere der Texttyp "Bericht" hier viele Beispiele für einen weitgehenden Zusammenfall beider typographischer Verfahren bei direkten Zitaten aufwies. In anderen Texten traten auch Beispiele für die alleinige Verwendung von Anführungszeichen (ohne Kursivdruck) auf. Allerdings ist zu bemerken, daß ein Zusammenfall beider Verfahren immer auf direktes Zitieren verwies, während das bloße Markieren durch «...» oder Kursivdruck auch auf andere Funktionen (z.B. Hervorhebung, Ironie, übertragene Verwendung) hinweisen kann. Die in die zitierten Passagen eingeschobenen Zitateinführungen vom Typ '*a-t-il dit/déclaré*' werden im Unterschied dazu nie kursiv gesetzt. Sie werden vom Autor des zitierenden Textes meist in kommentierender Funktion hinzugefügt und sind im französischen Text in Kommata eingeschlossenen:

(2) «*Changer continuellement la fiscalité*, a-t-il dit, *c'est introduire une incertitude nuisible à la croissance et à l'efficacité économique*». (Le Figaro 24-06-98)

Unter den sprachlichen Mitteln zur Einführung und Markierung der Zitate kann man die folgenden gehäuft feststellen:
Grundlegend ist das Vorhandensein von Verben des Sagens/Schreibens. Sie dienen entweder zur Einführung der fremden (oder auch eigenen früheren) Rede, wie z.b. *dire, déclarer* (vgl. Bsp. (1)) oder beschreiben die Spezifik des mit der Äußerung verbundenen Sprechaktes. Auch die (formelhafte) Wendung vom Typ *selon X (selon X, selon l'expression de X, selon la formule de X, selon les termes (fameux) de X)* tritt häufig auf und soll später noch einer besonderen Betrachtung unterzogen werden.

(3) Santini conteste l'existence d'un «*effet de cascade*». (E079)
(4) *Le traitement sérieux de cette question requiert, on le voit, de* substituer, selon les termes fameux de Max Weber, *une éthique de la responsabilité à une éthique des valeurs (ou de la conviction).* (E099)

Bezüglich der verwendeten sprachlichen Konstruktionen lassen sich drei Grundschemata unterscheiden:
Es werden vollständige Äußerungen zitiert, die auch als Zitate markiert werden: Dafür wird im Französischen am häufigsten eine verbale Einführung vom Typ *il dit* bzw. *dit-il* (als Einschub) verwendet:

(5) La première tentation était de réduire le montant des investissements, parce que, a-t-on dit, «*les investissements ne crient pas*». (E001)

Als weitere, besonders repräsentative verbale Zitiersignale in unseren Texten sollen beispielhaft die folgenden genannt sein: X définit... dans les termes suivants : «...»; «..., écrivait-il, ...»; X expliquait: «...»; X appelle (à la patience) : «...», (et pour faire y), il a ajouté «...».

In anderen Fällen werden nur Äußerungsfragmente zitiert, die ohne syntaktischen "Bruch" in den Text aufgenommen werden,

(6) Kirienko a annoncé la couleur: soit le gouvernement réussira à «*lever l'impôt*» soit il «*faut arrêter de parler de démocratie*». Car le casse-tête de la crise fiscale menace «*les principes de base de l'existence de l'Etat*». (Le Figaro 24-06-98)

Die indirekt zitierten Äußerungen werden ohne zusätzliche typographische Markierung und oft auch in paraphrasierter Form in den Text eingefügt. Das redeeinleitende Verb des Sagens kann dabei einen "que"-Satz oder eine Nominalisierung nach sich ziehen:

(7) On nous a dit que notre projet était déflationniste. (E001)

Häufig treten im Französischen spezifische Konstruktionen zur Markierung der Redewiedergabe auf, wie die formelhaft gebrauchten Phraseme *suivant l'expression de X, comme on dit, selon les termes/le mot de (prêté à)*. Während die vorgenannten meist (wenn auch nicht ausschließlich) in präponierter Stellung vorgefunden wurden, standen die folgenden immer in Postposition: *pour reprendre une/l'expression (de), l'expression a fait florès pour décrire...*

(8) En reprenant la théorie du contrat, il la fait glisser vers une problématique de la formation des «*jugements synthétiques a priori*», pour reprendre l'expression de Kant. (E086)

(9) La «*décennie perdue*»: l'expression a fait florès pour décrire l'évolution catastrophique de l'Amérique latine depuis un lustre et demi. (E078)

Die Kommentierung kann sich darüberhinaus auf die (abgebildete) Interaktion beziehen :

(10) Interrogé sur le problème de..., X a souligné...

Seltener traten Zitierungen auf, die allein durch die Anführungszeichen und durch die Namensnennung festgemacht wurden:

(11) ... la Russie accueille aujourd'hui à Moscou une délégation du Fonds Monétaire International censée débloquer une aide de plus de 10 milliards de dollars dans les *«trois prochaines semaines»* (*Le Figaro* 24-06-1998).

Wir haben bereits an anderer Stelle festgestellt, daß die redeeinleitenden Formeln in französischen Pressetexten außerordentlich variabel gebraucht werden. So hat eine Auszählung anhand einer Stichprobe folgendes Ergebnis gebracht:

Von den in 6 Texten einer Ausgabe des Figaro ermittelten 41 Zitateinführungen wurden nur die Partizipien *dit, expliqué* und die Form *pour X...* zwei- oder mehrmals gebraucht. Im einzelnen traten folgende Formen auf:

Participe passé: *(a/a-t-il) affirmé, ajouté, annoncé, (a été) convaincu, déclaré, dit* (4 x, davon 3x in einem einzigen Text !), *expliqué* (2 x), *jugé, lancé, martelé, nié, précisé, prévenu, relevé, résumé, souligné, (s'est) efforcé*
Participe présent: *félicitant*
finite Verbformen im Präsens: *appelle, dit, suggère, titre, voit (dans)*
finite Verbformen im Imparfait: *cachait, commentait, écrivait, expliquait*
Infinitivkonstruktionen: *insister, prédire, répéter*
Sonstige: *pour X* (2x), *selon X, (c'était une) trouvaille*

Wir sehen darin die starke Tendenz der französischen Pressesprache, in diesen Zitateinführungen (meist zitateinführende Verben) bereits einen Kommentar des Textautors zum Ausdruck zu bringen, der beispielsweise im Falle des Deutschen (siehe die Analyse zu *wie es heißt* im Abschnitt 3.2) häufig durch zusätzliche lexikalische Mittel, z.B. adverbialer Art ausgedrückt wird.

Im Hinblick auf die Untersuchungen zur Verwendung des deutschen Phraseolexems *wie es heißt* (Kap. 3.2) als potentielles Äquivalent beim Übersetzen der französischen Redeeinleitungen halten wir diese Möglichkeit in folgenden Fällen für gegeben:

- Bei unbestimmt-persönlichen Redeein- oder -ausführungen vom Typ *dit on/a-t-on dit:*

   (12) «*Le système d'assurance chômage* dit on, *en rendant possible de vivre sans travail, réduit l'incitation à chercher du travail et ralentit ainsi...*» (E051) [wie es heißt]

- Bei der Redekommentierung durch *comme on dit:*

   (13) Si au contraire le marché libre est parfois aveugle... il faut prévoir des garde-fous, des «*régulations*» comme on dit aujourd'hui. (E051, vgl. auch E071) [wie es heute heißt]

- Bei formelhaften Wendungen mit *selon*, wenn diese entweder mit einem Eigennamen oder einem nicht näher spezifizierten Zusatz vom Typ *selon le texte (de X)* verbunden sind:

   (14) Les pouvoirs publics ont donc pris deux séries de mesures pour instaurer selon les termes du Livre blanc... «...» [wie es im Weißbuch... heißt]

Dagegen würden wir für erweiterte Formen wie "*selon les termes fameux de X*", Übersetzungen wie "um mit den berühmten Worten von X (zu sprechen)..." bevorzugen.

- Auch für Phraseme des Typs *suivant l'expression de X/pour reprendre l'expression de X* erscheint eine Wiedergabe mit "es heißt" denkbar:

   (15) *En reprenant la théorie du contrat, il la fait glisser vers une problématique de la formation des «jugements synthétiques a priori»,* pour reprendre l'expression de Kant. [wie es bei Kant heißt]

Die zweite große Gruppe der von uns untersuchten Texte ist der wissenschaftlichen Fachliteratur zuzuordnen. Besonders in Fach- und Lehrbüchern, aber auch in wissenschaftlichen Zeitschriftenartikeln ist im allgemeinen ein starkes Bemühen um "Wissenschaftlichkeit" durch die Verwendung vieler direkter und indirekter Zitate aus der für das Thema relevanten Sekundärliteratur festzustellen.

Der dadurch hergestellte intertextuelle Bezug, Moirand (1990:75) spricht von einem "dialogisme intertextuel", dient hierbei dazu, die Seriosität der Untersuchung zu unterstreichen, kann aber darüber hinaus auch als Möglichkeit genutzt werden, durch den Bezug auf (mehr oder weniger anerkannte) "Autoritäten" von vornherein die Akzeptanzchancen für die vom Autor geäußerten Positionen zu erhöhen.

(16) ... Diderot dans sa *Lettre sur les sourds et les muets à l'usage de ceux qui entendent et qui parlent* souligne que la langue française est la plus adéquate à faire parler l'esprit: «Notre langue est, de toutes les langues, la plus châtiée...» (MDC,21)

(17) Dans la même période, l'abbé Grégoire,... présente à la suite d'une grande enquête sur l'état linguistique des provinces un *Rapport sur la (...) de la langue française:* «On peut assurer sans exagération qu'...» [...] Le pouvoir révolutionnaire ressentait la disparité des parlers...: «... (suite de la citation de Grégoire!)» (MDC, 22-23)

(18) L'impérissable Mauger bleu[2] est le manuel qui a traduit, de façon exemplaire, cette conception...[...] Selon les propos de l'auteur, dans l'avertissement du premier volume, ce manuel: *«n'est pas seulement une méthode de langue, mais...»*

---

2 Mauger, G., *Cours de langue et de civilisation françaises*, t. I-IV, Hachette, Paris, 1953-59. (MDC, 26)

Wie bereits diese wenigen Beispiele zeigen, ist in wissenschaftlichen Publikationen die Zitierung ein wesentliches Verfahren zur Entwicklung und Stützung der Gedankengänge des Autors. Oftmals stehen Zitat und Explikation/Paraphrasierung seines Inhalts nebeneinander.

Im Unterschied zu Pressetexten wird die Zitatquelle in der Regel (bei DZ sollte das ohnehin obligatorisch sein) genauestens angegeben, sei es im Text selbst oder in Fußnoten bzw. Anmerkungen. Obwohl eine vergleichende Untersuchung zu dieser Textsorte u.W. bisher noch aussteht, kann vermutet werden, daß auch im Deutschen hier kaum Wendungen wie *wie es heißt* anzutreffen sind, sondern exaktere Formen (z.B. redeeinleitende Verben des Sagen/Schreibens...) dominieren werden, die auch für die Übersetzung der o.g. Beispiele in Frage kommen.

Bei einem Vergleich der unterschiedlichen Textsorten zeigte sich, daß gerade die betrachteten Fachtexte gehäufte Vorkommen der formelhaft gebrauchten Phraseme vom Typ *selon X/d'après X* aufweisen, auf die wir abschließend etwas detaillierter eingehen wollen: Eine Durchsicht der Beispiele hat ergeben, daß die überwältigende Mehrzahl aller Zitate explizit durch Zitiersignale eingeführt bzw. markiert worden sind. Diese wiederum waren zum größten Teil und unabhängig davon, ob es sich um direkte oder indirekte Zitierweisen handelte, durch verbale Formen des Sagens, Denkens und Meinens repräsentiert.

Dennoch fanden sich auch Markierungen durch Phraseolexeme, zu deren häufigsten jene mit *selon* oder *d'après* zählen. In diese Reihe gehören zweifellos auch Formen wie *au dire de X*, die in den einschlägigen Grammatiken gleichberechtigt aufgeführt werden, in unserem Korpus aber keine Rolle gespielt haben.

In Formeln wie *selon X* kann X ein Nomen oder Pronomen sein, welches für Sprecher/Schreiber bzw. -gruppen und deren Denk-, Rede- oder Schreibprodukte und -handlungen steht: *Selon X, selon les observations de X, selon l'expression de X, selon l'hypothèse (de X), selon la théorie (de X),...*

Die Zitatmarkierung mit *selon/d'après* befindet sich häufig in der Anfangsposition oder als Einschub; anders als verbale Marker wurde es im Korpus nur in Ausnahmefällen (quasi als "Nachtrag" in Form einer Parenthese) in Postposition angetroffen.

In bezug auf die Zitierformen kann festgestellt werden, daß *selon X* sowohl direkte Zitate als auch indirekte Zitate markieren kann: Dieser Befund kontrastiert mit Darstellungen in den üblichen Referenzwerken, die - wenn Zitierformen überhaupt thematisiert werden - diesen Formen keinen Platz im System des indirekten Zitierens einräumen, sondern ihre Funktion auf das direkte Zitat beschränken.

(19) Selon le professeur Gallo: «La bien meilleure connaissance de la réplication virale permet de concevoir des molécules qui...» (M040)

(20) Selon la littérature américaine, les taux de réussite à court terme sont de 80 p. 100 pour les patients hospitalisés. (M010)
(21) D'après Roberts est compatible avec ce que l'on peut considérer comme... (E027)
(22) ... il s'agirait, selon elle [la commission] d'un «séisme administratif» (D041)
(23) Ce serait, selon W.A. Niskanen, le seul moyen de corriger la pression exercée par les groupes à forte demande... (E018)

Eine weitere Beobachtung konnten wir im Zusammenhang mit der Auswertung unserer Beispiele zum IDZ machen: Das erwartete Zusammenspiel von *selon/d'après X* mit Verbformen des *conditionnel* (vgl. Beispiel (23)) traf nur zum Teil ein. Ebenso häufig fanden sich Beispiele, in denen die Verbform im *présent, futur simple* oder *imparfait (indicatif)* stand. Wir sehen darin eine Tendenz der Aufgabe der Form des *conditionnel* bei fehlender oder nicht erwünschter Distanz des Sprechers zur zitierten Rede, die möglicherweise auch durch Affinitäten zum Gesprochenen (speziell in den untersuchten Pressetexten) befördert wird.

3.2 Auswertung des deutschen Teilkorpus

In der deutschen Presse wird das Zitieren medienbedingt (vgl. Punkt 1) häufig nur typographisch oder durch modale Hilfsverben wie *sollen* oder *wollen* als indirekte Marker angezeigt. Wird die fremde Rede lexikalisch eingeführt, dienen dazu Verben des Sagens und Handelns wie *mitteilen, wiederholen, bekräftigen, fordern, bezweifeln* usw., die zugleich eine Kommentierung des Zitierten einführen, und Phraseologismen. Unter den Phraseologismen weist *wie es heißt* in unserem Korpus eine relativ hohe Häufigkeit[2] auf, die sich auf die besonderen Eigenschaften der Formel begründet:.

Syntaktisch kann *wie es heißt* im Satz Anfangs-, Mittel- oder Endposition einnehmen und wie eine Parenthese ohne Satzstrukturänderung eingefügt werden. Es kann a posteriori einen vorangehenden Text als Zitat kennzeichnen. In Endposition tritt das Phrasem in der Variante *heißt es*[3] auf. Diese Form der Markierung ist ein häufiges Verfahren literarischer Texte.

---

[2] Die Formel konkurriert mit anderen Kollokationen um verba dicendi wie *mitteilen* und *berichten* (Carlsen 1998:69-70).

[3] Zu *es heißt* vgl. Bastian/Hammer 1999.

Seine Struktur weist außerdem eine relative Flexibilität auf: Sie kann sich nicht nur als Variante *heißt es*[4] den syntaktischen Anforderungen anpassen, sie läßt außerdem eine interne Erweiterung zu, die durch kommentierende Adverbien *wie: offiziell, plakativ, beschönigend* ausgefüllt werden kann. Die Formel kann sowohl direkte als auch indirekte Rede und Redeerwähnung einleiten. In dem untersuchten Zeitungskorpus werden durch *wie es heißt* hauptsächlich RE (30%) und IDZ (45%) angezeigt. Als Marker von DZ tritt es vorwiegend in den literarischen Belegen auf.

Die Belege lassen sich unter **semantisch-pragmatischen Aspekten** in 5 Gruppen einordnen:

Gruppe 1: Die Bezugsquelle und deren Autor wird nicht ausdrücklich angegeben, sondern muß vom Leser kognitiv rekonstruiert werden. Der Autor entlastet sich somit gegenüber dem Leser bezüglich seiner Quellenangabepflicht, sei es, daß er sie nicht preisgeben will oder kann. Wichtiger als die Quelle ist dem Autor die Nachricht selbst. Das Zitat erweist sich meistens als Äußerung einer Personengruppe (einer Organisation oder Institution oder deren Sprecher) oder als ein Gerücht:

(24) "... in rund 10 Jahren ist diese Kollektion zusammengetragen worden, unter, *wie es heißt*, dokumentarischen Gesichtspunkten." (HBK Die Zeit 02.05.86 Kultur)

(25) *Wie es heißt*, war Königin Nancy besorgt, die heiratswütige Diplomatin könnte dem Ruf Amerikas und dem Ansehen ihres Mannes schaden. (HBK Die Zeit 21.06.85 Politik)

Gruppe 2: Der Autor des Zitats wird metonymisch durch eine Lokalisierung ersetzt: Dadurch wird die Verantwortung für die Äußerung einer Gruppe übertragen und als geteilte Meinung dargestellt:

(26) Aus der Unionsspitze *hieß es*, die Sache sei eine "alte Kamelle"... (SZ 21.07.98 Politik)

(27) Darüber ist man, *wie es heißt*, in Mainzer Regierungskreisen insgesamt "herzlich froh..." (HBK Mannheimer Morgen 13.03.86 Politik)

---

[4] *Wie es heißt* alterniert je nach Satzkonstruktion mit *es heißt* bzw. *heißt es*.

Gruppe 3: Die Referenzquelle gehört zum allgemeinen Gut, d.h. zum Zitatenreservoir der Gesellschaft. *Wie es heißt* verweist hier auf Sprichwörter, Schlagzeilen und Redewendungen, die nicht zum Text des zitierenden Autors gehören und so als Entliehenes gekennzeichnet werden:

(28) "... in diese Hölle, in der die Sterne, *wie es heißt*, die Diamanten der Armen sind. " (HBK)
(29) "Aber, *wie heißt es*? Kabel macht frei, Programmvielfalt unabhängig... BTX und Videotext verbinden uns mit dem Wissen... der ganzen Welt." (HBK Die Zeit 13.09.85 Technik)

Gruppe 4: Die Referenzquelle ist ein Begriff, der zu einem anderen Sprachbereich oder Idiolekt gehört wie z.b. die Fachsprache:

(30) "... diese früheren Eindrücke an das befreite Österreich (oder an den "Zusammenbruch", *wie es* hierzulande *heißt*)..." (HBK Die Zeit 07.08.85 Kultur)
(31) "Sigrid ist gelernte Kindergärtnerin, "Erzieherin", *wie es* heute *heißt*." (HBK Stern 08.10.87 Medizin)

Die in den Gruppen 3 und 4 angezeigte Kommentierung ist als Transphrasierung (Bastian/Hammer 1997) zu bezeichnen. *Wie es heißt* und *wie man das nennt, so genannt* werden hier oft synonymisch verwendet: "... "ministrabel", wie man das nennt, - ein anderes Wort für Karriere machen." (SZ) Diese Gruppen unterscheiden sich damit von den Gruppen 1 und 2, die eine mehr oder weniger genaue Paraphrase anzeigen.

Das Einfügen von Adverbien wie: *beschönigend, offiziell, heute, amtlich* unterstreicht die Transphrasierungs- und Kommentierungsfunktion des Zitats.

Gruppe 5: *Wie es heißt* hat hier vor allem eine textuelle, *redeeinleitende* Funktion[5]. Die Formel dient dazu, den örtlichen Text in den neuen Diskurs zu integrieren. Eine Namenswiederholung des Autors oder seines Werkes kann dadurch vermieden werden. Bezeichnend für die textkohäsive Funktion des Phraseolexems ist das Einfügen von Adverbien wie *weiter, da, auch*:

---

[5] Der Begriff *redeeinleitende Wie-Sätze* ist Carlsen (1998:62) entnommen.

(32) "Sie veröffentlichten in der Taz No. 180 einen Brief.... "Eure Sprache ist wie Beton", *heißt es da*: "fest verbarrikadiert gegen kritisches Denken..." In diesem Brief heißt es auch: "Ihr glaubt,..."" (HBK Die Zeit 21.11.86 Soziales)

Das Phraseolexem tritt in dieser Funktion vor allem bei der Wiedergabe schriftlicher Texte auf, wo es mit Verbkollokationen des Sagens und Schreibens alterniert, wie es zahlreiche Belege aus den Einleitungstexten von Wysling zur Korrespondenz von Thomas Mann zeigen:

(33) Am 27.06.1932 *heißt es*:,
Im Begleitbrief *wird gesagt*, das Manuskript sei...
Am 09.09.1943 *notiert Brecht*...
Am 01.11.1933 *schrieb er* an H. Thoma: "..." (HW 331-335)

Unter **textuellen** Aspekten ergaben sich folgende Analyseergebnisse:
Wie es heißt weist primär auf **Intertextualität** hin (Pittner 1993:320). Die damit eingeleitete Reformulierung trägt auf der Textebene zur Kohärenz und Kohäsion bei. Sie dient vor allem der Textverständlichkeit, die pragmatisch als persönliche Stellungnahme (Begründung, Erläuterung, Ergänzung oder Präzisierung) und als Paraphrase (Gruppen 1 und 2) oder als Transphrasierung (Gruppen 3 und 4) realisiert werden kann.

In bezug auf die **Textart** kann festgestellt werden, daß *wie es heißt* am häufigsten in Berichten (47%) und Analysen (29%) belegt ist. In Kurznotizen kommt es seltener vor und in Interviews und Kommentaren (3%) erstaunlicherweise nur noch sporadisch.

Unter **textthematischen** Gesichtspunkten wird ersichtlich, daß *wie es heißt* sowohl in Texten mit politischem (21%) wie auch wissenschaftlich-technischem (15%), sozialem (37%) und kulturellem (26%) Inhalt belegt ist. Da politische und soziale Themen in einer Tageszeitung dominieren, stammen die meisten Beispiele aus diesen Bereichen. In bezug auf das Verhältnis zwischen Textthema und Gruppenzugehörigkeit läßt sich feststellen, daß die Gruppen 1 und 2 in Texten mit politischem und soziokulturellem Inhalt vorherrschen, während in wissenschaftlichen Berichten die Gruppe 4 am häufigsten vorgefunden wurde und in literarischen Besprechungen die Gruppe 5.

Wichtiger als der Themenbereich ist das **Objekt** der Nachricht: das Ereignis oder der Sprechakt. In Artikeln, die sich auf einen Sprechakt beziehen, sind mit *wie es heißt* eingeführte Zitate generell häufiger zu finden. Bei gleichem Textobjekt jedoch führt die illokutive Funktion des Textes zu Unterschieden im Zitieren. Die Frequenz explizit eingeführter Zitate hängt von der Intention des Autors ab (Bastian/Hammer 1999), eine objektive d.h. sachbezogene Nachricht zu vermitteln oder in eine Interaktion mit dem Leser einzutreten. Im letzteren Fall wird häufiger zitiert. Damit bestätigt sich die appellative und expressive Funktion des Zitats in Pressetexten.

Die Textfunktion (Sachbezogenheit bzw. Hörerbezogenheit) bestimmt weitgehend die Verwendung von *wie es heißt* wie auch anderer Phraseolexeme des Zitierens. Der gewählte Titel unseres Artikels macht dies deutlich. Oralität und Literazität sind hier keine angemessenen Kategorien.

Aus der Analyse geht deutlich hervor, daß die Relevanz von *wie es heißt* für das Zitieren und Kommentieren (Bastian/Hammer 1999) im wesentlichen in der Polyfunktionalität des Phraseolexems begründet ist, da es eine Paraphrasierung ebenso wie eine Transphrasierung oder Rephrasierung markieren und so auf der Textebene die verschiedenen Formen des Zitierens anzeigen kann. In den zwei ersten Gruppen der Belege haben die eingeführten Zitate zur wesentlichen Funktion, die inhaltliche Aussage der Meldung zu reformulieren. In den Gruppen 3 und 4 dagegen bildet der Wortlaut der Nachricht (oder einer ihrer wichtigsten Begriffe) das Objekt des Zitats und dessen Transphrasierung. In der letzten Gruppe ermöglicht *wie es heißt* vor allem die syntaktische Integration eines wörtlich zitierten Textes in einen neuen Diskurs.

Abschließend sollen **Vorschläge zur Übersetzung** von *wie es heißt* unterbreitet werden:

Da keine (elektronischen) Parallelkorpora zur Verfügung standen, wurden die Übersetzungsvorschläge anhand von Vergleichen mit französischen Presse-Artikeln gleicher Thematik und durch eigene Übersetzungen gewonnen.

Dabei wird erneut die Polyfunktionalität des Markers deutlich. Vom Übersetzer wird daher eine präzise Analyse des Textes und seiner pragmatischen Ziele gefordert. Dies gilt um so mehr, als das Phraseolexem bei den Zitatverschachtelungen der Pressetexte sich beispielsweise sowohl auf das IDZ als auch auf das eingeschlossene DZ beziehen läßt, wie im folgenden Beispiel:

(34) "... die Mutter.... der Vater... hatten das Talent ihres... Sohnes ernst genommen und es, *wie es heißt*, der "sanften Faust" des

Chicagoer Symphonikers... Franz Schöpp anvertraut" (HBK Die Zeit 02.05.86 Kultur)

Bei der Translation von *wie es heißt* hat der Übersetzer zu entscheiden, ob das Phraseolexem lexikalisch wiedergegeben werden soll. Besteht seine Funktion allein darin, auf Intertextualität hinzuweisen, sind typographische oder grammatikalische Lösungen (wie Konditional) in Erwägung zu ziehen, da sie in einem Pressetext platzsparender sind. Sind semantischer Mehrwert der Formel und syntaktische Einbettung des Zitats relevant, wird eine lexikalische Translation (mit oder ohne grammatikalischer Markierung) vorzuziehen sein. Bei den bekannten Schwierigkeiten der Übersetzung von "*es*" (Henschelmann/Hammer 1983: 44-45), bieten sich für das Französische vier prototypische Lösungsmuster (LM) an: (a) On + Verb (aktiv); (b) Il + Verb (passiv); (c) Nominalgruppe (Präposition + Substantiv); (d) Subjekt + Verb (aktiv), wenn ein Element des deutschen Textes als Subjekt fungieren kann.

Der Vergleich zwischen Übersetzungsvorschlägen und Gruppenzugehörigkeit des Phraseolexems zeigt eine starke Affinität zwischen Funktionsklassen und Übersetzungsmustern: In den Belegen der Gruppe 1 wird *wie es heißt* bevorzugt nach dem Lösungsmuster (a) übersetzt wie: *dit-on, à ce qu'on dit (entend dire), comme on l'entend dire:*

(35) "... in rund 10 Jahren ist diese Kollektion zusammengetragen worden, unter, *wie es heißt*, dokumentarischen Gesichtspunkten." (HBK Die Zeit 02.05.86 Kultur)
"... *cette collection a été, dit-on/à ce qu'on dit...* "
(36) *Wie es heißt*, war Königin Nancy besorgt, die heiratswütige Diplomatin könnte dem Ruf Amerikas und dem Ansehen ihres Mannes schaden. (HBK Die Zeit 21.06.85 Politik)
"*A ce qu'on dit, la reine...*"

Für die Gruppe 2 dagegen werden verschiedene Formulierungen alternativ verwendet. Neben LM von Typ (a) sind auf Grund des metonymischen Redens LM vom Typ (c) wie: *selon (les milieux bien informés, les déclarations), d'après (les experts, médecins usw.), au dire de (des témoins), pour (le président, le Monde)* häufig vertreten und, wenn auch weniger oft, LM vom Typ (d) wie: *comme (le gouvernement, la commission) l'a fait savoir, l'a dit, l' a annoncé:*

(37) Aus der Unionsspitze *hieß es*, die Sache sei eine "alte Kamelle"... (SZ 21.07.98. Politik)
"*D'après / selon / pour les dirigeants...*"
(38) Darüber ist man, *wie es heißt*, in Mainzer Regierungskreisen insgesamt "herzlich froh..." (HBK Mannheimer Morgen 13.03.86 Politik)
"*... comme l'affirment les milieux gouvernementaux,...*"

Die Anzahl der Belege der Gruppe 3 ist im Korpus relativ gering. Als Übersetzungsmöglichkeiten bieten sich LM vom Typ (a) an wie: *à ce qu'on dit, comme on a coutume de dire* (Beispiel 39), vom Typ (d): *comme dit le proverbe (la maxime etc.)* und seltener (c): *selon la formule (consacrée).*

(39) ... in diese Hölle, in der die Sterne, *wie es heißt*, die Diamanten der Armen sind. (HBK)
"*... où les étoiles, comme on a coutume de dire,...*"
(40) Aber, *wie heißt es*? Kabel macht frei, Programmvielfalt unabhängig... BTX und Videotext verbinden uns mit dem Wissen... der ganzen Welt (HBK Die Zeit 13.09.85 Technik)
"*Mais ne dit-on pas?...*"

Heißen wird bei den Belegen der Gruppe 4 auf Grund der Transphrasierung oft durch *appeler* und *nommer* in Formeln wie *comme on l'appelle* (oft zu Partizipien verkürzt: *appelé, nommé, désigné, prétendu, soi-disant*) übersetzt.

Neben den LM vom Typ (a) sind hier vor allem Passivkonstruktionen vom Typ (b) angebracht wie *comme il est convenu (d'usage) d'appeler*. Ist das Phrasem adverbial ergänzt, so wird wegen der Kürze das LM (c) vorgezogen wie *selon l'expression (à la mode), pour employer le terme (exact).*

(41) ... diese früheren Eindrücke an das befreite Österreich (oder an den "Zusammenbruch", *wie es* hierzulande *heißt*) (HBK Die Zeit 07.08.85 Kultur*)*
"*ces premières impressions de l'"effondrement", comme on l'appelle ici / il est convenu de l'appeler...*"
(42) Sigrid ist gelernte Kindergärtnerin, "Erzieherin", *wie es* heute *heißt* (HBK Stern 8.10.87 Medizin)

"*Educatrice, comme on dit aujourd'hui / pour employer le terme officiel...*"

Bei den vorwiegend in schriftlichen Texten belegten Beispielen der Gruppe 5 läßt sich das Verb *heißen* häufig mit Verben des Schreibens und des Lesens wiedergeben. Ist der Autor des Zitats benannt worden, so wird das Phraseolexem überwiegend mit LM vom Typ (d) wie: *comme l'écrit, le note, le fait remarquer X* oder (a) wie *comme on lit, (peut lire)*. Ist die Quelle nicht genannt worden, so werden LM vom Typ (b) eingesetzt wie: *comme il est dit (à l'article, dans x)*:

(43) "Sie veröffentlichten in der Taz No. 180; einen Brief.... "Eure Sprache ist wie Beton", heißt es da: "fest verbarrikadiert gegen kritisches Denken..." In diesem Brief heißt es auch: "Ihr glaubt,..." (HBK Die Zeit 21.11.86 Soziales)
"*... Votre langue... écrivent-elles.... Dans cette lettre on peut lire plus loin...*"

(44) "Wie es weiter heißt, galt für die Erstattung von Anwaltskosten bis 1982..." (HBK Mannheimer Morgen 08.02.85 Recht)
"*Comme il est dit plus loin...*"

4 Zusammenfassung: Elemente eines Sprach- und Textvergleichs

Das Zitieren in Zeitungstexten dient im allgemeinen weder der stilistischen Ausschmückung noch der Begründung einer Argumentation. Darin unterscheidet es sich funktionell grundlegend von seiner Verwendung in anderen Textsorten, z.B. den im Vergleich untersuchten wissenschaftlichen Zeitschriftenartikeln und Monographien.

In der Presse hat es vor allem zwei Hauptfunktionen:

- Es dient **erstens** der Sicherung des Wahrheitsgehalts einer Meldung und hat daher Informationsfunktion.
- Als Ausdruck der Subjektivität des Autors und des Appells an den Leser hat es **zweitens** eine interaktive Funktion (vgl. den Begriff des dialogischen Charakters bei Moirand).

Die Häufigkeit des untersuchten deutschen Phraseolexems *wie es heißt* liegt, wie die Analyse gezeigt hat, in der Möglichkeit begründet, Paraphrasierungen wie auch Transphrasierungen einzuführen, die zu den Grundformen des Kommentierens gehören. Die Untersuchung von Paralleltexten im Französischen hat ergeben, daß bei der Redeeinleitung eine Vielzahl sprachlicher Formen verwendet werden, die oft bereits implizite Kommentare des Autors beinhalten. Daher wird im Ergebnis des Sprach- und Textvergleichs eine Wiedergabe von deutschem *wie es heißt* je nach der konkreten Funktionsbestimmung und unter Berücksichtigung des weiteren Kontextes (z.B. kommentierende Adverbien) erfolgen müssen. Ein Rückgriff auf das französische Phrasem *comme on dit* ist aus frequentiellen wie funktional-semantischen Gründen nicht zu verallgemeinern.

Bibliographie

Adam, Jean-Michel (1990), *Eléments de linguistique textuelle*, Liège.
Authier-Revuz, Jacqueline (1992), "Repères dans le champ du discours rapporté", in: *L'Information grammaticale*, No. 55, S. 38-42.
Bastian, Sabine/Hammer, Françoise (1997), "'Autrement dit'/'Mit anderen Worten' - Les phrasèmes de la paraphrase et du transphrasage (switching)", in: Wotjak, Gerd (ed.), *Studien zum romanisch-deutschen und innerromanischen Sprachvergleich*, Frankfurt a.M. u.a., S. 225-240.
Bastian, Sabine/Hammer, Françoise (1999), "Kommentieren in der Fremdsprache - ein deutsch-französischer Vergleich", erscheint in: Kalverkämper, Hartwig/Baumann, Klaus-Dieter/Steinberg-Rahal, Kerstin (edd.), *Sprachen im Beruf. Stand – Probleme - Perspektiven*, (= Forum für Fachsprachenforschung; im Druck).
Bastian, Sabine/Hammer, Françoise (1999a), "A vrai dire = Genauer gesagt? La phraséologie du commentaire", in: *Linguistique et sémiotique. Actes du Colloque international Répétition, Altération, Reformulation*, Besançon.
Bronckart, Jean-Paul (1997), *Activité langagière, textes et discours*, Lausanne.
Brünner, Gisela (1991), "Redewiedergabe in Gesprächen", in: *Deutsche Sprache* 19, S. 1-15.

Burger, Harald (1990), *Die Sprache der Massenmedien*, 2. Auflage, Sammlung Göschen 225, Berlin.
Carlsen, Leila (1998), "Redewiedergabe mit redeeinleitendem Wie-Satz", in: *Muttersprache*, Heft 1, S. 62-89.
Charaudeau, Patrick (1992), *Grammaire du sens et de l'expression*, Paris.
Coulmas, Florian (1986), *Direct and indirect speech.* New York, Amsterdam.
Gläser, Rosemarie (1995), "Metacommunicative Strategies in written ESP Texts", in: Gläser, Rosemarie, *Linguistic features and genre profiles of scientific English*, Frankfurt a. M. et al., S. 84-96.
Grimm, Anja (1993*), Metasprachlich indizierte Reformulierungen im Russischen*, München.
Gülich, Elisabeth (1978), "Redewiedergabe im Französischen. Beschreibungsmöglichkeiten im Rahmen einer Sprechakttheorie", in: Meyer-Herrmann, Reinhard (ed.), *Sprechen - Handeln - Interaktion. Ergebnisse aus Bielefelder Forschungsprojekten zu Texttheorie, Sprechakttheorie und Konversationsanalyse*, Tübingen, S. 49-101.
Gülich, Elisabeth (1994), "Formulierungsarbeit im Gespräch", in: Čmejrkova, Světla et al. (edd.), *Writing vs. Speaking. Language, Text, Discourse, Communication*, Tübingen, S. 77-95.
Henschelmann, Käthe/Hammer, Françoise (1983), *De la grammaire à la traduction*, Ismaning.
Hoffmannová, Jana (1994), "Zitate und Allusionen - zwischen mündlichen und schriftlichen Texten", in: Čmejrkova, Světla, et al. (edd*.), Writing vs. Speaking. Language, Text, Discourse, Communication*, Tübingen, S. 213-218.
Holthuis, Susanne (1993), *Intertextualität. Aspekte einer rezeptionsorientierten Konzeption*, Tübingen.
Jäger, Siegfried (1968), "Die Einleitungen indirekter Rede in der Zeitungssprache und in anderen Texten der deutschen Gegenwartssprache", in: *Muttersprache* No. 78, S. 236-256.
Jeandillou, Jean-François (1997), *L'Analyse textuelle, Collection cursus*, Paris.
Kaufmann, Gerhard (1976), *Die indirekte Rede und mit ihr konkurrierende Formen der Redeerwähnung*, München.
Kerbrat-Orecchioni, Catherine (1980), *L'Enonciation de la subjectivité dans le langage*, Paris.

Maingueneau, Dominique (1991), *L'énonciation en linguistique française. Embrayeurs, "temps", discours rapporté* (nouvelle édition), Paris.

Maingueneau, Dominique (1998), *Analyser les textes de communication*, Paris.

Moirand, Sophie (1988), *Une histoire de discours... Une analyse des discours de la revue Le français dans le monde 1961-1981*, Paris.

Moirand, Sophie (1990), *Une grammaire des textes et des dialogues*, Paris.

Pittner, Karin (1993), "'So' und 'wie' in Redekommentaren", in: *Deutsche Sprache* 21, S.306-325.

Posner, Roland (1992), "Zitat und Zitieren von Äußerungen, Ausdrücken und Kodes", in: *Zeitschrift für Semiotik*, 14-1/2, S. 3-16.

Recanati, François (1981), *Les énoncés performatifs*, Paris.

Roncador, Manfred von (1988), *Zwischen direkter und indirekter Rede. Nichtwörtliche direkte Rede, erlebte Rede, logophorische Konstruktionen und Verwandtes*, Tübingen.

Schank, Gerd (1989), *Redeerwähnung im Interview. Strukturelle und konversationelle Analysen an vier Interviewtypen*, Düsseldorf.

Steyer, Kathrin (1997), *Reformulierungen. Sprachliche Relationen zwischen Äußerungen und Texten im öffentlichen Diskurs*, Tübingen.

ENDE GUT, ALLES GUT
Die französischen Konnektoren *enfin* und *finalement* im Sprachvergleich

(MARTINE DALMAS, Metz)

1 Einleitung

Die textlinguistischen Arbeiten, die in den letzten Jahren entstanden sind, haben die pragmatische Dimension des Textes in den Vordergrund gebracht, und zwar so, daß auf Elemente hingewiesen worden ist, die stark zur Textualität beitragen, in erster Linie, diejenigen, die die verschiedenen "Strukturebenen des Textes"[1] markieren, eines Textes, der funktional als "zielgerichtete Struktur" betrachtet wird ("structure finalisée"). Solche Elemente, auch "Marker" genannt, oder z.T. auch "Konnektoren", sind schon vielfach untersucht worden, und zwar sowohl im engen Rahmen des Satzes als auch auf der breiteren Ebene des Textes, und die Analysen, die sich bis jetzt vorwiegend mit dem Französischen befassen[2], haben gezeigt, daß ihre strukturierende Funktion bei der interpretativen Verarbeitung des Mitgeteilten durch den Rezipienten eine wichtige Rolle spielt und es diesem vor allem ermöglicht, aufgrund seiner textbezogenen Erwartungen vorzugreifen.

Ich befasse mich in diesem Beitrag mit zwei französischen Konnektoren, die das "Ende" markieren (*enfin* und *finalement*) und die dazu beitragen, Inhalte miteinander zu verknüpfen, und zwar so, daß sie eine 'Reihe' bilden, in der jeder Inhalt eine bestimmte Stelle und Stellung einnimmt.[3]

Durch die kontrastive Analyse wird gezeigt, daß der Vergleich mit den sog. Äquivalenten in der anderen Sprache (in unserem Fall also im Deut-

---

[1] Sie werden u.a. von Charolles (1988) und Adam (1990) "plans d'organisation textuelle" genannt.

[2] Es handelt sich dabei vor allem um Arbeiten, die sich mit den französischen Konnektoren befassen; ich erwähne hier unter anderem: Adam (1990), Cadiot/Ducrot/Fradin/Nguyen (1985), Charolles (1987), Franckel (1989), Gülich/Kotschi (1983), Jayez (1983), Luscher/Moeschler 1990, Rossari (1990 et 1993a), Roulet *et al.* (1985), Roulet (1987), Roulet (1990), Schelling (1982), Turco/Coltier (1988).

[3] Diese Konnektoren werden von Auchlin (1981) und Turco & Coltier (1988) "marqueurs d'intégration linéaire" genannt: Der Terminus verweist unmittelbar auf die Aneinanderreihung von Inhalten bzw. Argumenten.

schen) oft die funktionale Vielfalt ein und desselben Elements aufdeckt bzw. bestätigt. Daß es bei solchen Verknüpfungselementen sowie bei den sog. Gesprächswörtern im allgemeinen keine 1:1-Entsprechung gibt, ist nichts Neues; aber eben deswegen hat sich die komparative Analyse schon mehrfach sowohl in einer rein linguistischen Perspektive als auch für die Übersetzung als sehr nützlich erwiesen. Vor allem durch die Abweichungen wird auf wichtige Unterschiede in den Verwendungsweisen ein und desselben Konnektors einer Sprache hingewiesen.

2 La 'fin' et ses moyens...
Das Ende (als Zweck!) und die Mittel

2.1 Feststellung

Mit dieser Anspielung auf das Sprichwort "La fin justifie les moyens"/"Der Zweck heiligt die Mittel" möchte ich als erstes darauf hinweisen, daß sowohl das Französische als auch das Deutsche über eine ganze Reihe von Lexemen verfügen, die sich alle auf den Begriff des "fin", also des "Endes" oder des "Schlusses" beziehen. Dabei fällt gleich auf, daß das Französische etymologisch-lexikalisch viel homogener ist als das Deutsche; das Grundmorphem [fin] erscheint in Wortbildungskonstruktionen (Ableitungen oder Zusammenbildungen) oder in festgeprägten/lexikalisierten Präpositionalwendungen:

(1a) *à la fin, enfin, finalement, pour finir, en fin de compte*[4], *en définitive*

während das Deutsche auf drei verschiedene Grundmorpheme zurückgreift ([end-], [schluß-] / [schließ-] und [letzt-]:

(1b) *am Ende, endlich, im Endeffekt, letzten Endes; zuletzt, letztlich, letztendlich; zum Schluß, schließlich, abschließend*

---

[4] Ich werde im Laufe der Untersuchung aber auch die Wendung *tout compte fait* erwähnen müssen, die mit *en fin de compte* konkurriert. Auch *après tout* wird mitberücksichtigt werden, das semantisch den erwähnten Konnektoren sehr nah ist.

Von diesen vielen Konnektoren sollen hier zwar nur zwei im Vordergrund stehen, aber ich werde im Laufe meiner Darstellung das eine oder das andere am Rande erwähnen, und zum Schluß (d.h. hier am Ende!) möchte ich den ersten Entwurf einer Gesamtdarstellung wagen, in dem auch andere Lexeme als die hier behandelten vorkommen. Meine Ausgangshypothese ist nämlich die, daß jedem Lexem eine ganz spezifische Rolle und Verwendungsweise zukommt und daß es mit seinen gesamten Artgenossen ein ganzes Netz von temporalen und diskursiven Relationen deckt, die miteinander sehr eng verwandt sind, sich jedoch genug unterscheiden, um eine solche Vielfalt im Sprachsystem zu dulden.

Ziel meiner Untersuchung ist es, die funktionale Vielfalt jedes Konnektors (*enfin* und *finalement*) darzulegen und gleichzeitig auf die 'Stellen' hinzuweisen, wo die Konkurrenz mit dem nächsten Konnektor entsteht, so daß man von einem *continuum* zwischen den verschiedenen Funktionen sprechen kann. Der Vergleich mit den deutschen Äquivalenten soll, wie gesagt, die Hypothese bestätigen.

2.2 Methode

Bei der Darstellung der verschiedenen Verwendungsweisen von *enfin* gehe ich vom Gebrauch in temporalen Kontexten aus, bei denen eine feinere Unterscheidung vorgenommen werden muß. Gleich danach werde ich die Verwendung des Konnektors in argumentativen Kontexten untersuchen, um zu zeigen, wo die Konkurrenz (vom fakultativen bis zum obligatorischen Austausch) mit *finalement* anfängt. Die deutschen Äquivalente werden dabei jedesmal erwähnt. Anschließend möchte ich zeigen, wie die Semantik (das abstrakte *signifié*) des Konnektors in Form von Anweisungen[5] beschrieben werden kann, so daß sich unter genauer Berücksichtigung der Ko- und Kontexte die jeweilige Verwendung leichter erklären läßt.

---

[5] Ich verweise hier auf Weinrich (1976), Luscher (1994) et Dalmas (1997). Vgl. auch Moeschler (1996), der eine kritische Darstellung der verschiedenen Ansätze liefert.

3 *enfin* und seine Partner

Ich gehe hier von der allgemein anerkannten Hypothese aus, daß *enfin* als Konnektor zwei Verwendungsweisen hat: Die eine findet sich in temporalen, die andere in argumentativen Kontexten. Auf Probleme der Abgrenzung komme ich später zurück.

3.1 Temporale Kontexte

3.1.1 Objektive Zeit

Als "marqueur d'intégration linéaire" markiert *enfin* die letzte Etappe einer Reihe, von der mindestens eine Etappe schon explizit erwähnt worden ist; oft fängt die Reihung mit *d'abord* an.

(2) Parce que lui, Stojilkovitch, les désillusions, il les a toutes connues. Toutes. *D'abord* le Bon Dieu auquel il croyait dur comme fer et qui a glissé dans son âme savonnée, le laissant ouvert aux quatre vents de l'Histoire. *Et puis,* l'héroïsme de la guerre, et son absurde symétrie. La sainte obésité des Camarades, *ensuite,* une fois la révolution faite. *Enfin* la solitude lépreuse de l'exclu. Tout a foiré au cours de sa longue vie. (Daniel Pennac, *Au bonheur des ogres,* 176)
Denn Stojil hat alle Arten von Desillusionierung kennengelernt. Alle. *Zuerst* die vom lieben Gott, an den er felsenfest geglaubt und der einen Platz in seiner weichen Seele hatte. Doch er ließ sie nach allen Himmelsrichtungen der Geschichte weithin offen. Das *anschließende* Kriegsheldentum stand dazu in absurder Parallelität. *Und dann* kam die heilige Fettleibigkeit der Genossen, nachdem sie die Revolution hinter sich hatten. *Schließlich* noch die grausame Einsamkeit des Ausgeschlossenen. Alles in seinem langen Leben ist schiefgegangen. (113)[6]

---

[6] Die Zahl in Klammern verweist auf die Seite in der Übersetzung, aus der wir einen kurzen Auszug zitieren. Der vollständige Titel mit den üblichen Angaben (Ort, Verlag, Jahr (evtl. Auflage) und Name des Übersetzers) befindet sich im Quellenverzeichnis.

Das deutsche Äquivalent ist hier meistens *schließlich*, das wiederum oft mit *zum Schluß* konkurrieren kann, vor allem dann, wenn es sich um das Ende eines bekannten Prozesses handelt, der sich somit 'schließt' bzw. 'abgeschlossen' wird:

(3) In der Behandlung der Juden hat der Nationalsozialismus den Prozeß der Inflation auf das genaueste wiederholt. *Erst* wurden sie als schlecht und gefährlich, als Feinde angegriffen; *dann* entwertete man sie mehr und mehr; da man ihrer selber nicht genug hatte, sammelte man sie in den eroberten Ländern; *zum Schluß* galten sie buchstäblich als Ungeziefer, das man ungestraft in Millionen vernichten durfte. (Elias Canetti, *Masse und Macht*, 207)

Das französische *pour finir* wird hier auch verwendet, es hat dann sozusagen 'programmatischen' Charakter:

(4) Vorkrieg? Ach, glückliche Zeiten! hätte sie *zuerst* gesagt. *Später* vielleicht: Viel Arbeit. Und *zum Schluß*: Ein einziger großer Beschiß. (Christa Wolf, *Kindheitsmuster*, 189)
L'"avant-guerre"? Ah! C'était le bon temps! aurait-elle dit *tout d'abord*. *Plus tard* peut-être: beaucoup de travail. Et *pour finir*: la grande arnaque. (222)

Der Austausch durch *am Ende* ist nur in wenigen Fällen zulässig:

(5) Nelly war auf einmal mit einem scharfen Schnitt von den älteren abgetrennt. Sie sah, für jene war Besitz und Leben ein und dasselbe. Sie begann sich der Komödie zu schämen, die sie *zuerst* vor anderen, *am Ende* vor sich selbst spielten. (Christa Wolf, *Kindheitsmuster*, 389)
[...] Elle se mit à avoir honte de la comédie qu'elles avaient *d'abord* jouée aux autres, et qu'elles se jouaient *pour finir* à elles-mêmes. (454)

Auch *zuletzt* fungiert als Äquivalent für *pour finir*:

(6) *Erst* schuf Gott die anorganische Welt, *dann* die Lebewesen, *zuletzt* den Menschen. (Ruth Klüger, *weiter leben*, 101)
Dieu avait *d'abord* créé le monde anorganique, *puis* les créatures vivantes, et *pour finir* l'homme. (111)

und markiert dabei oft eine Hierarchie unter den beschriebenen Handlungen, die im Französischen auch durch *en dernier* ausgedrückt werden kann. In solchen Kontexten findet sich *finalement* relativ selten; ich werde später versuchen, eine Erklärung hierfür zu geben:

(7) Bei einer Gedächtnisstörung stirbt das Neue vor dem Alten, das Komplizierte vor dem Einfachen. Vergessen werden *zuerst* allgemeine Ideen, *dann* Gefühle und Sympathien, *schließlich* Handlungen. (Christa Wolf, *Kindheitsmuster*, 347)
Lors d'un trou de mémoire, le nouveau meurt avant l'ancien, le complexe avant le simple. Ce qu'on oublie *d'abord*: les idées générales, *puis* les sentiments et les sympathies, *finalement* les actes. (404)

3.1.2 Subjektive Zeit

In anderen Fällen kann es um einen Prozeß, eine Handlung oder einen Zustand gehen, die länger dauern; durch den Gebrauch von *enfin* oder – hier häufiger – *finalement* wird dann ein weiterer Sachverhalt eingeleitet, der das Vorhergehende endgültig abbricht. Auch die verbale Wendung mit *finir par* findet sich hier. Im Unterschied zu den vorhin erwähnten Fällen ist hier der markierte Sachverhalt 'erwartet', manchmal sogar 'erwünscht', und zwar vor allem dann, wenn er einer negativen Sachlage ein Ende setzt. Das Deutsche verwendet hier nach wie vor vornehmlich *schließlich*, bisweilen auch *zum Schluß*:

(8) La chanteuse s'inclina, croulant sous les bravos et, entraînée par sa poitrine, qu'elle avait un peu abondante, parut ne plus pouvoir se redresser. *Enfin*, tout s'arrangea. (Léo Malet, *Le soleil naît derrière le Louvre*, 139)
Die Sängerin verbeugte sich unter dem tosenden Beifall und

schien, da ihr Busen ein wenig zu üppig war, sich nicht mehr aufrichten zu können. *Schließlich* klappte es. (109)

(9) Je dis à papa viens, je te paie le coup. [...] Papa commande «oun rouze», moi un diabolo-menthe, on boit gravement, on ne sait plus trop quoi se dire, *finalement* papa se torche la bouche sur le dos de la main et il me dit: [...] (François Cavanna, *Les Russkoffs*, 59)
Ich sag zu Papa, komm, ich zahl dir'n Viertelchen. [...] Papa bestellt »ein' Roten«, ich mir eine Limonade, man trinkt gemessen, man weiß sich nicht mehr allzu viel zu sagen, *schließlich* wischt sich Papa mit dem Handrücken übern Mund und sagt zu mir: [...] (63)

(10) Elle n'a pas fait de piano. Il a essayé de lire sans y parvenir. Ils *ont fini par* aller se coucher à neuf heures du soir. (Georges Simenon, *Le bateau d'Emile*, 955)
Sie hat heute abend nicht Klavier gespielt. Er hat versucht zu lesen, ohne daß es ihm gelungen wäre. *Schließlich* sind sie um neun Uhr schlafen gegangen. (134)

(11) Elle parla encore. C'était horrible. Et il *finit par* la saisir par les poignets et par l'envoyer rouler sur le divan. (Georges Simenon, *Les noces de Poitiers*, 584)
Sie redete immer noch. Es war nicht auszuhalten, und *zum Schluß* packte er sie an den Handgelenken und schleuderte sie auf die Couch. (147)

Eine zusätzliche temporale Angabe wie das Adverb *noch*, kombiniert mit *doch* (franz. *tout de même*), verweist noch deutlicher auf die Eigenschaft <erwünscht>:

(12) Je *finis* tout de même *par* dégoter mon premier personnage, au moment exact où je m'apprêtais à abandonner les recherches. (Léo Malet, *Le soleil naît derrière le Louvre*, 13)
Schließlich trieb ich meinen Mann doch noch auf, und zwar in dem Augenblick, als ich gerade meine Suche aufgeben wollte. (11)

Durch den Gebrauch der Partikel *auch* neben *schießlich* in der Übersetzung der folgenden Textstelle wird auf das 'erfahrungsgemäß erwartete Ende' Bezug genommen:

(13) Et cette fois, je perçus comme un mouvement à l'intérieur de l'appartement, et un vase ou un pot, bousculé, se cassa la gueule avec un bruit sourd. Puis, je sentis la présence d'un être derrière la porte, et, *enfin,* je l'entendis. (Léo Malet, *Pas de bavards à la Muette,* 197)
Jetzt glaubte ich, Bewegung in der Wohnung zu vernehmen. Und dann wurde eine Vase oder ein Blumentopf umgeworfen und ging mit einem dumpfen Geräusch kaputt. Dann spürte ich, daß jemand hinter der Tür stand. *Schließlich* hörte ich ihn *auch.* Er atmete wie ein Stier. (127)

Der Austausch mit *endlich* ist nur dann möglich, wenn das Eintreffen des zweiten Sachverhalts als 'besonders erwünscht und lange ersehnt' empfunden wird; in solchen Kontexten findet man ohne weiteres die französische Wendung mit *finir par,* wobei das nachgestellte *enfin* auch möglich ist:[7]

(14) Frau Fethge erzählte, der Schöne Oskar wäre gekommen. Das lenkte uns erst von Paul etwas ab; wir suchten Oskar auf dem ganzen Markt. *Endlich* fanden wir ihn; er hatte keinen Platz mehr bekommen [...] (Wolfdietrich Schnurre, *Als Vaters Bart noch rot war,* 79)
Nous finîmes par le trouver./Nous le trouvâmes enfin.

In Kontexten, wo aber die vorhergehende Etappe nur 'mitgedacht' ist und unerwähnt bleibt, ist im Deutschen nur *endlich* möglich; z.B. in folgendem Auszug aus der berühmten Rede des Bundespräsidenten über fällige Reformen im Hochschulwesen; von den bisher erwähnten Übersetzungsmöglichkeiten würde das Französische hier ausschließlich *enfin* tolerieren:

(15) Wir müssen die Qualitätsunterschiede *endlich* wieder transparent machen und auch dafür sorgen, daß gute Leistungen belohnt und

---

[7] Die Nachstellung ermöglicht eine stärkere Betonung. *Enfin!* fungiert auch als 'Ein-Wort-Reaktion' und entspricht dann dem deutschen *Endlich!*

schlechte durch die Entziehung von Ressourcen sanktioniert werden. (*Die Zeit* 46/1997, 50)

Dies erklärt wahrscheinlich auch, warum in Befehlen ausschließlich *endlich*, das das Semem <erwartet> enthält, erlaubt ist; im Französischen konkurriert hier *enfin* mit *à la fin:*

(16) "... pour toi, tu entends?... Tu comprends, *à la fin*? Rien que pour toi!" (Elisabeth Barbier, *Mon père, ce héros,* 27)
"Für dich, verstehst du? Verstehst du es jetzt *endlich*? Nur für dich!" (19)

(17) "So sind Sie doch *endlich* still, Donnerwetter!" (Karl Valentin, *Der Bittsteller*, 46)
"Mais taisez-vous donc *enfin*, sapristi!"

3.1.3 Diskursive Zeit

Die temporale Kette kann auch dazu dienen, Sachverhalte zu reihen, die in Wirklichkeit gleichzeitig erfolgt sind. Die chronologische Reihenfolge, die durch *d'abord, ensuite, enfin* und *zuerst, dann, schließlich* markiert wird, betrifft also eigentlich die Aufzählung selbst: Sie bezieht sich auf die Äußerungsebene. Das Deutsche verwendet für die ersten Etappen z.T. Konnektoren, die eindeutig auf die Diskursebene verweisen; so in Beispiel (18), wo Kommissar Nestor Burma seine Sekretärin darum bittet, mitzukommen, und seine Gründe aufzählt:

(18) Vous m'accompagnez? *D'abord*, parce que je vous paie; *deuxièmement*, pour éclairer la route, because les flics, et *enfin* parce que vous vous y entendez mieux que moi pour consoler la pauvre môme qui doit pleurer toutes les larmes de son corps. (Léo Malet, *Des kilomètres de linceuls,* 165)
Sie kommen mit. *Erstens,* weil ich Sie bezahle. *Zweitens,* um die Augen offenzuhalten, wegen der Flics, und *schließlich,* weil Sie die arme Kleine besser als ich trösten können. Die weint sich bestimmt die Augen aus dem Kopf. (150)

In Beispiel (19) geht es auch um die chronologische Anreihung von Argumenten und keinesfalls um eine faktuelle Reihenfolge:

(19) Il était Frontalement National, le blondinet, *en sorte qu*'il avait eu à réfléchir objectivement sur les dangers de l'immigration sauvage; et il avait conclu, en tout bon sens, qu'il fallait les virer vite fait, tous ces crouilles, rapport à la pureté du cheptel français, *d'abord,* au chômage *ensuite,* et à la sécurité *enfin.* (Quand on a autant de bonnes raisons d'avoir une opinion saine, on ne doit pas la laisser salir par des accusations de racisme.) (Daniel Pennac, *La fée carabine,* 14)
Zunächst mal in Anbetracht der Reinheit des französischen Viehbestands [sic!], *dann* in Anbetracht der Arbeitslosigkeit und *schließlich* in Anbetracht der Sicherheit. (10)

Und in (20) geht es um die chronologische Aufzählung von drei Ereignissen, die gleichzeitig wahrgenommen wurden:

(20) J'ai donc mis le cap sur Théo, mais je n'étais pas au milieu de mon parcours que *trois événements simultanés* ont bouleversé mon programme. *D'abord,* la vision bien nette de Gimini, à une dizaine de mètres de moi, vidant la poudre des cartouches dans l'étui métallique d'une mèche de perceuse, un œil à son boulot, l'autre sur moi, avec un sourire complice, et impossible à repérer pour les deux flics, perdu qu'il était parmi une demi-douzaine de petits vieux identiques, tous en plein bricolage. *Ensuite* une puissante tape sur mon épaule qui a fait un "plop!" dans ma tête, *et enfin* la voix tonitruante de Lecyfre, qui a rempli tout le volume de mon crâne débouché. (Daniel Pennac, *Au bonheur des ogres,* 216)
[...] *Zuerst* die klare Erscheinung Giminis, zehn Meter vor mir, [...] *Dann* schlug mir jemand so fest auf die Schulter, daß es in meinem Kopf "plop!" machte. *Anschließend* vernahm ich Lecyfres dröhnende Stimme, die das ganze Volumen meines verstopften Schädels ausfüllte. (138)

3.1.4 Eine metasprachliche Funktion für *enfin, finalement* und *schließlich*?

Daß die französischen Konnektoren temporal verwendet werden, d.h. die letzte Etappe in einer chronologisch markierten Reihe einleiten, bedeutet natürlich nicht, daß sie als temporale Adverbialbestimmung fungieren, daß sie temporal referieren, auch wenn es darum geht, Prozesse und Handlungen in ihrer temporalen Reihenfolge zu markieren. Schon die Tatsache, daß sie nicht erfragbar sind (– Wann/Quand? – * Schließlich/ Enfin!), verweist auf ihre besondere Rolle, während *à la fin* oder gar *pour finir* (bzw. *am Ende* oder *zum Schluß*) diesen Test zulassen und zum Teil als anaphorische Adverbiale angesehen werden können. Demnach sind *enfin* und *finalement* als metasprachliche Marker zu betrachten, sie liefern sozusagen einen metasprachlichen Kommentar über die Information, die sie einleiten. Ob es sich um 'objektive' oder 'subjektive' Temporalität handelt: In jedem Fall geht es darum, der vorhergehenden Textportion ein Ende zu setzen, sie abzuschließen, und zwar durch die Einführung einer neuen Information (eines neuen Sachverhalts).

3.2 Argumentative Kontexte

In argumentativen Kontexten erweist sich der Vergleich mit der anderen Sprache als viel ergiebiger. In solchen Fällen findet man nämlich für das deutsche *schließlich* mehrere französische Äquivalente, unter denen *finalement* im Zentrum steht.

Die Kontexte sind zweierlei: Es kann sich einerseits um Deduktion, andererseits um Rechtfertigung handeln. Uns wird es dabei in erster Linie um die genaue Funktion des Konnektors gehen.

3.2.1 Von der Lösung zur Bilanz

In einer Deduktion markiert *schließlich* die konklusive oder rekapitulative Endetappe; bei der Rekapitulation kommt der Sprecher/Schreiber zu einem

Schluß, der bisher Gegensätzliches, Widersprüchliches überbrückt und ausgleicht. Das Französische benutzt hier meistens *finalement*, wie in Beispiel (21); im Deutschen wird in den meisten Fällen noch *schließlich* verwendet:

(21) Je suis pour la première fois de ma vie confronté à des langues à déclinaisons. Dépaysement brutal. Je demande: "Pourquoi tu dis des fois «rabotou», des fois «rabotié», des fois «raboti» des fois «rabota» des fois «rabotami» et des fois encore de bien d'autres façons? Tout ça *finalement,* c'est «rabota», le travail, n'est-ce pas? Alors, pourquoi?" (François Cavanna, *Les Russkoffs,* 154)
Zum ersten Mal in meinem Leben hab ich es mit Sprachen zu tun, die die Hauptwörter beugen. Da kannst du verrückt werden. Ich frage: "Warum sagst du einmal «rabotu», das andere Mal «rabotje» oder «raboty», manchmal «rabota» und dann wieder «rabotami» oder sogar noch anders? Ist doch *schließlich* alles eins, "Arbeit", nicht wahr? Also warum das?" (148)

3.2.2 Rechtfertigung

Bei der Rechtfertigung läßt sich der Gebrauch von *finalement* zweifach charakterisieren: Einerseits ist in "p, *finalement* q" p der Schluß und q das Argument, andererseits taucht q meistens als einziges Argument auf bzw. als einzig entscheidendes Argument.

Auch da benutzt das Deutsche vorwiegend *schließlich:*

(22) Niemand war auf der Straße zu sehen, das ganze Viertel schien ziemlich ausgestorben, *schließlich* war Sommer und Urlaubszeit. (Ingrid Noll, *Der Hahn ist tot,* 25)
[...] C'était *finalement* l'été et la période de vacances.

und dies auch in Fällen, wo das Französische schon auf andere Marker ausweicht:

(23) Sonja mußte lächeln. "Bitte, Jens", sagte sie zu dem Foto auf ihrem Nachttisch, "sei nicht böse! Er ist so ein netter Kerl! Und *schließlich... Schließlich* hat er mir das Leben gerettet." Jens gab keinen Kommentar. (Hansjörg Martin, *Mallorca sehen und dann*

sterben, 112)
[...] Et *finalement/quand même*... Et il m'a *finalement/quand même* sauvé la vie.

(24) [...] und ich wollte Sekt aufmachen. Witold wehrte ab. Er habe zum Essen ja schon Wein getrunken und vorher den Sherry, *schließlich* müsse er noch heimfahren. Außerdem sei morgen erst Freitag und für ihn fast der härteste Tag. (Ingrid Noll, *Der Hahn ist tot,* 87)
[...] Il fallait *malgré tout/tout de même* qu'il puisse rentrer chez lui en voiture.

Die Suche nach dem entscheidenden Argument bewirkt nämlich manchmal einen Perspektivenwechsel. *Finalement* und seine direkten Konkurrenten im Französischen (vor allem *après tout*) sowie sein deutsches Äquivalent *schließlich* markieren diesen Wechsel der Perspektive auf der Äußerungsebene.

Dabei kann sich das mit *finalement/après tout/schließlich* eingeleitete Argument sowohl auf eine Assertion als auch auf eine Frage bzw. ein Befehl beziehen:

(25) Ça ne sert à rien de s'obstiner. Il faut être beau joueur. On a perdu, on a perdu, c'est tout. [...] *Finalement*, c'est nous qui l'avons déclarée, la guerre, faut être juste. Et pourquoi, au fait? Vous rappelez-vous seulement pourquoi? (François Cavanna, *Les Russkoffs,* 106)
Man muß auch ein guter Verlierer sein. Man hat eben verloren, was soll's! [...] *Schließlich* haben *wir* ihnen den Krieg erklärt, seien wir doch mal ehrlich! Und warum? Wissen Sie eigentlich noch warum? (100)

(26) Die Mutter aber hängte sich ans Telefon und lud Cousine Astrid und Nellys Freundin Hella ein. Zum Kaffee. Damit sie Gesellschaft hat. *Schließlich* ist es ja ihr Fest. (Christa Wolf, *Kindheitsmuster,* 336)
Mais la mère décrocha le téléphone et invita la cousine Astrid et Hella, l'amie de Nelly. Pour le café. Pour qu'elle ne soit pas toute seule. C'est son anniversaire, *après tout.* (391)

Der Perspektivenwechsel im Laufe der Erzählung erfolgt in (27) mit dem Relativsatz, der ein schlechtes Licht auf den berühmten Parfumeur wirft:

(27) Schon am nächsten Tag wurde er fündig. Aufgrund eindeutiger Verdachtsmomente verhaftete man Dominique Druot, Maître Parfumeur in der Rue de la Louve, in dessen Kabane ja *schließlich* die Kleider und Haare sämtlicher Opfer gefunden worden waren. (Patrick Süskind, *Das Parfum*, 258)
Dès le lendemain, il trouva la solution. Sur de fortes présomptions, on arrêta Dominique Druot, maître-parfumeur dans la rue de la Louve, dans la cabane duquel on avait *après tout* découvert les vêtements et les chevelures de toutes les victimes. (299)

3.2.3 Umschwünge...

Durch die Wahl von *après tout* statt *finalement* in Beispiel (27) wird eine rein temporale Interpretation vermieden; aber es ging dem Übersetzer wahrscheinlich auch darum, den ziemlich radikalen Wechsel der Perspektive und somit der Bewertung seiner Figur zu markieren. Solche Umschwünge in der Perspektive kommen in polemischen Kontexten besonders häufig vor; im Französischen wird in solchen Fällen *après tout* verwendet, während das Deutsche weiterhin *schließlich* benutzt:
• In (28) verteidigt die Sprecherin ihren Standpunkt und weigert sich, dem Vorschlag ihres Gesprächspartners zu folgen:

(28) – Ecoutez à votre tour, mademoiselle. Si vous craignez pour vos mignonnes oreilles, réfugiez-vous dans votre chambre.
Elle tapa du pied.
– Non ! Je reste. *Après tout,* je suis chez moi, ici. (Léo Malet, *Le soleil naît derrière le Louvre*, 121)
"Jetzt hören Sie mal zu, Mademoiselle. Wenn Sie Angst um Ihre niedlichen Öhrchen haben, dann ziehen Sie sich in Ihr Schlafgemach zurück."
Sie stampfte mit dem Fuß auf:
"Nein! Ich bleibe. *Schließlich* bin ich hier zu Hause." (94)

• Der starke Bezug auf die Einstellung des Sprechers, auf den Sprechakt selbst, fällt vor allem bei nicht-assertiven Äußerungen auf:

(29) Vous voulez m'en parler un petit peu, de ce pétard? *Après tout, on m'a tiré dessus avec, n'est-ce pas?* J'ai bien le droit de désirer faire plus ample connaissance. (Léo Malet, *Pas de bavards à la Muette*, 180)
"Erzählen Sie mir 'n bißchen über den Revolver, hm? *Schließlich* ist damit auf mich geschossen worden, oder? Ich hab ein Recht darauf, mehr darüber zu erfahren." (115)

(30) – [...] Que Zavatter examine cette agression de l'avenue Henri-Martin. *Après tout,* je le casque, non? (Léo Malet, *Pas de bavards à la Muette*, 205)
"[...] Macht nichts, Zavatter soll den Fall ruhig untersuchen. *Schließlich* bezahl ich ihn ja, oder?" (132)

- In anderen Fällen verzichtet der Sprecher einfach auf seinen früheren Standpunkt und setzt somit der Diskussion ein Ende. So in Beispiel (31):

(31) – Mais vous êtes fou ? C'est son ami intime.
– Justement. Il sait peut-être des choses.
– Comme vous voudrez. *Après tout,* vous connaissez votre métier mieux que moi... (Léo Malet, *Des kilomètres de linceuls*, 115)
"Sie sind doch verrückt! Er ist sein bester Freund."
"Eben. Vielleicht weiß der was."
"Wie Sie wollen. *Schließlich* sind Sie der Detektiv, nicht ich..." (104)

4 Schlußwort

Die Unterscheidung zwischen den verschiedenen Ebenen ist keine einfache Sache, zumal man es meistens mit denselben Lexemen zu tun hat; ich beschränke mich abschließend auf zwei Bemerkungen:

Chronologie, Zeitabfolge kann nämlich sowohl Ereignisse, Sachverhalte betreffen als auch Inhalte, diskursive Einheiten. Während die untersuchten Konnektoren *enfin* und *finalement* auf beiden Ebenen fungieren, weisen Ausdrücke wie *last but not least* oder *nicht zuletzt* (franz. *sans oublier*) direkt auf die Überlappung der beiden Ebenen hin.

Außerhalb des rein Chronologischen verweisen die Lexeme *finalement* und *schließlich* auf einen Perspektivenwechsel, der sich noch stärker auf die Subjektivität des Sprechers stützt. Ob es sich dabei um eine Schlußfolgerung, um die Aufhebung eines Widerspruchs oder um einen regelrechten Umschwung des Sprechers handelt: In jedem Fall markieren die Konnektoren eine Etappe, die als letzte gelten soll, eine Etappe, die das Vorhergehende neu oder anders beleuchtet, so daß sich jede Fortsetzung erübrigt.

Die Untersuchung muß weiter verfolgt und ergänzt werden. Z.B. ist hier der Gebrauch von *enfin* als "Ein-Wort-Äußerung" sowie als Korrekturanzeiger unberücksichtigt geblieben. Ich schlage aber vorläufig folgendes Schema zur Veranschaulichung der verschiedenen Gebrauchsweisen der hier untersuchten Konnektoren in beiden Sprachen vor.

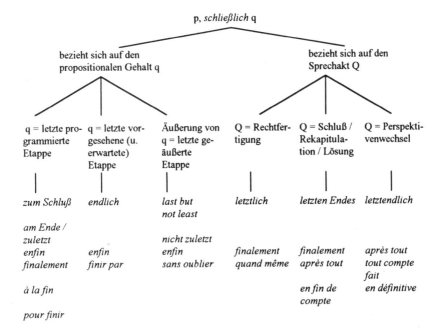

Literaturverzeichnis

Adam, Jean-Michel, (1990), *Eléments de linguistique textuelle*, Bruxelles.

Auchlin, Antoine, (1981), "Réflexions sur les marqueurs de structuration de la conversation", in: *Etudes de linguistique appliquée* 44, 88-103.

Cadiot, Anne/Ducrot, Oswald/Fradin, Bernard/Nguyen, Thanh Binh, (1985) "*Enfin*, marqueur métalinguistique", in: *Journal of Pragmatics* 9, 199-239.

Charolles, Michel, (1988), "Les plans d'organisation textuelle; périodes, chaînes, portées et séquences", in: *Pratiques* 57, 3-13.

Dalmas, Martine, (1997), "Sprechereinstellung und Hörerorientierung. Kognitiver Ansatz bei der kontrastiven Beschreibung der Gesprächswörter", in: Wotjak, Gerd (Ed.), *Studien zum romanisch-deutschen und innerromanischen Sprachvergleich*, Frankfurt am Main, 77-88.

Dalmas, Martine, (1998), "*Zuerst kommt das Fressen, dann...* Oder die Kunst, Prioritäten zu setzen", in: Dalmas, Martine/Sauter, Roger (Edd.), *Grenzsteine und Wegweiser*, Tübingen, 141-152.

Dalmas, Martine, (im Druck), "*D'abord, et après?* " in: *Recherches linguistiques* 22, *Corrélats anaphoriques*, Paris.

Eco, Umberto, (1985), *Lector in fabula. Le rôle du lecteur*, Paris.

Franckel, Jean-Jacques, (1987), "*Fin* en perspective : *finalement, enfin, à la fin*", in: *Cahiers de linguistique française* 8, 43-68.

Gülich, Elisabeth & Kotschi, Thomas, (1983), "Les marqueurs de la reformulation paraphrastique", in: *Cahiers de linguistique française* 5, 305-351.

Jayez, Jacques, (1983), "La 'conclusion', pour quoi faire?", in *Sigma* 7, 1-47.

Luscher, Jean-Marc, (1989) "Connecteurs et marques de pertinence. L'exemple de *d'ailleurs*", in: *Cahiers de linguistique française* 10, 101-145.

Luscher, Jean-Marc, (1994), "Les marques de connexion: des guides pour l'interprétation", in: Moeschler, Jacques/Reboul, Anne/Luscher, Jean-Marc/Jayez, Jacques (Edd.), *Langage et pertinence*, Nancy, 175-227.

Luscher, Jean-Marc & Moeschler, Jacques, (1990), "Approches dérivationnelles et procédurales des opérateurs et connecteurs temporels: les exemples de *et* et *enfin*", in: *Cahiers de linguistique française* 11, 77-104.

Moeschler, Jacques, (1996), *Théorie pragmatique et pragmatique conversationnelle*, Paris.

Rossari, Corinne, (1989), "Des apports de l'analyse contrastive à la description de certains connecteurs reformulatifs du français et de l'italien", in: *Cahiers de linguistique française* 10, 193-214.

Rossari, Corinne, (1990), "Projet pour une typologie des opérations de reformulation", in: *Cahiers de linguistique française* 11, 345-359.

Rossari, Corinne, (1993a), *Les opérations de reformulation. Analyse du processus et des marques dans une perspective contrastive français-italien*, Berne.

Rossari, Corinne, (1993b), "A propos de l'influence de la composition morphologique d'une locution sur son fonctionnement sémantico-pragmatique", in: *Cahiers de linguistique française* 14, 151-171.

Roulet, Eddy et al., (1985), *L'articulation du discours en français contemporain*, Berne.

Roulet, Eddy, (1987), "Complétude interactive et connecteurs reformulatifs", in: *Cahiers de linguistique française* 8, 111-140.

Roulet, Eddy, (1990), "Et si, *après tout,* ce connecteur pragmatique n'était pas un marqueur d'argument ou de prémisse impliquée? " in: *Cahiers de linguistique française* 11, 329-343.

Schelling, Marianne, (1982), "Quelques modalités de clôture: les conclusifs *finalement, en somme, au fond, de toute façon*", in: *Cahiers de linguistique française* 4, 63-106.

Turco, Gilbert & Coltier, Danielle, (1988), "Des agents doubles de l'organisation textuelle: les marqueurs d'intégration linéaire", in: *Pratiques* 57, 57-79.

Weinrich, Harald, (1976), *Sprache in Texten*, Stuttgart.

Weinrich, Harald, (1982), *Textgrammatik der französischen Sprache,* Stuttgart.

Quellenverzeichnis

Barbier, Elisabeth. *Mon père, ce héros.* René Julliard, Paris 1958. [Presses Pocket 2172, juin 1983]
Mein Vater, der Held. Goldmann, München 1980 [Goldmann Taschenbuch 3945] / aus dem Franz. Von G. Steinböck.

Canetti, Elias. *Masse und Macht.* Fischer Verlag, Frankfurt am Main 1981. [Fischer Taschenbuch 6544]

Cavanna, François. *Les Russkoffs*, Belfond, Paris 1979. [Le livre de Poche 5507, novembre 1985]
   Das Lied der Baba. Albert Langen Georg Müller Verlag, München/ Wien. [Lizenzausgabe Aufbau-Verlag, Berlin und Weimar 1988] / aus dem Franz. von Kl. Budzinski.

Klüger, Ruth. *Weiter leben. Eine Jugend*. Wallstein Verlag, Göttingen 1992. [dtv 11950, August 1995]
   Refus de témoigner. Une jeunesse. Viviane Hamy, Paris 1997 / aus dem Deutschen von J. Etoré.

Malet, Léo. *Le soleil naît derrière le Louvre*. Editions Fleuve Noir, Paris 1981. [10/18, n° 1933, janvier 1992]
   Bilder bluten nicht. Rowohlt, Reinbek bei Hamburg 1989. [Rororo 12592, Februar 1992] / aus dem Franz. von P. Letondor et P. Stephan.

Malet, Léo. *Pas de bavards à la Muette*. Editions Fleuve Noir, Paris 1962. [Christian Bourgeois, coll. 10/18 n° 1840]
   Das stille Gold der alten Dame. Krimi aus Paris. Rowohlt, Reinbek bei Hamburg 1994. [Rororo 12920, Januar 1994] / aus dem Franz. von H.-J. Hartstein.

Malet, Léo. *Des kilomètres de linceuls*. Editions Fleuve Noir, Paris 1955 [Fleuve Noir 1994].
   Stoff für viele Leichen. Krimi aus Paris. Rowohlt, Reinbek bei Hamburg 1985. [Rororo 12593, Juli 1993] / aus dem Franz. von H.-J. Hartstein.

Martin, Hansjörg. *Mallorca sehen und dann sterben*. Rowohlt, Reinbek bei Hamburg 1973. [Rororo 2270, April 1988]

Noll, Ingrid. *Der Hahn ist tot*. Diogenes Verlag, Zürich 1991. [detebe Nr. 22575, 1993]

Pennac, Daniel. *Au bonheur des ogres*. Gallimard, Paris 1985. [Folio 1972, juin 1996]
   Im Paradies der Ungeheuer. Rowohlt, Reinbek bei Hamburg. [rororo 3179, September 1995] / aus dem Franz. von Wolfgang Renz.

Pennac, Daniel. *La fée carabine*. Gallimard, Paris 1987. [Folio 2043, octobre 1995]
   Wenn nette alte Damen schießen. Rowohlt, Reinbek bei Hamburg. [rororo 2921, Dezember 1995] / aus dem Franz. von Wolfgang Renz.

Schnurre Wolfdietrich. *Als Vaters Bart noch rot war*. Arche, Zürich 1958. [Lizenzausgabe Luchterhand, SL 816, Dezember 1988]

Simenon, Georges. *Le bateau d'Emile.* Gallimard, Paris 1954. [Tout Simenon 25, Presses de la Cité 1992]
Emil und sein Schiff. Diogenes Verlag, Zürich 1985 [detebe 21318] / aus dem Franz. von A. von Hagen.

Simenon, Georges. *Les noces de Poitiers.* Gallimard, Paris 1946. [Tout Simenon 25, Presses de la Cité 1992]
Hochzeit in Poitiers. Diogenes Verlag, Zürich 1992 [detebe 22555] / aus dem Franz. von I. Altrichter.

Süskind, Patrick. *Das Parfum.* Diogenes Verlag, Zürich 1985. [Lizenzausgabe Verlag Volk und Welt, Berlin 1987]
Le parfum. Fayard, Paris 1986. [Le Livre de Poche 6427] / aus dem Deutschen von B. Lortholary.

Valentin, Karl. *Gesammelte Werke, Band 3. Szenen und Stücke 2.* Piper, München / Zürich 1981.

Wolf, Christa. *Kindheitsmuster.* Aufbau Verlag, Berlin und Weimar [12]1990.
Trame d'enfance. Alinéa, Aix-en-Provence 1987 / aus dem Deutschen von G. Riccardi.

Die Zeit. Wochenzeitung für Politik, Wirtschaft, Wissen und Kultur. Zeitverlag Gerd Bucerius GmbH & Co., Hamburg.

METAPHERN IM SPRACHVERGLEICH
Eine kontrastive Studie an französischen und deutschen Texten

(CLAUDIA POLZIN, Bonn)

1 Einführende Bemerkungen und Problemstellung

Pragmatische Aspekte der Metaphorik bildeten lange Zeit hindurch ein wenig beachtetes Untersuchungsgebiet. In den letzten Jahren hat sich die Metaphernforschung allerdings mehr und mehr den kognitiven und kommunikativen Dimensionen der Metaphern zugewandt. Statt metaphorischen Sprachgebrauch als Vergleich oder Substitution, also als rein rhetorisches Mittel aufzufassen, werden die U m s t ä n d e des Metapherngebrauchs betrachtet: Warum und mit welchen Zielen verwenden wir Metaphern? Welche Funktionen haben diese für sprachliches Handeln? Lassen sich etwaige Unterschiede in verschiedenen sprachlichen Bereichen erkennen? In diesem Zusammenhang sind sicher nicht nur der pragmatischen, sondern insbesondere auch der kognitiven Wende wichtige Anstöße für die Metaphernforschung zu verdanken.

Auch der Sprachen(paar)vergleich kann von dieser Neuorientierung profitieren. Im folgenden Beitrag möchte ich exemplarisch an deutschen und französischen Texten zeigen, wie einzelsprachenübergreifende Studien zum Metapherngebrauch in die Arbeit der Kontrastiven Linguistik einfließen und diese ergänzen können. Zunächst ist allerdings zu überlegen, an welchen theoretisch-methodischen Prämissen kontrastive Untersuchungen zum Metapherngebrauch auszurichten sind.

2 Metaphern im Sprachvergleich

2.1 Zur Metaphernkonzeption

Im Rahmen dieses Beitrags kann nicht - nicht einmal in ihren Grundzügen - die gesamte Diskussion um die Metapher referiert werden[1]. In den folgenden Ausführungen sollen lediglich die Umrisse eines kognitiv-kommunikativen Metaphernbegriffs diskutiert werden. Metaphern als Phänomen des Sprachgebrauchs lassen sich am besten auf der Grundlage des interaktionistischen Ansatzes (u.a. Richards 1936/1983, Black 1954; auch Weinrich 1976) erfassen, also nicht als statische Erscheinung, sondern als P r o z e ß . Dieser Prozeß kommt dadurch zustande, daß zwischen zwei verschiedenen Elementen oder Konzepten eine Relation konstruiert wird, die auf einer Prädikationsstruktur beruht; m.a.W.: Zwei Konzepte (im weiteren auch als Bildspende- und Bildempfängerbereich bezeichnet) werden zueinander in Bezug gesetzt, indem ein Teil der Eigenschaften des einen auf das andere projiziert wird (Black 1954:288, Strauß 1991:133f.)[2]. Der metaphorische Prozeß beruht also auf den beiden Prinzipien der Selektion und der Prädikation. Dabei zeigt sich, daß jeweils bestimmte Merkmale oder Merkmalskomplexe zur Charakterisierung eines Objekts herangezogen werden (Polzin 1998:240f.).

Dieses Zueinander-in-Bezug-Setzen ist laut Lakoff/Johnson (1980) nur ein Ausdruck des grundsätzlich metaphorischen Charakters der Sprache, ja der metaphorischen Strukturierung der menschlichen Wahrnehmung überhaupt. Insbesondere abstrakte Erscheinungen können nur metaphorisch (er)faßbar gemacht werden; häufig werden sie mithilfe ganz elementarer Prinzipien der räumlichen Erfahrung oder der Köperbewegung/-haltung strukturiert (1980:34). Burkhardt (1987:64) formuliert dies so:

---

[1] Eine kritische Übersicht über wichtige Ansätze gibt z.B. Hülzer (1987:143-217); vgl. auch Bertau (1996) und mit einer Diskussion von zentralen Einzelfragen Schmitt (1998:450-452).

[2] Wichtig ist allerdings eine gewisse Transparenz. Der Zuschreibungsprozeß muß wenigstens zum Teil für den Rezipienten durchschaubar bleiben, sonst 'funktioniert' die Metapher nicht. Schmitt (1998:452) spricht hier von der "kumulative[n] Fähigkeit" des sprachlichen Zeichens: "[...] ein sprachliches Zeichen muß einen neuen Sinn erhalten können, ohne gleichzeitig den alten zu verlieren [...]."

"Metaphern sind manchmal Scheinerklärungen. Sie erkären in Wirklichkeit nichts, sondern stellen Modelle bereit, die auf den Grundformen unserer Wahrnehmung (Raum, Bewegung etc.) und unserer Lebensweise (Körperteile, Verwandtschaftsrelationen usw.) beruhen. Sie übersetzen Unsinnliches, Immaterielles und Abstraktes in räumliche und daher sinnliche Vorstellungen."

Metaphorisches sprachliches Handeln läßt also die bezeichneten Dinge in einem ganz bestimmten Licht erscheinen. Es entsteht quasi die Wirkung eines Filters, wie z.b. Pielenz (1993:100-104) in Anlehnung an Black (1954:286, 291f.) ausführt. Ausgewählte Aspekte des metaphorisch charakterisierten Objekts/Konzepts können stärker betont, andere unterdrückt werden. Hinzu kommt, daß Metaphern häufig in größeren Einheiten organisiert sind - Brünner (1987:103) spricht von 'Metaphernsystemen'; im vorliegenden Beitrag soll die Bezeichnung 'Metaphernfelder' verwendet werden. Damit schaffen Metaphern eine spezifische Perspektive, die sich mitunter auf einen ganzen Bereich beziehen kann.

Die somit gegebene Möglichkeit, bestimmte Vorstellungen aufzubauen, kann je nach Textsorte und Intention des Senders für unterschiedliche kommunikative Zwecke genutzt werden. Bekanntermaßen können Metaphern der Verständniserleichterung dienen, da sie komplexe, abstrakte Sachverhalte veranschaulichen, was z.B. in fachlichen Texten von Bedeutung ist (Kupsch-Losereit 1987, Schmitt 1988, Ide 1998). Metaphern können aber ebenso verständnishemmend wirken und eine realitätsverschleiernde Funktion ausüben (Köller 1975:281) oder zu sprachspielerischen Zwecken eingesetzt werden (Osthus 1998)[3].

Wichtig erscheint mir aus pragmatischer Sicht vor allem der Gedanke, daß Metaphern (Wert-)Vorstellungen transportieren, die nicht unbedingt auf der rationalen Ebene angesiedelt sind. Gerade wenn es sich um Muster handelt, die bereits mehr oder weniger im Sprachgebrauch verankert sind, kann von ihnen eine beträchtliche "suggestive Kraft" (Gil 1998:89) ausgehen, deren Wirkung bei weitem nicht auf den Bereich sprachlichen Handelns beschränkt bleibt. Bewußt eingesetzt, gestatten Metaphern es dem Sender, unter Umgehung der rationalen Ebene bestimmte Konnotationen oder Vor-

---

[3] Natürlich bestehen hier Übergangsbereiche oder auch Mischformen; vgl. z.B. Gil (1998). Die verschiedenen Funktionen können sicher auch kombiniert auftreten, mit einem Übergewicht in die eine oder andere Richtung.

stellungen beim Rezipienten zu erzeugen oder eigene Werturteile zu vermitteln. Metaphern sind damit, wie die vorangehenden Ausführungen verdeutlicht haben, Textphänomene und immer auf der Ebene des Textes zu untersuchen. Die verschiedenen Ausprägungen dieses textuellen Charakters werden in Kap.3.2. eingehender erörtert.

2.2 Überlegungen zur Kontrastiven Metaphorik

Wenn metaphorisches sprachliches Handeln ausschließlich durch elementare menschliche Wahrnehmungen oder Erfahrungen bedingt ist, wie bekanntlich Lakoff/Johnson (1980) postulieren, dürften sich im Grunde keine Schwierigkeiten beim Sprachenvergleich ergeben: Die grundlegenden Erfahrungen von Körperlichkeit und Räumlichkeit kennzeichnen die menschliche Existenz überhaupt; sie bilden gleichsam eine universelle Erfahrung. Aus der alltäglichen Sprach- und Sprecherfahrung wissen wir jedoch, daß Metaphern häufig Probleme in der interkulturellen Kommunikation aufwerfen (Walther 1986, 1990; Dagut 1976, 1987) oder für die zweisprachige Lexikographie Schwierigkeiten bereiten können (Polzin 1998:249-251).

Diese Problematik dürfte darin begründet liegen, daß metaphorischer Sprachgebrauch eng mit den soziokulturellen und historischen Eigenheiten einer Sprachgemeinschaft verbunden (Burkhardt 1987:50) und dementsprechend zunächst für diese charakteristisch ist. Daher gilt auch, daß für zwei oder mehrere Sprachgemeinschaften, deren soziokulturelle und historische Parameter näher beieinander liegen, eine größere Konvergenz im Metapherngebrauch anzunehmen ist als für solche, die ganz verschiedenen Kulturkreisen angehören. Insofern besitzt Weinrichs Aussage vom 'Abendland als Bildfeldgemeinschaft' (1976:287) in dieser allgemeinen Form sicher Gültigkeit, wenngleich im einzelnen noch viele Untersuchungen nötig sind (Osthus 1998a:286f.). Die Existenz eines gemeinsamen Bildfeldes in zwei Sprachen kann im Grunde nur den A u s g a n g s p u n k t weiterer Untersuchungen konkreter Einzelfragen bilden. Für die Kontrastive Linguistik viel bedeutsamer als die Feststellung der bloßen Bildfeld-Konvergenz sind z.B. die Fragen, wie intensiv und mit welcher Frequenz ein Bildfeld in einer Sprache genutzt wird, ob (z.B. textsortenabhängige) Produktivitätsunterschiede bestehen oder inwiefern weitere einzelsprachenspezifische Charakteristika vorliegen.

Hier sind solide Ergebnisse nur durch sorgfältige textlinguistische Auswertungen zu erreichen. Das Ziel der folgenden Analysen ist daher ein zweifaches: Zunächst ist das je einzelsprachliche Funktionieren von Metaphern herauszuarbeiten, bevor hierauf aufbauend ein Vergleich der einzelsprachlichen metaphorischen Textsegmente möglich ist.

3 Korpusanalysen

3.1 Zum Textkorpus und zur Methode

Das analysierte Korpus umfaßt Texte aus verschiedenen Kommunikationsbereichen, im einzelnen Zeitungstexte aus der *tageszeitung* (taz) und *Le Monde* (LM), Werbetexte, entnommen dem deutschen *Quelle-Katalog* und der Internet-Ausgabe des Katalogs von *3suisses*, sowie literarische Texte zeitgenössischer Autoren[4]. Die Untersuchungen können sich damit sowohl auf Paralleltext- als auch auf Translatanalysen stützen.

Es wurden exemplarisch die Metaphernfelder <Natur> (Zeitungstexte) und <grundlegende menschliche Eigenschaften/Gefühlsregungen> (Werbetexte) herausgegriffen; die Translatanalysen beziehen sich auf beide Felder. Der Schwerpunkt liegt auf qualitativen Auswertungen; quantitative Aspekte (z.B. statistische Verteilungen) bleiben grundsätzlich nachgeordnet. Insgesamt kann es nicht, wie auch aus den bisherigen Überlegungen erhellt, um die Äquivalenz einzelner sprachlicher Zeichen gehen; die Leitfrage gilt vielmehr den Regelmäßigkeiten und Charakteristika des Funktionierens von metaphorischen Textsegmenten in den beiden untersuchten Sprachen. Auf dieser Grundlage können dann Konvergenzen und Divergenzen metaphorischen sprachlichen Handelns (in den untersuchten Bereichen) herausgearbeitet und systematisiert werden.

---

[4] Die genauen bibliographischen Angaben zu den untersuchten Texten finden sich in Kap. 5.1.

3.2 Kontrastive Analyse I: Zeitungstexte

Das Bildfeld <Natur> wird als Bildspendebereich sowohl im Deutschen als auch im Französischen genutzt. Als Schlüssellexeme, die sich in beiden Textkorpora rekurrent belegen ließen, können gelten: *Dschungel/jungle, Wüste/désert, Wald/forêt* und *Lawine/avalanche*. Anführungszeichen, die eine gewisse Distanz des Textproduzenten signalisieren, lassen sich dabei im Deutschen wie im Französischen ausmachen. Jedes Konzept dient grundsätzlich dazu, spezifische Vorstellungen zu vermitteln, die im folgenden zunächst voneinander abzugrenzen sind. Betrachten wir zuerst *Dschungel/jungle*, z.B.[5]:

(1) Endlich ist es soweit: Der *undurchdringliche* **Dschungel des deutschen Spendenmarktes** *wird gelichtet.* (taz 21.12.92:24),

(2) La Bosnie, **jungle de l'aide internationale** [Überschrift]
[...] L'aide internationale est devenue une **jungle** *épaisse*, mal coordonnée avec les actions politiques; elle offre souvent l'impression d'un immense *gâchis*. [...] (LM 12.9.96:11),

(3) Im **Tarif-Dschungel** der Bundesbahn [Überschrift I]
Wenn zwei im selben Zug sitzen, haben sie noch lange nicht dasselbe dafür bezahlt [...] [Überschrift II] (taz 27.5.89:31),

(4) [Mobiltelefon in Deutschland] Déjà, une association de consommateurs vigilante prévient contre la **"jungle des tarifs"**, qui ne risque pas de *s'éclaircir* avec l'introduction des nouvelles offres. (LM 4.11.96:12),

(5) *Wege durch* den **Mediendschungel** [Überschrift] (taz 18.5.92:20),

(6) Les premiers Français à goûter aux joies de la télévision numérique câblée découvriront d'abord une multiplication du nombre

---

[5] In den Textbeispielen sind die jeweiligen Schlüssellexeme **fett** gedruckt; die weiteren Elemente des isotopischen Gerüsts sind durch *Kursivsatz* markiert bzw. <u>unterstrichen</u> (Antonyme).

des chaînes. Canal câble peut en diffuser théoriquement 240, au lieu des 27 qu'elle commercialise actuellement auprès de ses 78 000 abonnés. En réalité, l'opérateur n'en prévoit que "plus d'une centaine". Avec tout ce que cela impose comme difficultés pour *se diriger dans* cette nouvelle **jungle télévisuelle**. (LM 2.12.96:16),

(7) Noch müssen die schwedischen VerbraucherInnen sich, ähnlich ihrer LeidensgenossInnen in anderen westeuropäischen Ländern, durch einen **Dschungel von Produktkennzeichnungen** *kämpfen*, die ihnen suggerieren wollen, wie furchtbar gut für die Umwelt es wäre, gerade dieses oder jenes Produkt zu kaufen. (taz 5.11.92:20),

(8) "Pour l'instant, c'est la **jungle de signes de qualité**, le plus *gênant* étant les récompenses industrielles du genre «élu produit de l'année» ou «Laurier d'or de la qualité», qui sont de l'auto-labellisation par les fabricants", dénonce Reine-Claude Mader, de la Confédération syndicale du cadre de vie. (LM 15.12.95:13)

Metaphorisch gebrauchtes *Dschungel/jungle* charakterisiert den Bildempfängerbereich als 'undurchsichtig', 'unübersichtlich' und 'undurchdringlich'; im Zusammenhang damit wird in der Regel die Vorstellung 'bedrohlich' evoziert. Manchmal tritt auch die Komponente 'regellos' in den Vordergrund; vgl. etwa:

(9) Klare Richtlinien statt eines **Dschungels der Willkür** [Überschrift]
Eine "Richtlinie für die Kinoförderung" fordert die AG Kino von der Kulturbehörde. Bisher genügen der Filmreferentin der Behörde, Juana Bienenfeld, "formlose Anträge", um Zuschüsse zu erbitten. Was die Behörde für eine "formlose Angelegenheit" hält, ist für die AG Kino ein **Dschungel der Willkür**. (taz 14.1.93:23),

(10) [drängende Probleme in Frankreich] De là vient le profond sentiment de crainte devant un avenir illisible, qui marque l'état

d'esprit de millions de gens; de là ce sentiment de méfiance vis-à-vis du changement dès lors que les seules évolutions proposées consistent à se résigner à la loi de la **jungle libérale**. (LM 9.9.96:12)

Wie auch die ausgewählten Beispiele belegen, ziehen die Schlüssellexeme *Dschungel/jungle* häufig weitere Lexeme nach sich, die mit ersteren auf einer Isotopieebene liegen. Hierbei kann es sich ebenso um Adjektive handeln, z.B. *undurchdringlich* (Bsp. 1) oder *épais* (Bsp. 3), wie um Verben, beispielsweise *sich (nicht) lichten* (Bsp. 1), *(ne pas) s'éclaircir* (Bsp. 4) oder *(nicht) durchschauen* (Bsp. 11)[6]:

(11) Die PDS-Finanzen waren und bleiben ein **Dschungel**, den weder die Justiz, der Berliner Innensenator Erich Pätzold (SPD), geschweige denn die PDS *durchschauen*. (taz 29.11.90:4)

Neben diesen 'lexikalischen Solidaritäten' kann die Isotopiekette auch weiter ausgebaut werden, wie etwa Bsp. (2) unterstreicht. Hier wird durch *un immense gâchis* ein weiteres Konzept aus dem Bildspendebereich <Natur> eingesetzt, das die Vorstellung des Ausgeliefertseins gegenüber der Naturgewalt verstärkt. Auch im Deutschen läßt sich diese Kommunikationsstrategie beobachten:

(12) Der Wissenschaftssenator will aufräumen an den Massenuniversitäten. Er tut es auf seine bewährte Art mit einer *Kaskade von Richtlinien und angedrohten Eingriffen* [...]. [...] Novellierungen und Gesetze aller Art sind über die deutschen Hochschulen wie ein *Monsunregen* niedergegangen, [...]. In Hunderten von Sitzungen ist das wissenschaftliche Personal, über immer neuen Staatsauflagen brütend, grau geworden, es hat sich erschöpft aus der Hochschulpolitik zurückgezogen, abgesehen von einigen Aktivisten in den Präsidialämtern, die im **Dschungel der Bürokratie** wie *Partisanen ums Überleben* der Universitäten *kämpfen*. (taz 20.12.93:23)[7]

---

[6] Häufig ist auch ein Zusammenwirken mit Antonymen zu beobachten, das im Rahmen der textlinguistischen Diskussion noch ausführlicher erörtert wird.

[7] Gegen Ende des Textes ist ebenfalls vom "Labyrinth der Rechtsregeln und Verordnungen" die Rede; es wird also ein weiteres Konzept aktiviert. Im Zusammenhang mit

Auf ähnliche Kumulationen stößt man auch im Zusammenhang mit weiteren Schlüssellexemen; vgl. z.B. das folgende Textsegment:

(13) [Probleme bei *Crédit lyonnais*] Reste le gros dossier de l'immobilier : une cinquantaine de milliards de francs de créances et d'immeubles provenant de l'ensemble des anciennes entités du Crédit lyonnais. Il s'agit pour les spécialistes du CDR "d'une **forêt** *qui n'a été ni défrichée ni exploitée depuis deux ans*". (LM 23.11.95:18)

Allerdings können offenbar mitunter auch allein durch das Konzept *Dschungel* beim Rezipienten bestimmte Vorstellungen hervorgerufen werden. So ist in einigen Textsegmenten der isolierte Gebrauch von *Dschungel/jungle*, teils mit Demonstrativpronomen, belegt:

(14) [Internet] "Comme c'est une technologie nouvelle, il y a actuellement un no man's land qui laisse la porte ouverte aux abus de tous genres. N'importe qui peut se prévaloir d'être un spécialiste du web, c'est un peu **la jungle**... D'où l'intérêt d'en savoir un maximum pour justement ne pas se laisser embobiner." (LM 3.9.96:2),

(15) [Artikel: "Gewalt ist modern. Jugendliche Faschos halten sich für Rebellen" über die Situation von Jugendlichen in Madrid, am Beispiel eines 17jährigen Mädchens; letzter Satz:] Eine neue Nacht im Madrider **Dschungel** hat begonnen. (taz 18.12.93:19)[8]

Häufig wird, wie auch bereits aus einigen der genannten Beispiele hervorgegangen ist, eine weitere Vorstellung evoziert: Eine unübersichtliche, bedrohliche Umgebung, in der man sich nicht oder nur schlecht zurechtfindet, erfordert entweder - als Verteidigung - kämpferischen Einsatz (Beispiele 7, 12), oder das Problem wird auf rationalere Art gelöst: Man sucht die Natur zu beherrschen ('Kultivierung' des Waldes, vgl. Bsp. 13), oder

---

Dschungel findet sich teilweise auch das etwas abgeschwächte, sonst aber konzeptuell verwandte *Dickicht*.

[8] Textlinguistisch gesehen, kann hier von einer anaphorischen Funktion des Lexems *Dschungel* gesprochen werden; vgl. dazu ausführlich weiter unten.

aber man versucht, sich (mitunter durch fremde Hilfe) Orientierung zu verschaffen, um sich damit in der prekären Situation zu behaupten:

(16) Des *guides* pour avancer dans **la jungle Internet** [Überschrift]
[...], pour *se repérer* dans cet univers qu'aucune carte exhaustive ne balise, le bouche-à-oreille entre "branchés" reste une nécessité. Quelques livres publiés récemment, en français, sur le sujet peuvent aussi s'avérer d'un grand secours. (LM 13.5.95:25)

(17) [Poitou-Charentes und Europa] Ou comment *se repérer* dans la **jungle administrative des procédures européennes** quand on ne maîtrise pas sur le terrain toutes les subtilités bruxelloises... (LM 16.2.95:9)

(18) [Möglichkeiten zur Bekämpfung der Arbeitslosigkeit] Il est temps de passer d'un discours parfois lénifiant et condescendant à la déconcentration de certains crédits, souvent incroyablement fragmentés dans une **jungle administrative** et pas toujours utilisés, malgré l'urgence sociale.[...] Si ces *quelques pistes de bon sens* [bezieht sich auf vom Verf. des Artikels geäußerte Vorschläge; C.P.] sont *creusées, complétées et mises en œuvre*, alors se développeront les indispensables politiques territoriales de l'emploi à l'initiative des communes ou de leurs regroupements. (LM 8.11.95:4)

In den deutschen Texten bilden hier Lexeme/Lexemkombinationen wie *Wegweiser (durch, für)*, *Wege (durch)*, *Orientierungshilfe (im)* oder *Orientierung* Legion, z.B.:

(19) *Wegweiser* durch **Pflege-Dschungel** [Überschrift I]
Beratungsbüro des Landesverbandes Ambulanter Pflegedienste bietet Entscheidungshilfen an [Überschrift II] (taz 30.9.91:22),

(20) [Verbesserung der Rolle des Patienten im Gesundheitssystem] Eine Stützung der Patienteninteressen durch bessere *Orientierungshilfe* im **Dschungel des Gesundheitssystems** sehen die Veranstalter in der Einrichtung unabhängiger Patientenstellen,

die sowohl als Berater in Streitfällen wie auch als Lobby im Gesundheitswesen auftreten können. (taz 24.4.92:19),

(21) Zur *Orientierung* im **Religions-Dschungel** hat die "Evangelische Zentralstelle" eine Liste "sektiererischer Merkmale" aufgestellt. (taz 12.2.92:19);

vgl. auch Bsp. (5). Auch die Formulierung 'Streifzüge *durch*...' vermittelt die Vorstellung eines gewissermaßen 'gezähmten' Dschungels, von dem keine Gefahr mehr ausgehen kann, ähnlich wie bei einer Safari-Reise die 'wilde Natur' vom sicheren Jeep aus erkundet wird:

(22) Engagierte *Streifzüge durch* den **"Dschungel der Karriereplanung"** will ein Handbuch für den Berufseinstieg nach der Uni bieten. (taz 24.10.92:40)

Insgesamt wird dieses Konzept 'Dschungel + Ausweg' in den deutschen Textsegmenten offenbar mit einer höheren Frequenz aktualisiert als in den französischen, in denen häufig die Vorstellung *jungle* vermittelt wird, ohne quasi eine mögliche Lösung aufzuzeigen. Den bereits diskutierten Belegen (16-18) wäre noch der folgende hinzuzufügen:

(23) ['Chaos' im Internet] " On va *sortir de* la **jungle**", confirme Michel Gensollen. (LM 11.3.96:26)

Belege dieser Art bilden aber alles in allem eher den Ausnahmefall. Diese Divergenz im Mikrobereich könnte mit unterschiedlichen Kommunikationsinteressen der deutschen und französischen Textproduzenten erklärt werden: Während in den deutschen Texten einer bestimmten Charakterisierung sogleich ein (möglicher) Lösungsansatz folgt, begnügt sich der französische Textproduzent häufiger mit der subjektiv-wertenden Diagnose.

Im Unterschied zu *Dschungel/jungle* werden bei *Wüste/désert* eher die Vorstellungen 'öde', 'leer', 'trostlos' evoziert, teils in Verbindung mit 'Einsamkeit'; vgl. beispielsweise:

(24) [Hongkong] **Kulturelle Wüste** (taz 27.6.95:15),

(25) [Nicaragua] **Désert cinématographique** [Überschrift] (LM 3.2.96:22),

(26) Um den Bahnhof Zoo in die gesichtslose glatte **Wüste moderner Trostlosigkeit** zu verwandeln, die die Technokraten für schick halten, [...]. (taz 26.9.92:34),

(27) [...], von der Dahlemer Villa im grünen Westen zur **Marzahner graubetonierten Wüste**, [...]. (taz 22.6.91:40)

Die Komponente 'Einsamkeit' wird mitunter auch im Text expliziert. Hier ist von einer komplexen isotopischen Struktur auszugehen: Die Vorstellungen, die der Leser an das Lexem *désert* knüpft, die also im Text nur implizit vorhanden sind, verbinden sich mit der explizit vermittelten Information, z.B.:

(28) [Bibliothèque nationale de France] [...] l'impression d'isolement altier que donne de l'extérieur la bibliothèque Tolbiac. Le **désert des pontons**, *la solitude silencieuse* des quatre grands mâts: [...]. (LM 17.12.96:13)

Daß allerdings trotz des jeweils spezifischen Evokationspotentials zwischen den Konzepten *Dschungel/jungle* und *Wüste/désert* Berührungspunkte bestehen, zeigt folgender Beleg:

(29) [Jelzins Kampf gegen die Kommunisten] Quant aux diverses oppositions, qui dénoncent déjà les violations incontestables de la loi électorale commises par le camp présidentiel, leurs plaintes se perdent dans le **désert de la bureaucratie russe**. (LM 11.6.96:2)

Hier wäre ohne weiteres auch der Gebrauch von *jungle* denkbar gewesen, ohne das evozierte Bild zu stören.
Die Vorstellungen, die *Wald/forêt* evozieren, wirken demgegenüber, besonders im Vergleich zu den bereits diskutierten Konzepten, deutlich schwächer. Fast könnte man von einem eher quantitativen Konzept sprechen, denn *Wald/forêt* lösen in erster Linie die Vorstellung 'viel' aus, beispielsweise:

(30) [Massendemonstration 1989] Auf einem **Wald von Transparenten** fordern die DemonstrantInnen freie Wahlen, das Ende des SED-Machtmonopols und die Zulassung des Neuen Forum. (taz 4.11.94:4),

(31) [Wallfahrt nach Reims] Dans une **forêt de drapeaux et de bannières fleurdelisées**, des casques de guerrier franc rappellent cette "époque bénie" où Clovis fondait la chrétienté, [...]. (LM 29.5.96:9)

Häufig enthält dieses quantitative Konzept auch eine Sprecherwertung, aus dem 'viel' wird also ein 'zu viel'. Dann rückt die durch *Wald/forêt* evozierte Vorstellung in die Nähe von jener durch *Dschungel/jungle* hervorgerufenen.

Bei *Lawine/avalanche* schließlich beruht der metaphorische Prozeß auf der Selektion der Merkmale 'unabänderlich' und 'temporal'. Der durch dieses Konzept charakterisierte Bildempfängerbereich ist, so wird vermittelt, notwendigerweise einer bestimmten bedrohlichen Situation ausgesetzt, deren Entwicklung bzw. Eintreten kaum noch aufzuhalten ist. Hier wird die allseits bekannte Tatsache ausgenutzt, daß oft eine kleine Bewegung reicht, um eine Lawine auszulösen. Ist diese aber erst einmal in Bewegung gekommen, scheint kein Entrinnen mehr möglich:

(32) [Annemarie Schimmel] *Unter* der **Protestlawine** *begraben* [Überschrift]
[...] Der Mechanismus, der unmittelbar nach dem "Tagesthemen"-Interview einsetzte, löste eine **Lawine der Empörung** aus, unter ihr *begraben* die 73jährige Preisträgerin. (taz 17.6.95:10),

(33) [Wahl eines neuen Präsidenten der 'Fédération protestante'] **L'avalanche d'accusations de "démagogie" et de "populisme"** provoquée par ce scrutin imaginaire et l'article de Réforme a révélé un malaise qui couvait depuis longtemps. (LM 21.12.96:11),

(34) [Bundestagswahl 1994] An der von Scharping angerissenen **Lawine von Problemen** wird jedoch auch eine neue Kohl-Regierung nicht vorbeikommen, im Prinzip liegt die alte schon darunter *begraben*, [...]. (taz 8.9.94:4),

(35) Gouvernement et partenaires sociaux vont devoir faire face, cet automne, à une **avalanche de dossiers sociaux** qui, pour la plupart, devront trouver une solution avant le 31 décembre 1996. (LM 2.9.96:6)

Betrachten wir nun, nachdem die spezifischen Evokationsmechanismen der einzelnen Elemente geklärt sind, das Phänomen der Isotopiebildung etwas genauer. Es ist bereits an den ausgewählten Beispielen gezeigt worden, daß die metaphorisch gebrauchten Lexeme mit weiteren Elementen aus demselben konzeptuellen Bereich eine Isotopiekette aufbauen können. Die durch das jeweilige Lexem evozierte Vorstellung wird dann mithilfe dieser weiteren Elemente verstärkt, teils auch durch zusätzliche Einzelheiten spezifiziert (vgl. etwa Bsp. 13, wo die Bedeutung von *forêt* durch den Kotext in Richtung von *jungle* modifiziert wird). Interessant ist es nun zu beobachten, daß teilweise zu dieser ersten Isotopieebene eine zweite hinzutritt, die gerade auf der nicht-metaphorischen Bedeutung des betreffenden Lexems beruht:

(36) *Brachvogel* im **Behörden-Dschungel** [Überschrift] (taz 12.10.92:21)

Unter dieser Überschrift wird von dem Streit um die Errichtung einer ökologischen Wohnsiedlung berichtet. Die Planer müssen sich "durch das Behördendickicht kämpfen", da verschiedene Behörden das Projekt behindern. Auf dieser Ebene wird also eine ähnliche Vorstellung evoziert wie in den Beispielen (12), (16), (17) und (18). Gleichzeitig entsteht eine zweite Isotopieebene, in der *Brachvogel* und *Dschungel* in seiner wörtlichen Bedeutung 'undurchdringliches, nicht kultiviertes Stück Natur' (vgl. auch *Duden* Bd.2:775b) zusammenwirken. Ein vergleichbares Prinzip liegt in Bsp. (37) vor:

(37) [Tourismus-Probleme einer kleinen Gemeinde] Privatanbieter in abgeschiedener Lage machen mit Firmenlogos und Wegweisern allüberall am Straßenrand auf sich aufmerksam. Um dem Wettbewerb standzuhalten. Bad Saarow erstickt im **Schilderwald**. Und den will Bürgermeister Axel Walters nun *roden*. Das Baurecht, sagt er, erlaubt nur "Werbung am Ort der Leistung". [...]

Weitaus schlimmer wiegt jedoch *eine andere Rodung*: Im Südwesten des Städtchens *fielen 17 Hektar Wald der Axt zum Opfer.* [...] (taz 24.9.94:25)

Die Bezeichnung 'Schilderwald' für eine große, unübersichtliche Ansammlung vieler Schilder gehört durchaus zum üblichen Sprachgebrauch. Das Verb *roden* knüpft auf der metaphorischen Ebene daran an und liegt auf derselben isotopischen Ebene. Abstrakt gesehen, liegt hier derselbe Mechanismus vor wie u.a. in den Beispielen (1) und (4): Aus einer unübersichtlichen und daher bedrohlichen Situation soll eine kontrollierbare gemacht werden. Das Substantiv *Rodung* schafft jedoch eine zweite Isotopiekette; hier handelt es sich tatsächlich um das Abschlagen von Wald. Auch hier werden also mit der metaphorischen wie der nicht-metaphorischen Bedeutung des Lexems isotopische Verkettungen aufgebaut.

In den französischen Textsegmenten läßt sich ebenfalls die Bildung solcher 'doppelten' Isotopieketten ermitteln. Nehmen wir erneut Bsp. (31), betrachten aber einen größeren Textausschnitt:

(31) *Trempées jusqu'aux os, chaussures crottées*, des ribambelles d'enfants foulent le parvis sacré, "la poussière de leur patrie à la semelle de leur soulier", s'égosille un animateur au micro. Trois jours durant, de Chartres à Reims, messes, bivouacs et cantiques ont rythmé la marche des traditionalistes, [...]. Dans une **forêt de drapeaux et de bannières fleurdelisées**, des casques de guerrier franc rappellent cette "époque bénie" où Clovis fondait la chrétienté, [...]. (LM 29.5.96:9)

Neben den Vorstellungen, die durch die Projektion selektierter Merkmale von *forêt* beim Rezipienten ausgelöst werden, kann auch dessen nicht-metaphorische Bedeutung den Anknüpfungspunkt für eine zweite Isotopiekette bilden: Wenn man eine Waldwanderung unternimmt, kann es tatsächlich geschehen, daß man *bis auf die Knochen durchnäßt wird* und mit *dreckverkrusteten Schuhen* heimkehrt.

Das textuelle Potential, d.h. die verschiedenen Leistungen der metaphorischen Segmente im und für den Text, erschließen sich, wenn man ihre Position im jeweiligen Gesamttext genauer betrachtet. Sind sie beispielsweise in der Überschrift plaziert, wirken sie kataphorisch: Sie fassen in prägnanter Form die folgenden Ausführungen zusammen, kündigen quasi das Textthema an. Der Text wiederum füllt den durch die Überschrift geschaffenen Rahmen aus, indem er weitere Informationen und Einzelheiten liefert. Dabei sollte jedoch nicht vergessen werden, daß eine solche Überschrift auch lesersteuernd wirkt. Wenn bereits gleich zu Beginn von Bosnien als der "jungle de l'aide internationale" (Bsp. 2) oder von der "jungle Internet" (Bsp. 16), vom "Paragraphendschungel" (taz 12.9.94:5) oder vom "Devisendschungel" (taz 31.8.89:24), vom "désert cinématographique" (Bsp. 25) usw. die Rede ist, dürfte dies aufgrund der evozierten Vorstellungen eine bestimmte Erwartungshaltung beim Leser wecken. Die metaphorisch gebrauchten Lexeme des Bildfeldbereichs <Natur> prägen damit in beträchtlichem Maße die Aufnahme des weiteren Textes; insofern läßt sich durchaus von einer suggestiven Wirkung sprechen.

Sind die betreffenden Lexeme dagegen im Text plaziert, ist von einer komplexen Verflechtung sowohl mit dem Vor- als auch mit dem Folgetext auszugehen. Betrachten wir etwa das textuelle Gerüst von Bsp. (35)[9]:

(35) Rentrée sociale [Überschrift I]
      Un calendrier social très chargé [Überschrift II] [→]
      Gouvernement et partenaires sociaux vont devoir faire face, cet automne, à une [←] **avalanche de dossiers sociaux** qui, pour la plupart, devront trouver une solution avant le 31 décembre.
      1996 [→]
      [←] Santé: [...]
      [←] Sécurité sociale: [...]
      [←] Hôpitaux: [...]
      [←] Assurance-chômage: [...]
      [←] Retraites complémentaires: [...]. (LM 2.9.96:6)

Avalanche de dossiers sociaux wird hier einerseits durch den Vortext ("Un calendrier social très chargé") 'angekündigt', der damit zugleich eine Art 'Interpretationshilfe' für den metaphorischen Ausdruck bildet. Andererseits wird dieser durch den Folgetext spezifiziert: Jeder weitere Abschnitt (im gegebenen Beispiel auch optisch abgesetzt) füllt quasi den durch *avalanche* geschaffenen Rahmen aus. Im folgenden Beleg wird die von *avalanche* evozierte Vorstellung quasi ikonisch durch den Vor- wie den Folgetext gedoppelt:

---

[9] Mit den Symbolen [→] und [←] soll schematisch die 'Hauptwirkungsrichtung' der betreffenden Elemente verdeutlicht werden.

(38) [Chirac im Fernseh-Interview] Ces peurs, justement, ont déboulé sur l'écran. Peur *du terrorisme, de l'intégrisme, de la violence dans les banlieues, dans les écoles, à la télévision.* Face à **cette avalanche d'images** *rapides, violentes, connues, quotidiennes*, M. Chirac est apparu en retrait, prudent, comme désarmé face à Marine Jacquemin (TF 1), qui insistait sur le besoin qu'ont les Français d'être rassurés. (LM 14.12.96:6)

Insgesamt läßt sich also festhalten, daß die metaphorischen Elemente eine Schlüsselrolle in der Textstruktur einnehmen, denn sie schaffen sozusagen Knotenpunkte, an denen in gebündelter Weise Vorstellungen vermittelt werden, die von weiteren Textsegmenten erläutert oder spezifiziert werden. Teilweise bieten diese Textsegmente auch eine Art 'Interpretationshilfe', indem sie in Reformulierungen den Kerninhalt des metaphorischen Ausdrucks explizieren. Wenn man größere textuelle Zusammenhänge betrachtet, gewinnt man in einigen Fällen gar den Eindruck, der ganze Text sei nichts anderes als ein Wechselspiel zwischen metaphorisch gebrauchten sprachlichen Zeichen und ihren Reformulierungen, wie ein erneuter Blick auf Bsp. (2) verdeutlichen möge:

(2) La Bosnie, **jungle de l'aide internationale** [Überschrift]
La Bosnie-Herzégovine est devenue un champ clos où se multiplient les initiatives censées aider à la reconstruction du pays, sans que l'efficacité soit toujours à l'ordre du jour. [...] La Bosnie-Herzégovine, ravagée par quatre années de guerre, est un immense chantier. [...] "L'Union européenne manque autant de cohésion sur les projets économiques que sur sa ligne politique. Il y a une absence totale de stratégie!", dénonce un expert. [...] L'aide internationale arrive en Bosnie, puis se perd à cause de considérations politiques. [...] L'aide internationale est devenue **une jungle** *épaisse*, mal coordonnée avec les actions politiques; elle offre souvent l'impression d'un immense gâchis. [...] Dans cette **jungle**, [...]. (LM 12.9.96:11)

Abgesehen von ihrer strukturierenden Funktion sind weitere wichtige Leistungen der Elemente des Bildspendebereichs <Natur> auf semantischer

Ebene angesiedelt. Insbesondere in den deutschen Textsegmenten ist z.B. das Spielen mit Antonymen auffällig, z.B.:

(39) [Verkauf nach Ladenschluß] Kleine Einkaufs<u>paradiese</u> im **Dschungel der Gesetze** [Überschrift] (taz 29.10.88:27),

(40) [Informationsfreiheit des Bürgers gegenüber der Verwaltung] Die Verwaltung soll sogar helfen, daß Bürgerinnen und Bürger an die sie interessierenden Informationen gelangen, da es in dem **Dschungel von Zuständigkeiten** keineswegs offenbar ist, wo welche Informationen gespeichert werden. An der Stelle des gläsernen Menschen soll künftig die "<u>gläserne Verwaltung</u>" stehen. (taz 22.9.93:4),

(41) Mit dem neuen Informationssystem wollen die Berliner Verkehrsbetriebe (BVG) den **"Dschungel" des öffentlichen Nahverkehrs** <u>transparenter</u> machen, [...]. (taz 30.7.93:22);

vgl. auch Bsp. (9). Dabei ist festzustellen, daß das - mitunter ebenfalls metaphorische - antonyme Lexem an je unterschiedliche implizit vermittelte Vorstellungskomponenten anknüpft: Ist es etwa in den Beispielen (40) und (41) das mit 'gläsern' (= durchschaubar) bzw. 'transparenter' kontrastierende 'undurchschaubar', evtl. 'bedrohlich', so dürfte in den Textsegmenten (39) und (9) eher die Vorstellung 'regellos' den Anknüpfungspunkt für das Antonymenpaar bilden.

Semantische Relationen dieser Art lassen sich in den französischen Texten seltener belegen. Allenfalls im folgenden Abschnitt könnte man - wenngleich in relativ 'verschränkter' Form - in der Kontrastierung der Konzepte 'Natur' und 'Zivilisation' eine solche Relation erkennen:

(42) [Leipzig] Une ville en pleine transformation, où la **forêt de grues de construction** témoigne de la <u>vitalité des chantiers</u> [...]. (LM 5.4.96:10)

Abgesehen von den herausgearbeiteten Divergenzen bezüglich einzelner Aspekte ist jedoch abschließend insgesamt eine beträchtliche Konvergenz der beiden Einzelsprachen festzuhalten, und zwar ebenso hinsichtlich des Zustandekommens wie des Funktionierens des metaphorischen Prozesses.

Wenden wir uns nun mit der Analyse der Werbetexte einem weiteren sprachlichen Bereich zu.

3.3 Kontrastive Analyse II: Werbetexte

Das Feld <grundlegende menschliche Eigenschaften/Gefühlsregungen> ist insbesondere in der deutschen Werbesprache sehr produktiv. Die verschiedenen metaphorisch gebrauchten Elemente, wie *-freundlich, -aktiv, -sympathisch* dienen alle gleichermaßen dazu, einem Produkt eine positive Aura zu vermitteln. Dabei bleibt die Charakterisierung insgesamt diffus; ein fester Aussagekern kann nicht festgestellt werden[10]. Wie wird in diesem Bereich im Französischen sprachlich gehandelt? Für die folgende Analyse soll exemplarisch das Bildungselement *-freundlich* herausgegriffen werden.

Die Auswertung des Materials von *3suisses* ergibt zunächst eine weitgehende Divergenz. Es sind kaum metaphorische Prädikationen wie in den deutschen Textsegmenten erkennbar, in denen Bildungen wie *haut-, figur-* oder *fußfreundlich, hautsympathisch* u.a. rekurrent auftreten (Polzin 1998: 243-246). Dafür ist eine andere kommunikative Strategie auffällig: Der publizitäre Diskurs wird um positiv konnotierte Schlüsselelemente herum aufgebaut, wie folgende Belege unterstreichen:

(43) Jersey-Kleid [...]. **Figurfreundlich** geschnitten [...]. (QU:41)

[...] Forme stretch bien galbante.
Superbe, la forme un peu ample!
[...] pour masquer les rondeurs.
[...], il féminise toutes vos tenues.
Superbe ligne ultra-féminine [...].
Forme près du corps, [...].
Lignes épurées [...].
[...] qui dessinent superbement la silhouette.
[...] qui met la silhouette en valeur.
[...] qui affinent la silhouette [...].
[...] qui sculpte la silhouette.

---

[10] Der metaphorische Prozeß enthält ebenfalls einen anthropomorphisierenden Aspekt. In den Komposita selbst steht allerdings die meliorative Funktion im Vordergrund (vgl. auch Polzin 1998:241).

[...] qui avantage la silhouette.
[...] à la ligne amincissante [...].
[...] ligne avantageuse [...].
(particulièrement) amincissant(e).
Excellent/bon maintien [...].

Dabei zeigt die Menge an unterschiedlichen französischen Formulierungen im Grunde die Unbestimmtheit des deutschen Lexems. In den französischen Textsegmenten wird jeweils ein anderer Aspekt expliziert, während in der deutschen metaphorischen Bildung alle Vorstellungen gebündelt evoziert werden (können). Letztlich hängt es also vom Rezipienten ab, welche Vorstellung und welche Wirkung im Einzelfall aktualisiert werden.

Bei den funktionalen Entsprechungen zum deutschen *hautfreundlich* bietet sich im großen und ganzen ein ähnliches Bild, vgl.:

(44) **Hautfreundlich**, weil schadstoffgeprüft. (QU:51)
Explorer-Jeans. Trägt sich super und ist **hautfreundlich**. (QU:6)
Söckchen mit Häkelmuster in **hautfreundlicher** Qualität. (QU:409)

Maille [...] en pur coton peigné.
[...] au confort juste.
Velours moiré tout doux [...].
Tout doux, en maille 95% coton [...].
[...] sensualité à fleur de peau [...].
Souplesse et texture «seconde peau» du microfibre [...].
[...] assurent bien-être et souplesse à votre corps.
En maille au toucher peau de pêche [...].
En 100% de coton pour s'envelopper de fraîcheur.

Doch lassen sich hier in den letzten zwei aufgeführten Optionen zwei bemerkenswerte Projektionen ausmachen. Hier werden zum einen Eigenschaften des Pfirsichs wie 'samtige Oberfläche', 'frisch' oder, abstrakter, 'gesund' für eine metaphorische Übertragung auf das Material der Ware oder die Haut(empfindung) der potentiellen Kundin genutzt, zum zweiten wird das Merkmal 'fraîcheur' quasi materialisiert und gewissermaßen mit dem Stoff ineinsgesetzt. Dadurch werden alle positiven Gefühle, die gemeinhin mit 'fraîcheur' assoziiert werden, auf das angebotene Kleidungsstück projiziert. Häufiger noch wird jedoch, wie die Beispiele zeigen, mit diffus positiv konnotierten Lexemen gearbeitet, z.B. *doux, pur* oder *confort*.

Alles in allem bleibt in diesem Bereich eine weitgehende Divergenz zwischen den beiden Sprachen hinsichtlich der metaphorischen Strukturierung festzuhalten. Konvergent ist hingegen die kommunikative Strategie, den Rezipienten über die Evokation bestimmter (hier positiver) Vorstellungen anzusprechen und ihm - unterhalb der rationalen Ebene - die gewünschte Information zu vermitteln bzw. ihn zu einer bestimmten Reaktion zu veranlassen.

Abschließend soll nun kurz untersucht werden, wie Übersetzer handeln, die mit metaphorischen Textsegmenten konfrontiert sind.

3.4 Kontrastive Analyse III: Literarische Texte und ihre Translate

Die Translatanalysen bieten ein gemischtes Bild. Hinsichtlich des konzeptuellen Bildspendebereichs <Natur> werden die Ergebnisse der Paralleltextuntersuchung weitgehend bestätigt. Die in den Zeitungstexten ermittelten metaphorisch gebrauchten Lexeme *jungle*, *désert* und *forêt* werden ebenso in den literarischen Texten eingesetzt, wie die folgenden Beispiele zeigen:

(45) "Zufuß [sic] zwischen Radfahrern, die sich in Haltung, Kleidung unendlich wiederholen, mitten im **Radfahrerdschungel** von Shanghai [...]." (K-D:5)
A pied entre des cyclistes dont la posture, les vêtements se répètent à l'infini, en pleine **vélojungle**, à Shanghai, [...]. (K-F:7),

(46) Die **Betonwüsten** vieler moderner "Sanierungsgebiete" stapeln Menschen in einer ganz und gar künstlichen, kalten, maschinenhaften Umwelt, die alle Konflikte, welche die meisten Familien ohnehin hierher mitschleppen, katastrophal verschärft. (WK-D, Vorwort:9)
Les **déserts de béton** de beaucoup de nos "zones d'assainissement" modernes enferment les gens dans un environnement to-

talement artificiel, froid, mécanique, qui aggrave dans des proportions catastrophiques tous les conflits. (WK-F, Vorwort:12),

(47) "So", sagt Harm Peters, "genau so habe ich mir das vorgestellt. **Plakatwälder.** Der Steuermann Schmidt. Der Staatsmann Strauß. (K-D:149)
"Bon", dit Harm Peters, "c'est exactement ce que je m'étais imaginé. **Forêts de panneaux-réclame.** Le timonier Schmidt, l'homme d'État Strauss. (K-F:126)

Dies erstaunt wenig, denn der Übersetzer kann hier, wie die Analysen der Texte aus *Le Monde* belegen, auf ein auch im Französischen usuelles Muster sprachlichen Handelns zurückgreifen.

Für das Feld <grundlegende menschliche Eigenschaften/Gefühlsregungen> ist dies, wie im vorangehenden Kapitel gezeigt wurde, nicht der Fall. Auch dieser Befund spiegelt sich in den Translaten: Es lassen sich keine metaphorischen Textsegmente belegen, die auf einem dem Deutschen vergleichbaren Prozeß beruhen. Allerdings tritt hier sehr deutlich eine andere Tendenz zutage. In den französischen Texten werden zur Wiedergabe der deutschen metaphorischen Wortgebildetheiten größtenteils abstraktere, teils gelehrte Bildungen eingesetzt, z.B.

(48) *menschenfreundlich* (BRA-D:271)   *humain* (BRA-F:172)
seniorenfreundlich (U-D:58f.)   *gérontophile* (U-F:50)
umweltfreundlich (U-D:161)   *écologiste* (U-F:138)
umweltfreundlich (U-D:233f.)   *écologique* (U-F:197)
wirklichkeitsfreudig (K-D:48)   *réaliste* (K-F:41)
funktionstüchtig (R-D:243)   *opérationnel* (R-F:216)

Dieses Ergebnis ist als Konsequenz der stärkeren griechisch-lateinischen Überdachungstradition des Französischen als romanischer Sprache zu deuten. Die ermittelten Divergenzen zwischen beiden Sprachen liegen in diesem Fall also auf der historisch-systematischen Ebene.

Eine weitere große Gruppe, die allerdings im vorliegenden Beitrag nicht ausführlicher diskutiert werden soll, bilden die Übersetzungen, die die deutsche metaphorische Wortgebildetheit paraphrasieren. Auch hier wird in den meisten Fällen auf die Aktualisierung eines metaphorischen Elements verzichtet; vgl. u.a.:

(49) *kunstfreundlich* [handeln] (R-D:246)   [agir] en faveur de l'art (R-F:219)
magenfreundlich (BRA-D:184)   très bon pour l'estomac (BRA-F:172)

Dies unterstreicht erneut die Schwierigkeiten, die mitunter die zielsprachliche (hier: französische[11]) Wiedergabe der deutschen metaphorischen Wortgebildetheit bereiten kann.

Alles in allem darf jedoch festgehalten werden, daß die Translatanalysen die Ergebnisse der beiden Untersuchungen an Paralleltexten bestätigen.

4 Ergebnisse und Perspektiven

Metaphorischer Sprachgebrauch ist ein Textphänomen, das eines textlinguistischen Zugangs bedarf. Nur unter Beachtung der Ebene des Textes können die vielfältigen Leistungen von metaphorisch gebrauchten sprachlichen Zeichen angemessen erfaßt werden. Das Funktionieren von Metaphern erweist sich dabei als äußerst facettenreich: Es wurde gezeigt, daß ein metaphorisches Lexem oft weitere Lexeme nach sich zieht, die mit dem Schlüssellexem Isotopieketten bilden. Die Isotopiebildung kann mitunter eine doppelte sein. Hier wird der 'kumulative Charakter' (nach Schmitt 1998:452) sprachlicher Zeichen ausgenutzt: Neben der metaphorischen kann auch die nicht-metaphorische Bedeutung zum Anknüpfungspunkt für Isotopieketten werden. Die Metapher wirkt als Metapher, wird jedoch gleichzeitig entmetaphorisiert und eröffnet dadurch neues textuelles Potential.

Die textlinguistische Perspektive verdeutlicht, daß Metaphern wichtige strukturelle Funktionen für den Text erfüllen. Je nachdem, ob sie einen Text einleiten, an dessen Anfang oder Ende plaziert sind, ob sie einmal oder mehrmals im Text auftreten, wirken sie mehr kataphorisch oder mehr anaphorisch. In jedem Fall aber tragen sie entscheidend zum Aufbau des Textganzen bei. Diese Funktionen ließen sich im deutschen wie im französischen journalistischen Textkorpus belegen. Hier kann also mit gutem Recht

---

[11] Es liegt auf der Hand, daß sich für jede Sprache unterschiedliche Problemfelder ergeben; für die spezifischen Probleme des deutsch-spanischen Vergleichs vgl. Polzin (1998:242-252).

von konvergentem metaphorischem Sprachgebrauch in beiden Sprachen gesprochen werden. Die Paralleltextanalysen aus dem Bereich 'Werbung' haben demgegenüber die Grenzen der Konvergenz aufgezeigt. Was den metaphorischen Sprachgebrauch betrifft, divergieren das Deutsche und das Französische hier weitgehend. Dennoch ist zu unterstreichen, daß identische kommunikative Effekte erzielt werden können. Anhand der Translatanalysen schließlich ließen sich diese Ergebnisse grundsätzlich bestätigen[12].

Die Hauptfunktion der metaphorisch gebrauchten sprachlichen Zeichen in den untersuchten Paralleltexten besteht in der Evokation bestimmter Vorstellungen seitens des Rezipienten und der Vermittlung von Werthaltungen durch den Textproduzenten. Diese Wirkung kann besonders gut genutzt werden, wenn die betreffenden Elemente in der Überschrift plaziert werden, da dem Leser dann gleich zu Beginn eine bestimmte Perspektive nahegelegt wird, aus der heraus er den folgenden Text wahrnimmt. Die in dieser Studie exemplarisch untersuchten metaphorischen Textsegmente besitzen damit gleichsam suggestive Kraft. Mitunter genügt es, e i n solches Zeichen zu verwenden, um aus einem neutralen, sachlichen Text eine kommentierende, subjektiv-wertende Meinungsäußerung zu machen. Hier zeigt sich letztendlich auch der ökonomische Charakter der Metapher: Um denselben Inhalt nicht-metaphorisch auszudrücken, wären ohne Zweifel lange Umschreibungen nötig.

Das Funktionieren metaphorischer sprachlicher Zeichen besteht, wie die präsentierten Ergebnisse zeigen, in einem komplexen Zusammenwirken verschiedenster Faktoren, das zunächst auf einzelsprachlicher Ebene auszuloten ist, bevor man sich an einen Sprachvergleich wagen kann. Die zielsprachliche Wiedergabe einer Metapher, das Funktionieren desselben Bildes in zwei Sprachen oder auch das Nicht-Funktionieren zählen zu den zentralen Fragen einer anwendungsorientierten Kontrastiven Linguistik. Anhand der exemplarisch ausgewählten Beispiele sollten in diesem Beitrag für begrenzte Bereiche die Konvergenzen und die Divergenzen zwischen dem Deutschen und dem Französischen gezeigt werden. Um allerdings die funktional-pragmatischen Aspekte der Metapher wirklich umfassend kontrastiv und mit romanischer Perspektive erhellen zu können, werden wir uns noch durch einen Wald von Texten schlagen müssen.

---

[12] Über das tatsächliche Vorliegen von funktionaler Äquivalenz müßte in Einzelfällen sicher diskutiert werden.

5 Literaturverzeichnis

5.1 Korpus

Christiane F., (1994, ¹1978), *Wir Kinder vom Bahnhof Zoo*, Hamburg: Gruner & Jahr. (= WK-D)
Christiane F., (1981), *Moi, Christiane F., 13 ans, droguée, prostituée*, übers. von Léa Marcou, o.O.: Mercure de France. (= WK-F)
Grass, Günter, (1980), *Kopfgeburten oder Die Deutschen sterben aus*, Darmstadt/Neuwied: Luchterhand. (= K-D)
Grass, Günter, (1983), *Les enfants par la tête ou les Allemands se meurent*, übers. von Jean Amsler, Paris: Seuil. (= K-F)
Grass, Günter, (1986), *Die Rättin*, Darmstadt/Neuwied: Luchterhand. (= R-D)
Grass, Günter, (1987), *La Ratte*, übers. von Jean Amsler, Paris: Seuil. (= R-F)
Grass, Günter, (1992), *Unkenrufe*, Göttingen: Steide. (= U-D)
Grass, Günter, (1992), *L'Appel du crapaud*, übers. von Jean Amsler, Paris: Seuil. (= U-F)
Le Monde sur CD-ROM (1995/96), SA Le Monde/CEDROM-SNi inc., Outremont, Québec/Canada; Paris. (= LM)
Die Tageszeitung, Ausgabe auf CD-ROM, 2.9.1986 - 31.8.1996, Contrapress Media GmbH, Berlin. (= taz)
3suisses, *Le catalogue de toutes les Modes et de toutes les Envies*, online-Ausgabe [August 1998] unter http://www.3suisses.fr. [o.S.]
Quelle-Katalog, *Frühjahr/Sommer '97*. (= QU)
Walser, Martin, (1985), *Brandung*, Frankfurt a.M.: Suhrkamp Taschenbuch. (= BRA-D)
Walser, Martin, (1987), *Ressac*, übers. von Hélène Belletto, Paris: Laffont. (= BRA-F)

5.2 Fachliteratur

Bertau, Marie-Cécile, (1996), *Sprachspiel Metapher. Denkweisen und kommunikative Funktion einer rhetorischen Figur*, Opladen.
Black, Max, (1954), "Metaphor", in: *Proceedings of the Aristotelian Society* 55, 273-294.

Brünner, Gisela, (1987), "Metaphern für Sprache und Kommunikation in Alltag und Wissenschaft", in: *Diskussion Deutsch* 18, H. 94, 100-119.
Burkhardt, Arnim, (1987), "Wie die 'wahre Welt' endlich zur Metapher wurde. Zur Konstitution, Leistung und Typologie der Metapher", in: *Conceptus* XXI, Nr. 52, 39-67.
Dagut, Menachim B., (1976), "Can 'Metaphor' be translated?", in: *Babel* 22/1, 21-33.
Dagut, Menachim B., (1987), "More about the Translatability of Metaphor", in: *Babel* 33/2, 77-83.
Duden (1993-1995), *Das große Wörterbuch der deutschen Sprache in acht Bänden*, hg. vom Wissenschaftlichen Rat und den Mitarbeitern der Dudenredaktion unter der Leitung von G. Drosdowski, 2. völlig neu bearb. u. stark erw. Auflage, Mannheim/Wien/Zürich. (= Du; im Text mit dem entsprechenden Bd. angegeben)
Gil, Alberto, (1998), "Zur Metaphorik der Presseberichterstattung beim spanischen, italienischen und rumänischen Wahlkampf von 1996", in: Gil/Schmitt (edd.), 86-112.
Gil, Alberto/Schmitt, Christian, (edd., 1998), *Kognitive und kommunikative Dimensionen der Metaphorik in den romanischen Sprachen. Akten der gleichnamigen Sektion des XXV. Deutschen Romanistentages, Jena (28.9.-2.10. 1997)*, Bonn.
Hülzer, Heike, (1987), *Die Metapher. Kommunikationssemantische Überlegungen zu einer rhetorischen Kategorie*, Münster.
Ide, Katja, (1998), "Metaphorik in der Wirtschaft? Zu Gebrauch und Funktion von Metaphern in der spanischen Fachsprache der Betriebswirtschaft", in: Gil/Schmitt (edd.), 281-312.
Köller, Wilhelm, (1975), *Semiotik und Metapher. Untersuchungen zur grammatischen Struktur und kommunikativen Funktion von Metaphern*, Stuttgart.
Kupsch-Losereit, Sigrid, (1987), "Hat das charmante Teilchen eine blaue Farbe? Anmerkungen zur Begriffsmetaphorik in der Physik", in: Albrecht, Jörn u.a. (ed.), *Translation und interkulturelle Kommunikation*, Frankfurt/M. u.a., 199-214.
Lakoff, George/Johnson, Mark, (1980), *Metaphors we live by*, Chicago.
Osthus, Dietmar, (1998), "Metaphernspiele in Pressetexten. Ludischer Metapherneinsatz in französischen und deutschen Tageszeitungen", in: Gil/Schmitt (edd.), 150-166.

Osthus, Dietmar, (1998a), "Nahrungsmittelmetaphern in Pressetexten: Beispiel eines deutsch-französischen Bildfeldvergleichs", in: Fuchs, Volker (ed.), *Von der Unklarheit des Wortes in die Klarheit des Bildes? Festschrift für Johannes Thiele*, Tübingen, 285-297.

Pielenz, Michael, (1993), *Argumentation und Metapher*, Tübingen.

Polzin, Claudia, (1998), "Metaphernfreundliche Textproduzenten - metaphernfeindliche Lexikographen? Zur Problematik metaphorisch gebrauchter Wortgebildetheiten, untersucht am Sprachenpaar Spanisch-Deutsch", in: Gil/Schmitt (edd.), 233-259.

Richards, Ivor Armstrong, (1936/1983), "Die Metapher", wieder abgedruckt in: Haverkamp, Anselm (ed.), *Theorie der Metapher*, Darmstadt, 31-52.

Schmitt, Christian, (1988), "Gemeinsprache und Fachsprache im heutigen Französisch. Zu Formen und Funktionen der Metaphorik in wirtschaftsfachsprachlichen Texten", in: Kalverkämper, Hartwig (ed.), *Fachsprachen in der Romania*, Tübingen, 113-129.

Schmitt, Christian, (1997), "Prinzipien, Methoden und empirische Anwendung der Kontrastiven Linguistik für das Sprachenpaar Deutsch/ Spanisch", in: Wotjak, Gerd (ed.), *Studien zum romanisch-deutschen und innerromanischen Sprachvergleich. Akten der III. Internationalen Arbeitstagung zum romanisch-deutschen Sprachvergleich (Leipzig, 9.10.-11.10. 1995)*, Frankfurt a.M. u.a., 9-30.

Schmitt, Christian, (1998), "Zum Recycling abgenutzter Metaphern. Sprachliches Altmaterial für neue kommunikative Zwecke", in: Gil/Schmitt (edd.), 448-466.

Strauß, Gerhard, (1991), "Metaphern - Vorüberlegungen zu ihrer lexikographischen Darstellung", in: Harras, Gisela/Haß, Ulrike/Strauß, Gerhard (edd.), *Wortbedeutungen und ihre Darstellung im Wörterbuch*, Berlin/ New York, 125-211.

Walther, Wolfgang, (1986), "Neue Aspekte der Übersetzung von Metaphern (E - D) in journalistischen Texten", in: *Fremdsprachen* 30, 162-166.

Walther, Wolfgang, (1990), "Faktoren für die Übersetzung von Metaphern (Englisch-Deutsch)", in: Arntz, Reiner/Thome, Gisela (edd.), *Übersetzungswissenschaft. Ergebnisse und Perspektiven. Festschrift für Wolfram Wilss zum 65. Geburtstag*, Tübingen, 440-452.

Weinrich, Harald, (1976), *Sprache in Texten*, Stuttgart.

TEXTSORTENVERGLEICH UND JUGENDKULTUR
Die 'Plattenkritik' in deutschen und französischen Jugendmagazinen

(JANNIS K. ANDROUTSOPOULOS, Heidelberg)

1 Ausgangsfragen

Ungeachtet ihrer methodischen und analytischen Unterschiede haben deutschsprachige kontrastive Textsortenanalysen eine ganz bestimmte Gemeinsamkeit: Sie beschäftigen sich fast ausschließlich mit fachspezifischen Textsorten aus 'hohen' gesellschaftlichen Domänen. Ein Blick in die kommentierte Bibliographie von Adamzik (1995), die unter dem Stichwort 'kontrastive Aspekte' rund 70 Arbeiten aus den letzten 25 Jahren verzeichnet, zeigt, daß die untersuchten Texte überwiegend aus wissenschaftlichen Publikationen stammen: Aufsätze und Abstracts, Lebensläufe, Rezensionen etc. Weit weniger sind dort Textsorten vertreten, die näher zur Alltagskultur stehen bzw. aus alltäglichen Massenmedien stammen, etwa Kochrezepte, Todesanzeigen, Buchtitel und Zeitungsüberschriften. Diese Einschränkung mag ihre Gründe darin haben, daß fachspezifische Texte leichter zugänglich sind, daß sie sich aufgrund der institutionellen Rahmen, denen sie entstammen, leichter vergleichen lassen und damit handfestere Ergebnisse versprechen, oder daß sie als Materialien für die Ausbildung von TexterInnen und ÜbersetzerInnen besser geeignet sind. Was aber dabei vernachlässigt wird, ist die Frage, ob eine Grundthese der kontrastiven Textologie, daß ähnliche Kommunikationsbedingungen sich in übereinzelsprachlich ähnlichen Textmerkmalen widerspiegeln (Hartmann 1981:203), auch für Textsorten aus anderen Domänen gilt, und wenn ja, in welcher Form. In diesem Beitrag[1] werde ich die These aufstellen, daß die kontrastive Untersuchung von Textsorten aus 'niedrigen' gesellschaftlichen Domänen neue Erkenntnisse erbringen kann, und zwar im Hinblick auf drei Fragenkomplexe:

---

[1] Dieser Beitrag ist eine überarbeitete Fassung von bisher unveröffentlichten Teilen meiner Dissertation (Androutsopoulos 1996), deren Durchführung vom Deutschen Akademischen Austauschdienst, der Stiftung "Alexandros S. Onassis" (Athen) und dem Graduiertenkolleg "Dynamik von Substandardvarietäten" (Heidelberg/Mannheim) gefördert worden ist. Für Kommentare zu dieser Fassung danke ich Arno Scholz.

Erstens stellt sich die Frage, ob es Textsorten mit *gruppenspezifisch übereinzelsprachlichen* Gemeinsamkeiten gibt. Nach Schlieben-Lange (1989) ist die "gruppenspezifische Gestaltung von Texten" eines der sozialen Kennzeichen von Texten innerhalb einer Sprachgemeinschaft. Unberücksichtigt bleibt dabei die Tatsache, daß die gegenwärtige kulturelle Globalisierung durch sich international verbreitende Lebensstile und Subkulturen, die nationalspezifische Kulturen ergänzen oder sogar ersetzen, gekennzeichnet ist. Führt man die These von Schlieben-Lange in diese Richtung weiter, so hätte man zu erwarten, daß es Textsorten gibt, die durch Sprachgrenzen und -gemeinschaften übergreifende Alltagskulturen geprägt sind (vgl. auch Fix 1998:22).

Damit ist die Frage nach textsortenspezifischen Konvergenzen im weiten Feld der Massenmedien verbunden. Geht man davon aus, daß kulturelle Globalisierung gerade durch Medien vorangetrieben und in ihnen am deutlichsten erkennbar wird, hätte man Konvergenzen in Textsorten der Alltags- und Unterhaltungsmedien zu erwarten. Wichtig ist dabei die Tatsache, daß es heutzutage Medien für kleine, homogene Zielgruppen und Subkulturen gibt, sei es im Printmedienbereich oder im Internet. Daher scheinen mir vergleichende Untersuchungen der medialen Kommunikation von Subkulturen, die "wie der HipHop stark durch die internationale Dimension und eine besondere Nutzung der Massenmedien geprägt sind" (Scholz 1998:255), ein Desiderat darzustellen.

Schließlich geht es um die Frage, auf welchen Ebenen der Textorganisation und Sprachgestaltung sich textsortenspezifische Konvergenzen zeigen können. Ich denke dabei insbesondere an nicht standardsprachliche Elemente, die zwar in bisherigen kontrastiven Textsortenanalysen kaum angesprochen werden, dafür aber beim Übersetzen "soziostilistisch inhomogener" (Albrecht 1981) oder sondersprachlich markierter (Radtke 1984) Texte immer wieder als ein besonderes Problem angesehen werden.[2]

Die Textsorte Plattenkritik, Gegenstand dieser Untersuchung, ist aus mehreren Gründen ein besonders günstiges Beispiel, um diesen Fragen nachzugehen. Denn hier haben wir eine Textsorte aus Medien der Jugendkultur, also aus einem Feld, in dem kulturelle Internationalisierung ganz deutlich erkennbar ist. Das Thema dieser Textsorte, Musik, ist einer der wichtigsten Identifikationspunkte von Jugendkulturen und zugleich eine über Sprachgrenzen wirksame Ausdrucksform. Außerdem wird hier diese

---

[2] Zum Aufschlußwert interlingualer Textsortenvergleiche für die interkulturelle Kommunikation und die Übersetzungswissenschaft vgl z.B. Arntz (1990).

Textsorte in Medien realisiert, die von Jugendlichen in "Eigenregie" hergestellt werden (mehr dazu in Abs. 2). In Öffentlichkeit und Forschung wird das Sprachverhalten von Jugendlichen immer wieder als "unkonventionell", "experimentell" usw. bezeichnet. Ob sich diese Qualitäten auch im schriftlichen Sprachgebrauch zeigen, ist bisher wenig untersucht worden. An anderer Stelle (Androutsopoulos 1997) habe ich gezeigt, daß sich in gruppenspezifischen Medien Jugendliche als Kultur- und Sprachexperten profilieren können. Interessant ist in diesem Zusammenhang die Untersuchung von Heinemann (1990), die zum Schluß kommt, daß es in der jugendspezifischen Schriftlichkeit tradierte Textsorten kreativ abgewandelt werden, was die Autorin am Beispiel der Textsorte Privatbrief aufzeigt. Diese Beobachtungen führen zur Vermutung, daß mediale Texte in Jugendkulturen ein gutes Feld darbieten, um gruppenspezifisch übereinzelsprachliche Konvergenzen in der Gestaltung tradierter Textmuster, wozu auch die 'Besprechung' gehört, herauszuarbeiten. Aber auch arbeitspraktisch bietet die Plattenkritik günstiges Datenmaterial, denn sie ist eine relativ kurze, wenig komplexe und leicht verfügbare Gebrauchstextsorte.

Die kontrastive Analyse lehnt sich an ein komponentielles Modell der Textsortenorganisation (Heinemann/Viehweger 1991). Ausgehend von der Textfunktion und den situativen Bedingungen der Textsorte (Abs. 2) werde ich zuerst makrostrukturelle Bestandteile (Teiltexte) deutscher und französischer Plattenkritiken (Abs. 3) und anschließend ihre textsortentypischen mikrostrukturellen Mittel (Abs. 4) darstellen, wobei der Schwerpunkt auf Gemeinsamkeiten zwischen beiden Sprachen liegt. Quer durch die gesamte Darstellung wird die Plattenkritik in einen zweifachen Zusammenhang gesetzt: a) als eine Ausprägung (Variante) der Textsortengruppe Besprechung/Rezension, die b) in spezifischen Medien der Jugendkultur realisiert wird. Nützlich ist es daher, die Diskussion mit der Einordnung der Textsorte in diesen beiden Kontexten — ihre Textsortengruppe einerseits, ihr medialer und soziokultureller Erscheinungsort andererseits — zu beginnen.

2 Die Textsorte und ihre Kontexte

Nach Rolfs (1993) funktionaler Typologie von Gebrauchstextsorten werden Texte wie "Musikkritik", "Literaturkritik", "Buchbesprechung" u.a. als "judizierende Textsorten" in einer Gruppe zusammengefaßt. Ihr gemeinsames Profil besteht nach Rolf (1993:191) darin, daß sie über Medien verbreitet werden, Produkte des Kulturbetriebes betreffen und vornehmlich der Vermittlung von Einstellungen (der Textproduzenten über diese Produkte) dienen. Näheres dazu ergibt sich aus einer Übersicht über fünf deutschsprachige Untersuchungen zu Rezensionen und/oder Besprechungen im Deutschen (Zillig 1982, Jokubeit 1980, Ripfel 1989), Englischen (Gläser 1990) sowie im Englischen und Esperanto (Fiedler 1992). Obwohl sich diese Arbeiten in der Datenauswahl und den Schwerpunkten ihrer Analysen unterscheiden, lassen sie Eigenschaften erkennen, die mir für die gesamte Textsortengruppe zu gelten scheinen.[3] Besprechungen und Rezensionen wird eine doppelte primäre (dominante) Funktion zugeschrieben, nämlich das INFORMIEREN über einen Besprechungsgegenstand und das BEWERTEN desselben; außerdem eine sekundäre appellative Funktion, das EMPFEHLEN des Besprechungsgegenstandes bzw. das ABRATEN davon. Ihre Makrostruktur wird bezeichnet als "relativ vereinheitlicht und konventionalisiert" (Gläser 1990:299) bzw. als "leicht erkennbar (...) und für den Rezipienten weitgehend erwartbar" (Fiedler 1992:153), wobei gleichzeitig betont wird, daß die Abfolge der Teiltexte sowie deren Realisierung variabel ist. Als textsortentypisch werden vor allem Sprachmittel der Subjektivität und Wertung angeführt, wobei Wertungen insbesondere bei journalistischen Besprechungen durch umgangssprachlich-expressive Mittel vollzogen werden (Gläser 1990:202, Ripfel 1989:34f). Dieses funktional-strukturelle Profil gilt in seinen Grundzügen auch für die hier untersuchte Textsorte (vgl. Abs. 3). Ihre üblichste Benennung ist *Review* in den deutschen und *chronique* in den französischen Zeitschriften.

Die vorliegende Untersuchung stützt sich auf ein Korpus deutscher und französischer Fanzines[4], die aus mehreren Regionen der beiden Ländern stammen und zwischen 1992 und 1994 veröffentlicht wurden. In einem Sample von je 297 deutschen und französischen Plattenkritiken mit einem Gesamtumfang von rund 50.000 Wörtern haben die Texte eine durchschnittliche Länge von 100 Wörtern, wobei sich auch einzelne, wesentlich längere (dt. 428 Wörter, frz. 328 Wörter) sowie extrem kurze Texte (dt. 17 Wörter, frz. 11 Wörter) finden. Je ein typisches Textexemplar wird in Abs. 3.1 angeführt.

Noch vor der Textanalyse möchte ich das soziokulturelle Profil deutscher und französischer Fanzines vorstellen, um dadurch die Grundlage einiger "exotischer" Vertextungsmerkmale zu verdeutlichen. Gleichzeitig

---

[3] Hier in Anlehnung an die ausführliche Besprechung dieser Arbeiten in Androutsopoulos (1996).

[4] *Fanzine*: international bekanntes *mot-valise* aus engl. *fan* und *magazine*.

werden damit die situativen Merkmale der Textsorte dargestellt. Ich folge dabei den üblichen Kategorien zur Beschreibung einer Kommunikationskonstellation, wie sie z.b. in Heinemann/Viehweger (1991) angeführt werden.

Gegenüber kommerziellen Jugend- und Musikzeitschriften (z.B. "Bravo" und "musikexpress" in Deutschland) zeichnen sich Fanzines durch Besonderheiten aus, die ich mit den Stichworten "nicht kommerziell", "gruppenöffentlich", "thematisch spezialisiert" und "subkulturell orientiert" zusammenfasse.[5] Aufgrund ihrer Produktions- und Distributionsbedingungen sind Fanzines Medien, die außerhalb des kommerziellen Printmedienmarktes oder parallel zu diesem operieren. Ihre Herstellung hat keine professionelle Infrastruktur, sondern sie werden von Schülern, Studenten oder bei in der Musikbranche tätigen Jugendlichen und jungen Erwachsenen als Hobby produziert. Das typische Fanzine wird zu Hause, am PC oder im Collageverfahren hergestellt, dann fotokopiert und geheftet, folglich ist sein Erscheinungsbild alles andere als 'luxuriös'. Im Durchschnitt erreicht ein Fanzine eine Auflage von einigen Hundert Exemplaren, "mit 2.000 Exemplaren gehört man zu den Szeneriesen" (Lau 1992:159). Fanzines werden per Direktvertrieb, in Plattenläden und auf Konzerten verkauft. Diese Umstände erklären auch ihr unregelmäßiges Erscheinen und ihre Kurzlebigkeit. Kennzeichnend ist auch, daß Fanzines sehr wenig Werbung enthalten.[6]

Aufgrund ihrer Auflage und Vertriebsweise erreichen Fanzines nur "Gruppenöffentlichkeiten", die sich aus Bekannten und Gleichgesinnten zusammensetzen. Ihre Texte werden "in dem Bewußtsein verfaßt, ohnehin nur von Gruppenmitgliedern gelesen zu werden" (Scholz i.D.). Ihre Leser sind Jugendliche und junge Erwachsene, die sich für ganz bestimmte Inhalte und Aktivitäten interessieren und den entsprechenden Netzwerken (*Szenen*) zugehören. Fanzines berichten über Sachverhalte, die die breite Öffentlichkeit selten erreichen.[7] Musiker, die den meisten Jugendlichen unbekannt sind, stellen in den Plattenkritiken der Fanzines derart feste Begriffe dar,

---

[5] Siehe hierzu die Ausführungen von Lau (1992) sowie die Beiträge in Neumann (1997), wo auch Leserstatistiken vorliegen.
[6] Der Werbetextanteil beträgt in den deutschen Fanzines meines Korpus von 0,9% bis 29%, in den französischen von 1,5% bis 17,5%, während kommerzielle Jugendzeitschriften zu ca. 50% Werbung enthalten.
[7] Mein Korpus besteht nur aus musikbezogenen Fanzines, und zwar solchen aus der Punk-/Hardcore- und Metal-Szene. Es gibt aber auch Fanzines für andere Musikstile, Sportarten (z.B. Skate), Comics, Horrorfilme etc.

daß sie z.B. als Bezugspunkt für die stilistische Einordnung noch unbekannterer Musiker dienen. Diese thematische Spezialisierung geht einher mit einer bewußt subkulturellen Orientierung, die sich in den Hardcore-/ Punk-Fanzines als kritische Haltung oder Ablehnung bestehender gesellschaftlicher Verhältnisse äußert. Diese zeigt sich z.b. darin, daß Sachverhalte, die in kommerziellen Jugendmagazinen kaum zum Wort kommen, in den Fanzines beider Länder auf ähnliche Weise angesprochen und bewertet werden. Beispiele hierfür sind die Ablehnung von CDs und die Unterstützung von Vinylplatten (das Korpus geht auf den Anfang der 90er Jahre), eine entschiedene pro-vegetarische Haltung, die Ablehnung der Kommerzialisierung von Jugendkultur und alternativer Musik, die Kritik an überteuerten Konzerten und Tonträgern sowie an der Nachahmung amerikanischer Vorbilder usw. Die Haltung der Fanzinemacher zeigt sich nicht zuletzt in den Zeitschriftenamen (z.B. dt. *Confrontation, Ich bin der Papst,* frz. *Abus Dangereux, No Man's Land*), ihren Preisangaben auf den Umschlägen (z.B. dt. *zwo Mack,* frz. *15 balles*) sowie in Collage-Parodien und weiteren Kennzeichen, die hier nicht ausgeführt werden können.

Die dargestellten Rahmenbedingungen prägen auch den sprachlichen Duktus der Fanzine-Texte. Sie etablieren Bedingungen kommunikativer Nähe, die wiederum Vertextungsstrategien konzeptioneller Mündlichkeit ermöglichen.[8] Plattenkritiken und andere Fanzine-Texte sind zwar grafisch realisiert, aber von hoher Dialogizität und Spontaneität gekennzeichnet. Bei Plattenkritiken finden sich sogar Beispiele einer genuin spontanen Textproduktion. In kurzen, unstrukturierten Passagen versucht der Schreiber, der den Text anscheinend während des Abhörens verfaßt, den Rhythmuswechsel der Musik textuell zu verfolgen, wie im nachfolgenden Beispielpaar:[9]

(1a) die songs fallen wegen ihrer kürze eigentlich nicht weiter auf, ach wo! einfach nur "brrrraaaabbbbberrrrr aaaarrrrggghhhh", danach wieder "stöhn, stöhn..." (BD)
(1b) Holà ça retombe! POUM POUM PA et puis ce break qui vous donne le coup de grâce. Au secours, je craque! (NM)

---

[8] Hier und im folgenden verwende ich die Begriffe "kommunikative Nähe" und "konzeptionelle Mündlichkeit" im Sinne von Koch/Oesterreicher (1990).
[9] Die Quellenabkürzungen werden am Ende des Beitrags aufgelöst. Die Originalschreibung der Beispiele bleibt durchgehend unverändert.

Eine weitere Auswirkung kommunikativer Nähe auf die Plattenkritiken ist die Art und Weise, wie die Rolle des Schreibers als Experten relativiert wird. Fanzine-Schreiber haben grundsätzlich keine journalistische Ausbildung, ihr Expertenwissen ist Ergebnis persönlicher Auseinandersetzung mit dem Thema Musik, so daß die Grenzen ihrer Kompetenz mit dem eigenen Musikgeschmack zusammenfallen können. So kommt das bei anderen Besprechungstypen ungewöhnliche Phänomen vor, daß fehlende Kompetenz angekündig wird:

(2a) Zu den restlichen Bands kann ich musikalisch nix schreiben, da ich net so viele HC-Bands zum vergleichen kenne (SB) [*HC* = der Musikstil 'Hardcore']
(2b) Désolé, mais j'espère connaître plus de groupes pour ma prochaine chronique de groupe Thrash. (NM)

Die untersuchten Texte sind von einem lockeren, ungeplant wirkenden Schreibstil gekennzeichnet. An diesem Eindruck sind ganz verschiedene Merkmale konzeptioneller Mündlichkeit beteiligt, wovon einige im weiteren Verlauf dieses Beitrags näher angesprochen werden. Hier als Kostprobe je zwei Texteröffnungen, bei denen Interjektionen, jugendsprachliche Elemente und hyperbolische Bewertungen den besonderen 'Ton' der Fanzine-Besprechungen ausmachen:

(3a) aahrg, wasn geiles ding... (UT); Absolut göttlich! (SB)
(3b) Waouh! La classe! (VI); La bible, indispensable! (NM)

3 Makrostruktureller Vergleich

3.1 Makrostruktur und Teiltexte im Überblick

In diesem Abschnitt gehe ich auf einen Vergleich von Teiltexten[10] in deutschen und französischen Plattenkritiken ein. Die Grundlage hierfür bildet das nachfolgend abgebildete Makrostrukturschema, das durch eine erschöp-

---

[10] Unter "Teiltext" verstehe ich mit Gläser (1990:56), Oldenburg (1992:63) und Heinemann/ Viewweger (1991:252) ein invariables Inhaltselement, das eine Teilhandlung der Textsorte realisiert (verkörpert) und über wiederkehrende syntaktisch-strukturelle und phraseologisch-lexikalische Gestaltungsmittel verfügt.

fende quantitative und qualitative Analyse des deutschen Korpus erstellt wurde. Es zeigt insgesamt sieben Teiltexte, die eine dreifache 'Schachtelstruktur' bilden. Die beiden äußeren Teiltexte — der "Kopftext" mit Titel und anderen Daten des Tonträgers und der "Schwanztext" mit Angabe einer Kontaktadresse, des Besprechernamens sowie gelegentlich einer Benotung — bilden einen standardisierten Rahmen um den eigentlichen Textkörper. Dieser besteht aus zwei "Schichten". Den "Kern" der Besprechungshandlung bilden die Teiltexte "Stileinordnung" und "Beschreibung/Bewertung". Er wird umrahmt von der Texteröffnung ("Einstieg"), deren Inhalt variiert, und einem Abschlußteil, der aus einer "Kaufempfehlung" und/oder einer "Gesamteinschätzung" des Tonträgers besteht.[11]

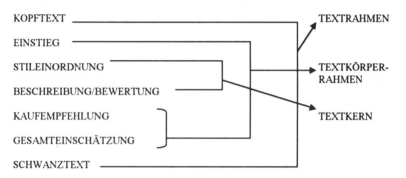

Abbildung 1: Makrostruktur und Teiltexte der Plattenkritik

Dieses Schema, das die makrostrukturellen Ähnlichkeiten der Plattenkritik mit anderen Besprechungssorten verdeutlicht,[12] ist freilich ein abstraktes, generalisiertes Schema, das nicht bei jedem Textexemplar aktualisiert wird, sowohl was die Realisierung der Teiltexte als auch was ihre lineare Reihenfolge anbetrifft. Es folgen zwei vollständige Beispiele, die die oben abgebildete Makrostruktur relativ gut erkennen lassen.

---

[11] In der Abbildung werden diese beiden Teiltexte als Alternativen dargestellt, da sie (zumindest im quantitativ analysierten deutschen Korpus) tatsächlich alternativ vorkommen.

[12] Fiedler z.B. unterteilt den Textkörper von Fachbuchrezensionen in eine "Einordnung", eine "Darstellung (...) der Publikation mit Beurteilung" und eine "abschließende Gesamteinschätzung" (Fiedler 1992:149).

Vulture Culture Demotape
Da fiel mir doch fast 'n Ohr ab, als ich das Tape dieser paderborner Band hörte. Sehr geiler Midtempo PUNK, so etwas wie 81-82er Englandzeux, mal mit 'n bisserl Rock, HC, Pop, Reggae, ja sogar Country, und gerade das macht die Band so bemerkenswert: mit sehr guter Sängerin, die mich stellenweise öfter an the Kick aus der Schweiz erinnert, jeweils gegen Ende der A+B Seiten werden sie etwas zu lahm und seicht. Sonst aber wirklich gut. (zu haben bei Incognito Records)
[Quelle:UT]

411 "this isn't Me" LP CARGO RDS.
Un disque purely made in USA: produit par Donnel Cameron, enregistré au WEST BEACH RECORDING, gros son US, HC mélodic. 411 est le nouveau groupe de DAN MAHONY (No for an answer). Musikalement ca hardcorise sec à coups de mélodies joliement trouvés, avec la gros voix (parfois un peu louche!) que tous hardcore bands aimeraient avoir en son sein. Fort en sensations, voilà un Lp qui ravira les dingues de HC...En dire plus serait superflu. FV   [Quelle:VI]

Mein Vorgehen in der kontrastiven Darstellung ist wie folgt: Da eine vollständige kontrastive Analyse der Makrostruktur nicht durchgeführt wurde, werden eventuelle Unterschiede in der Realisierungshäufigkeit und Anordnung der Teiltexte nicht thematisiert. Mein *tertium comparationis* ist vielmehr der Teiltext und seine Formulierungsmuster[13] in den beiden Sprachen. Um teiltextspezifische Formulierungsmuster zu vergleichen, gehe ich von der Frage aus, ob zur Erfüllung einer Teilhandlung — und damit zur Oberflächengestaltung eines Teiltextes — jugendliche Schreiber vergleichbare Sprachmittel und Darstellungsverfahren verwenden. Diese Einschränkung erscheint mir aus zwei Gründen sinnvoll: 1. Je beschränkter die Vergleichsebene, desto leichter ist die Feststellung von übereinzelsprachlichen Äquivalenzen,[14] 2. im Hinblick auf übersetzungsrelevante Implikationen der kontrastiven Textanalyse kommen Teiltexte der Vergleichsebene der Sprechhandlung nahe. Die Darstellung konzentriert sich auf diejenigen Teiltexte, die in den Plattenkritiken beider Sprachen auf

---

[13] Mit Sandig (1989:118) verstehe ich darunter syntaktische Konfigurationen mit einer semantischen 'Vorprägung', z.T. festen lexikalischen Einheiten und Leerstellen für jeweils textspezifische Information.
[14] Ähnlich Radtke (1984), der in seiner Übersetzungskritik sondersprachlich markierter Texte semantische Felder und Themenbereiche als Vergleichsebenen heranzieht.

auffällig ähnliche — und wie ich zeigen werde, soziokulturell bedingte — Art und Weise vertextet werden: die Stileinordnung (Abs. 3.2), die metaphorische Musikbeschreibung als Unteraspekt des Teiltextes "Beschreibung/ Bewertung" (Abs. 3.3) und die abschließenden Teiltexte 'Empfehlung'/ 'Aufforderung' (Abs. 3.4) und 'Gesamteinschätzung' (Abs. 3.5).

3.2 Stileinordnung

Dies ist der Teiltext, in dem der gesamte Tonträger oder einzelne Songs einer Stilrichtung der Rockmusik zugeordnet werden. Er erscheint vorwiegend am Anfang des Textkörpers, im deutschen Korpus zu 84%, und kann eingeleitet werden mit Gliederungssignalen wie dt. *musikalisch*, frz. *musicalement*. Zur Erfüllung der Teilhandlung stehen deutschen und französischen Schreibern zwei semantische Hauptmuster zur Verfügung: der Hinweis auf einen Musikstil (z.B. *Power Punk, Hardcore, Speed Metal*) und der Vergleich mit einer bekannteren Band, die als stilistische Bezugsgröße eingesetzt wird. Beide werden realisiert durch eine Anzahl von syntaktischphraseologischen *Formulierungsmustern*, deren Leerstellen (in den folgenden Beispiele mit X und Y belegt) mit der Angabe des Stils oder der Vergleichsband gefüllt werden.

Wie die nachfolgenden Paarbeispiele zeigen, haben deutsche und französische Formulierungsmuster teilweise gemeinsame Lexeme (*à la, touche/Touch*), teilweise gemeinsame *tertia comparationis*, und zwar räumliche Verhältnisse (*zwischen X und Y/entre X et Y*) sowie die stoffliche Beschaffenheit (*mélange de/Mischung aus*), wobei in beiden Fällen die einzuordnende Musik als eine Mischung aus verschiedenen Stilelementen dargestellt wird. Die gleiche Funktion hat eine englische Paarformel (*X meets Y*), die in Texten beider Sprachen erscheint.

(4a) **à la X**   Die Platte fängt mit geilem HC-Punk à la G.B.H. an. (GG)
(4b) **à la X**   Un punk très mélodique et pop à la Mega City Four. (OA)
(5a) **mit X-Touch**   Irgendwie Mucke mit zuviel NoMeansNo-Touch. (RZ)
(5b) **une touche (de) X**   On sent toujours ces mêmes influences pop-HC avec maintenant une touche WASHINGTON DC, pas dégueu. (VI)

(6a) **Mischung aus** Ne eigene Mischung aus HC, Ska, Reggae plus hübschen Endsiebziger-Einfluß. (TR)
(6b) **un mélange de** Musicalement, c'est un mélange de Blues, Pop, Country, avec des influences Rock. (FI)
(7a) **zwischen X und Y** Zwei gute Songs zwischen Mosh und Melancholie. (GG)
(7b) **entre X et Y** Morceaux oscillant entre le Rythm'n'Blues et le Rock'n'Roll. (FI)
(8a) **X meets Y** "De kranken Punker", ein 70ies-Glam Rock meets Deutscher-Schlager-Rock Verschnitt (...) (FD)
(8b) **X meets Y** K7 5 titres pour ce groupe de la région parisienne aux gros accords R'n'roll, façon Motorhead meets Mudhoney (pour le coté garage). (VI)

Die Handlung der Stileinordnung wird auch metakommunikativ thematisiert. In Übereinstimmung mit der o.g. Relativierung der Expertenrolle erwähnen die Schreiber ihre Schwierigkeiten bei der Stileinordnung, sei es durch rhetorische Fragen (9) oder Formeln der subjektiven Einstellung (10). Gelegentlich wird die Erfüllung der Teilhandlung verweigert und der Leser aufgefordert, sein eigenes Urteil zu bilden (11):

(9a) Stilistisch lassen sich Krysa schlecht in eine Schublade schieben (...) (RZ)
(9b) (...) difficile de mettre ces Shamallows dans une confiserie bien précise, et après tout, pourquoi vouloir le faire! (NM)
(10a) Wie beschreibt man das? Kabaret-Punk? Hm, keine Ahnung. (SF)
(10b) Ces mecs sond complétement tarés, fous, dingues! Comment vous décrire leur musique? (OA)
(11a) naja macht was ihr wollt - hierfür gibts kein rezept!! (BD)
(11b) Ne comptez pas sur moi pour etiqueter ce combo! (VI)

Die Auffassung von Musik als Mischung verschiedener Zutaten wird darüber hinaus in intertextuellen Stileinordnungen ersichtlich, die nach dem Muster des Kochrezepts formuliert sind. Solche Stilrezepte bauen das tradierte Textmuster syntaktisch, grammatisch und lexikalisch auf und setzen als Zutaten die Band- und Stilnamen ein.

> (12a) Man nehme eine komplizierte Kennedys Version der Frankenchrist Platte, man leere einen halben Liter NoMeansNo und Victims Family dazu, und erhält das beste Demo des letzten halben Jahres. (GL)
> (12b) Cela me rappellerait un peu les groupes anglais comme MC4 ou HDQ, sauf que B.S.G. sont plus puissants et plus variés (une pincée Nirvana, une cuillère de NoMeansNo, un poil de Fugazi pour vous donner une vague idée). (EQ)

3.3 Metaphorische Musikbeschreibung

Der Teiltext "Beschreibung/Bewertung" umfaßt mehrere thematische Unteraspekte, die hier nicht im einzelnen angesprochen werden können. Für die Texte beider Sprachen gilt, daß in diesem Teiltext teilweise die wertfreie Beschreibung wie in (13), teilweise die expressive Bewertung wie in (14) dominiert:

> (13a) insgesamt kommt die mucke recht herb und brachial rüber, wuchtig dürfte das richtige wort sein um diese art von musik zu beschreiben. (BD)
> (13b) Belle intro bien cool, pour partie sur un heavy chromé chanté en anglais, mais "à la francaise" dirais-je, c'est à dire mélodique mais pêchu. (EQ)
> (14a) Ich kann mit diesem weichgespülten Buntwäsche-Gitarrenpop nicht viel anfangen. (BD)
> (14b) Bon, premièrement j'ai jamais accroché à ce genre de zik, tu sais style new wave-cold toute la clique, bien qu'ici ca n'en soit pas vraiment! (EQ)

Wörter wie *herb* (13a), *chromé* (13b), *weichgespült* (14a) sind Beispiele für metaphorische Musikbeschreibung. Dadurch versuchen deutsche und französische Schreiber, die Atmosphäre der besprochenen Musik und ihre Wirkung auf den Hörer zu erfassen. Zu diesem Zweck verwenden sie häufig Metaphern, die von der Beschaffenheit schneller, harter, lauter Rockmusik, aber auch von einer besonderen subkulturellen Anti-Ästhetik geprägt sind.

Schnelle Rockmusik wird z.B. mit motorisierter Geschwindigkeit gleichgesetzt, z.B. frz. *rythmes à 100 à l'heure* (EQ) und dt. *die Band, die live abgeht wie ein Intercity auf gerader Strecke* (CO). Als Ausprägung subkultureller Anti-Ästhetik interpretiere ich die musikspezifische Verwendung von Begriffen für körperliche Ausscheidungen wie z.B. dt. *Kotzgesang, Rotzgesang* und frz. *vomir* (*des guitares qui vomisent de partout*) oder *ça chie à tous les étages*. Ein weiteres gemeinsames metaphorisches Motiv ist die Gleichsetzung von Musik mit einer physischen Kraft oder Gewalt, die auf das Gehirn (15) oder den Gehörgang (16) des Hörers einwirkt. Und da der Musikgeschmack bekanntlich ein Streitpunkt zwischen den Generationen ist, scheint die Vorstellung lebensgefährlicher Auswirkungen der Musik auf die *Oma* für deutsche wie auch für französische Jugendliche eine positive Bewertung darzustellen (17).

(15a) Spaß beiseite: Intricate schaben dir den Schädel aus. (CO)
(15b) (...) le HxC speed et carton des Gang Bang ne passe pas par quatre chemins pour venir vous exploser le crâne! (TE)
(16a) Die F.U.'s prügeln in typischer Bostonmanier ihren mit haufenweise Hooks + Breaks gefüllten Sound herunter, daß einem das Schmalz in den Ohren kocht. (UT)
(16b) Scorn est parfait, très bruyant, une torture pour des oreilles fragiles (Ah Ah). (VI)
(17a) Death/Doom mit Grindanfällen, die jede Oma in den Selbstmord treiben (SI)
(17b) C'est sur si tu mets ce Cd en pleine réunion familiale, tu peux être sur que ta grand mère va sauter par la fénêtre au bout de 5 minutes (VI)

3.4 Kaufempfehlung

In diesem Teiltext wird die sekundäre appellative Funktion der Textsorte realisiert. Der Besprecher regt hier den Leser zur Kenntnisnahme der besprochenen Platte oder rät ihm davon ab. Diese Aufgabe, die in der Regel gegen Ende des Textkörpers eingelöst wird und im deutschen Korpus zu 42% auftritt, kann entweder assertiv (Empfehlung) oder direktiv (Aufforderung) durchgeführt werden. Übliche Empfehlungsmuster sind der Hinweis auf die vermeintlich interessierte Zielgruppe (18), ein performativer Ausdruck (19), eine Einwortformel wie z.B. dt. *Pflichtstoff*, frz. *Indispensable* sowie ein metakommunikativer Kommentar mit anschließender Empfehlung (20). Aufforderungen erscheinen im Imperativ (21) oder Infinitiv, darunter die Aufforderung zum 'blind kaufen' (22). Auch hier werden englische Formeln übernommen und lehnübersetzt (23).

(18a) Wer auf NewYork-style Hardcore steht wird mit Sicherheit eine feuchte Hose bekommen. (CO)
(18b) Ça plaira aux plus punks-Oi d'entre vous. (VI)
(19a) kann das teil nur empfehlen - lohnt sich bestimmt! (BD)
(19b) Ne connaissant précédemment de ce groupe qu'un live FM, je comprends pourquoi ce LP est un disque culte du punk rock et je vous conseille vivement l'achat. (EQ)
(20a) Was soll ich noch groß sagen außer Pflichtstoff. (CO)
(20b) Que dire de plus sinon de vous le procurer immédiatement. (NM)
(21a) Checkt's einfach mal an, kann kein Fehler sein! (RZ)
(21b) En plus, ils sont aussi plein d'humour, achetez ce skeud, aucun regret à redouter. (EQ) [*skeud*: Verlan für 'disque']
(22a) Beide blindlings kaufen und absteppen. (GG)
(22b) On achète les yeux fermés. (VI)
(23a) check it out! (TR); buy or die! (FD); Kaufen oder weiterpennen! (PP)
(23b) Buy it! (VI); Buy or die! (ZO); achetez-le ou crevez! (Y)

Die jugendlichen Schreiber ähneln sich in der Auswahl semantischer Muster, die prototypisch sind für die informell-intime dialogische Kommunikation und nun im Geschriebenen die kommunikative Nähe zu den Rezipienten symbolisieren (24). Darüber hinaus nutzen sie den rituellen Charakter der appellativen Teilhandlung verschiedenartig aus. Sie formulieren parodistische Empfehlungen (25) oder wählen zur Texthandlung 'unpassende' Untermuster, z.B. Drohungen, die sich auf die Möglichkeit beziehen, daß die Besprechungsvorlage vom Rezipienten ignoriert werden könnte (26, 27). Außerdem wird der Teiltext genutzt, um Gruppenabgrenzungen zum Ausdruck zu bringen. Beim Hinweis auf eine Zielgruppe werden auch kritische Einstellungen zu dieser hinzugefügt (28) oder Bands und Stile genannt, die die Schreiber selbst ablehnen (29).

(24a) Los, kauft jetzt. (TK)
(24b) (...) alors n' hésitez plus...achetez ce putain de skeud! (Y)

(25a) Nur für Hörgeschädigte zu empfehlen, dann aber erst recht. (UT)
(25b) A conseiller comme thérapie aux dépressifs pour qu'ils puissent enfin commetre le geste fatal! (AC)
(26a) Halt mal anhören oder ich schieße. (CO)
(26b) Que dire ? euh.....ben p´tain! achètes ou je tire à vue sans sommations, cong! (VI)
(27a) Und merkt euch: Ich schreib mir jeden auf, der sich´s nicht holt! (SB)
(27b) Bon, que dire de plus, sinon d' acheter ce LP avant que vos amis vous abbandonnent! (NM)
(28a) Fans der genannten Sparte [= Metal, J.K.A.] können bedenkenlos und blind (wie immer?) zugreifen (BD)
(28b) En clair cet album est à conseiller aux fans métallos, dont les cheveux longs et la vue basse enrichissent certains hurleurs patentés. (AC)
(29a) REM-Fans Pfoten weg! (VA)
(29b) Fans de Pop s´abstenir (VI)

3.5 Gesamteinschätzung

Diese Teilhandlung ist eine resümierende Bewertung, die das bereits Gesagte und die Einstellung des Besprechers knapp und einprägsam auf den Punkt bringen soll. Sie erscheint meist am Textende und kann durch Gliederungspartikeln, resümierende Formeln oder metakommunikative Äußerungen eingeleitet werden. Knappheit und Einprägsamkeit werden häufig durch Mittel der informellen mündlichen Kommunikation erfüllt. Damit liegt hier eine Steigerung der in der Literatur (Abs. 2.) festgestellten Tendenz, Bewertungen in journalistischen Besprechungen kolloquial zu formulieren, und zwar dahingehend, daß hier Ausrufesätze mit umgangs- und jugendsprachlichen Ausdrücken sowie jugendkulturelle Slogans eingesetzt werden:

(30a) Genial. (GL); Kult!!! (SF); Hut ab! (FD); Punkrock rules 100% (SF)
(30b) Génial!! (EQ); Très cool. (VI); Alors là, chapeau! (VI); Napalm Death règne! (VI)

Während sich solche Formulierungen auf die Qualität des Besprechungsgegenstandes beziehen, wird die Einstellung des Besprechers auch aus der

Sprecherperspektive bzw. mittels anderer Sprechakte zum Ausdruck gebracht. Beispiele hierfür sind Danksagungen an die Urheber (31), erlebnisbetonte Bewertungen (32), positiv wirkende rhetorische Fragen (33) und negative Subjektivitätsformeln (34).

(31a) Danke, Jungs, Danke! (TR)
(31b) Alleluia! Merci, Richard Fravel! (AC)
(32a) mein Ohr schreit nach mehr! (BD)
(32b) WOUAH, j'ai les oreilles qui se barrent!!!!! (VI)
(33a) perfekter sound gute mucke und das über 11 songs hinweg von a-z was will mensch mehr? (BD)
(33b) La pochette est belle, ça pu le plaisir de jouer... que demander de plus? Un vrai disque, ouais! (ZO)
(34a) Sorry, das ist leider absolut nicht mein Fall. (RZ)
(34b) Ce n'est pas ma tasse de thé. Sorry! (NM)

4 Mikrostruktureller Vergleich

Aus den bisherigen Beispielen sollte deutlich geworden sein, daß die "Sprache der Plattenkritiken" kein einheitliches Gebilde darstellt, sondern vielmehr ein 'Mix' aus Elementen mit unterschiedlicher Funktion und Varietätenzugehörigkeit, welche grundsätzlich auf standardsprachlicher Basis realisiert werden. Ein Teil dieser Mittel sind sachbezogen, entsprechen also dem "field" (Sachbereich) der Textsorte, andere spiegeln wiederum den "tenor" (Ton), also die soziokulturelle Einbettung der Textsorte und die Produzenten-Rezipienten-Beziehung wider.[15]

Sachspezifische Sprachmittel lassen sich einteilen in eine Anzahl von semantischen Feldern (z.B. "Band", "Musiker", "Instrumente", "Musikmachen", "Tonträger", "Musikstücke" u.a.), die sowohl fachsprachliche Einheiten als auch Fachjargonismen enthalten. Einige lexikalische Äquivalenzen in diesem Bereich werden kurz diskutiert.

Fachsprachliche *Tonträgerbezeichnungen* sind im Korpus teilweise international gleich, teilweise einzelsprachspezifisch. Gemeinsamkeiten sind bei englischen Bezeichnungen wie *Demo* 'Erstaufnahme zum Zweck der Bekanntmachung' und *Split* 'von zwei Gruppen geteilter Tonträger' zu ver-

---

[15] "Field" und "tenor" im Sinne der britischen Registerlinguistik, vgl. z.B. Spillner (1987), Gläser (1990:52-54) sowie die Textsortenanalyse von Ghadessy (1986).

zeichnen. Unterschiede betreffen eine Vorliebe des Deutschen für Anglizismen (*Tape, Single, LP, Sampler*), während frz. Schreiber für das gleiche Denotat auf die Nationalsprache zurückgreifen (*K7, 45 tours, 33 tours, compile*). Eine Gemeinsamkeit beider Musikjargons ist der Rückgriff auf metaphorische Lexik für zentrale Sachverhalte (z.B. *Scheibe = galette* 'Schallplatte', *fette Gitarren = grosses guitares*). Auch Metonymien wie *Vinyl* 'Schallplatte' sind in beiden Sprachen zu finden. Darüber hinaus können deutsche Archaismen frz. Neologismen entsprechen (*Klampfe = gratte* 'Gitarre') und wo das Deutsche eine Neubildung (*Mucke*) oder ein Kurzwort (*Musi, Konzi*) verwendet, gilt im Französischen eine Verlan-Form (*zikmu, cerkon*) oder ebenfalls ein Kurzwort (*zique*). In beiden Sprachen finden sich zahlreiche englische Bezeichnungen für Musikstile, Spielweisen (z.B. frz. *speed/speedé* = dt. *speedig*), Musikstücke (*track*) usw.

Weitere Äquivalenzen lassen sich auf Wortbildungsebene feststellen. Nomina agentis aus engl. Musikstilbezeichnungen werden im Dt. direkt entlehnt oder durch das Suffix *-er* integriert: *Rapper, Metal/Metaller, Punk/Punker, Ziner*. Im Französischen werden sie durch die Suffixe *-eur* (*rappeur, zineur*) *-os/-eux* (*metallos* und *metalleux*)[16] oder durch Verlanisierung (*punk > keupon*) integriert. Aus Bandnamen abgeleitete Adjektive werden im Dt. auf *-ig* im Frz. auf *-ien* gebildet, z.B. *Ramones-mäßiger Punkrock* vs. *un rien Ramonien*.

Wie bereits erwähnt sind die Texte beider Sprachen von einer ausgeprägten Tendenz zur konzeptionellen Mündlichkeit gekennzeichnet. Bekanntlich ist der Grad an konzeptioneller Mündlichkeit soziolinguistisch bedingt (vgl. Nübling 1992 am Beispiel der Verschriftung von Verschmelzungsformen). Da sich Fanzines am informellsten Ende des Medienkontinuums befinden, treten in ihren Texten Elemente auf, die in anderen Medien (und anderen Besprechungssorten) weit weniger oder überhaupt nicht zu finden sind. Plattenkritiken in beiden Sprachen enthalten z.B. sprechsprachliche Satzkonstruktionen, vgl. die Beispiele (19a), (21a), und Gesprächswörter, vgl. (1a, b), (3a, b), (10a), (11a), (14b), (22a), (24b), (26b), (31b). Diese Elemente übernehmen auch textsortenspezifische Aufgaben: sie werden funktionalisiert, d.h. regelmäßig genutzt, um Teilhandlungen zu erfüllen (z.B. expressive Einwortsätze als Gesamteinschätzungen) oder um

---

[16] *Metaleux* wird im Singular und im Plural verwendet: *les Death Metaleux* (VI); *exité comme un pou sur la tête d'un Metalleux* (VI).

textuelle Kohärenz herzustellen, so z.B. bei Gliederungssignalen der Mündlichkeit, die Grenzen zwischen Teilhandlungen markieren. Ähnliches gilt für den zahlreich auftretenden umgangs-, jugendsprachlichen und argotischen Wortschatz. Vergleichende Beispiele hierfür sind sowohl einzelne Ausdrücke (z.B. dt. *nicht mein Ding* = frz. *c'est pas mon truc*) als auch ausgedehnte Synonymreihen, wie z.B. Verben des Gefallens (frz. *ça m' accroche, ça m'allume, ça me botte, ça me tue, ça me craque, ça me branche*, dt. *es geht rein, es läuft rein, es knallt rein, es kommt gut, es killt, es rult*). In den Plattenkritiken dient dieser Wortschatz dazu, Bewertungen und Einstellungen zu vermitteln. Die "involvierte Sprache" (Ghadessy 1986) der Plattenkritiken, d.h. ihre Sprachmittel der subjektiven Meinungsäußerung und Expressivität, sind also hauptsächlich nicht standardsprachlich.

Ein in kontrastiven Textsortenanalysen üblicherweise unbeachteter Bereich mikrostruktureller Variation ist die Schreibweise. Sie soll jedoch an dieser Stelle besprochen werden, denn deutsche und französische Fanzines haben ein besonders auffälliges Schriftbild, das sie von kommerziellen Jugendmagazinen sowie von der Mainstreampresse unterscheidet. Unkonventionelle Verfahren graphematischer Variation, die in Plattenkritiken beider Sprachen erscheinen, sind Graphemsubstitutionen (z.B. dt. <x> statt <gs> wie in *Sonx, Zeux*, frz. <k> statt <c/qu(e)>, wie in *kronik; disk, rubrik, mélodiks*) und phonetische Schreibungen von textsortenspezifischen Anglizismen (dt. *Winül* 'Vinyl' und *Blählist* 'Playlist', frz. *Taupe 10* 'top 10', *niouzes* 'news', *plaie liste* 'Playlist'). Noch häufiger als diese tritt in den Plattenkritiken die Verschriftung alltagssprachlicher phonetisch-phonologischer Phänomene auf.[17] Eine übereinzelsprachliche Tendenz ist dabei die Verschriftung schwacher Formen und des Schwunds unbetonter Vokale. Die häufigsten Verschriftungen in den deutschen Texten sind die Reduktion des Indefinitartikels, vgl. Bsp. (6a), der Wegfall des auslautenden -e beim Verb (27a) und verschiedene Verschmelzungen (3a, 21a). Im Französischen finden sich am häufigsten die Elision des *e muet* bei Einsilbern (z.B. *ça m'botte bien; très stressant c'truc*), Elisionen unbetonter Vokale in anderen Lexemen (26b) und die Reduktion des [y] beim Pronomen *tu*: *C'est le genre*

---

[17] Der Literatur nach gehören die in deutschen Texten verschrifteten Phänomene der überregionalen standardnahen Umgangssprache, aber auch regionalspezifische Phänomene kommen vereinzelt vor. Die französischen Verschriftungen repräsentieren nach Koch/Oesterreicher (1990) fast ausschließlich genuin sprechsprachliche Phänomene, anderen Autoren zufolge (Gadet 1992:30, Müller 1985:226,251) auch diaphasische und z.T. diastratische Phänomene. Vgl. zum Thema auch Luzzatti (1990).

de truc qui faut qu´t´écoutes le matin pour te reveiller quoi (BA). Interessant ist außerdem die Verschriftung phonetischer Phänomene, die zwar strukturell nicht direkt vergleichbar sind, jedoch einen vergleichbaren Stellenwert als Normabweichungen haben, und zwar der *R*-Vokalisierung (z.B. für 'ne *Maak*) und der Liaison (z.B. *dans les zoreilles*; *y z´ont pas mal d´ imagination*). Beide Phänomene sind sprechsprachlich regelhaft, standardschriftsprachlich jedoch inexistent und lassen sich daher als Ausprägungen des gleichen Prinzips einstufen. Allerdings erscheinen derartige Verschriftungen viel häufiger in den deutschen Plattenkritiken als in den französischen. Die Gründe hierfür sind primär in der starken Divergenz zwischen dem phonischen und dem graphischen Code des Französischen zu suchen. Noch mehr als im Deutschen ist im Französischen die Verschriftung von Reduktionsphänomenen an Dialogizität (Verschriftungen erscheinen häufiger in Interviews und narrativen Konzertberichten als in Besprechungen) und an Subjektivität gebunden (die häufigsten Verschriftungen betreffen Personalpronomina). Insgesamt scheinen sich die Schreibkonventionen deutscher und französischer Fanzines dahingehend zu unterscheiden, daß Verschriftungen der Alltagsphonologie nur in extrem normfernen französischen Fanzines regelmäßig vorkommen, während sie in deutschen Fanzines eine übergreifendere Konvention darstellen.

5   Schlußfolgerung

Aus der Untersuchung geht eine Reihe von frappierenden Übereinstimmungen in der Vertextung der Textsorte Plattenkritik in deutschen und französischen Jugendmagazinen hervor. Auf makrostruktureller Ebene habe ich an mehreren Beispielen gezeigt, daß textsortenspezifische Teilhandlungen (Stileinordnung, Kaufempfehlung, Gesamteinschätzung) auf äquivalente Weise realisiert werden. Dies geschieht dadurch, daß äquivalente semantisch-syntaktische Muster ausgewählt und sogar mit äquivalenten lexikalischen Einheiten gefüllt werden. Die dadurch entstehenden deutschen und französischen teiltextspezifischen Formulierungen ähneln sich bis zum Wortlaut, so daß die angeführten Beispielpaare stellenweise wie ein zweisprachiges Glossar wirken dürften. Auf mikrostruktureller Ebene habe ich gemeinsame Tendenzen im Aufbau des textsortenspezifischen Fachwortschatzes (semantische Verfahren, Anglizismen, Wortbildungsmittel) sowie in der Beschaffenheit und textuellen Funktion von Elementen konzeptioneller Mündlichkeit dargestellt. Selbst auf der Ebene der Schreibweise konnten äquivalente Verfahren (Graphemsubstitutionen, phonetische Schreibungen von Anglizismen) und Tendenzen (Verschriftung der Reduktion unbetonter Vokale, der R-Vokalisierung und der Liaison) festgestellt werden.

Diese Daten bieten einen Nachweis dafür, daß die eingangs erwähnte Grundthese der kontrastiven Textologie auch für die hier untersuchte Realisierung des traditionellen Texttyps 'Besprechung' gilt: Die vergleichbaren Kommunikationsbedingungen in deutschen und französischen Fanzines (vgl. Abs. 2) spiegeln sich in textsortenspezifischen Konvergenzen wider. Allerdings ist damit die Frage, welche außersprachlichen Faktoren für welche textuellen Konvergenzen ausschlaggebend sind, noch nicht präzise beantwortet worden. Daher möchte ich in diesem abschließenden Abschnitt zwischen drei Faktorenbündeln unterscheiden und ihnen die festgestellten Sprach- und Textmittel zuweisen.

Obwohl in dieser Untersuchung keine Vergleichsdaten aus anderen Besprechungstypen analysiert wurden, scheint es doch festzustehen, daß ein Teil der festgestellten Gemeinsamkeiten auf konstitutive Merkmale der Textsortengruppe 'Besprechung' zurückgehen. Die historisch gewachsene Texthandlung des Besprechens verfügt in Medien der westlichen Kultur über ein grundlegendes Textmuster, das den logisch-konzeptionellen Aufbau der Texthandlung widerspiegelt. So wurde festgestellt, daß sich die Teilhandlungen der Plattenkritik von denen anderer Besprechungstypen grundsätzlich nicht unterscheiden (Abs. 2, Abs. 3.1). Daraus folgt, daß die "gruppenspezifische Gestaltung von Texten" (Schlieben-Lange 1989) nicht das grundlegende funktional-strukturelle Profil einer Textsorte betrifft, sondern vielmehr deren Oberflächengestaltung. Übereinzelsprachliche Konvergenzen auf dieser Ebene sind wiederum von zwei Faktorenbündeln geprägt.

Das erste ist das soziokulturelle Profil der Kommunikationspartner und der Medien, in denen die untersuchte Textsorte erscheint. Wir haben gesehen, daß Fanzines von jungen Leuten außerhalb des kommerziellen Jugendmedienmarktes produziert und von kleinen Gruppen gleichgesinnter Leser rezipiert werden. Erst aus dieser Konstellation ergibt sich m.E. ein wesentliches gemeinsames Kennzeichen der untersuchten Texte, nämlich ihre für eine Gebrauchstextsorte extreme Orientierung an konzeptioneller Mündlichkeit. Wichtig ist, daß Elemente konzeptioneller Mündlichkeit in den Plattenkritiken nicht nur einen sozialsymbolischen Stellenwert haben, sondern auch als text-sortenspezifische Mittel funktionalisiert werden. Die typische Erscheinungsstelle von jugendsprachlichen Wertausdrücken am Anfang und Ende des Textkörpers (vgl. 3a, b, 30a, b) stimmt zum einen mit

Tendenzen anderer Besprechungstypen überein (Ripfel 1989:43, Gläser 1990:201), zum anderen mit dem Befund von Heinemann (1990), daß jugendspezifische Realisierungen konventioneller Textsorten in ihren Rahmenstrukturen markiert sind. Darüber hinaus sind die vergleichbaren Kommunikationsbedingungen ausschlaggebend für bestimmte Formulierungen, die das besondere Rollenverständnis der jugendlichen Schreiber verdeutlichen. Die Selbstrelativierung der Expertenrolle des Besprechers (Abs. 2, Abs. 3.2) und die parodistische oder übertriebene Erfüllung von Teilhandlungen, besonders der Kaufempfehlung (Abs. 3.4) zeigen, daß die jungen, nichtprofessionellen Schreiber ihre temporäre Expertenrolle mit Spaß ausleben.

Der zweite Faktor ist die Bezugnahme der jugendlichen Schreiber auf subkulturelle Medien und Wissensbestände und ihr vergleichbarer Niederschlag in die Vertextung. Der entscheidende Anlaß ihrer Schreibtätigkeit ist ihr subkulturelles Engagement, das Thema dieser Schreibtätigkeit ein international verfügbares Kulturangebot. Diese Ausgangslage zeigt sich natürlich im sachspezifischen Musikwortschatz, der in beiden Sprachen zu einem guten Teil aus Anglizismen bzw. Internationalismen besteht, aber nicht nur dort. Die Schreiber versuchen, ihre kulturellen Bezugspunkte auf verschiedenartige Weisen zu kodieren, die über die rein referentiellen Bedürfnisse hinausgehen (vgl. auch Androutsopoulos i.D.). Ein Beispiel hierfür bieten die wohl von englischsprachigen Musikmedien übernommen Formeln und Slogans, die hier als Stileinordnungen, Kaufempfehlungen und Gesamteinschätzungen auftauchen. Auch die metaphorischen Konzepte der Musikbeschreibung, bei denen erstaunliche Ähnlichkeiten zum Ausdruck kommen, sind nicht vollkommen freie Erfindungen der deutschen und französischen Schreiber, sondern werden genauso in den von ihnen besprochenen Tonträgern sowie in englischspachigen Musikmedien verarbeitet.

Zusammenfassend möchte ich noch einmal die Bedingungen festhalten, die in ihrer Zusammenwirkung zu analytisch faßbaren, übereinzelsprachlichen Ähnlichkeiten in der Textorganisation führen. *Erstens*, die funktionalen und makrostrukturellen Konstanten der Textsorte an und für sich, welche die Grundlage für gruppenspezifische Konvergenzen in Teiltexten und ihren Formulierungsmustern bilden; *zweitens*, die situativen Bedingungen der spezifischen Textsortenrealisierung, in unserem Fall das soziale Alter der Kommunikationspartner und der Ingroup-Charakter der Medien, die sich auf den Grad der konzeptionellen Mündlichkeit und das Rollenverständnis der Schreiber auswirken; und *drittens*, die Bezugnahme auf internationale kulturspezifische Wissensbestände und Wertesysteme, die sich u.a. in Formeln, Slogans und metaphorischen Konzepten äußert. Bei aller gebotenen Vorsicht und in der Gewißheit, daß detailliertere Analysen notwendig wären, geht daraus eine These hervor, die sich in kontrastiven Untersuchungen weiterer Textsorten aus dem weiten und bisher unzureichend erforschten Bereich der Unterhaltungsmedien überprüfen läßt.

Quellenabkürzungen.

Angegeben werden Name, Ausgabenummer, Erscheinungsort und -jahr der Fanzines.

Deutsch: BD=Breakdown 7&8, Freiberg, 1992; CO=Confrontation 3&4, Ludwigshafen a.r., 1992; FD=Flex's Digest 9, Wien, 1992; GG= Gags'n'Gore 7&9, Bremen, 1992&1993; GL=Gallows 2, Konstanz, 1992; PP=Plastic Population 8, Paderborn, 1993; RZ=Rote Zora 3, Bad Dürkheim, 1992; SB=Stilbruch 1, Ebertheim/Pfalz, 1993; SF=Scumfuck Tradition 20, Duisburg, 1992; SI=Sick 3, Freiberg, 1992; TK=Teenage Kicks 1, Lippetal, 1993; TR=Trust 32, Augsburg, 1992; UT=Untertage 1, Iserlohn, 1992; VA=Various Artists 3, Leverkusen, 1993.

Französisch: AC=Accords et à Cris 3, Grenoble, 1993; BA=Bakalao 3, Bouffémont, 1992; EQ=Earquake 24, Le Thillot, 1992; FI=Fiesta 2, Evry, 1992; NM=No Man's Land 6, Tours, 1993; OA=On a Faim, St. Etienne, 1991; TE= La Tentacule 1, Bernay, 1993; VI=Violence 7/8, St. Etienne, 1992; Y=Y 20, Paris, 1992; ZO=Zomba 4, St. Etienne, 1992.

Literatur

Adamzik, K. (1995), *Textsorten - Texttypologie. Eine kommentierte Bibliographie*, Münster.
Albrecht, J. (1981), "Zazie dans le métro italienisch und deutsch. Zum Problem der Übersetzung von Texten großer sozio-stilistischer Variabilität", in: Pöckl, W. (ed.): *Europäische Mehrsprachigkeit*, Tübingen, 311-328.

Ammon, U./N. Dittmar/K.J. Mattheier (edd.) (1987/1988), *Soziolinguistik. Ein internationales Handbuch zur Wissenschaft von Sprache und Gesellschaft*. 2 vols, Berlin, New York.

Androutsopoulos, J.K. (1996), *Jugendsprache und Textsorten der Jugendkultur*, Diss. Univ. Heidelberg.

Androutsopoulos, J.K. (1997), "Mode, Medien und Musik: Jugendliche als Sprachexperten", in: *Der Deutschunterricht* 6/97, 11-20.

Androutsopoulos, J.K. (i.D.), "Displays of subcultural identity in mediated (printed) discourse", in: Verschueren, J. (ed), *Language and Ideology: Selected Papers from the 6th International Pragmatics Conference*, Vol. 1, Antwerp: IPrA.

Arntz, R. (1990), "Überlegungen zu Methodik einer Kontrastiven Textologie", in: Arntz, R./G. Thome (edd.), *Übersetzungswissenschaft. Ergebnisse und Perspektiven*, Tübingen, 393-404.

Fiedler, S. (1992), "Die pädagogische Rezension im Englischen und im Esperanto", in: Baumann, D./H. Kalverkämper (edd.), *Kontrastive Fachsprachenforschung*, Tübingen, 147-161

Fix, U. (1998), "Die erklärende Kraft von Textsorten", in: *Linguistica* XXXVIII:1, 15-27.

Gadet, F. (1992), *Le français populaire*, Paris.

Ghadessy, M. (1986), "The language of written sports commentary: soccer - a description", in: id. (ed.), *Registers of written English: Situational Factors and Linguistic Features*, London/New York, 17-51.

Gläser, R. (1990), *Fachtextsorten im Englischen*, Tübingen.

Hartmann, R.R.K. (1981), "Contrastive Textology and Translation", in: Kühlwein, W./G. Thome/W. Wilss (eds.), *Kontrastive Linguistik und Übersetzungswissenschaft*, München, 200-208.

Heinemann, M. (1990), "Varietäten und Textsorten - eine Annäherung", in: Mackeldey, R. (ed.): *Textsorten/Textmuster in der Sprech- und Schriftkommunikation*, Leipzig, 54-60.

Heinemann, W./D. Viehweger (1991), *Textlingustik. Eine Einführung*. Tübingen.

Jokubeit, W. (1980), *Das Erörtern in der Rezension*, Unveröff. Diss., Dresden.

Koch, P./W. Oesterreicher (1990), *Gesprochene Sprache in der Romania*, Tübingen.

Lau, T. (1992), *Die heiligen Narren. Punk 1976-1986*, Berlin/New York.

Luzzatti, D. (ed) (1990), *L'oral dans l'écrit, Langue Française 89*, Paris.

Müller, B. (1985), *Le français d'aujourd'hui*, Paris.
Neumann J. (ed.) (1997), *Fanzines. Wissenschaftliche Betrachtungen zum Thema*, Mainz.
Nübling, D. (1992), *Klitika im Deutschen: Schriftsprache, Umgangssprache, alemannische Dialekte*, Tübingen.
Oldenburg, H. (1992), *Angewandte Fachtextlinguistik. 'Conclusions' und Zusammenfassungen*, Tübingen.
Radtke, E. (1984), "Die Übersetzungsproblematik von Sondersprachen - am Beispiel der portugiesischen, französischen und italienischen Übertragungen von Christiane F. - Wir Kinder vom Bahnhof Zoo", in: Holtus, G./E. Radtke (edd.): *Umgangssprache in der Iberoromania*, Tübingen, 61-80.
Ripfel, M. (1989): *Wörterbuchkritik. Eine empirische Analyse von Wörterbuchrezensionen*, Tübingen.
Rolf, E. (1993), *Die Funktionen der Gebrauchstextsorten*, Berlin/New York.
Sandig, B. (1989), "Stilistische Mustermischungen in der Gebrauchssprache", in: *Zeitschrift für Germanistik*, 10, 133-150
Schlieben-Lange, B. (1988), "Text", in: Ammon/Dittmar/Mattheier (edd.), vol. 2, 1205-1216.
Scholz, A. (1998), "[rɛp] oder [rap]? - Aneignung und Umkodierung der Hip-Hop-Kultur in Italien", in: Androutsopoulos, J.K./A. Scholz (edd.), *Jugendsprache - langue des jeunes - youth language. Linguistische und soziolinguistische Perspektiven*, Frankfurt a.M., 233-258.
Scholz, A. (i.D.), "Uso e norma della 'lingua dei giovani' in base a tipi di testo informali", in: Bernhard, G. (ed.), *Norme linguistiche e generazioni* [Arbeitstitel], Beihefte Italienisch.
Spillner, B. (1987), "Style and Register", in: Ammon/Dittmar/Mattheier (edd.), vol. 1, 273-285.
Zillig, W. (1982), "Textsorte 'Rezension'", in: Detering, K./J. Schmidt-Radefeldt / W. Sucharowski (edd.), *Sprache erkennen und verstehen. Akten des 16. Linguistischen Kolloquiums*, vol. 2, Tübingen, 197-210.

KONTRASTIVE TEXTOLOGIE UND KORPUSANALYSE
Am Beispiel von Bedienungsanleitungen

(JENNY BRUMME, Barcelona)

1 Kurze Bilanz und Problemstellung

Bedienungsanleitungen (BDA) sind für die Beschreibung von Textsorten keine Unbekannte mehr. Sie sind im Deutschen unter mehreren Aspekten untersucht und charakterisiert worden, einmal in Form von Lehrbüchern für Technische Redakteure (Beimel/Maier 1986; Werner/Heyne 1987; Zieten 1990; Kösler ^{2}1992), zum anderen aus der Sicht der Leseforschung (kognitiven Psychologie; Kösler ^{2}1992) und der Textlinguistik selbst (Grosse/ Mentrup 1982; Saile 1984; Ehlich/Noack/Scheiter 1994). Mit dem Buch "Testi i macchine. Una ricerca sui manuali di istruzioni per l'uso" legte eine Gruppe italienischer Linguisten um Serra Borneto 1992 eine detaillierte Analyse des Textmusters vor. Unter Verweis auf diese Arbeiten, der Spezifika dieser zwischen Fachsprache und Gemeinsprache stehenden Textsorte entnommen werden können, möchte ich mich den Problemen zuwenden, die sich bei der Auswahl und Aufbereitung des Korpus ergeben. Die hier angestellten Überlegungen verfolgen ein konkretes Ziel: Für kontrastive Untersuchungen zu deutschen, katalanischen, spanischen und französischen Fachtexten soll ein Korpus zusammengestellt werden, das als Teilkorpus BDA umfaßt. Ich komme an anderer Stelle noch einmal darauf zurück.

Im folgenden möchte ich kurz Methoden und Korpora skizzieren, die in bisherigen kontrastiven Analysen zu BDA zugrundegelegt worden sind. Spillner schlug 1981 folgende Methoden kontrastiver Textologie vor, die - wie zu sehen sein wird - mit unterschiedlicher Konsequenz in den Studien angewendet werden: textlinguistischer Systemvergleich, Frequenz- und Normvergleich, textlinguistische Fehleranalyse, Übersetzungsvergleich, Paralleltextanalyse sowie Vergleich der normativen Rhetorik und Stilistik (Spillner 1981:240-243). Unter den Möglichkeiten der Paralleltextanalyse (Spillner 1981:241-243) tritt in ihrer Stringenz nur die Textsortenkontrastierung hervor, derzufolge die Konfrontierung mit einem Vergleichskorpus zunächst innerhalb einer Sprache erfolgen muß, um dann die interlinguale Kontrastierung zu ermöglichen (Spillner 1981:242).

Soweit mir bekannt, liegen kontrastive Untersuchungen zu den Sprachenpaaren Deutsch-Englisch, Deutsch-Italienisch und Deutsch-Portugiesisch vor. Die Untersuchungen zu englisch-deutschen BDA von Kußmaul (1990) und Göpferich (1995) basieren beide auf Paralleltexten, wobei Göpferich die Bedingung erfüllt, zunächst eine Reihe von Textsorten intralingual gegeneinander abzugrenzen, um die gewonnenen Daten dann für beide Sprachen gegenüberzustellen. Hervorzuheben ist ebenfalls, daß letztere Arbeit auf statistischen Auszählungen basiert. Die Korpora beider Untersuchungen sind mit Blick auf Arbeiten, die sich mit kulturspezifischen Aspekten von Fachsprache beschäftigen, relativ groß (vgl. Pöckl 1995).

Die deutsch-italienische Analyse führt Serra Borneto anhand von zwei Beispielen vor, die sich auf das gleiche Gerät (Bügeleisen) beziehen. Ihr komme ein exemplarischer Charakter bezüglich des vorgeführten Analyseverfahrens zu, das "auch auf größere Corpora übertragbar ist" (1996:178). Serra Borneto arbeitet jedoch vor dem Hintergrund der Forschungen seiner Gruppe. Der Beschreibung in "Testi i macchine" liegt insgesamt ein Korpus von 200 BDA zugrunde (1992:15; Auflistung 17-19), von denen einige ausgewählt wurden:

"Si è proceduto (...) a individuare all'interno del *corpus* quei testi che rivelassero maggior carattere di rappresentatività, che cioè esibissero le caratteristiche fondamentali e comuni al genere, per sottoporre questi ultimi ad analisi linguistiche" (Serra Borneto 1992:15).

Entsprechend dem Ziel der Forschungen, qualitative Aspekte der Textsorte herauszuarbeiten und quantitative zu vernachlässigen, wurde die Analyse von "oben nach unten" durchgeführt, d. h. vom Textmuster bis zu lexikalischen Besonderheiten:

"a. isolare un genere testuale all'interno di una determinata classe;
b. elaborare il modello di contesto comunicativo che ne è alla base;
c. analizzare i caratteri strutturali generali 'profondi' ricorrenti nel tipo di testo;
d. illustrare i caratteri di eterogenità che si presentano alla superficie dei testi;
e. individuare i tratti distintivi semantici e formali del genere;
f. esplicitare i dati macro- e microlinguistici alla luce dei caratteri testuali;

g. illustrare i problemi specifici legati al genere (quale per esempio i termini tecnici)" (Serra Borneto 1992:10).

D.h. das Vorgehen ist zunächst induktiv, die Individualisierung der Textsorte von vornherein festgelegt. Daneben bleibt festzuhalten, daß alle Texte italienisch sind, unter ihnen jedoch eine stattliche Anzahl von Übersetzungen aus anderen Sprachen. Es scheint, als ob den Merkmalen von BDA ein universaler Charakter zugesprochen wird, denn es wird nicht einmal erwogen, ob irgendwo kulturspezifische Unterschiede feststellbar sind.

Wenngleich die Forschungen nicht kontrastiv zu anderen Sprachen angelegt sind, spielt der Fakt, daß hier mit Übersetzungen gearbeitet wird, eine wesentliche Rolle. Ich will das an einem Beispiel skizzieren: In welchem Maße die Segmentierung von Operationen davon abhängt, welche Vorstellungen der Verfasser über die Vorkenntnisse der Benutzers hat, wird an folgenden zwei Textausschnitten vorgeführt. In einem Artikel von 1988 (Ciliberti/Giuliani/Puglielli/Serra Borneto 1988:270-271) stehen sich für die unterschiedliche Segmentierung einer Haupthandlung gegenüber:

1) Controllare il voltaggio prima di inserire la spina (Istruzioni per l'uso del frullatore De Bernardi).
2) Collegate il vostro Braun Multiquick soltanto alla corrente alternata (~) ed esaminate se la tensione della rete corrisponde alle indicazioni riportate sul fondo dell'apparecchio (Frullatore Braun Multiquick).

Wie leicht zu erkennen ist, handelt es sich bei letzterem Beispiel um eine Übersetzung. Im Artikel von 1996 finden wir beide wieder, nun aber mit dem deutschen Original:

Braun Multiquick
Anschließen
Schließen Sie Ihren Braun Multiquick nur an Wechselspannung (~) an und prüfen Sie, ob Ihre Netzspannung mit der Spannungsangabe auf der Bodenplatte des Gerätes übereinstimmt.
Das Gerät muß ausgeschaltet sein (Schalterstellung = 0), bevor Sie es an das Netz anschließen (Serra Borneto 1996:171).

Serra Borneto räumt nunmehr neben den Vorstellungen des Autors auch "kulturspezifische Textgestaltungsnormen" ein (1996:172). Er schlußfolgert:

> "Erfahrungsgemäß kann (...) behauptet werden, daß (...) die Gebrauchsanweisungen in deutscher Sprache eine stärkere Tendenz aufweisen, auf einer ziemlich artikulierten Segmentierung zu basieren" (Serra Borneto 1996:174).

Eine weitere Studie liegt mit "Bedienungsanleitungen im Sprachvergleich Italienisch - Portugiesisch - Deutsch" von Ebert/Hundt vor. Ihr Korpus basiert auf "ca. 50 BDA von *Haushaltsgeräten*, die exemplarisch für die hier beschriebenen Sprachen ausgewählt wurden" (Ebert/Hundt 1997:169). Übersetzungen und Paralleltexte werden nicht unterschieden. An zwei Stellen wird zumindest sinnfällig, daß damit Probleme entstehen. So einmal bei der Diskussion eines Übersetzungsfehlers in der Anrede (2. P. Sg. im Italienischen statt 2. P. Pl.; Ebert/Hundt 1997:177). An anderer Stelle wird unterstrichen, daß in Portugal abgefaßte Texte in der Anrede die Imperativform bevorzugen, während in Übersetzungen, besonders aus dem Deutschen, stärker der Infinitiv zur Realisierung direktiver Sprechakte verwendet wird (Ebert/Hundt 1997:178). Zwar beklagen die Autorinnen zurecht, daß entsprechend der Marktaufteilung in Europa kaum mehr Original-BDA auf portugiesisch produziert werden, die Beispiele zeigen aber zugleich, daß ein Nebeneinander von Übersetzung und Paralleltexten zur Verzerrung - wenn nicht sogar zur Verfälschung - der Analyseergebnisse führen kann. Es muß jedoch eingeräumt werden, daß das Ziel der Autorinnen nicht die Kontrastierung von Textsorten ist, sondern Ziel ist, "relevante textuelle, syntaktische und lexikalische Besonderheiten" der Fachtextsorte BDA herauszuarbeiten (Ebert/Hundt 1997:169). Frequenzuntersuchungen wurden ausgeklammert.

Im folgenden sollen einige Probleme bei der Zusammenstellung eines Korpus diskutiert werden, die sich für die einzelnen Analysemethoden stellen. Ich beschränke mich dabei auf die Paralleltextanalyse, den Übersetzungsvergleich und die Fehleranalyse. Auf die Notwendigkeit, Textsorten innerhalb einer Sprache zu kontrastieren, um erst einmal grundlegende Unterschiede festzustellen, gehe ich nicht ein. Das Projekt baut jedoch insgesamt auf dieser Bedingung auf.

2 Paralleltextanalyse

Speziell bei den BDA ergeben sich, wie schon andeutungsweise zu sehen war, für die Paralleltextanalyse besondere Schwierigkeiten. BDA sind eine Textsorte, die sehr verbreitet ist und wahrscheinlich weitaus häufiger als Übersetzung vorliegt als in der Ausgangssprache. Das spiegelt sich sehr deutlich an den hier näher betrachteten BDA zu Elektro- und Haushaltgeräten wider. Einerseits ist einer Reihe von BDA kaum anzumerken, daß es sich um Übersetzungen handelt (z. B. bei Sony), andererseits dominieren bestimmte Ausgangssprachen - so Englisch, Deutsch und Französisch - entsprechend der Marktbeherrschung der Herstellerfirmen (z. B. Moulinex, Tefal; Siemens, AEG). Es ist nicht nur festzustellen, daß man schon jetzt für das Portugiesische kaum mehr Ausgangstexte findet (Ebert/Hundt 1996:178), sondern auch im Spanischen nehmen Originaltexte immer mehr ab. Darüber hinaus existiert in anderen Sprachen wie dem Katalanischen die Textsorte überhaupt nicht. Bisher habe ich eine einzige Gebrauchsanweisung nachweisen können (zu dem in Barcelona hergestellten Toaster). Die Schwierigkeit, in den einzelnen Sprachen die entsprechende Textsorte ausfindig zu machen, könnte jedoch - nach Spillner - durch den situationsäquivalenten Textvergleich überwunden werden (1981:242). Für das Katalanische mußten also für einen Vergleich mit dem Französischen, Spanischen und Deutschen andere Textsorten mit Anweisungscharakter herangezogen werden.

Ein zweiter Aspekt muß berücksichtigt werden, wenn ein synchroner Schnitt für die Analyse vorgenommen werden soll. Wie schon für das Deutsche festgestellt wurde (Kösler 1992:15-18), macht die Textsorte BDA einen Wandel durch. Auch für spanische BDA läßt sich ein älterer *beschreibender* Typ nachweisen, der - entsprechend der von Göpferich vorgeschlagenen Makrostruktur - einerseits mehr Teile (Glückwunsch, positive Darstellung des Produkts, umfangreiche technische *Beschreibung* des Geräts) enthält (s. Otsein), andererseits eine andere Abfolge der Subtexte aufweist. Daneben steht ein moderner Typ, der den Bedürfnissen des "unsystematischen" und "ungeduldigen Lesers" Rechnung trägt (Ehlich et al. 1994:121) und die Funktionsweise stärker über Bild-Text-Zuordnung erklärt (s. Ufesa). Neue BDA beschränken sich zum größten Teil auf die Abschnitte im Hauptteil und einige Zusatzinformationen.

Makrostruktur nach Göpferich (1995:283)	Otsein. Instrucciones para el uso de la lavadora superautomática DL-204 E	Ufesa. Instrucciones de uso. Freidora FR-1651 (Vitoria)
A Bibliographische und Werksangaben B Allgemeine Hinweise C Haupttext C.1. Technische Daten C.2. Sicherheitshinweise C.3. Inbetriebnahme C.4. Bedienung C.5. Wartung und Pflege C.6. Behebung von Störungen D Zusatzinformationen	A Delegaciones B Allgemeine Hinweise Glückwunsch Positive Darstellung des Produkts und des Produzenten C Haupttext C.1. Technische Daten / **Características técnicas** C.3. Inbetriebnahme / Instalación y puesta en servicio (enthält C.2. Sicherheitshinweise) D Zusatzinformationen / Consejos para preparar la colada C.4. Bedienung C.4.1. **Particularidades de funcionamiento** C.4.2. **Funcionamiento** C.3. Inbetriebnahme / Puesta en marcha C.4.3. **Programas más comunes** C.5. Wartung und Pflege / Conservación (enthält: C.6. Behebung von Störungen / Verificaciones)	A - B - C Haupttext C.1. **Bild** - nummerierte Bezeichnungen der Geräteteile C.3. Inbetriebnahme / Conexión a la red C.2. Sicherheitshinweise / Notas importantes C.3. Inbetriebnahme / Puesta en funcionamiento (enthält: C.4. Bedienung) C.5. Wartung und Pflege / Limpieza D Zusatzinformationen / Consejos prácticos C.6. Behebung von Störungen / Anomalías más comunes (Tabelle)

Schon an dieser Stelle wird deutlich, daß ein Korpus nicht zu schmal sein darf, um eben solche Phänomene des Wandels "auffangen" zu können.

Trotz all dieser Schwierigkeiten scheint mir die Paralleltextanalyse grundlegend. Auch wenn Ebert/Hundt im Zuge der europäischen Integration kulturspezifische Merkmale in der Textsorte BDA schon fast totsagen, sind diese m. E. noch zu entdecken. So habe ich in einem ersten Überblick feststellen können, daß in französischen (und englischen; Göpferich 1995:285) Ausgangstexten dem Käufer überwiegend dafür gedankt wird, das Produkt einer bestimmten Firma gekauft zu haben:[1]

---

[1] Dem entspricht in den Übersetzungen aus dem Französischen ein Glückwunsch: "Herzlichen Glückwunsch / Wir beglückwünschen Sie zum Kauf ..." (Moulinex). Amerikanische Firmen danken den deutschen Kunden dagegen für das Vertrauen in die Herstellerfirma: "Sehr geehrter Kunde, wir danken Ihnen für Ihr Vertrauen, das Sie uns durch den Kauf ... entgegengebracht haben" (Teledyne Waterpik).

Merci d'avoir choisi un électroménager de la gamme Moulinex (Moulinex Perfecttoast).
Moulinex vous remercie d'avoir choisi un appareil de sa gamme (Moulinex Bouilloire L13).
Nous vous remercions d'avoir choisi un appareil de la gamme Moulinex (Moulinex Moulinette).

In deutschen Texten sind diese Formulierungen anscheinend unüblich (Göpferich 1995:285). Dagegen erscheint an dieser Stelle eher eine positive Darstellung des Produkts, die in den französischen Anleitungen nach dem Dank folgt:

Unsere Produkte wurden hergestellt, um höchste Ansprüche an Qualität, Funktionalität und Design zu erfüllen. Wir wünschen Ihnen mit Ihrem neuen Braun Gerät viel Freude. (Braun Citromatic compact MPZ 6 Zitruspresse).

Für das Spanische läßt sich auf einer unzureichenden Grundlage von acht Originaltexten noch keine genaue Tendenz ausmachen. Bisher sind vier Möglichkeiten nachweisbar:

Dank für Vertrauen
Le agradecemos su confianza al haber elegido un aparato ...
Dank
Le agradecemos que se haya decidido por un aparato ...
Gracias por elegir ...
Glückwunsch
Enhorabuena por haber comprado ...
Produktdarstellung
Vd. ha adquirido una lavadora de tecnología punta para el lavado de la ropa, ampliamente experimentada en nuestros laboratorios y homologada en los Institutos Europeos más importantes (Balay Waschmaschine).

Die Beispiele mögen genügen, um aufzuzeigen, wie schwierig die Zusammenstellung eines Korpus von Paralleltexten ist. Deshalb ist es um so wichtiger, sich diesen Schwierigkeiten bewußt zu stellen. Paralleltextanalyse und Übersetzungsvergleich sollten nicht vermengt werden, sondern als zwei verschiedene Methoden mit unterschiedlicher Reichweite der Ergebnisse angewendet werden. Darüber hinaus erscheint es mir wünschenswert, ein Korpus nicht nur auf einer Mindestmenge von Texten und Textsorten aufzubauen, sondern zu versuchen, eine überschaubare Quantität zugrundezulegen und diese auf Datenbasis mit Hilfe von statistischen Verfahren auszuwerten.

Das Projekt des *Institut de Lingüística Aplicada* der *Universitat Pompeu Fabra* ist in diesem Sinne dabei, ein Korpus geschriebener Fachtexte für die Sprachen Englisch, Französisch, Deutsch, Spanisch und Katalanisch aufzubauen (vgl. Bach et al. 1997). Zunächst werden die Bereiche Recht, Wirtschaft, Medizin, Umweltschutz und Informatik erfaßt - unter Mitarbeit von Spezialisten, die darauf achten, daß die einzelnen Subdisziplinen in ausgewogenem Maße repräsentiert sind. Danach werden die Texte, die möglichst auf Datenträger erworben werden, in einer ersten Phase markiert (Titel, Untertitel, typographische Auszeichnung, Fußnoten, Listen, Tabellen sowie alle Sonderzeichen in den einzelnen Sprachen, z. B. ç, ñ, l·l). In einer zweiten Phase werden Abschnitte und Sätze (automatisch) gekennzeichnet. Die dritte Phase umfaßt die eigentliche linguistische Auszeichnung mit a) der Markierung von Wendungen, Eigennamen, Abkürzungen usw., b) der morphologischen Analyse (Lemmatisierung und grammatische Etikettierung) mit Hilfe von denen am IULA erarbeiteten "analitzadors morfològics" und c) Desambiguisierung. In der nächsten Zeit werden die katalanischen und spanischen Subkorpora, die bereits die erwünschte Quantität von je 5 Millionen Wortformen erreicht haben, weiter syntaktisch, semantisch und pragmatisch ausgezeichnet.

Wie zu sehen ist, bildet die Auswahl, Bearbeitung, Aufbereitung und Auszeichnung eine arbeitsintensive und zeitaufwendige Etappe im Rahmen der Untersuchungen. Neben der Möglichkeit, das Korpus für den Fachsprachenerwerb zu nutzen, soll die Fachsprachenforschung mit Hilfe der Parallelisierung von Texten, von Wortindizes, Frequenzuntersuchungen, Bestimmung häufiger Kongruenzen vorangetrieben werden. Des weiteren sind Ergebnisse für die Terminologie, Neologie, Lexikographie, Computerlinguistik, Sprachstatistik zu erwarten oder auch Anwendungen möglich wie die Entwicklung von orthographischen Korrektoren und syntaktischen Analysatoren.

3 Übersetzungsvergleich und Fehleranalyse

Übersetzungsvergleich und Fehleranalyse sind ebenfalls wichtige Methoden, um Aufschlüsse zu erlangen oder Hypothesen aufzustellen über Kontraste zwischen den Texten bzw. Textsorten in den einzelnen Sprachen. Es gibt eine ganze Reihe von Beobachtungen, die sich anhand der BDA auf verschiedenen Ebenen vornehmen lassen. Sie reichen von Kulturspezifika und fehlenden oder hinzugefügten Textteilen über die Segmentierung des Textes bis hin zu pragmatischen, syntaktischen u.a. Eigenheiten, die sich in vielen Übersetzungen in Fehlern oder mitunter auch nur ganz subtilen Interferenzen widerspiegeln.

Als Beispiel für Kulturspezifik möchte ich anführen, daß in den meisten deutschen und französischen Texten zu Beginn oder am Ende von BDA Hinweise zur Entsorgung der Verpackung oder von ausgedienten Geräten erscheinen. In spanischen BDA hatten diese Hinweise bis vor kurzem keinen realen Hintergrund, da das Entsorgungssystem noch nicht so weit wie in Deutschland oder Frankreich ausgebaut ist. Der entsprechende Passus in den Übersetzungen ruft Befremden hervor. In ähnlicher Weise wird folgender Satz wahrgenommen, der im Deutschen und Französischen vollkommen normal anmutet:

> Bewahren Sie die Gebrauchsanweisung sorgfältig auf und geben Sie diese gegebenenfalls an Nachbesitzer weiter.
> Conservez soigneusement le mode d'emploi et donnez-le au prochain utilisateur au cas où l'aspirateur changerait de propriétaire!
> Por favor, guarde cuidadosamente las instrucciones para el uso *y entréguelas, en su caso, junto con el aparato si el mismo cambia de propietario*.
> Bewahren Sie die Gebrauchsanweisung sorgfältig auf und geben Sie diese ggf. an Nachbesitzer weiter.
> Conservez soigneusement le mode d'emploi et remettez-le éventuellement au nouveau propriétaire de cet appareil.
> Guarde bien estas instrucciones de uso *y entréguelas, en su caso, al próximo propietario del aparato*.

Die Aufbewahrung und noch weniger Weitergabe von BDA ist in Spanien nicht üblich. Der zweite Teil des Satzes wird als Indiz für die Mentalität der

Herstellernation gewertet und als sehr pedantisch eingestuft. Er sollte - trotz seines erzieherischen Werts - eher nicht übersetzt werden.

Zu den pragmatischen Problemen gehört weiterhin die Realisierung direktiver Sprechakte mit den im Deutschen und in den romanischen Sprachen konkurrierenden Formen des Imperativs und Infinitivs. Grammatiken und linguistische Beschreibungen weisen den Infinitiv besonders als Möglichkeit aus, über die Aufforderungen realisiert werden, die nicht an bestimmte Personen gerichtet sind, sondern an eine Allgemeinheit (Chevalier et al. 1990:372; Griesbach 1986:365; Porto Dapena: 1989:153). Die Verteilung des Imperativs und des Infinitivs in Anweisungen ist jedoch anscheinend in den einzelnen Sprachen für die Textsorte und innerhalb der Textsorte in den einzelnen Textteilen ganz unterschiedlich. Wir haben hier ein gutes Beispiel dafür, wie über die Übersetzungsanalyse ein Problem erkannt wird, das jedoch nur über eine Kontrastierung von Paralleltexten gelöst werden kann.

Wie bereits mehrfach mit Hilfe von Paralleltexten festgestellt wurde (Kußmaul 1990:371-373; Göpferich 1995:323, 352) neigen deutsche BDA dazu, neben dem Imperativ (3. P. Pl.) besonders bei Anweisungen für die einzelnen Arbeitsschritte zur Inbetriebnahme und Bedienung den Infinitv zu benutzen. In den mir zugänglichen französischen Ausgangstexten stehen vorwiegend im Imperativ (2. P. Pl.) abgefaßte BDA (vor allem Moulinex) solchen gegenüber, die nur den Infinitiv gebrauchen (vor allem Tefal). Es scheint, daß beide Möglichkeiten frei konkurrieren. Im Italienischen wird anscheinend stärker der Imperativ (2. P. Pl.) benutzt (Serra Borneto 1996:176), während im Portugiesischen (Ebert/Hundt 1996:178) und Spanischen der Imperativ ganz eindeutig überwiegt. Ein Blick auf einige spanische Ausgangstexte zeigt für die Teiltexte mit Anweisungscharakter deutlich, daß der Infinitiv vollkommen unterrepräsentiert ist:

Cafetera Imperial (Barcelona) **Para hacer café** Compruebe que la cafetera ... Llene la jarra ... Coloque el filtro ... Gire el portafiltro ... Coloque la jarra ... Pulse el interruptor ... ... deje la jarra sobre la placa ...	Sandwichera Solac **Instrucciones de uso** Prepare el pan de molde ... Aplique una fina capa de mantequilla ... Cierre la sandwichera y acciones la pletina de cierre. Conecte el aparato ... Prepare los sandwiches ... Transcurridos unos minutos ... introduzca ...	Ufesa Instrucciones de uso. Freidora FR-1651 (Vitoria) **Puesta en funcionamiento** Abra la tapa ... Llene el aceite ... Seleccione la temperatura Cuando el piloto del termostato se haya apagado, coloque los alimentos ... Compruebe de vez en cuando cómo ... ... desconecte la clavija ...
Cafetera Imperial (Barcelona) **Notas importantes** No sumerja el cordón ... en agua ... Evite que se acerquen los niños ... Deje enfriar ... No coloque la jarra ... No limpie ... No caliente ...	Sandwichera Solac **Atención** Lea estas instrucciones ... No conecte el aparato ... Verificar que la base del enchufe disponga ... Antes de utilizar ..., limpie ... No raspe nunca las placas. Manténgase fuera del alcance de los niños. No debe sumergir ni humedecer el aparato. No deje la sandwichera en funcionamiento sin vigilancia.	Ufesa Instrucciones de uso. Freidora FR-1651 (Vitoria) **Notas importantes** Leer detenidamente ... Se recomienda vigilar el aparato ... Evite mover ... No sumergir nunca el aparato en agua. Desconecte el aparato de la red ... Al desconectar la clavija nunca tire del cable ... No obstruya las rejillas ...

Die Feststellung, daß es sich um eine Interferenz handelt, wenn in aus dem Deutschen übersetzten spanischen und portugiesischen BDA überwiegend der Infinitiv verwendet wird (Cabrera Almarza 1997:30; Ebert/Hundt 1996:178), ist also vollkommen berechtigt. Allerdings kann auch der Infinitiv auftreten; es bleibt nur herauszufinden, welche Kriterien hier angelegt werden. Da der Übersetzungsvergleich, zu "Eins-zu-Eins-Entsprechungen sprachlicher Formen führt, antstatt zu einer Kontrastierung von Bündeln sprachlicher Realisierungmöglichkeiten" (Spillner 1981:241), liegt die Lösung des Problems einzig in der Paralleltextanalyse unter Anwendung statistischer Verfahren für die einzelnen Teiltexte.

Ein weiteres Problem auf pragmatischer Ebene stellt die Differenzierung der direktiven Sprechakte in den BDA dar. Übersetzungsvergleich und Fehleranalyse verdeutlichen Unterschiede, die nicht auf den ersten Blick zu erkennen, aber gerade auch im Übersetzungsunterricht für die einzelnen Sprachenpaare und Übersetzungsrichtungen nützlich sind. Die Möglichkeit, eine Anweisung oder eine Empfehlung mit Hilfe von Höflichkeitsformeln abzuschwächen oder höflicher zu gestalten, wird in einigen Übersetzungen falsch interpretiert. Mit unterschiedlichen Nuancen im Hinblick auf die Formalität und Höflichkeit haben wir im Deutschen und Französischen:

> *Bitte* lesen Sie alle im folgenden aufgeführten Informationen aufmerksam durch.
> *Veuillez* lire attentivement les informations mentionnées dans ce qui suit.
> *Bitte* lesen Sie diese Anleitung vor erstmaligem Gebrauch des Gerätes und heben Sie sie zu Nachschlagezwecken auf.
> Lire cette notice d'utilisation avant usage et la conserver pour référence ultérieure.
> Bewahren Sie die Gebrauchsanweisung sorgfältig auf und geben Sie diese gegebenenfalls an Nachbesitzer weiter.
> Conservez soigneusement le mode d'emploi et remettez-le éventuellement au nouveau proriétaire de cet appareil.

In einigen spanischen Übersetzungen wird durch das dt. *bitte*, der direktive Sprechakt, als *bitten* übersetzt - ein Fehlgriff, da es sich nicht um eine im Interesse des Senders stehende Sprachhandlung handelt:

> Gebrauchsanweisung bitte vollständig durchlesen ...
> *Se ruega* leer detenidamente todas las instrucciones del modo de empleo ...
> Gebrauchsanweisung bitte sorgfältig durchlesen ...
> *Se ruega* leer cuidadosamente las instrucciones del modo de empleo ...

In Paralleltexten finden wir entweder nur den Imperativ oder Performativa für *Empfehlen*:

> Lea estas instrucciones para el uso y guárdelas.
> Lea estas instrucciones antes de poner la sandwichera en funcionamiento.
> Antes de utilizar por primera vez este contestador, lea atentamente este manual de instrucciones.
> Para obtener el máximo de rendimiento de su nuevo frigorífico, antes de instalarlo y utilizarlo lea con atención este libro.

Para conocer..., le *aconsejamos* que lea atentamente las páginas siguientes: ...

Unter diesen Umständen erscheinen alle Übersetzungen mit *por favor* als Interferenzen des in den deutschen Ausgangstexten gebrauchten *bitte*:[2]

> Por favor, lea atentamente todas las informaciones dadas a continuación.
> Por favor, guarde cuidadosamente las instrucciones para el uso
> Por favor, lea atentamente todas las informaciones de este folleto.
> Por favor, lea estas instrucciones antes de usar el instrumento y guárdelas para consulta futura.

Selbst wenn diese Beobachtungen nicht durch eine detaillierte Paralleltextanalyse gestützt werden, sind sie doch im Übersetzungsunterricht insofern nützlich, als damit zumindest vor einer zu nahe am Originaltext stehenden Übersetzung gewarnt werden kann. Im übrigen müßte die Tendenz des Deutschen, in Aufforderungen *bitte* zu gebrauchen, als Besonderheit schon aus dem Spracherwerb bekannt sein.

Die Übersetzungsanalyse ist ebenfalls sehr nützlich, um über Varianten ein Inventar für Realisierungsmöglichkeiten in den einzelnen Sprachen zu erarbeiten. Voraussetzung ist immer, daß die Übersetzung richtig ist. Wenn wir uns kurz unter den direktiven Sprechakten den des *Empfehlens* anschauen, stellen wir fest, daß sowohl im Deutschen als auch im Französischen ein Bündel von Möglichkeiten existiert, deren Verankerung und Frequenz in den einzelnen Teiltexten untersucht werden müßten:[3]

A) Deontische Hinweise
DEVOIR
devoir (Passiv)
> Certains aliments très humides <u>doivent être</u> panés (filets de poissons, viandes, etc.).

---

[2] Für eine höfliche Aufforderung stehen im Spanischen Wendungen wie *haga el favor* ... oder *sírvase* ... zur Verfügung. Letztere ist allerdings sehr gehoben und etwas antiquiert. Vgl. Antes de seguir leyendo sírvase desplegar las páginas ...; Haga el favor de leerlas y guardarlas (= las instrucciones de uso) ... (Geschirrspüler Favorit, AEG).

[3] Ich folge hier der Klassifizierung der sprachlichen Mittel zum Vollzug direktiver Sprechakte bei Göpferich (1995:322).

Sehr feuchte Lebensmittel sollten paniert werden (Fischfilet, Fleisch usw.) (Frittiergerät Tefal).

Une fois par an, la cuve doit être nettoyée à l'aide d'un produit spécial. Choisissez le cycle de lavage court.
Einmal pro Jahr sollte der Bottich mit einem speziellen Waschmittel während eines Spülgangs gereinigt werden. (Geschirrspüler F)

B) PERFORMATIVE
il est recommandé
Il est recommandé de vider le plateau ramasse-miettes à la fin de chaque séance de grillage.
Es wird empfohlen, das Krümelblech nach jedem Toastprozeß zu entleeren.

il est conseillé
Même si le sac à poussières ne vous semble pas plein, il est conseillé de changer le filtre car les pores de la surface du filtre peuvent être déjà bouchés par de la poussière fine.
Auch wenn dann der Papierfilter nicht gefüllt erscheint, so sollte ein Wechsel des Filters erfolgen, da bereits durch Feinstaub die Poren der Filteroberfläche verstopft sind.

il convient
Il convient d'introduire les petits vêtements dans un sac en maille.
Kleinere Wäschestückchen sollten in einem Netzbeutel gewaschen werden (Waschmaschine Balay).

nous recommandons
Pour éviter tout risque de rupture des filtres papier, nous vous recommandons de les plier le long du bord renforcé.
Wir empfehlen, die Papierfilter entlang der Naht zu falten. Sie verhindern damit das Reißen des Filters (Kaffeemaschine Tefal).

C) HANDLUNGSZUWEISUNGEN
Zu Sprechakten des Empfehlens / Abratens modifizierte Anweisungen / Verbote
Imperativ + Adverb

Choisissez, de préférence, des filtres papier correspondant à la capacité maximum de votre cafetière (1x4).
Verwenden Sie vorzugsweise Papierfilter von der Größe 1x4 (Kaffeemaschine Tefal).

Begründung / konditionaler Nebensatz
Imperativ + finaler Nebensatz
Pour obtenir les meilleurs résultats, utilisez toujours des microfiltres de la marque Siemens.
Benutzen Sie nur Originalmikrofilter, damit die richtige Filterwirkung erreicht wird.
(empfohlene Handlung: Originalfilter verwenden; = Sie erzielen eine richtige Filterwirkung, wenn Sie Originalfilter benutzen.)

Infinitiv (=Imperativ) + finaler Nebensatz
Pour obtenir un séchage rapide entrouvrir la porte, la vaisselle est disponible au bout de 15 minutes.
Die Tür öffnen, damit das Geschirr schneller trocknet. Das Geschirr kann ca. 15 Min. später entnommen werden (Geschirrspüler F).
(empfohlene Handlung: Tür offen lassen; = Das Geschirr trocknet schneller, wenn Sie die Tür offen lassen.)

Imperativ + (asyndetisch) Begründung
Utilisez uniquement des collecteurs de poussière de la marque Siemens. Des sacs de mauvaise qualité risquent de se déchirer et de provoquer des dégâts à l'aspirateur.
Benutzen Sie nur Originalbeutel! Beutel von schlechterer Qualität können reißen oder Staub durchlassen, der Beschädigungen am Staubsauger verursachen kann.

Konditionaler Nebensatz (nur in deutschen Originaltexten)
Ein Tip
Sie beschleunigen die Espresso-Zubereitung, wenn Sie heißes Wasser in die Heizschale einfüllen! (Kaffeemaschine Tchibo)

Schon diese nicht vollständige Gegenüberstellung zeigt, daß zur Realisierung von Empfehlungen wahrscheinlich die Frequenz von dt. *sollen* im Konj. II die von franz. *devoir* (Passiv) übersteigt und im Französischen eher

Performativa gebraucht werden. In beiden Sprachen scheint neben diesen grundlegenden sprachlichen Mitteln vor allem die Möglichkeit zu bestehen, Empfehlungen im Imperativ oder Infinitiv unter Hinzufügung von Begründungen (in finalen Nebensätzen) auszudrücken. Im Unterschied zu den Untersuchungen von Göpferich (1995:332) habe ich in den mir zugänglichen BDA kaum Konditionalsätze feststellen können. Sie schreibt jedoch dazu:

> "Selbst dann, wenn Empfehlungen nicht in Konditionalsätzen realisiert werden, stehen sie in einem konditionalen Zusammenhang mit zukünftigen Ereignissen, die als positiv und damit erstrebenswert (beim Empfehlen) oder als negativ (beim Abraten) eingestuft werden" (Göpferich 1995:332).

Die Paraphrasierung, bei der der empfehlende Teil in einem konditionalen Nebensatz erscheint, ist möglich:

Vous évitez tout risque de rupture des filtres papier, si vous les pliez le long du bord renforcé.
Sie verhindern das Reißen des Filters, wenn Sie den Filter an der Naht falten.
Vous obtenez de meilleurs résultats, si vous utilisez des filtres de la marque Siemens.
Sie erzielen eine richtige Filterwirkung, wenn Sie Originalfilter benutzen.[4]

Die asyndetische Verknüpfung von Anweisung und Begründung zur Realisierung von Empfehlungen scheint stärker für das Deutsche zuzutreffen.

Aus dem Vergleich haben wir also wiederum Anregungen gewonnen, die uns für eine Paralleltextanalyse untersuchenswert erscheinen. Für den Übersetzungsunterricht ergibt sich zumindest die Möglichkeit, Varianten und Tendenzen anzugeben. Dieser Aspekt ist wichtig für die Aufbereitung eines "Translation Memory", wie es sich unsere Gruppe von Deutschlehrkräften vorgenommen hat. Mit Hilfe des Übersetzungsprogramms *Translater's Workbench* sollen für ausgewählte Textsorten (BDA, Touristik-

---

[4] Einige Muttersprachler empfinden die französischen Konditionalsätze als "ungewöhnlich". Dieses Urteil deckt sich mit dem Fehlen derartiger Belege in den französischen Texten. Diese Konstruktion wäre somit eher nur im Deutschen gebräuchlich.

prospekte, Ausstellungskataloge, Handelsbriefe) kleine Datenbanken zusammengestellt werden, die auf eigenen oder durchgesehenen Übersetzungen beruhen. Die Eingabe von Varianten ist insofern wichtig, als der spätere Verwendungszweck nicht nur die linguistische Auswertung ist, sondern diesen Fundus von Übersetzungen zu Selbstlernzwecken bereitzustellen. Ein Nebenergebnis ist zur Zeit, daß sich die Studenten mit diesem sehr häufig in Spanien benutzten Programm vertraut machen und das Zusammenwirken mit Terminologiedatenbanken üben. Ein großes Hemmnis bei der Parallelisierung der Übersetzungen besteht allerdings darin, daß das Programm im wesentlichen auf Satzbasis operiert und damit die Übersetzungseinheit von vornherein festlegt.

Zum Abschluß möchte ich noch ganz kurz auf einen Aspekt des Übersetzungsvergleichs auf lexikalischer Ebene eingehen, wenngleich dieser gerade im Falle von Fachsprache eine Domäne der Terminologieforschung und -normung ist. Die schon angesprochene Marktaufteilung unter wenigen Herstellerfirmen dominiert die Übersetzungsrichtungen und den Transfer von Neologismen aller Art. Spanisch, Portugiesisch und Katalanisch sind Empfängersprachen, was sich in der Lexik widerspiegelt. Die Neuerungen oder Interferenzen sind z. T. ganz subtiler Art, besonders wenn es sich um Bedeutungsübertragungen handelt, wie sich an folgendem Beispiel zeigen läßt. Ebert/Hundt (1996:186) nennen u. a. bei den Suffigierungen im Portugiesischen auf *-ção*: *descalcificação*, dt. *Entkalken*. Dieses Wort ist auch im Spanischen (*descalcificar, descalcificación*) belegt, allerdings nur in Übersetzungen aus dem Deutschen für *entkalken* oder Französischen für *détartrer* (vgl. Cabrera Almarza 1997, 18-21). Im Deutschen und im Französischen ist die Hauptbedeutung: "von Kalkablagerungen befreien; einen Wasserkessel entkalken" (Duden) bzw. "débarrasser du tartre - désincruster. Détartrer une chaudière, le radiateur d'un moteur" (PR). Im Spanischen - und ich möchte meinen auch im Portugiesischen - heißt *descalcificar*: "Eliminar o disminuir la sustancia calcárea contenida en los huesos u otros tejidos orgánicos" (DRAE), was dt. etwa "Kalkverlust" entspricht. Das dt. *entkalken* muß laut Norm mit *desincrustar* wiedergegeben werden: "1. Quitar o suprimir incrustaciones. 2. Quitar las incrustaciones que se forman en las calderas de las máquinas de vapor, tuberías, etc." (DRAE).

Wasserkocher regelmäßig entkalken.
Détartrer régulièrement votre bouilloire.
Desincrustar regularmente *la cal* del hervidor.

Das Hinzufügen von *la cal* ist zwar nicht unbedingt nötig, im Sinne der Eindeutigkeit jedoch adäquat. Ableitungen wie *productos descalcificadores* habe ich bisher als Bezeichnung der handelsüblichen Produkte nicht gefunden. Hier dominiert eindeutig *producto/polvo/limpiador/pastillas antical* für *Entkalker/poudre détartrante*, eine neue Adjektivierung mit Hilfe des Präfix *anti-*. Das Beispiel belegt also keine neue Suffigierung, sondern eine Bedeutungsübertragung (Neosemantismus), die in einer übersetzten BDA zu einer Kaffeemaschine oder einem Wasserkocher durch den Kontext so weit spezifiziert ist, daß der Leser die Bedeutungsübertragung sofort desambiguisiert.

4 Schlußbemerkungen

An einigen Beispielen haben wir gesehen, welche Schwierigkeiten es bereitet, ein repräsentatives, homogenes Korpus einer Textsorte für die einzelnen Sprachen zusammenzustellen. Diese Schwierigkeiten dürfen jedoch nicht dazu verleiten, Untersuchungsmethoden zu vermengen. Paralleltextanalyse und Übersetzungsvergleich führen zu Ergebnissen von unterschiedlicher Tragweite und sollten beide in ihren Möglichkeiten genutzt werden. Von einer Homogenisierung und Stereotypisierung des Textmusters über mehrere Sprachen hinweg kann jedoch erst ausgegangen werden, wenn diese nachgewiesen wurden. Bis dahin können ebenso gut Kulturspezifika angesetzt werden - und auch diese bleiben hypothetisch bis zu ihrem Nachweis.

Bibliographie

Bach, Carme/Saurí, Roser/Vivaldi, Jordi/Cabré, Mª. Teresa, (1997), *El Corpus de l'IULA: descripció*, Barcelona, Universitat Pompeu Fabra, Institut Universitari de Lingüística Aplicada (Papers de l'IULA. Sèrie Informes, 17).

Beimel, Matthias/Maier, Lothar, (1986), *Optimierung von Gebrauchsanweisungen*, Dortmund.

Cabrera Almarza, Julia, (1997), *Las prioridades en la traducción de lenguajes de especialidad de divulgación. Un caso concreto: los manuales de instrucciones de electrodomésticos,* Trabajo académico de cuarto curso. Barcelona, UPF, Facultat de Traducció i Interpretació.

Chevalier, Jean-Claude/Blanche-Benveniste, Claire/Arrivé, Michel/Peytard, Jean, (1990), *Grammaire Larousse du français contemporain,* Paris.

Ciliberti, Anna/Giuliani, Maria Vittoria/Puglielli, Annarita/Serra Borneto, Carlo, (1988), "Adeguatezze e inadeguatezze dei manuali di istruzioni", in: Mauro, Tullio de/Gensini, Stefano/Piemontese, Maria Emanuela (edd.), *Dalla parte del ricevente: percezione, comprensione, interpretazione. Atti del XIX Congresso Internazionale, Società Linguistica Italiana, Roma, Aula Magna della Sapienza, 8-10 novembre 1985,* Roma, 263-284.

DRAE = Real Academia Española, (^{21}1992), *Diccionario de la lengua española,* Madrid.

Ebert, Gerlinde/Hundt, Christine, (1997), "Bedienungsanleitungen im Sprachvergleich Italienisch - Portugiesisch - Deutsch", in: Wotjak, Gerd (ed.), *Studien zum romanisch-deutschen und innerromanischen Sprachvergleich. Akten der III. Internationalen Arbeitstagung zum romanisch-deutschen Sprachvergleich (Leipzig, 9.10.-11.10.1995),* Frankfurt/M./Berlin/Bern/New York/Paris/Wien, 169-189.

Ehlich, Konrad/Noack, Claus/Scheiter, Susanne (edd.), (1994), *Instruktion durch Text und Diskurs. Zur Linguistik "Technischer Texte",* Opladen.

Göpferich, Susanne, (1995), *Textsorten in Naturwissenschaft und Technik. Pragmatische Typologie - Kontrastierung - Translation,* Tübingen.

Griesbach, Heinz, (1986), *Neue deutsche Grammatik,* Berlin.

Grosse, Siegfried/Mentrup, Wolfgang (edd.), (1982), *Anweisungstexte,* Tübingen.

Kennedy, Graeme, (1998), *An Introduction to Corpus Linguistics,* London/New York.

Kösler, Bertram, (^{2}1992) *Gebrauchsanleitungen richtig und sicher gestalten,* Wiesbaden.

Kußmaul, Paul, (1990), "Instruktionen in deutschen und englischen Bedienungsanleitungen", in: Arntz, Reiner / Thome, Gisela (edd.), *Übersetzungswissenschaft. Ergebnisse und Perspektiven,* Tübingen, 369-379.

Pöckl, Wolfgang, (1995), "Nationalstile in Fachtexten? Vom Tabu- zum Modethema", in: *Fachsprache,* 17. Jg., 3-4, 98-107.

Porto Dapena, José Álvaro, (1989), *Tiempos y formas no personales del verbo,* Madrid.

PR = Petit Robert, (1976), *Dictionnaire alphabétique et analogique de la langue français par Paul Robert*, Société du nouveau littré, Secrétaire général de la rédaction: Alain Rey, Paris.

Saile, Günter, (1984), *Sprache und Handlung. Eine sprachwissenschaftliche Untersuchung von Handhabe-Verben, Orts- und Richtungsadverbialen am Beispiel von Gebrauchsanweisungen*, Braunschweig / Wiesbaden.

Serra Borneto, Carlo (ed.), (1992), *Testi e macchine. Une ricerca sui manuali di istruzioni per l'uso*, Milano.

Serra Borneto, Carlo, (1996), "Deutsch-italienische Gebrauchsanweisungen: Versuch einer kontrastiven Analyse", in: Spillner, Bernd (ed.), *Stil in Fachsprachen*, Frankfurt/M., 169-181.

Spillner, Bernd, (1981), "Textsorten im Sprachvergleich. Ansätze zu einer Kontrastiven Textologie", in: Kühlwein, Wolfgang/Thome, Gisela/Wilss, Wolfram (edd.), *Kontrastive Linguistik und Übersetzungswissenschaft. Akten des Internationalen Kolloquiums Trier/ Saarbrücken 25.-30.9.1978*, München, 239-250.

Werner, Georg-Wilhelm/Heyne, Wolfgang (1987), *Bedienungs- und Instandhaltungsanleitungen. Inhalt - Form - Gestaltung*, Berlin.

Zieten, Werner, (1990), *Gebrauchs- und Betriebsanleitungen: direkt, wirksam, einfach, einleuchtend*, Landsberg/Lech.

SPRACHVERGLEICH ANHAND ELEKTRONISCHER TEXTE
Französisch-deutsche Hypertexte im Kontrast

(ALBERTO GIL, Saarbrücken)

1 Zu den Beziehungen zwischen Kontrastiver Linguistik und Übersetzungswissenschaft

Die gespannten Beziehungen zwischen Kontrastiver Linguistik (KL) und Übersetzungswissenschaft (ÜW), die vor fast 20 Jahren E. Coseriu (1981:194f.) beklagte, scheinen sich noch nicht ganz gelockert zu haben. In neueren Arbeiten zur Translationswissenschaft (M. Snell-Hornby 1998:67) geht man noch davon aus, daß die KL weiterhin auf der *langue*-Ebene operiert, und postuliert empirische Studien, die sich mit der natürlichen Verwendung von Sprache befassen. Ch. Schmitt (1991:52-55) hatte allerdings vor längerer Zeit gezeigt, daß der Begriff KL immer mehr ausgeweitet worden ist und sich von einer systemvergleichenden Orientierung zu einer handlungstheoretischen Ausrichtung entwickelt hat. In diesem Sinne sind Untersuchungen entstanden, die kontrastive Analysen im romanisch-deutschen Sprachvergleich anhand von *parole*-Akten durchführen (C. Polzin 1996, T. Carazo-Ziegler 1996, K. Ide 1996). Daher meint W. Wilss (1994:720), wenn er sich auf die Abgrenzung der ÜW – als textfundierter Wissenschaft – von der KL bezieht, eine traditionelle KL bzw. einen multilateralen Übersetzungsvergleich im Sinne Wandruszkas.

In neueren Untersuchungen ist man bemüht, nicht so sehr die Grenzen als vielmehr die Wechselbeziehungen von KL und ÜW zu unterstreichen: C. Feyrer (1998:75, 81) erwähnt gemeinsame Untersuchungsgegenstände wie Register, Idiomatik und Textologie, die einerseits aus dem Streben der ÜW nach pragmatischer Äquivalenz und andererseits aus der Erweiterung der KL-Forschung auf den Kulturkontrast erwachsen. Gemeinsamkeiten in beiden Disziplinen zeigt insbesondere die jeweilige Berücksichtigung eines *tertium comparationis* auf semantisch-pragmatischer Ebene. Für die ÜW war dies seinerzeit das Zeichen einer Neuorientierung, um über die traditionelle Kontroverse "wörtliche/freie Übersetzung" hinauszukommen (W. Kühlwein/W. Wilss 1981:12). In der KL ging es darum, durch das *tertium comparationis* eine Grundlage des Vergleichs zu schaffen, auf der das Gemeinte aufgestellt wird. Durch die Suche nach geeigneten Ausdrucksmitteln in den zu vergleichenden Sprachen wurde der Blick auf das Sprachübliche gelenkt, und dadurch hat man immer mehr Texte sowie authentisches Material in die Untersuchungen einbezogen (A. Gil 1995:157f.). Und dieses *tertium comparationis* als "die möglichst ähnliche semantische oder kommunikative Funktion" bildet bis heute (W. Börner/K. Vogel 1998:XI) die gemeinsame Basis, auf der in KL und ÜW Vergleiche angestellt bzw. Transferleistungen vorgenommen werden.

Das Heranziehen eines auf *parole*-Akten basierenden *tertium comparationis* ist jedoch mit der großen Schwierigkeit verbunden, im *hic et nunc* des konkreten Sprachgebrauchs repräsentative Phänomene auszuloten, auf die sich wissenschaftliche Erkenntnisse stützen können. Daher plädiert G. Wotjak (1996:88f.) für einen Ausbau der textlinguistischen Dimension der vergleichenden Untersuchungen, um beobachtbare Regularitäten auf funktional-kommunikativer Ebene beschreiben zu können. Mit der Entwicklung der neuen Medien sind zusätzliche bisher nicht thematisierte Fragen in der multilingualen Kommunikation entstanden. Im Falle des in diesem Beitrag zu untersuchenden Hypertextes (im folgenden HT) tritt eine Veränderung der linear konzipierten Textualität hinzu. Dadurch sieht sich der Übersetzer mit z.T. neuen Formen der Informationsübertragung konfrontiert. Diese Tatsache macht eine detailliertere Beschreibung der Textsorte HT erforderlich, um die Schwerpunkte der Kontrastivität und Übersetzung in diesem neuen Medium zu erkennen. Der grundsätzlichen Erörterung dieser Frage und ihrer Exemplifizierung gelten nun die folgenden Ausführungen, wobei der deutsch-französische Vergleich im Zentrum der Aufmerksamkeit steht.

2 Zur textlinguistischen Beschreibung des *Hypertextes*

J. Wallmannsberger (1997:76) sieht die Auseinandersetzung mit dem HT, das "learning on the hypertext job", als "Kulturtechnik elektronischer Textualität". Diese Kultur muß sich allerdings noch entwickeln. Konkret ist über die Struktur dieses neuen Textes noch wenig bekannt, und manche Aussagen erscheinen sogar widersprüchlich: Für J. Wallmannsberger (ebd.) oszilliert der HT zwischen "literalen und oralen Polen", während B. Lutz (1998:151) einen HT, der "stark durchkomponiert" ist, erst für einen richtigen HT erklärt. Die meisten Arbeiten zum HT sind bisher aus der Sicht der

Kognitionspsychologie entstanden. Von einer HT-Stilistik ist man noch entsprechend weit entfernt. Im folgenden sollen jedoch neuere Beschreibungsansätze aus textlinguistischer Sicht vorgestellt werden, aus denen die besonderen Charakteristiken des *tertium comparationis* HT gewonnen werden können.

Was die textuelle Struktur betrifft, definiert A. Storrer (1997:121) den HT wie folgt:

"Hypertexte lassen sich charakterisieren als Mengen von Teiltexten, *Hypertext-Einheiten* genannt, die mit dem Computer verwaltet werden und über Verweise zu anderen Knoten, *Hyperlinks* genannt, miteinander verbunden sind."

HT-Eigenschaften besitzen die Texte schon lange vor ihrer elektronischen Aufbereitung. Man braucht hierfür nicht allein auf Lexika oder Enzyklopädien zu verweisen. Wie R. Kuhlen (1991:39) anführt, tragen lineare Texte auch nicht-lineare Merkmale. B. Lutz (1998:154) betont, daß sich nicht nur in den linearen Texten HT-Strukturen finden, sondern daß auch im HT lineare Elemente vorhanden sind. Das Neue im elektronischen HT ist aber, daß die Verweise keine zusätzlichen Charakteristiken von linearen Texten bilden, sondern selbst textkonstitutiv sind. Eine solche Textsorte konnte nur entstehen und Verbreitung finden, als eine ergonomische Form der Aktivierung von *Links* mittels Mausklick möglich wurde. Für R. Todesco (1998:268) handelt es sich beim HT um eine "neue Form der Sprache" und ein "neues Paradigma der Kognitionstheorie". Gemeint ist damit der allmähliche Prozeß der Textentstehung. Auch die Art der Textrezeption ist neu: *Browsen, surfen, navigieren* bedeuten im Grunde, eine Erschließungsleistung zu erbringen; ein HT läßt sich als Informationssystem auffassen, denn der Leser sucht sich durch Anklicken der ihn interessierenden Bestandteile seine Informationen zusammen. Der erschlossene Text muß nicht immer der gleiche sein, da die Informationsbedürfnisse der Leser und ihr Vorwissen in der Regel unterschiedlich sind. E. Frisch (1998:228) spricht von einer qualitativen "Neubestimmung des Textbegriffs". Der Kohärenzbegriff verschiebt sich nämlich: von einer Gesamtkohärenz zur kohärenten Wissensrezeption, m.a.W. der HT verfügt nicht über eine exklusive Struktur, die *a priori* festgelegt ist. Der Leser/*User* kann von unterschiedlichen Vorwissensbeständen aus und unter Berücksichtigung verschiedener Interessen vom Informationsgehalt des HT profitieren. Man kann auch sagen, daß der

Leser sich nach Bedarf aus den vorhandenen Möglichkeiten seinen eigenen Text zusammenstellt. R. Todesco (1998:268) formuliert es so:

> "Die jeweils konkrete Textsequenz entsteht aber erst im Akt des Hyperlesens, in welchem eine vom Hyperleser ausgewählte dissipative, an den Akt des Lesens gebundene Textstruktur geschaffen wird."

Für R. Kuhlen (1991:36), der als einer der ersten über eine HT-Rhetorik nachgedacht hat, sind die HT "in hohem Grade rezipientabhängige Informationssysteme." Und B. Schröder/J. Ostermann-Heimig (1998:236) haben neuerdings nach diesem Prinzip der Nutzerorientierung folgende Elemente der HT zusammengestellt:

1. Aufbereitung einer technischen Struktur, in der die Verweise die tragenden Elemente sind.
2. Implementierung von Bewegungsalternativen, die nicht nur durch einen HT führen, sondern auch diesen Text in ein Netz von Texten integrieren.
3. Übersichtliche Navigationshilfe, die ermöglicht, daß der HT benutzerfreundlich ist.
4. Anpassung der Benutzerschnittstelle an die Grundstruktur des Hypertextes.

In diesem Sinne lassen sich die von A. Storrer (1997a:71f.) zusammengestellten Forderungen an die HT-Autoren als erste Bestandteile einer HT-Stilistik betrachten:

1. Die Hypertextrhetorik an den Wissensvoraussetzungen, Interessen, Nutzungsgewohnheiten etc. der Benutzer zu orientieren.
2. Das Design der Textoberfläche so zu gestalten, daß der Benutzer wirksame Navigationshilfen erhält.
3. Multimediale Effekte mit einzubeziehen.

Zu einer vollständigeren Beschreibung des HT gehört allerdings eine nähere Untersuchung der *Knoten* und der *Hyperlinks*. Was die Informationsmenge betrifft, die in einem *Knoten* enthalten sein soll, findet sich keine einheitliche Meinung. Für B. Lutz (1998:158) darf der Inhalt einer solchen HT-Einheit 10 Zeilen nicht überschreiten. H. Gerdes (1997:28) betont jedoch, daß die Festlegung des Knoteninhalts und -umfangs zu den noch ungelösten Problemen der HT-Technologie gehört, denn die Information läßt sich nicht allein auf Textinhalt reduzieren. Als Lösung verweist Gerdes (12) auf das allgemeine Prinzip des *just enough* von B. Shneiderman/C. Kreitzberg/E. Berk (1991:147), wonach im Knoten soviel Information vorhanden sein soll, wie auf einen Blick erfaßt werden kann. Was die Struktur der Knoten betrifft, macht sich Gerdes (ebd.) den Begriff R. E. Horns (1989:86f.) von den *information blocks* zu eigen und stellt folgende Prinzipien zur Bildung idealer Knoten zusammen:

- *Chunking-Prinzip*: Die Information wird nach größeren Sinnzusammenhängen in kleine Einheiten unter Berücksichtigung der Kapazität des Kurzzeitgedächtnisses zerlegt.
- *Relevanz-Prinzip*: Jede Einheit enthält die zentrale Aussage eines Themas.
- *Konsistenz-Prinzip*: Knoten ähnlichen Inhalts werden auch formal angeglichen.
- *Labeling-Prinzip*: Die Knoten werden mit einem kurzen, aber eindeutigen Titel versehen, aus dem der Knoteninhalt zu erschließen ist.

Hieraus ergibt sich, daß die Textersteller sowohl in bezug auf die Segmentierung als auch im Hinblick auf die Synthetisierung ihres Diskurses besonders sorgfältig arbeiten müssen, um den Wahrnehmungsbedingungen des Bildschirm-Betrachters gerecht werden zu können.

A. Storrer (1997:134-137) und H. Gerdes (1997:21-25) unterscheiden auf der Basis der Untersuchung R. Kuhlens (1991:105-109) zwei Typen von *Hyperlinks*: "referentielle" und "typisierte". Erstere üben eine rein assoziative Funktion aus, letztere stellen eine semantisch definierte Struktur dar. Was die Art des Verweises betrifft, faßt H. Gerdes (1997:18-22) die bisherigen Studien zusammen und unterscheidet nach dem Zielanker "intra"-, "inter"-, und "extrahypertextuelle" *Links*: Sie führen jeweils zu Stellen innerhalb desselben Knotens oder zu anderen Knoten bzw. zu weiteren Web-Seiten. In bezug auf die Globalität bzw. Lokalität des Ziel- und Ausgangsankers seien jeweils "global-global", "lokal-lokal", "lokal-global" und "global-lokal" ausgerichtete *Links* zu differenzieren, je nachdem ob ein Abschnitt auf einen anderen Abschnitt oder ein Wort auf ein anderes Wort verweist bzw. ob ein Wort zu einem Abschnitt und ein Abschnitt zu einem Wort führt. Man kann auf jeden Fall festhalten: Je reichhaltiger die

Verweisstruktur, desto entwickelter ist der HT (R. Todesco 1998:274). Diese Beobachtung über die HT-Struktur deckt sich mit den lernpsychologischen Erkenntnissen über die Wirkung dieser Textsorte, wonach ein HT um so hilfreicher ist, je mehr Möglichkeiten zur Verfügung stehen, um unterschiedliche Texte entsprechend dem Vorwissen und den Bedürfnissen zusammenzustellen (H. Gerdes 1997:83f.).

Folgende Fähigkeiten und Fertigkeiten sind nun von HT-Autoren zusammenfassend zu fordern: Synthetisch zu formulieren, Inhalte auf ein Keyword zu reduzieren, welches als *Hyperlink* oder gar als Titel der Texteinheit dienen kann, und schließlich Designer-Funktionen auszuüben, damit der Text auf dem Bildschirm ergonomisch bedient werden kann.

Beim HT ist noch vieles im Umbruch. Z.Z. muß man noch davon ausgehen, daß viele Web-Seiten zunächst noch linear konzipiert und erst später in einen HT konvertiert worden sind. R. Kuhlen (1991:162-166) faßt die üblichen Konversionsformen wie folgt zusammen:

1. "Einfache Übertragung": Bei diesem Typ kann man nicht vom HT im eigentlichen Sinne sprechen, sondern hier liegt nur eine On-line-Version des linearen Textes vor.
2. "Segmentierung und Relationierung über formale Texteigenschaften": Der lineare Text wird HT-gerecht gemacht, indem man sich an formalen Eigenschaften wie Absätzen, Unterabschnitten etc. orientiert.
3. "Segmentierung und Relationierung nach Kohärenzkriterien": Hier kann man vom eigentlichen HT sprechen. Die Ursprungskohärenz wird beibehalten, aber es findet eine Reorganisation des Textes statt. Dieser kann sogar partiell umgeschrieben werden.
4. "Intertextuelle Konversion": Es werden Verweise angebracht, durch die der konvertierte Text mit anderen Dokumenten verbunden wird.
5. "Einbindung von textuellen Strukturmitteln": Es werden Strukturteile – wie Inhaltsverzeichnis etc. – übernommen oder den neuen Gestaltungsmöglichkeiten angepaßt.

Im folgenden soll je ein Beispiel der Konversionsformen 2 und 3 französisch-deutsch kontrastiv angeführt werden. Diese zwei Typen sind nämlich besonders illustrativ, denn einerseits sind noch viele Web-Seiten linear konzipiert, fordern aber neue Ansätze im Sprachvergleich und in der Übersetzung, wenn sie als HT verändert worden sind, und andererseits sollen mit den hauptsächlich als HT entworfenen Web-Seiten die neuen Fragen aufgezeigt werden, die auf der Grundlage nicht-linearer Strukturen entstehen.

3 Analyse von französisch-deutschen Web-Seiten

Als Illustration für die Konversionsform 2 – "Segmentierung und Relationierung über formale Texteigenschaften" – dient ein Abschnitt der *Homepage* der französischen Modefirma *Promod* mit seiner deutschen Version (http://www.promod.fr):

(1a) L' Echange : Vous vous êtes trompées sur la taille? La couleur? Une autre envie? ... ou tout simplement vous changez d'avis? Promod vous ECHANGE les vêtements non portés et non soldés sur présentation du ticket de caisse pendant 1 mois.

(1b) Umtausch : Sie haben sich in der Größe? In der Farbe? Lust auf etwas anderes? ... oder Sie haben ganz einfach die Meinung geändert? Promod TAUSCHT Ihnen nicht getragene und nicht im Schlußverkauf erworbene Kleidungsstücke nach Vorlage des Kassenbons innerhalb eines Monats UM.

(2a) Le Remboursement : Parce qu'un achat c'est souvent un coup de coeur, soyez **SEDUITE** ou **REMBOURSEE!** Promod REMBOURSE les vêtements non portés et non soldés sur présentation du ticket de caisse pendant 1 mois.

(2b) Geld zurück : Weil ein Kauf oft spontan ist, seien Sie entweder **BEZAUBERT** oder Sie erhalten Ihr **GELD ZURÜCK!** Promod erstattet Ihnen den Kaufpreis für nicht getragene und nicht im Schlußverkauf erworbene Kleidungsstücke nach Vorlage des Kassenbons innerhalb eines Monats.

An diesen Textstellen sollen lediglich die Fragen und Probleme kommentiert werden, die aus dem Bedürfnis nach formaler Angleichung der Textversionen entstehen. Die Übersetzungsprobleme sind prinzipiell auch in anderen Präsentationsformen wie Prospekten oder Plakaten zu finden, aber im Internet tauchen diese Schwierigkeiten häufiger auf, da hier durch die elektronische Aufbereitung die Gestaltungsmöglichkeiten und die Informationsfülle erheblich größer sind. Das ausgewählte Beispiel ist allerdings nur eine dürftige Illustration, denn das gedruckte Papier dieses Aufsatzes als Medium setzt wiederum der Darstellung eines elektronischen Textes deutliche Grenzen.

Durch zwei Eigenschaften des Französischen werden die Bemühungen um eine as-orientierte Übersetzung in (1b) und (2b) erschwert: die Rechtsserialisierung und die lexikalische Abstraktionsfähigkeit. Im ersten Fall erweist sich im französischen Text (1a) die einmalige Erwähnung der zusammengesetzten Verbform *êtes trompées* als ausreichend, um den Bezug der darauffolgenden Ergänzungen zu erkennen, ob sie nun unmittelbar danach stehen (*sur la taille*), oder in einer selbständigen Klausel erscheinen (*La couleur?*). Dies ist im Deutschen durch die strukturell bedingte Klammerstellung nicht möglich oder muß informatorisch anders gewichtet werden. Der Übersetzer läuft sogar – wie in diesem Falle (1b) – Gefahr, das Nachverb auszulassen. In bezug auf die Abstraktionsmöglichkeiten des Französischen soll die Partizipverbindung *seduite ou remboursée* (2a) näher betrachtet werden. Diese Kombination ist im Deutschen, bezogen auf eine Person, nicht möglich. *Remboursée* wird entsprechend durch das Formverschiedene *Sie erhalten ihr Geld zurück* wiedergegeben (2b). Der Übersetzer ist allerdings bestrebt gewesen, die Parallelität der Textgestaltung einzuhalten, und so hat er der Hervorhebung **SEDUITE ou REMBOURSEE!** die Ausdrücke **BEZAUBERT** *oder Sie erhalten Ihr* **GELD ZURÜCK!** zur Seite gestellt, was keine besonders geschickte Lösung ist. Dieses Problem im Design wirkt sich gravierender aus, wenn im Deutschen eine Verbform verwendet wird, bei der die Vorsilbe getrennt werden muß, wie es in (1b) bei TAUSCH (...) UM als hervorgehobene Entsprechung von ECHANGE (1a) der Fall ist.

Diese kontrastivlinguistischen Feststellungen zeigen die Grenzen der Konversionsform 2 – "Segmentierung und Relationierung über formale Texteigenschaften" – in bezug auf die Übersetzung: Das Einhalten der äußeren Merkmale des Textes läßt sich bei so systemverschiedenen Sprachen wie Französisch/Deutsch nicht optimal realisieren. Es fragt sich daher, ob und wie die Konversionsform 3 – "Segmentierung und Relationierung nach Kohärenzkriterien" – für die plurilinguale Web-Präsentationen nutzbar gemacht werden kann. Zur Beantwortung dieser Frage soll ein Abschnitt aus der Bordeaux-Web-Seite *DECOUVERTE DU SERVEUR* mit seiner Wiedergabe auf Deutsch angeführt werden (http://www.vins-bordeaux.fr):

"Ce n'est pas par hasard que Bordeaux est devenue la principale source de grands vins dans le monde. Ce résultat est le fruit d'une multitude de facteurs, aussi bien historiques que géographiques, et d'un long labeur, qui a permis aux hommes de maîtriser toutes les techniques nécessaires à l'élaboration d'un vin de qualité. Travailler la terre, contrer la maladie, choisir les meilleurs cépages, élaborer une méthode de vinification, autant de domaines que la science contribue à développer."

"Es ist kein Zufall, daß Bordeaux für die ganze Welt zur bedeutendsten Quelle großer Weine wurde. Dieser Erfolg beruht auf einer Reihe von sowohl geschichtlichen als auch geographischen Faktoren und ist das Ergebnis langwieriger Arbeit, die es den Menschen ermöglichte, sämtliche zur Bereitung von Spitzenweinen erforderlichen technischen Verfahren zu meistern. Das Land bebauen, Krankheiten bekämpfen, die besten Rebsorten auswählen, Weinbereitungsmethoden ausarbeiten, all dies sind Bereiche, zu deren Weiterentwicklung auch die Wissenschaft ihren Beitrag leistet."

Die relativ gut gelungene Übersetzung des französischen Textes ins Deutsche beruht m.E. auf zwei Faktoren: An erster Stelle ist die Konzeption der Web-Seite zu erwähnen. Beim vorliegenden Beispiel geht es nicht darum, spezielle Effekte durch das Design zu erzielen, sondern darum, Informationen (auch werbende Informationen) zu übermitteln. Dies geschieht dank der Hypertextmöglichkeiten auf verschiedenen Ebenen, die durch die unterstrichenen *Links* verknüpft werden. Die Herstellung von Kohärenz in hierarchischer Form ist also hier vorrangig. Der Übersetzer hat daher eine besondere Sorgfalt darauf zu verwenden, bedeutungsgleiche *Links* mit ungefähr dem gleichen Umfang zu erstellen. So wäre die Übersetzung des ersten *Links Bordeaux est devenue la principale source de grands vins* durch *Bordeaux - dieser Name steht heute für die ganz großen Weine* zwar gelungener, aber eine as-orientiertere Fassung wie die vorliegende – *daß Bordeaux für die ganze Welt zur bedeutendsten Quelle großer Weine wurde* – ist hier zweckdienlicher und dennoch dem Deutschen nicht abträglich. Es ist daher zweitens für die Übersetzung von Web-Seiten von Bedeutung, daß die Originalsprache so gestaltet wird, daß gleichwertige Kohärenz mit ähnlichen Mitteln in der Zielsprache möglich wird. Im vorliegenden Beispiel läßt sich dieses Desiderat anhand der Infinitivkonstruktionen ebenfalls zeigen, die an der

Bildung der drei letzten *Links* beteiligt sind: Die Aufzählung *Travailler la terre, contrer la maladie, choisir les meilleurs cépages, élaborer une méthode de vinification* kann man im Deutschen auch ohne Bezug auf ein finites Verb wiedergeben: *Das Land bebauen, Krankheiten bekämpfen, die besten Rebsorten auswählen, Weinbereitungsmethoden ausarbeiten*, auch wenn das appositive *autant de domaines* im Deutschen eher durch einen Satz (*all dies sind Bereiche*) die gewünschte anaphorische Funktion erfüllt.

4 Fazit

Der Vergleich beider Texte zeigt, daß zur Erstellung von multilingualen Web-Seiten ein Balanceakt notwendig ist: Der HT ist einerseits nutzerorientiert, was funktionale Übersetzungsentscheidungen rechtfertigt. Andererseits erfordert die technische Beschaffenheit des HT eine as-Orientierung, damit Original und Übersetzung in der Verweisstruktur gleich oder ähnlich zu handhaben sind. Der erweiterte Begriff der KL erweist sich als ein geeigneter Ansatz, um Texte erstellen zu können, die bis zu einem gewissen Grade sowohl skopos- als auch as-gerecht sind. Übersetzungswissenschaftlich läßt sich hierfür der von W. Koller (1998:133f.) neuerdings geprägte Begriff der "Annäherung" nutzbar machen. Gemeint ist damit, bei der Übersetzung kulturspezifischer Elemente die Andersheit und Fremdheit offen einzugestehen und die Kunst des Möglichen zwischen erreichbarer Nähe und unvermeidlicher Distanz zu versuchen. Für den HT bedeutet Annäherung, im Rahmen des im Zieltext Erlaubten die größtmögliche Strukturähnlichkeit zu bewahren. Je besser die KL-Kenntnisse des Übersetzers sind, um so vielfältigere Möglichkeiten werden ihm zur Verfügung stehen, diese schwierige Aufgabe zu bewältigen.

Als Perspektive zur Verbesserung künftiger multilingualer HT-Versionen läßt sich schließlich die Überlegung hinzufügen, den Sprachmittler von Anfang an in die Gesamtkonzeption des Originaltextes einzubeziehen. In A. Gil (im Druck) wird anhand eines solchen Projektes gezeigt, wie die mitwirkenden Übersetzer dank ihrer interkulturellen Kompetenz entscheidenden Einfluß ausüben können, damit Web-Texte als potentielle Quelle fremdsprachlicher Versionen verfaßt werden können.

Literaturverzeichnis

Börner, Wolfgang/Vogel, Klaus (Hrsg.) (1998), *Kontrast und Äquivalenz. Beiträge zu Sprachvergleich und Übersetzung*, Tübingen.

Carazo-Ziegler, Tamara (1996), "La partícula modal alemana *bloß* y sus equivalentes en español", in: Gil, Alberto/Schmitt, Christian (Hrsg.), *Kohäsion, Kohärenz, Modalität in Texten romanischer Sprachen*, Bonn, 369-388.

Coseriu, Eugenio (1981), "Kontrastive Linguistik und Übersetzungstheorie: ihr Verhältnis zueinander", in: Kühlwein, Wolfgang/Thome, Gisela/Wilss, Wolfram (Hrsg.), *Kontrastive Linguistik und Übersetzungswissenschaft. Akten des Internationalen Kolloquiums Trier/ Saarbrücken 25.-30.9.1978*, München, 183-199.

Feyrer, Cornelia (1998), *Modalität im Kontrast: Ein Beitrag zur übersetzungsorientierten Modalpartikelforschung anhand des Deutschen und des Französischen*, Frankfurt a.M.

Frisch, Elisabeth (1998), "Ausgewählte Aspekte des Publizierens im WWW am Beispiel elektronischer Fachzeitschriften", in: Storrer, Angelika/Harriehausen, Bettina (Hrsg.), *Hypermedia für Lexikon und Grammatik*, Tübingen, 217-232.

Gerdes, Heike (1997), *Lernen mit Text und Hypertext*, Lengerich/Berlin.

Gil, Alberto (1995), *Textadverbiale in den romanischen Sprachen. Eine integrale Studie zu Konnektoren und Modalisatoren im Spanischen, Französischen und Italienischen*, Frankfurt a.M.

Gil, Alberto (im Druck), "Übersetzen im Internet. Der mehrsprachige *elektronische Text*. Eine romanistische Studie", in: Gerzymisch-Arbogast, Heidrun/Gil, Alberto/Haller, Johann/Steiner, Erich (Hrsg.), *Modelle der Translation - Grundlagen für Methodik, Bewertung, Computermodellierung*, Frankfurt a.M.

Horn, R.E. (1989), *Mapping hypertext. The analysis, organization, and display of knowledge for the next generation of on-line text and graphics*. Waltham, MA: Information Mapping

Ide, Katja (1996), "Spanische Äquivalenzen zu dt. *vielleicht*", in: Gil, Alberto/Schmitt, Christian (Hrsg.), *Kohäsion, Kohärenz, Modalität in Texten romanischer Sprachen*, Bonn, 389-417.

Koller, Werner (1998), "Das Problem der Übersetzbarkeit - sprachliche, textuelle und kulturelle Aspekte", in: Börner, Wolfgang/Vogel, Klaus

(Hrsg.), *Kontrast und Äquivalenz. Beiträge zu Sprachvergleich und Übersetzung*, Tübingen, 118-135.

Kühlwein, Wolfgang/Wilss, Wolfram (1981), "Kontrastive Linguistik und Übersetzungswissenschaft", in: Kühlwein, Wolfgang/Thome, Gisela/Wilss, Wolfram (Hrsg.), *Kontrastive Linguistik und Übersetzungswissenschaft. Akten des Internationalen Kolloquiums Trier/ Saarbrücken 25.-30.9.1978*, München, 7-17.

Kuhlen, Rainer (1991), *Hypertext. Ein nicht-lineares Medium zwischen Buch und Wissensbank*, Heidelberg/New York.

Lutz, Benedikt (1998), "Hypertext: Das Medium und der Autor. Ein Erfahrungsbericht", in: Kettemann, Bernhard/Stegu, Martin/Stöckl, Hartmut (Hrsg.), *Mediendiskurse*, Frankfurt a.M., 151-162.

Polzin, Claudia (1996), "Zu aktuellen Gebrauchsmöglichkeiten und Leistungen passivischen Ausdrucks im Deutschen und Französischen", in: Gil, Alberto/Schmitt, Christian (Hrsg.), *Kohäsion, Kohärenz, Modalität in Texten romanischer Sprachen*, Bonn, 339-368.

Schmitt, Christian (1991), "Übersetzen und kontrastive Linguistik", in: Schmitt, Christian (Hrsg.), *Neue Methoden der Sprachmittlung*, Wilhelmsfeld, 49-83.

Schröder, Bernhard/Ostermann-Heimig, Jens (1998), "Kants Werke als Hypertext", in: Storrer, Angelika/Harriehausen, Bettina (Hrsg.), *Hypermedia für Lexikon und Grammatik*, Tübingen, 233-246.

Shneiderman, B./Kreitzberg, C./Berk, E. (1991) "Editing to structure a readers experience", in: Berk, E./Devlin, J. (Hrsg.), *Hypertext/hypermedia handbook*, New York:McGraw Hill, 143-164.

Snell-Hornby, Mary (1998), "Kontrastive Linguistik", in: Snell-Hornby, Mary/Hönig, Hans G./Kußmaul, Paul/Schmitt, Peter A. (Hrsg.), *Handbuch Translation*, Tübingen, 66-70.

Storrer, Angelika (1997), "Vom Text zum Hypertext. Die Produktion von Hypertexten auf der Basis traditioneller wissenschaftlicher Texte", in: Knorr, Dagmar/Jakobs, Eva-Maria (Hrsg.), *Textproduktion in elektronischen Umgebungen*, Frankfurt a.M., 121-139.

Storrer, Angelika (1997a), "Grammatikographie mit neuen Medien: Erfahrungen beim Aufbau eines grammatischen Informationssystems", in: *Zeitschrift für Literaturwissenschaft und Linguistik (LiLi)* 27, Heft 106, 44-75.

Todesco, Rolf (1998), "Effiziente Informationseinheiten im Hypertext", in: Storrer, Angelika/Harriehausen, Bettina (Hrsg.), *Hypermedia für Lexikon und Grammatik*, Tübingen, 265-275.

Wallmannsberger, Josef (1997), "Ariadnefäden im Docuversum: Texte in globalen Netzwerken", in: Stegu, Martin/de Cillia, Rudolf (Hrsg.), *Fremdsprachendidaktik und Übersetzungswissenschaft*, Frankfurt a.M., 73-87.

Wilss, Wolfram (1994), "Übersetzungswissenschaft. Versuch einer Standortbestimmung", in: Baum, Richard/Böckle, Klaus/Hausmann, Franz Josef/Lebsanft, Franz (Hrsg.), *Lingua et Traditio. Geschichte der Sprachwissenschaft und der neueren Philologien. Festschrift für Hans Helmut Christmann zum 65. Geburtstag*, Tübingen, 715-724.

Wotjak, Gerd (1996), "Problemas para la determinación del *tertium comparationis* (tc) que surgen al extender el objeto de la lingüística confrontativa (LC) al habla", in: *Núcleo* 13, Universidad de Venezuela, Caracas, 79-98.

KONTRASTIVE TEXTOLOGIE[1]

(WOLFGANG PÖCKL, Mainz-Germersheim)

Der von den Veranstaltern ausgegebene Tagungs-Untertitel *état des lieux* hebt, wenn ich richtig interpretiert habe, weniger auf punktuelle Forschungsergebnisse ab als auf Bestandsaufnahme und Diskussion von Ansätzen, die sich im Bereich der Kontrastiven Linguistik – unter besonderer Berücksichtigung des Sprachenpaars Französisch-Deutsch – etabliert haben oder dabei sind, dies zu tun.

Gestatten Sie mir, daß ich ein kleines Geständnis ablege, bevor ich in die eigentliche Thematik des Vortrags eintrete. Zum Zeitpunkt der Bekanntgabe des Referatstitels war noch nicht abzusehen, daß meine Legitimation, über ein bescheidenes Projekt mit dem Namen *Kontrastive Textologie* zu sprechen, erheblich reduziert sein würde, was den aktuellen Stand betrifft, und noch mehr, was künftige Perspektiven angeht. Dieses Forschungsvorhaben wurde vom österreichischen Fonds zur Förderung der wissenschaftlichen Forschung (FWF) unterstützt und existierte, mit budgetbedingten Unterbrechungen, offiziell von Mai 1994 bis Mitte 1998. Es war am Institut für Romanistik der Universität Salzburg eingerichtet und wird auch dort beheimatet bleiben, weil die hauptamtliche Projektmitarbeiterin Eva Martha Eckkrammer die Möglichkeit bekommen hat, das begonnene Unternehmen selbst weiterzuführen und in der Folge vielleicht noch auszubauen. Was ich also über die jüngsten Ergebnisse sage, berichte ich gewissermaßen auch oder sogar vorwiegend in ihrem Namen.

Am Anfang stand die Absicht, einen seit den frühen Achtzigerjahren fast nur virtuell bestehenden Forschungszweig etwas zu beleben. Reinhard R.K. Hartmann (1980) und Bernhard Spillner (1981) haben den Begriff *Kontrastive Textologie* in die Sprachwissenschaft eingeführt, ohne jedoch genau dasselbe damit zu meinen. Die Unterschiede zwischen den jeweiligen Zugriffen habe ich in einem früheren Beitrag ausführlicher dargelegt (Pöckl 1995). Unsere Intentionen sehen sich mehr in der Linie von Spillners Pionierstudien über Wetterberichte und Hochzeitsanzeigen als in der Nachfolge Hartmanns, dem es eher um Prozeduren des Vertextens im allgemeinen

---

[1] Vortragsstil wurde beibehalten.

geht. In mancher Hinsicht trifft sich Hartmann mit jenen Forschungsbemühungen, die seit etwa zwei Jahrzehnten unter der Flagge *Academic Writing* segeln. Diesen schon etwas stärker bearbeiteten Sektor haben wir aus verschiedenen Gründen aus unserem Projekt vorerst ausgegliedert. Im Zentrum unserer Beobachtungen standen von Anfang an Gebrauchstexte mit hohem bis mittlerem Standardisierungsgrad aus jenen Sprachen, die in der Reichweite unserer (zumindest passiven) Kompetenz liegen, d.h. also Deutsch, Englisch, Französisch, Italienisch, Spanisch, Portugiesisch, in Einzelfällen weiteren romanischen und germanischen Sprachen. Grundsätzlich streben wir multilinguale Analysen an, weil sie Allianzen zwischen verschiedenen Kultur- und Sprachräumen besser sichtbar machen als bilaterale Untersuchungen. Allerdings sind im Zusammenhang mit dem Projekt auch einzelne sprachen*paar*bezogene Diplomarbeiten entstanden, die sich jedoch alle mit Deutsch und Spanisch beschäftigen.

Bevor ich auf den methodischen Zugriff und erste Zwischenergebnisse des Projekts eingehe, mögen einige quantitative Angaben den Stand des Forschungszweigs illustrieren. Bei der Zusammenstellung der Bibliographie zeigte sich, daß der sonst allgegenwärtige und vielleicht auch berechtigte Topos von der längst unüberschaubar gewordenen Anzahl der Publikationen hier (noch) nicht am Platz ist. Allerdings scheint bei künftigen Tagungen das Thema vermehrt berücksichtigt zu werden (cf. Sektion 6 des XXVI. Deutschen Romanistentags in Osnabrück, Herbst 1999, oder IV. Internationale Arbeitstagung zum romanisch-deutschen Sprachvergleich in Leipzig, Oktober 1999). Wenn uns auch der eine oder andere Aufsatz entgangen sein mag und wir die finnischen Veröffentlichungen zum Thema, deren es eine Reihe gibt, aus Mangel an Lesekompetenz nicht berücksichtigt haben, denken wir doch von einer repräsentativen Liste sprechen zu können. Und diese umfaßt etwa 60 Titel (Auswahlkriterium war der eindeutige Bezug auf bestimmte Textsorten), wobei eine Analyse von Todesanzeigen aus der Feder von Katharina Reiß (1977/78) als Pionierarbeit allein auf weiter Flur steht; erst in den neunziger Jahren verdichtet sich das Spektrum etwas. 1999 wird übrigens ein kleines Büchlein mit einer nach Chronologie, Herkunft der AutorInnen, behandelten Textsorten und Sprachenpaaren/Sprachenkombinationen aufgeschlüsselten Bibliographie erscheinen (Eckkrammer, Eva Martha/Hödl, Nicola/Pöckl, Wolfgang, *Kontrastive Textologie*, Wien).

Wenn man eruieren will, wo überall in der Welt Kontrastive Textologie betrieben wird, stellt man sehr rasch fest, daß sich der Löwenanteil der

Forschung auf wenige Länder konzentriert. Natürlich war die exakte Verortung der AutorInnen nicht immer leicht. Noch öfter befanden wir uns in dem Dilemma, einen Verfasser entweder seinem Heimatland oder dem aktuellen Gastland, also seinem Forschungsstandort, zuordnen zu müssen. Aber selbst wenn wir hier eine relativ hohe Unsicherheitsquote bzw. Willkür konzedieren, wird deutlich, daß das Interesse an der Thematik bis jetzt geographisch relativ stark begrenzt geblieben und die Dominanz des deutschsprachigen Raums mit gut zwei Dritteln aller Publikationen augenfällig ist. Relativ stark vertreten sind noch die nordischen Länder (mit Finnland an der Spitze), bei etwa zehn Prozent liegen die anglophonen AutorInnen. Die Romania steuert nur einen verschwindend kleinen Teil der Publikationen bei.

Die Tatsache, daß das Sprachenpaar Deutsch – Französisch in der Bibliographie einen achtbaren Rang einnimmt, geht eindeutig auf das Interesse der deutschsprachigen Linguistik zurück.

Wenn man das ursprüngliche Projektdesign mit dem vergleicht, was uns heute vorrangig beschäftigt, so sind eindeutig einige Schwerpunktverlagerungen erkennbar. Am Anfang stand die Absicht, Textsortenmuster in verschiedenen Sprachen zu identifizieren und zu beschreiben. Als Ergebnis erhält man dann den einzelsprachspezifischen Prototyp, an dem man ablesen kann, welche Merkmale in Bezug auf Struktur und inhaltliche Füllung von einer bestimmten Sprach- respektive Kulturgemeinschaft als textsortenkonstitutiv betrachtet werden. In einem zweiten Schritt werden die für verschiedene Sprachen herauspräparierten Prototypen miteinander kontrastiert, und aus diesem Vergleich sollten sich dann eben die charakteristischen Unterschiede ergeben. Dieser Ansatz, der sich an einem Vorschlag von Reiner Arntz (1990) orientiert, wurde in der ersten Phase auch erprobt, und zwar am ausführlichsten an der Todesanzeige. Diese Textsorte wurde mit Bedacht gewählt, weil wir sie im Verdacht relativ hoher Stabilität hatten und mit ziemlicher Sicherheit davon ausgehen konnten, daß kein übereinzelsprachlicher Konvergenzdruck auf ihr lastet. Das Verfahren hat sich auch durchaus bewährt, die Ergebnisse sind in einer Buchpublikation zugänglich (Eckkrammer/Divis 1996a).

Im übrigen zeigte sich hier, was wir auch an einer Reihe anderer Textsorten wie dem Lebenslauf, der Hotelbeschreibung im Katalog der Reiseveranstalter oder an Stellenanzeigen festgestellt haben: Die Unterschiede zwischen dem französischen und dem deutschen Grundmuster sind im Vergleich zu den Repräsentanten anderer Sprachen oft schwach ausgeprägt bis gar nicht vorhanden. Hinsichtlich der Struktur von Gebrauchstexten bilden der französische und der deutsche Sprachraum allem Anschein nach eine Gemeinschaft, die sich vom Rest Europas manchmal deutlich absetzt.

Die sicherlich naive, aber *a priori* auch nicht ganz abwegige Annahme, innerhalb einer Sprachfamilie würden sich auch die Textsorten mehr ähneln als über solche sprachgenetischen Grenzen hinweg, wird von den bisherigen Ergebnissen der Kontrastiven Textologie jedenfalls öfter widerlegt als bestätigt.

Natürlich lassen sich auch Divergenzen festmachen, vor allem dort, wo eine Sprache aus alten Gebräuchen ausschert und sich als Separatistin entpuppt. Vor einiger Zeit habe ich zu zeigen versucht, wie sich im Französischen ein neuer Strukturtyp "Biographischer Artikel" herausbildet, dessen Charakteristikum darin besteht, daß die Erzählhaltung nicht die der Rückschau aus einer gesicherten Distanz heraus ist, sondern auf der Fiktion beruht, der Berichterstatter sei (freilich allwissender und auch vorausschauender) Zeitgenosse der Ereignisse, woraus sich natürlich auch ein ganz neuer Tempusgebrauch ableitet; statt der Vergangenheitstempora regieren in solchen Texten dann Präsens und Futurum (Pöckl 1997).

Mit diesem Beispiel möchte ich überschwenken auf einen Aspekt, der sich in der Projektarbeit immer deutlicher nicht nur als interessant, sondern als unumgänglich herausgestellt hat. Gemessen an grammatischen und sogar stilistischen Strukturen sind Textsortenkonventionen, potentiell jedenfalls, extrem instabil, wandlungs- und anpassungsfähig. Unter diesem Gesichtspunkt betrachtet trifft die Vorstellung, wir würden das Konzept der *stylistique comparée* auf die Ebene der Texte übertragen, nicht ganz zu. Bei einigen der von uns untersuchten Textsorten wurde uns bewußt, daß die Synchronie aus methodischen Gründen aufs genaueste beachtet werden mußte, damit nicht inkompatible Korpora miteinander verglichen werden. Andererseits war die Versuchung groß, die Dynamik der Textmuster zu studieren und damit das Arbeitsfeld in einem Zwischenschritt auf einzelsprachliche Textsortengeschichte hin zu öffnen. Beim anschließenden - eine, zwei oder mehrere Sprachen umfassenden - Vergleich entlang der diachronen Achse werden danach Entwicklungen sichtbar, die oft nicht nur vom Linguisten, sondern auch vom Kulturwissenschaftler aufgehellt werden müssen.

Ein in dieser Hinsicht eher anspruchsloses Beispiel ist der Lebenslauf. An ihm konnte man im Verlauf der letzten drei Jahrzehnte etwa in Mittel- und Westeuropa (bei einer Reihe von nach wie vor unterschiedlichen Details) einen gewissen Gleichschritt in der Entwicklung beobachten, der wohl in erster Linie auf technische Innovationen zurückzuführen ist, d.h. auf die allgemeine Verbreitung zunächst der Schreibmaschine, dann des Personal Computers. Von der anglophonen Welt aus verbreitet sich jedoch derzeit ein vom mitteleuropäischen abweichendes Modell des tabellarischen Lebenslaufs, das sich bei psychologischen Tests als optimal erwiesen hat. Da der Leser (in unserem Fall beispielsweise der Personalchef eines Konzerns) instinktiv das Wichtigste immer links oben auf der Seite sucht, sollten dort nicht die Jahreszahlen stehen, die Auskunft über die besuchte Volksschule geben. Besser plaziert sind an dieser Stelle Angaben über die derzeitige berufliche Position und über Qualifikationen, die den Bewerber für die ausgeschriebene Stelle empfehlen. Also wird die Chronologie auf den Kopf gestellt und die Spalte mit den Daten vom linken an den rechten Rand verlagert. Es ist abzusehen, daß sich dieser Typ auch bei uns generalisiert; die *reverse chronology rule* wird ohnedies schon verschiedentlich angewendet.

Ein meines Erachtens erwähnenswertes Ergebnis erbrachte eine Diplomarbeit (Hödl 1997), die sich mit der Frage beschäftigte, wie sich AutorInnen von Kochbüchern an ihre LeserInnen wenden. Das Kochrezept ist ja eine Textsorte mit mindestens zweitausendjähriger Tradition, also konnte man beim Lateinischen ansetzen. Dies war insofern angezeigt, als eine Arbeitshypothese lautete: Die lateinischen Texte haben den spätmittelalterlichen und frühneuzeitlichen volkssprachlichen Kochrezepten auch die Formulierungsmuster vorgegeben, daher sei in den verschiedenen Sprachen keine große Variation zu erwarten. Die Auswertung der Daten hat ergeben, daß diese Hypothese völlig unhaltbar ist. Denn während im Kochbuch des Apicius der Indikativ Futur mit 63% dominiert und daneben der Indikativ Präsens mit 30% in nennenswerter Frequenz auftritt, fehlen genau diese Verbalformen in den deutschen, englischen, französischen und spanischen Rezepten fast vollständig, und zwar von Anfang an bis heute. An ihre Stelle haben sich, nach Sprache sehr unterschiedlich verteilt, Infinitiv, Imperativ und Reflexivkonstruktion durchgesetzt. Eine durchgehende Tendenz lautet: Reduktion der Formen, nicht nur innerhalb eines Rezepts oder Kochbuchs, sondern generell auf die Textsorte bezogen. Im Spätmittelalter finden wir noch jeweils vier, fünf *types* mit einer statistisch relevanten Anzahl an *tokens* vor, heute sind es kaum irgendwo mehr als zwei. Eine gewisse Sonderstellung nimmt das Englische ein, das immer schon praktisch mit dem (Anleitungs-)Imperativ allein das Auslangen gefunden hat[2]. Das Deutsche hat eine kontinuierliche Bewegung vom dominierenden Imperativ zum praktisch ausschließlich herrschenden Infinitiv vollzogen. En passant sei vermerkt, daß die Formulierung "man nehme" nie typisch für Kochrezepte war; es wäre interessant zu erfahren, wie dieser Mythos entstanden ist.

Keiner Veränderung über 500 Jahre hinweg also im Englischen und einem relativ gleitend verlaufenden Austausch der strukturbildenden Verbform im Deutschen steht ein auffälliger Kontinuitätsbruch im Französischen gegenüber. Vom Mittelalter bis in die 70er Jahre unseres Jahrhunderts ereignet sich eigentlich ziemlich wenig: Der Imperativ erhöht seinen Anteil (von ca. 70% auf 85%), der Infinitiv als jeweils zweithäufigste Form geht von 21% auf ca. 10% zurück, Modalverben, Reflexivkonstruktionen, Futur werden insgesamt seltener, ohne ganz zu verschwinden. Heute hingegen hat der Infinitiv praktisch alle anderen Konkurrenten verdrängt, zumindest im "Standardkochbuch" (die persönliche Anrede/Anleitung gibt es weiterhin auf Nahrungsmittelverpackungen und in Kochbüchern für spezielle Zielgruppen wie Teenager oder Junggesellen). Aus der Perspektive der 90er Jahre ist also ein Vergleich französischer und deutscher Kochrezepte unter dem hier anvisierten Gesichtspunkt völlig unergiebig. Warum aber dieser rasche und radikale Wandel? Die Hypothese, daß die französischen Starköche der *Nouvelle cuisine* hinter dieser Entwicklung stecken, hat viel für sich. Sie nämlich haben sich für den offenbar als zurückhaltender empfundenen Infinitiv entschieden (als Pionier in dieser Hinsicht ist übrigens A. Escoffier zu erwähnen) und aufgrund ihres Prestiges neue Formulierungskonventionen einer ganzen Textsorte begründet.

Eine andere, verhältnismäßig junge Textsorte hat Eva Eckkrammer in den vergangenen Jahren ausführlich studiert: den Medikamenten-Beipackzettel. Hier kommen natürlich juristische Komponenten ins Spiel, die für jedes Land – auch retrospektiv – erforscht werden mußten. Jenseits aller gesetzlichen Auflagen aber hat sich gezeigt, daß der deutsche Sprachraum die Vorreiterrolle im Hinblick auf Verbraucherfreundlichkeit für sich in

---

[2] Da im modernen Englisch Infinitiv und Imperativ formal zusammenfallen, stützt sich unsere Ansicht, daß es sich um den Imperativ handelt, auf die prohibitiven Sprechakte. Hier nur einige Besipiele aus Michael Smith's *New English Cookery* (1985):

(1) Cool, but do not allow to set (183)
(2) Do not reheat (162)
(3) Pour in the sherry, which will bubble furiously and may ignite. Worry not! [sic] (146)

Anspruch nehmen darf, wofür freilich weniger die Arzneifirmen als die Konsumentenschutzorganisationen zu loben sind. In den vergangenen Jahrzehnten ließ sich ein Trend a) zu mehr Text b) zu allgemein verständlicheren Formulierungen und c) zu mehr Teiltexten erkennen. Dazu ein punktuelles Beispiel: Tests haben ergeben, daß ein nicht geringer Prozentsatz von Patienten mit dem Begriff *Kontraindikationen* nichts anzufangen weiß. Daher ist man zum deutschen Ausdruck *Gegenanzeigen* übergegangen. Aber auch das scheint nicht transparent genug zu sein, weshalb zahlreiche Beipackzettel heute aus einem Frage-Antwortspiel bestehen. Die erwähnte Rubrik wird dann mit der Frage eingeleitet: "Wann darf X [= Name des Medikaments] nicht eingenommen werden?", oder noch persönlicher: "Wann dürfen Sie X nicht einnehmen?"

Soweit einige Schlaglichter auf vorläufig abgeschlossene Erhebungen. Als nächstes größeres Ziel ist eine Studie über die Veränderung von Textsorten durch die neuen Medien vorgesehen. Es sind bereits äußerst umfangreiche Korpora angelegt, zum Teil auch schon ausgewertet. Demnächst wird eine Buchpublikation über Kontaktanzeigen in Zeitungen und im Internet erscheinen (Eckkrammer/Eder). Das Vergleichen wird hier besonders aufwendig, weil pro Sprache und Zeitpunkt nun zwei Korpora vorliegen, die zuerst innersprachlich kontrastiert werden müssen, bevor ein interlingualer Vergleich zwischen den korrespondierenden Korpora angestellt werden kann. Es zeichnen sich einige sehr überraschende Entwicklungen ab, aber ich fühle mich natürlich nicht befugt, die Ergebnisse meiner Salzburger Kolleginnen heute schon auszuplaudern.

Bibliographie

Arntz, Reiner (1990), "Überlegungen zur Methodik einer 'Kontrastiven Textologie'", in: Arntz, Reiner/Thome, Gisela (edd.), *Übersetzungswissenschaft. Ergebnisse und Perspektiven,* Tübingen, 393–404.
Eckkrammer, Eva Martha (unter Mitarbeit von Sabine Divis) (1996a), *Die Todesanzeige als Spiegel kultureller Konventionen. Eine kontrastive Analyse deutscher, englischer, französischer, spanischer, italienischer und portugiesischer Todesanzeigen,* Bonn.
Eckkrammer, Eva Martha (1996b), "Are Texts of Daily Use Really Useful? A Contrastive Analysis of Text-Creation-Strategies in German and Portuguese Patient Package Inserts", in: Budin, Gerhard (ed.), *Multi-*

lingualism in Specialist Communication. Proceedings of the 10th European LSP Symposium Vienna 1995, Bd. 1, Wien, 183–204.

Eckkrammer, Eva Martha/Hödl, Nicola/Pöckl, Wolfgang (1999a), *Kontrastive Textologie*, Wien.

Eckkrammer, Eva Martha/Eder, Hildegund (1999b), *[Cyber]Diskurs zwischen Konvention und Revolution. Eine multilinguale textlinguistische Analyse von Gebrauchstextsorten im realen und virtuellen Raum*, Frankfurt/Main.

Hartmann, Reinhard R. K. (1980), *Contrastive Textology. Comparative Discourse Analysis in Applied Linguistics*, Heidelberg.

Hödl, Nicola (1997), *Kontrastive synchrone und diachrone Analyse von deutschen, englischen, französischen und spanischen Kochrezepten*, Unveröff. Diplomarbeit, Univ. Salzburg.

Pöckl, Wolfgang (1995), "Nationalstile in Fachtexten? Vom Tabu- zum Modethema", in: *Fachsprache*, 17, 98–107.

Pöckl, Wolfgang (1997), "Zur Textsorte 'Biographischer Artikel' in Nachschlagewerken. Ein französischer Strukturtyp *in statu nascendi*", in: Wotjak, Gerd (ed.), *Studien zum romanisch-deutschen und innerromanischen Sprachvergleich. Akten der III. Internationalen Arbeitstagung zum romanisch-deutschen Sprachvergleich, Leipzig, 9.10. – 11.10.1995*, Frankfurt/Main, 191–200.

Reiß, Katharina (1977/78), "Textsortenkonventionen. Vergleichende Untersuchung zur Todesanzeige", in: *Le Langage et l'Homme*, 35, 46–54 und 36, 60–68.

Spillner, Bernd (1981), "Textsorten im Sprachvergleich. Ansätze zu einer kontrastiven Textologie", in: Kühlwein, Wolfgang/Thome, Gisela/Wilss, Wolfram (edd.), *Kontrastive Linguistik und Übersetzungswissenschaft*, München, 239–250.

Spillner, Bernd (1983), "Zur kontrastiven Analyse von Fachtexten – am Beispiel der Syntax von Wetterberichten", in: *LiLi - Zeitschrift für Literaturwissenschaft und Linguistik*, 13, 110–123.

Spillner, Bernd (1997), "Sprachverwendung in Wetterberichten", in: *Fachsprache*, 19, 2–8.

SCHLAGZEILEN IM SPRACHVERGLEICH
Zur Syntax von Zeitungsüberschriften in einigen romanischen und germanischen Sprachen

(MICHAEL SCHREIBER, Stuttgart)

1   Einleitung

Für den Aufbau von Schlagzeilen (Zeitungsüberschriften)[1] gelten bekanntlich z.T. andere Regeln als für die "herkömmliche" Grammatik der entsprechenden Einzelsprache: So läßt die Schlagzeile *Mann beißt Hund* nicht erkennen, daß das Deutsche eine Artikelsprache ist. Anhand einiger romanischer und germanischer Sprachen möchte ich untersuchen, welche Rolle übereinzelsprachliche Textsortenkonventionen, einzelsprachliche Merkmale und zeitungsspezifische Aspekte für die Syntax der Schlagzeile in diesen Sprachen spielen. Im Zentrum der Untersuchung stehen folgende Sprachen: Französisch und Spanisch auf romanischer sowie Deutsch und Niederländisch auf germanischer Seite. Am Rande werden auch das Italienische und das Englische einbezogen (auf der Basis bestehender Untersuchungen). Die berücksichtigten Zeitungen gehören zum Typ der überregionalen, "seriösen" Tageszeitung, d.h. Boulevard- und Regionalzeitungen werden nicht berücksichtigt.

2   Stand der Forschung

Besonders gut untersucht im Hinblick auf die Syntax von Zeitungsüberschriften ist das Englische. Zum britischen Englisch findet sich eine einschlägige Monographie bereits in den dreißiger Jahren (Straumann 1935). Amerikanische Schlagzeilen werden in Wächtler 1951 berücksichtigt. Von den jüngeren Untersuchungen seien hier nur einige besonders wichtige erwähnt. Gesamtüberblicke zur Syntax englischer Schlagzeilen bieten Robbe-

---

[1] Ich verwende im folgenden die Ausdrücke *Schlagzeile* und *Zeitungsüberschrift* synonym. Einige Autoren beschränken den Terminus *Schlagzeile* - in z.T. recht unterschiedlichen Lesarten - auf bestimmte Typen von Zeitungsüberschriften, z.B. auf "satzwertige" Überschriften (vgl. Sandig 1971:36ff) oder auf die Überschrift des "Aufmachers" einer Zeitung (vgl. Brandt 1991:215).

recht 1975 und Mårdh 1980 sowie - aus diachronischer Sicht - Maurer 1972. Soziolinguistische und textlinguistische Ansätze finden ihren Niederschlag in Kniffka 1980.

Für das Französische existiert ebenfalls eine Reihe von Untersuchungen. Die Entwicklung der Schlagzeilensyntax in der ersten Hälfte des 20. Jahrhunderts wird dokumentiert in Sutter 1955. Einen Überblick über den Stand der sechziger Jahre bietet Elwert 1968. Seit Mitte der siebziger Jahre finden sich verstärkt Einzeluntersuchungen zu textlinguistischen Fragestellungen, z.B. Moirand 1975 (Textgrammatik), Lüger 1977:244ff und Schröder 1984:70ff (Textsorten und Zeitungstypen). Zum Verhältnis von Zeitungsüberschriften und Titeln fiktiver Textsorten vgl. Hoek 1981:172f. Semiotische Aspekte werden in Peytard 1975 und Grosse 1994 thematisiert. Als Beispiel für eine lexikologische Studie sei Loffler-Laurian 1975 erwähnt.

Die einschlägigen Untersuchungen zum Deutschen setzen später ein als diejenigen zum Englischen und Französischen. Als Standardwerk zur deutschen Schlagzeilensyntax gilt Sandig 1971, wo neben synchronen auch diachrone Fragestellungen diskutiert werden. Zu syntaktischen Einzelaspekten existieren einige Aufsätze, z.B. Beugel 1969 (Verbalsyntax) und Sommerfeldt 1984 (Reduktionserscheinungen). Textlinguistische Aspekte werden in mehreren Studien diskutiert: Harweg 1968/79:297ff, Hellwig 1982 (Titeltypen, Verhältnis Titel-Text); Lüger 1995:77ff (Textsorten); Brandt 1991 (mehrteilige Überschriften; Rhetorik). Rhetorisch-stilistische Aspekte werden auch erörtert in Knop 1987 (metaphorische Komposita) und Büscher 1996 (Emotionalität).

Die weiteren Sprachen, die für die geplante Studie von Interesse sind, sind bisher weniger gut erforscht. Zum Spanischen existieren m.W. lediglich einige Studien zu Einzelaspekten. Bei der Betrachtung der Presse Spaniens schlägt sich die Sonderstellung von *El País* in mehreren Publikationen nieder. Zu den Schlagzeilen in dieser Zeitung vgl. Salaün-Sanchez 1986, Imbert 1988: 73ff sowie das hauseigene *Libro de estilo* (El País 1996:59ff). Zu einem Vergleich verschiedener Madrider Zeitungen vgl. Salaün-Sanchez 1982. Argentinische Zeitungsüberschriften werden untersucht in Loffler-Laurian 1971.

Zur italienischen Zeitungssprache existiert zwar bereits seit den siebziger Jahren eine Monographie (Dardano 1973/86), Überschriften spielen hierin jedoch nur eine untergeordnete Rolle. E. Burrs Monographie zum Verbalsystem der italienischen Zeitungssprache enthält dagegen ein gesondertes Kapitel zu verschiedenen Überschriftstypen (Burr 1993:311ff). Als Spezialuntersuchungen sind mir nur einige Aufsätze bekannt: Hall 1980, Stammerjohann 1981, Proietti 1992, Held 1998.

Erhebliche Forschungsdefizite bestehen offenkundig noch im Niederländischen, wo mir lediglich eine einzige Spezialuntersuchung bekannt ist: ein kurzer Aufsatz zum Niederländischen und Deutschen (Scherpenisse 1984). Dies überrascht umso mehr, als gerade das Niederländische über eine ausgeprägte, sprachspezifische Schlagzeilensyntax verfügt (vgl. § 5).

Deutliche Forschungslücken zeigen sich auch in sprachvergleichender Hinsicht. Eine frühe Ausnahme ist E. Richters Aufsatz "Zur Syntax der Inschriften und Aufschriften", in dem die Verfasserin auch kurz auf Zeitungsüberschriften aus verschiedenen romanischen und germanischen Sprachen eingeht (Richter 1937:120ff). Der romanisch-germanische Vergleich wurde in jüngerer Zeit in Wandruszka 1994 wieder aufgegriffen. Zu einigen Sprachenpaaren existieren Einzeluntersuchungen: Italienisch-Deutsch (Stammerjohann 1981), Niederländisch-Deutsch (Scherpenisse 1984), Englisch-Deutsch (Berger 1987).

Aus übersetzungswissenschaftlicher Sicht hält Ch. Nord die Untersuchung von Zeitungsüberschriften für unergiebig, da diese selten übersetzt würden (vgl. Nord 1993:48). Hinzuweisen wäre jedoch auf die von der Übersetzungswissenschaft bisher kaum berücksichtigte Übersetzungstätigkeit in Presseagenturen (vgl. Gawlas 1998). Als Spezialfall der Presseübersetzung kann man noch die ins Englische übersetzten *Le Monde*-Artikel im *Guardian Weekly* erwähnen (vgl. Herting 1987).

3 Empirische Untersuchung

Für eine kleine quantitative Untersuchung habe ich aus den "Mutterländern" der vier anfangs erwähnten Sprachen je drei überregionale, "seriöse" Tageszeitungen unterschiedlicher politischer Richtungen ausgewählt: für Deutschland die "Frankfurter Allgemeine" (FA), die "Süddeutsche Zeitung" (SZ) und "Die Tageszeitung" (TA), für die Niederlande "NRC Handelsblad" (NR), "Trouw" (TR) und "De Volkskrant" (VO); für Frankreich "Le Figaro" (FI), "Libération" (LI) und "Le Monde" (MO); für Spanien "El Mundo" (MU), "El País" (PA) und "La Vanguardia" (VA). Pro Zeitung wurden 100 Überschriften ausgewertet. Das Gesamtkorpus umfaßt also 1200 Überschriften.

Tabelle 1: Ein- und mehrteilige Überschriften

	1a	1b	2a	2b	3	4	N
FA	44	3	52	--	1	--	100
SZ	50	3	24	9	14	--	100
TA	39	7	46	8	--	--	100
NR	79	2	--	19	--	--	100
TR	84	7	9	--	--	--	100
VO	92	2	1	5	--	--	100
FI	20	11	10	23	34	2	100
LI	51	13	27	6	3	--	100
MO	68	2	28	2	--	--	100
MU	55	6	27	5	7	--	100
PA	70	--	14	15	1	--	100
VA	76	--	9	6	9	--	100

Legende zu Tabelle 1:
1:   Einteilige Überschriften:
1a: Ohne Unterteilung durch Doppelpunkt
1b: Mit Unterteilung durch Doppelpunkt
2:   Zweiteilige Überschriften:
2a: Hauptüberschrift + Untertitel
2b: Hauptüberschrift + Obertitel
3:   Dreiteilige Überschriften
4:   Vierteilige Überschriften

Zunächst fiel auf, daß es im Hinblick auf die Verwendung von ein- und mehrteiligen Überschriften erhebliche Unterschiede zwischen den einzelnen Zeitungen gibt (vgl. Tabelle 1). Außer Typ 1a (einteilige Überschriften ohne Unterteilung durch Doppelpunkt) ist keiner der erfaßten Überschriftstypen in allen Zeitungen vertreten. In den spanischen und - noch ausgeprägter - in den niederländischen Zeitungen finden sich überwiegend einteilige Überschriften. Deutliche Unterschiede zeigen sich auch innerhalb eines Landes. So sind die Überschriften in "Le Figaro" wesentlich stärker untergliedert als in "Le Monde". Die deutschen Zeitungen nehmen eine mittlere Position ein. Dieses erste Teilergebnis legte es nahe, sich bei der eigentlichen syntaktischen Analyse auf die Hauptüberschriften zu konzentrieren, um auf vergleichbare Daten zurückgreifen zu können. Eine Zusammenstellung der wichtigsten syntaktischen Konstruktionstypen der Hauptüberschriften findet sich in Tabelle 2.

Tabelle 2: Syntax der Hauptüberschriften

	1a	1b	1c	1d	2a	2b	3a	3b	N
FA	22	21	--	1	13	3	33	7	100
SZ	16	39	--	3	5	1	33	3	100
TA	17	26	--	1	10	2	40	4	100
NR	11	22	8	--	8	3	46	2	100
TR	12	24	10	--	7	--	43	4	100
VO	9	44	9	--	4	2	29	3	100
FI	19	--	--	--	4	5	69	3	100
LI	31	--	--	1	7	--	58	3	100
MO	52	2	--	3	7	2	30	4	100
MU	60	2	--	--	9	2	26	1	100
PA	75	--	--	2	3	1	18	1	100
VA	54	1	--	--	4	4	35	2	100

Legende zu Tabelle 2:
1:   Verbalsätze:
1a: 'vollständige' Verbalsätze
1b: Verbalsätze mit Artikel-Weglassungen
1c: Verbalsätze mit Präpositions-Weglassungen
1d: Nebensätze ohne verbalen Hauptsatz
2:   Konstruktionen mit infiniten Verbformen:
2a: Partizipialkonstruktionen
2b: Infinitivkonstruktionen
3:   Verblose Konstruktionen:
3a: Nominale Konstruktionen
3b: Andere verblose Konstruktionen

Diese relativ grobe Klassifikation zeigt bereits einige übereinzelsprachliche, einzelsprachliche und zeitungsspezifische Charakteristika. Eine Auswahl der Ergebnisse der quantitativen und qualitativen Analyse soll im folgenden präsentiert werden.

4 Übereinzelsprachliche Charakteristika

Bei einer Analyse der 'vollständigen' Verbalsätze (Typ 1a in Tabelle 2) fällt auf, daß in allen untersuchten Sprachen eine Art "Kernsatz"-Typ verbreitet (wenn auch keineswegs obligatorisch) ist: einfacher Aussagesatz im Präsens Indikativ Aktiv (vgl. Elwert 1968: 182; Sandig 1971: 118f; Robberecht 1975: 98ff), wie in folgenden Beispielen:

(1) Das Rote Kreuz verläßt Somalia (FA, 17.4.98)
(2) Le HCI dément sa dernière fatwa (FI, 16.4.98)
(3) El fiscal apoya más extradiciones de etarras (MU, 30.4.98)
(4) De Spam King toont berouw (VO, 17.4.98)

Bei den Konstruktionen mit infiniten Verbformen zeigt sich, daß Infinitivkonstruktionen (Typ 2b in Tabelle 2) in allen Sprachen selten vorkommen. Übereinzelsprachlich belegt sind Infinitive in "imperativischer" Funktion (vgl. Elwert 1968:187; Sandig 1971:87):

(5) Das Risikomanagement der Banken verbessern (FA, 17.4.98)
(6) Réhabiliter le geste vaccinal (MO, 17.4.98)
(7) Barrer bajo la alfombra del euro (MU, 30.4.98)
(8) FNV: Sociaal stelsel collectief hervormen (VO, 17.4.98)

Bei den verblosen Konstruktionen überwiegen bei allen Sprachen die nominalen Konstruktionen (Typ 3a in Tabelle 2). Als häufigster Typ tritt die oft beschriebene Konstruktion "Nominalphrase + Präpositionalphrase" auf (vgl. Elwert 1968:193f; Sandig 1971:78ff; Robberecht 1975:111ff; Stammerjohann 1981:215ff), die im übrigen in allen Sprachen artikellos gebildet werden kann (vgl. Wandruszka 1994:584):

(9) Petites saisies en hausse (FI, 16.4.98)
(10) Gouden Palm voor Griekse film (NR, 25.5.98)
(11) Prozeßbeginn gegen GAL-Hintermänner (TA, 26.5.98)
(12) Tercera jornada de huelga en Correos (VA, 25.5.98)

Während dieser zweigliedrige Konstruktionstyp auch im Hinblick auf seine Informationsstruktur als zweiteilig analysiert werden kann (vgl. Kniffka

1980:333f),[2] werden Überschriften bestimmter Textsorten (z.B. Kommentare, z.T. auch Kurzmeldungen) oft eingliedrig konstruiert (vgl. Lüger 1977:277ff), auch hier in allen Sprachen z.T. ohne Artikel:

(13) Zwickmühle (FA, 17.4.98)
(14) Dangers (LI, 26.5.98)
(15) Acuerdo (MU, 30.4.98)
(16) Bindmiddel (NR, 25.5.98)

Einige Autoren schließen diesen eingliedrigen, "thematischen" Überschriftstyp (*titre livresque* nach Elwert 1968:180; *Thema-Überschrift* nach Sandig 1971:36ff) aus dem Bereich der Schlagzeilen aus. Diese Abgrenzung ist jedoch nicht unproblematisch, da auch eingliedrige Konstruktionen "rhematischen" (prädizierenden) Charakter haben können.[3] Dies gilt insbesondere für adjektivische, adverbiale und präpositionale Konstruktionen, die zu der kleinen Restgruppe 3b in Tabelle 2 gehören und ebenfalls weitgehend auf bestimmte Textsorten (z.B. Kommentar, Wetterbericht) beschränkt sind (vgl. Lüger 1977:278):

(17) Socialement petit (LI, 26.5.98)
(18) Contra el corporativismo (MU, 30.4.98)
(19) Vorübergehend freundlich (SZ, 17.4.98)
(20) Glashard (VO, 17.4.98)

5   Sprachspezifische Charakteristika

'Vollständige' Verbalsätze (Typ 1a in Tabelle 2) überwiegen vor allem in "Le Monde" (hierzu § 6) sowie in den drei spanischen Zeitungen. Eine nähere Analyse zeigt, daß die spanischen Verbalsätze zudem oft syntaktisch komplexer sind als die Satz-Überschriften der anderen Sprachen. So finden sich in spanischen Überschriften neben den in § 4 erwähnten "Kernsätzen" auch Satzgefüge, z.T. sogar mit Nebensätzen zweiten Grades:

---

[2] U. Wandruszka faßt Schlagzeilen dagegen als "rein rhematisch" auf (Wandruszka 1994:578).

[3] Vgl. den Typ der *externen Prädikationen* in Behr / Quintin 1996:56ff.

(21) El PSOE teme que una baja participación revele que su censo está inflado (PA, 16.4.98)

Eine größere Variationsbreite als die anderen Sprachen zeigt das Spanische auch beim Tempusgebrauch. Alle standardsprachlichen Tempora sind jedoch auch hier nicht belegt. Neben dem dominierenden Präsens, dessen Gebrauch im *Libro de estilo* von El País empfohlen wird (vgl. El País 1996: 61), finden sich vor allem *pretérito indefinido* und Futur I (vgl. Salaün-Sanchez 1986: 230):[4]

(22) El nuevo embajador de España en Cuba presentó ayer sus credenciales (MU, 30.4.98)
(23) El Madrid jugará la final europea con el Juventus (PA, 16.4.98)

Eine strukturelle Besonderheit spanischer Überschriften liegt auch in der Möglichkeit der Verberststellung, die vor allem bei Verben des "Sterbens" üblich ist (vgl. Wandruszka 1994:580):

(24) Fallece el periodista y escritor Domingo Manfredi (VA, 25.5.98)

Als allgemeine Charakteristika der Schlagzeilensyntax werden oft Merkmale wie "Sprachökonomie" (Sandig 1971), "Reduktion" (Brinkmann 1974) oder "Verdichtung" (Sommerfeldt 1984) genannt.[5] Allerdings unterscheiden sich Art und Umfang der sprachlichen Reduktion von Sprache zu Sprache recht deutlich. So ist der Typ "Verbalsätze mit Artikel-Weglassungen" (Typ 1b in Tabelle 2)[6] im Deutschen und Niederländischen - ebenso wie im Englischen (vgl. Maurer 1972:81f) - völlig üblich, während er in romanischen Zeitungen nur ganz vereinzelt belegt ist (vgl. Stammerjohann 1981:214f).[7] Hier ein typisches deutsches Beispiel:

---

[4] Einen relativ differenzierten Tempus- und Modusgebrauch findet man auch in italienischen Überschriften. Das maximale standardsprachliche System wird allerdings auch dort nicht ausgenutzt (vgl. Burr 1993:316).

[5] Vgl. bereits den von H. Straumann geprägten Begriff *block language* (Straumann 1935: 21).

[6] Unter *Artikel-Weglassung* ist hier die Nichtsetzung einer im standardsprachlichen Gebrauch obligatorischen Artikelform zu verstehen.

[7] Als Ausnahme von dieser Restriktion erwähnt Wandruszka (1994:583) das lateinamerikanische Spanisch.

(25) Palast der Republik soll schloßartigem Bau weichen (SZ, 17.4.98)

Im Niederländischen können neben Artikeln auch Präpositionen in Verbalsätzen weggelassen werden (vgl. Scherpenisse 1984:34f). Hier ein Beispiel für diesen Typ (1b in Tabelle 2), der in keiner anderen Sprache unseres Korpus belegt ist:

(26) Leider Noord-Korea pleit voor hereniging (TR, 30.4.98)[8]

Die Weglassung von Artikeln und Präpositionen findet sich auch in niederländischen Partizipialkonstruktionen:

(27) Beëdiging kabinet Antillen uitgesteld (NR, 25.5.98)

Auch hier findet sich im Deutschen lediglich die "einfache" Artikellosigkeit:

(28) Beweise für Clinton-Affäre gefordert (TA, 28.5.98)

Bei Partizipialkonstruktionen sind Artikelweglassungen auch in den romanischen Überschriften möglich - wenn auch selten (vgl. Wandruszka 1994: 583f):

(29) Train saccagé en gare de Nice (FI, 16.4.98)
(30) Socialistas divididos (VA, 25.5.98)

Eine strukturelle Besonderheit des Spanischen - und des Italienischen (vgl. Wandruszka 1994: 580) - liegt wiederum in der Möglichkeit der Verberststellung (vgl. Imbert 1988:80):

(31) Suspendida la sesión del Parlamento italiano por una disputa futbolística (MU, 30.4.98)

Schließlich sei noch auf die Möglichkeit der "Verdichtung" durch Wortbildungsverfahren hingewiesen. Hier wäre vor allem die ausgeprägte Nominal-

---

[8] In einem standardsprachlichen Satz müßte das Subjekt "*de* leider *van* Noord-Korea" lauten.

komposition im Deutschen zu nennen (vgl. Knop 1987), die bei verschiedenen Schlagzeilentypen Anwendung findet (vgl. etwa Bsp. 5, 11, 13, 28).

6 Zeitungsspezifische Charakteristika

Merkmale, die für einzelne Zeitungen bzw. Zeitungsarten typisch sind, zeigen sich u.a. beim Vergleich "seriöser" Tageszeitungen mit der Boulevardpresse. So sind Überschriften von Boulevardzeitungen oft kürzer als diejenigen anderer Zeitungen (vgl. Loffler-Laurian 1975:266f; Lüger 1977:261; Brandt 1991:218).[9] Unterschiede gibt es jedoch auch innerhalb der hier interessierenden "seriösen" Tageszeitungen. Die größten Differenzen zeigen sich in unserem französischen Teilkorpus. Besonders fällt auf, daß 'vollständige' Verbalsätze (Typ 1a in Tabelle 2) in "Le Monde" deutlich häufiger sind als in "Le Figaro", wo man mehr nominale Konstruktionen (Typ 3a) findet (vgl. bereits Elwert 1968:181). Zum Vergleich hier zwei Hauptüberschriften zum gleichen Ereignis:

(32) Jacques Chirac s'exprime sur l'Europe avant le débat à l'Assemblée nationale (MO, 17.4.98)
(33) Jacques Chirac: au nom de l'Europe (FI, 16.4.98)

Die Schlagzeilensyntax von "Libération" nimmt im Hinblick auf die Verteilung der einzelnen Konstruktionstypen eine mittlere Position ein. Die Sonderstellung, die H. Boyer (1988:77) für "Libé" geltend macht, äußert sich eher im lexikalischen Bereich, z.B. durch die Verwendung umgangssprachlicher Lexeme:

(34) Sidaction: le grand flop (LI, 26.5.98)

Ähnliches gilt im Deutschen für "Die Tageszeitung", deren Überschriften sich in syntaktischer Hinsicht nicht wesentlich von denen der beiden anderen untersuchten Zeitungen unterscheiden. Eine gewisse Originalität der "taz" zeigt sich durch gelegentliche Bezüge zwischen verschiedenen Über-

---

[9] Dennoch finden sich in Boulevardzeitungen häufig (kurze) Verbalsätze. Auffällig bei der deutschen "Bild"-Zeitung ist hier insbesondere die häufige Verwendung des Präteritums (vgl. Beugel 1969:10f).

schriften, wie bei diesen beiden Schlagzeilen, die sich nebeneinander auf einer Titelseite befinden:

(35) Noch darf Merkel bleiben (TA, 26.5.98)
(36) Kohls Sprecher muß schon gehen (TA, 26.5.98)

7 Schlußbemerkungen

Diese kurzen und unvollständigen Ausführungen sollten zumindest eines deutlich gemacht haben: Eine übereinzelsprachliche "Schlagzeilengrammatik", wie sie H. Kniffka (1980: 332) für das Englische und Deutsche postuliert, gibt es offenkundig für die hier berücksichtigen Sprachen nicht. So sind die in § 4 besprochenen übereinzelsprachlichen Charakteristika z.T. textsortenabhängig. Außerdem existieren nicht zu vernachlässigende einzelsprachliche Unterschiede - und zwar sowohl romanisch-germanische als auch innerromanische und -germanische (vgl. § 5). Ferner zeigen die in § 6 angedeuteten zeitungsspezifischen Charakteristika, daß die Schlagzeilensyntax auch innerhalb einer Einzelsprache nicht einheitlich sein muß.

Literaturverzeichnis

Tageszeitungen

FA: *Frankfurter Allgemeine*, Frankfurt/M.
FI: *Le Figaro*, Paris.
LI: *Libération*, Paris.
MO: *Le Monde*, Paris.
MU: *El Mundo*, Madrid.
NR: *NRC Handelsblad*, Rotterdam.
PA: *El País*, Madrid.
SZ: *Süddeutsche Zeitung*, München.
TA: *Die Tageszeitung*, Berlin.
TR: *Trouw*, Amsterdam.
VA: *La Vanguardia*, Madrid.
VO: *De Volkskrant*, Amsterdam.

Sekundärliteratur

Behr, Irmgard / Quintin, Hervé (1996), *Verblose Sätze im Deutschen*, Tübingen.

Berger, Wolfgang (1987), "Rolle der Überschriften im Text", *Linguistische Arbeitsberichte*, 57, 42-49.

Beugel, Gabriele (1969), "Zur Syntax der Schlagzeile. Perfekt, Präteritum und Partizip II", in: Engel, Ulrich / Grebe, Paul (edd.), *Neue Beiträge zur deutschen Grammatik. Hugo Moser zum 60. Geburtstag gewidmet*, Mannheim, 9-21.

Boyer, Henri (1988), "Scription et écriture dans la communication journalistique", in: Charaudeau, Patrick (ed.), *La presse: produit - production - réception*, Paris, 71-92.

Brandt, Wolfgang (1991), "Zeitungssprache heute: Überschriften", *Germanistische Linguistik* 106/107, 213-244.

Brinkmann, Hennig (1974), "Reduktion in gesprochener und geschriebener Rede", in: *Gesprochene Sprache. Jahrbuch 1972 des Instituts für deutsche Sprache*, Düsseldorf, 144-162.

Büscher, Hartmut (1996), *Emotionalität in Schlagzeilen der Boulevardpresse*, Frankfurt/M.

Burr, Elisabeth (1993), *Verb und Varietät. Ein Beitrag zur Bestimmung der sprachlichen Variation am Beispiel der italienischen Zeitungssprache*, Hildesheim.

Dardano, Maurizio (1973/1986), *Il linguaggio dei giornalisti italiani*, Roma / Bari.

Elwert, W. Theodor (1968), "Zur Syntax der Schlagzeilen in der französischen Presse", in: Stimm, Helmut / Wilhelm, Julius (edd.), *Verba et vocabula. Ernst Gamillscheg zum 80. Geburtstag*, München, 177-194.

Gawlas, Christine (1998), "Texte von Presseagenturen", in: Snell-Hornby, Mary et al. (edd.), *Handbuch Translation*, Tübingen, 236-237.

Grosse, Ernst-Ulrich (1994), "La vitrine des journaux: Sémiotique de la Une", in: Grosse, Ernst-Ulrich / Seibold, Ernst (edd.), *Panorama de la presse parisienne*, Frankfurt/M., 15-31.

Hall jr., Robert A. (1980), "The Structure of Italian Newspaper-Headlines", in: Izzo, Herbert J. (ed.), *Italic and Romance. Linguistic Studies in Honor of Ernst Pulgram*, Amsterdam, 157-160.

Harweg, Roland (1968/²1979), *Pronomina und Textkonstitution*, München.

Held, Gudrun (1998), "*Infotainment* in der Mediensprache. Linguistische Überlegungen zu Trends in Titeln italienischer Nachrichtenmagazine", in: Helfrich, Uta / Klöden, Hildegard (edd.), *Mediensprache in der Romania*, Wilhelmsfeld, 105-130.

Hellwig, Peter (1982), "Titulus oder Zum Zusammenhang von Titeln und Texten", in: Detering, Klaus et al. (edd.), *Sprache erkennen und verstehen*, Tübingen, 157-167.

Herting, Beate (1987), *Arten, Ursachen und Auswirkungen von lexikalisch-pragmatischen Verschiebungen bei der Übersetzung. Dargestellt am Beispiel der Übersetzungen von Texten aus "Le Monde" für den "Guardian Weekly"*, Univ. Leipzig (Diss.).

Hoek, Leo L. (1981), *La marque du titre*, La Haye.

Imbert, Gérard (1988), *Le discours du journal: à propos de «El País»*, Paris.

Kniffka, Hannes (1980), *Soziolinguistik und empirische Textanalyse. Schlagzeilen- und Leadformulierung in amerikanischen Tageszeitungen*, Tübingen.

Knop, Sabine de (1987), *Metaphorische Komposita in Zeitungsüberschriften*, Tübingen.

Loffler-Laurian, Anne-Marie (1971), *L'emphase dans la presse argentine. Etude linguistique sur les titres et les textes de «La Razon»*, Univ. Paris III (Diss.).

Loffler-Laurian, Anne-Marie (1975), "Essai d'analyse du vocabulaire des titres de presse", *Le français moderne*, 43, 256-269.

Lüger, Heinz-Helmut (1977), *Journalistische Darstellungsformen aus linguistischer Sicht. Untersuchungen zur Sprache der französischen Presse mit besonderer Berücksichtigung des "Parisien Libéré"*, Univ. Freiburg i. Br. (Diss.).

Lüger, Heinz-Helmut (^{2}1995), *Pressesprache*, Tübingen.

Mårdh, Ingrid (1980), *Headlinese. On the Grammar of English Front Page Headlines*, Lund.

Maurer, Hanspeter (1972), *Die Entwicklung der englischen Zeitungsschlagzeile von der Mitte der zwanziger Jahre bis zur Gegenwart*. Bern.

Moirand, Sophie (1975), "Le rôle anaphorique de la nominalisation dans la presse écrite", *Langue française*, 28, 60-78.

Nord, Christiane (1993), *Einführung in das funktionale Übersetzen. Am Beispiel von Titeln und Überschriften*, Tübingen / Basel.

El País (^{11}1996), *Libro de estilo*, Madrid.

Peytard, Jean (1975), "Lecture(s) d'une «aire scripturale»: la page de journal", *Langue française*, 28, 39-59.
Proietti, Domenico (1992), "«La vetrina del giornale»: Funzioni comunicative e caratteri stilistico-grammaticali della titolistica dei quotidiani tra lingua e codice iconico", in: Medici, Mario / Proietti, Domenico (edd.), *Il linguaggio del giornalismo*, Milano, 117-172.
Richter, Elise (1937), "Zur Syntax der Inschriften und Aufschriften", *Vox romanica*, 2, 104-135.
Robberecht, P. (1975), "Some Aspects of the Syntax of Newspaper Headlines", *Studia Germanica Gandensia*, 14, 93-119.
Salaün-Sanchez, Carmen (1982), "La presse madrilène et la visite du président Mitterrand", in: ead. (ed.), *Presse et public*, Univ. Rennes, 87-106.
Salaün-Sanchez, Carmen (1986), "Los titulares y la realidad extra-lingüística", in: Imbert, Gérard / Vidal Beneyto, José (edd.), *El País o la referencia dominante*, Barcelona, 219-236.
Sandig, Barbara (1971), *Syntaktische Typologie der Schlagzeile. Möglichkeiten und Grenzen der Sprachökonomie im Zeitungsdeutsch*, München.
Scherpenisse, Wim (1984), "Iets over de structuur van krantekoppen in het Duits en Nederlands", *Tabu*, 14/1, 30-36.
Schröder, Dorle (1984), *Le Monde - Versuch einer texttypologischen und syntaktischen Monographie*, Frankfurt/M.
Sommerfeldt, Karl-Ernst (1984), "Zur Syntax der Überschriften in Tageszeitungen. Verdichtungserscheinungen in der Zeitungssprache", *Sprachpflege*, 33, 45-47.
Stammerjohann, Harro (1981), "Kontrastive Textlinguistik: Die Textsorte 'Zeitungsüberschrift' im Deutschen und Italienischen", in: Schwarze, Christoph (ed.), *Italienische Sprachwissenschaft*, Tübingen, 209-218.
Straumann, Heinrich (1935), *Newspaper Headlines*, London.
Sutter, Christian (1955), *Zur Entwicklung und Syntax der französischen Zeitungsschlagzeilen*, Univ. Zürich (Diss.).
Wächtler, Kurt (1951), *Studien zum informellen Wortschatz, zur Headline-Syntax und zum betont informellen Stil in amerikanischen Tageszeitungen und Wochenschriften*, Univ. Marburg (Diss.).
Wandruszka, Ulrich (1994), "Zur Semiotik der Schlagzeile: Der Kommunikationsakt 'Meldung'", in: Sabban, Annette / Schmitt, Christian (edd.), *Sprachlicher Alltag. Festschrift für Wolf-Dieter Stempel*, Tübingen, 571-589.

DIE RELEVANZ VON TEXTSORTENWISSEN FÜR DIE FREMDSPRACHIGE TEXTPRODUKTION
Eine Betrachtung am Beispiel der Textsortenklasse Geschäftskorrespondenz im Lichte computerunterstützter Formulierungshilfen

(UTA SEEWALD-HEEG, Hannover)

1 Kulturspezifik von Textsortenkonventionen

Sowohl im Kontext textlinguistischer als auch übersetzungswissenschaftlicher Forschung hat sich der Textsortenbegriff mittlerweile zu einem konstitutiven Diskussionsgegenstand entwickelt. Selbst im Rahmen übersetzungswissenschaftlicher Theorielegung (z.B. Reiß/Vermeer 1984; House 1977 und 1997), die die Kulturspezifik sprachlicher Handlungsformen in den Vordergrund rückt, ohne dabei auf dem Textsortenbegriff zu fußen, spielt das Wissen um Textsortenkonventionen letztlich eine zentrale Rolle.

Textsortenkonventionen sind das Ergebnis wiederkehrender Kommunikationssituationen, für die sich aufgrund ihres "wiederholten Auftretens charakteristische Sprachverwendungs- und Textgestaltungsmuster herausgebildet haben" (Reiß/Vermeer 1984:177), die beim Rezipienten sowohl Signalfunktion zur Erkennung von Texten haben als auch bestimmte Erwartungshaltungen auslösen und die inhaltliche Rezeption des Textes steuern (vgl. Reiß/Vermeer 1984:189). Abbildung 1 stellt diesen Aspekt im Rahmen eines Modells dar, das neben der Rezeption von Texten auch den Textproduktionsprozeß einschließt.

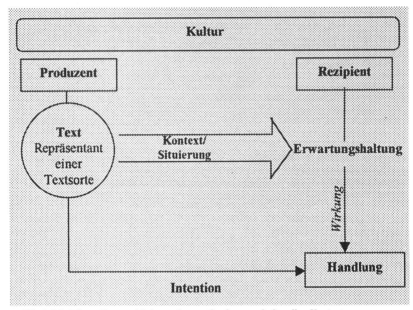

Abb. 1: Modell zur Textproduktion und -rezeption im monokulturellen Kontext.

Dabei ist anzumerken, daß die von einem Autor oder Textproduzent mit einem Text intendierte Funktion (im Modell: Intention) im Idealfall mit der beim Rezipienten ausgelösten Wirkung, i.e. einer bestimmten verbalen oder nonverbalen Handlung, übereinstimmt. Außer der Einhaltung der Textsortenkonventionen spielt für die Rezeption und damit die Wirkung des Textes beim Rezipienten ferner eine Rolle, in welchem situationalen Kontext der Text rezipiert wird. Deckt sich dieser mit der für die betreffende Textsorte konventionell üblichen Kommunikationssituation, so sind in einem monokulturellen Kontext die Voraussetzungen für eine reibungslose Kommunikation gegeben.

Die Einhaltung von Textsortenkonventionen ist gerade bei der Produktion von Gebrauchstexten wie produktbegleitenden Texten (Gebrauchsanleitungen, Beipackzettel von Medikamenten etc.) oder Geschäftsbriefen eine notwendige Voraussetzung für eine reibungslose Rezeption bzw. Kommunikation, da hier nicht die Form der übermittelten Information, sondern die

Information selbst im Zentrum des Interesses steht.[1] Da Textsorten abhängig von der jeweiligen Kultur von unterschiedlichen Vertextungsmustern Gebrauch machen, können Textsortenkonventionen nur relativ zur Kultur einer bestimmten Sprache beschrieben werden.

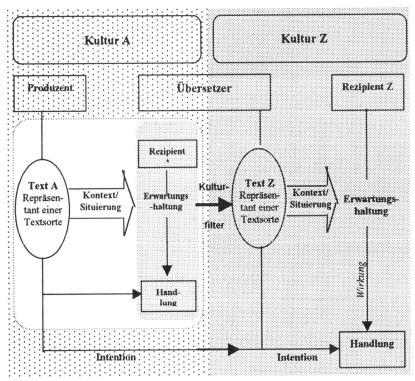

Abb. 2: Übersetzungsorientiertes Textproduktions- und Textrezeptionsmodell.

Ein Modell, das die Produktion und Rezeption von Texten darstellt (siehe Abb. 1 bis 3), muß daher berücksichtigen, wie die Texteigenschaften eines intendierten menschlichen Adressaten wahrgenommen werden. Dies gilt besonders dann, wenn ein Text für Adressaten einer anderen Kultur produziert wird als jener, der der Textproduzent oder der zu übersetzende Text

---

[1] Ausnahmen bilden hier bewußte Verstöße gegen Textsortenkonventionen, um die Aufmerksamkeit des Rezipienten auf die formalen Eigenschaften zu lenken.

angehört, wenn also Ausgangs- und Zielkultur nicht übereinstimmen. Dies ist in der Regel bei Übersetzungen der Fall (vgl. Abb. 2). Deshalb muß es hier darum gehen, den ausgangssprachlichen Text (im Modell: Text A) zu transkulturieren. Unter pragmatischen Gesichtspunkten betreffen Gebrauchstexte in der Ausgangssprache den quellsprachigen Adressaten (Rezipient A) in gleichem Maße wie die jeweilige Übersetzung (Text Z) den zielsprachigen Adressaten (Rezipient Z), sie haben also in Ausgangs- und Zielsprache den gleichen Zweck und die gleiche Funktion, da "[...] they are based on contemporary, equivalent needs of a comparable audience in the source and target language communities" (House 1997:69). Unter diesen Gegebenheiten ist die adäquate Übersetzung von Gebrauchstexten mit House eine *covert translation*. Hierbei handelt es sich um eine als funktionserhaltend zu charakterisierende Übersetzung, "which enjoys the status of an original source text in the target culture" (House 1997:69). Um eine in diesem Sinne funktionserhaltende Übersetzung zu garantieren, ist es erforderlich, daß der Übersetzer eines Gebrauchstextes bei der Übersetzung einen Kulturfilter ("cultural filter") anlegt, d.h. nach House (1997:70): "The translator has, as it were, to view the source text through the glasses of a target culture member."

Geht es nun darum, einen fremdsprachigen Text zu produzieren, der nicht als Übersetzung eines quellsprachigen Textes erstellt wird, sondern primär in der fremden Zielsprache, so hat der Textproduzent, der Mitglied einer Kultur A ist, bei der Produktion eines Textes für eine Kultur Z mental auf sein Wissen um Textsorten und Textsortenkonventionen ebenfalls einen Kulturfilter anzuwenden, um einen für die zielsprachige Kultur authentischen Text zu produzieren (vgl. Abb. 3).

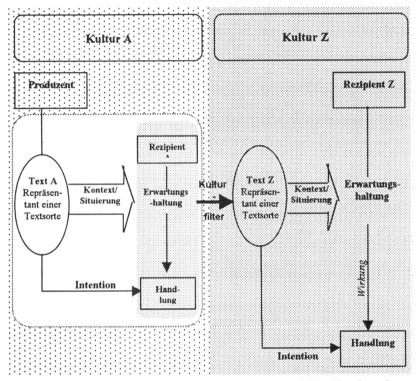

Abb. 3: Modell der fremdsprachigen Textproduktion und zielsprachigen Rezeption.

Welche zielkulturellen Vertextungsnormen und -konventionen[2] ein Produzent eines Exemplars der Textsortenklasse Geschäftskorrespondenz im Französischen berücksichtigen muß, damit sein Geschäftsbrief entsprechend der intendierten Funktion den Bedürfnissen der Adressaten in der Zielkultur entspricht und deren Erwartungen nicht verletzt, soll im nachfolgenden Kapitel skizziert werden.

---

[2] Vgl. Nord (1998).

2 Textsortenklasse Geschäftskorrespondenz

2.1 Allgemeine Merkmale der Textsortenklasse Geschäftskorrespondenz

Exemplare der Textsortenklasse Geschäftskorrespondenz lassen sich übereinzelsprachlich makrostrukturell in eine Reihe konventionell festgelegter Bestandteile untergliedern:

- Briefkopf
- Bezugszeile
- Datum
- Anschrift des Empfängers
- Betreff
- Anrede

- Brieftext
- Schlußformel
- Name und Unterschrift
- Anlagen
- Postskriptum

Ihre sprach- und kulturspezifische Anordnung sowie sprachliche Ausgestaltung sind allerdings von einer sprachlichen Kultur zu einer anderen unterschiedlich konventionalisiert.

2.2 Textsortenkonventionen der Textsortenklasse Geschäftskorrespondenz im Französischen

2.2.1 Präsentationsformen

Für französische Geschäftsbriefe existieren drei verschiedene Präsentationsmodelle:

1. standardisierte Präsentationsform nach NF Z 11 -001
2. *présentation à la française*
3. *présentation à l'américaine*

In der französischen Afnor-Norm NF Z 11-001 von 1982 mit dem Titel "Présentation des lettres" wird ein standardisierter Rahmen für die Gestaltung eines Geschäftsbriefes in Frankreich festgelegt. Im Unterschied zu den DIN-Normen DIN 5008 ("Schreib- und Gestaltungsregeln für die Textverarbeitung") von 1996 und DIN 676 von 1995 ("Geschäftsbrief"), die die

Briefgestaltung im Deutschen regeln,[3] beinhaltet die französische Norm hinsichtlich der Präsentation einzelner Briefbestandteile Alternativen und Gestaltungsspielräume.

Während die Seitenränder sowie die Positionierung des Adreßfeldes in der Afnor-Norm festgelegt sind,[4] heißt es in Abschnitt 4.3 der Norm ausdrücklich, daß es hinsichtlich der übrigen Briefelemente dem Briefautor obliegt, deren Anordnung und Reihenfolge zu bestimmen, des weiteren darüber zu entscheiden, ob Absätze mit oder ohne Einzug vorgenommen werden.

Nach der in der Afnor-Norm beschriebenen Form der Briefgestaltung richten sich in Frankreich in der Regel Verwaltungen sowie Rechtsanwaltskanzleien und Notare.[5]

Neben der normierten Form sind zwei weitere Gestaltungsformen für Geschäftsbriefe sehr gebräuchlich, die französische Briefform (*présentation à la française*) sowie die amerikanische Briefform (*présentation à l'américaine*). Die französische Gestaltungsform ist dadurch gekennzeichnet, daß das Adressatenfeld in der rechten Blatthälfte plaziert wird, wohingegen dieses in der amerikanischen Form auf der linken Blatthälfte bündig zum Brieftext gesetzt wird, wie das auch im Deutschen üblich ist. Bei der Positionierung der französischen Briefgestaltung zu folgen, ist insbesondere dann erforderlich, wenn ein Briefumschlag mit Adreßfenster verwendet wird, das sich auf französischen Umschlägen rechts befindet. Des weiteren zeichnet sich die französische Briefform dadurch aus, daß sie sowohl die Anrede als auch alle Absatzanfänge gegenüber dem linken Rand des Haupttextes einrückt. Ferner werden der Absendeort und das Datum in zwei aufeinanderfolgenden Zeilen notiert und die Unterschrift in der rechten Blatthälfte positioniert, wie dies hinsichtlich beider Briefelemente auch in der französischen Norm vorgesehen ist. Die *présentation à la française* ist die traditionelle Gestaltungsform für Geschäftsbriefe in Frankreich. Die

---

[3] So heißt es in DIN 5008, Abschnitt 12.7.1 z.B.: "Nach dem Wortlaut des Betreffs sind zwei Leerzeilen vorzusehen." Oder in 12.8 derselben Norm: "Die Anrede beginnt an der Fluchtlinie und wird durch eine Leerzeile vom folgenden Text getrennt."

[4] Für den eigentlichen Brieftext werden die Seitenränder mit 20 mm als minimalem Rand angegeben. In bezug auf die Anordnung des Adreßfeldes wird ein im Anhang der Norm im oberen rechten Bereich des Briefschemas mit 3 bezeichnetes Feld mit den entsprechenden Maßen angegeben. Hinsichtlich des links daneben liegenden Feldes 2, das in der Regel für Angaben des Absenders, wie z.B. die eingetragene Nummer der Firma im Handelsregister, vorgesehen ist, heißt es in Fußnote 2 der Norm: "Les zones 2 et 3 peuvent être permutées dans le cas où les enveloppes à fenêtres ne sont pas utilisées."

[5] Vgl. Bas/Hesnard (1994:12).

présentation à l'américaine, bei der das Adreßfeld, der Brieftext und die Unterschrift linksbündig zum linken Textrand gesetzt werden, ist dagegen wohl ein Produkt des Einsatzes von Textverarbeitungsprogrammen bei der Erstellung der Geschäftskorrespondenz, wo Einschübe zwischen den Absätzen für den Ungeübten einfacher zu realisieren sind als Zeileneinrückungen.

Unternehmen verwenden häufig individualisierte Gestaltungsformen, die sich im wesentlichen an einer der drei gebräuchlichen Formen orientieren, wobei die französische Gestaltungsform nach wie vor am weitesten verbreitet ist. Hinsichtlich der Absatzgestaltung folgen die Briefautoren allerdings zunehmend dem Vorbild der amerikanischen Briefform, d.h. Absätze werden ohne Einzüge formatiert. Davon zeugen sowohl Belege französischer Geschäftsbriefe als auch eine Reihe der in verschiedenen Leitfäden zum Verfassen von Geschäftsbriefen veröffentlichten Musterbriefe.[6]

2.2.2 Sprachliche Gestaltung

Was die sprachliche Gestaltung von Geschäftsbriefen anbelangt, so sollen hier lediglich Anrede und Grußformel näher betrachtet werden.

Im Gegensatz zum Spielraum bei der formalen Anlage des Briefes gehorcht die Art der Anrede eines Adressaten genauen, stark konventionalisierten Regeln. Sie richtet sich sowohl danach, welchen sozialen Status die angesprochene Person relativ zum Autor des Briefes hat, als auch nach dem Bekanntheitsgrad der angeschriebenen Person im Verhältnis zum Briefautor.

Wenn die angeschriebene Person nicht namentlich bekannt ist, bestehen im wesentlichen die folgenden Anredeformen (1):

(1)   – *Madame, Monsieur,*
          – *Messieurs,*
          – *Mesdames, Messieurs,*

Ist die angeschriebene Person dagegen namentlich bekannt, wird abhängig vom Geschlecht eine der beiden in (2) genannten Anredeformen gewählt:

---

[6] Vgl. z.B. Grand-Clément Mikles (1991) oder Bas/Hesnard (1994). Larousse (1996) hingegen präsentiert ausschließlich Musterbriefe, in denen die Absätze eingerückt sind.

(2) – Madame,
 – Monsieur,

Sofern die angeschriebene Person dem Schreibenden persönlich bekannt ist, kann der Anrede das Attribut *Chère* bzw. *Cher* vorangehen (3a). Ist die betreffende Person darüberhinaus bereits Kundin bzw. Kunde der schreibenden Firma, kann auch dies in der Anrede zum Ausdruck gebracht werden (3b):

(3a) – *Chère Madame,*
 – *Cher Monsieur,*
(3b) – *Madame et Chère Cliente,*
 – *Cher Client,*

Ist die angeschriebene Person beispielsweise Arzt, Rechtsanwalt oder Notar oder Geschäftsführer des angeschriebenen Unternehmens, ist es üblich, sie mit ihrem Titel bzw. ihrer Berufsbezeichnung anzusprechen (4):

(4) – *Docteur,*
 – *Maître,*
 – *Monsieur le Directeur,*

Ebenso wie die Anrede hängt auch die Grußformel von der Beziehung zwischen Absender und Empfänger ab, darüber hinaus auch von der Art und dem Ton des Briefes. In der Grußformel wird stets die Anrede wieder aufgenommen. Sind Absender und Empfänger gleichgeordnet, finden sich häufig die in (5) aufgeführten Grußformeln:

(5) – *Recevez, <Anrede>, nos salutations distinguées.*
 – *Veuillez recevoir, <Anrede>, l'assurance de nos salutations distinguées.*

Ist der Absender dagegen dem Empfänger untergeordnet, ist (6a) geläufig, im umgekehrten Fall findet sich hingegen häufig (6b):

(6a) – *Nous vous prions d'agréer, <Anrede>, l'expression de nos sentiments respectueux.*

(6b) – *Veuillez agréer, <Anrede>, l'assurance de notre parfaite considération.*

Zunehmend werden – vor allem in kürzeren Briefen und Rundschreiben – auch einfachere Grußformeln verwendet (7):

(7) – *Sincères salutations.*
– *Veuillez agréer nos meilleurs sentiments.*
– *Salutations distinguées.*

In der Grußformel von Geschäftsbriefen sollte aber nach wie vor die Anrede wieder aufgenommen werden, wie unter (6) ausgeführt.

3 Computergestützte Briefstellhilfen

Auf dem Markt befinden sich verschiedene Softwareprodukte zur Erstellung fremdsprachiger Geschäftskorrespondenz und Bewerbungsschreiben. An dieser Stelle sollen die Produkte EUROBRIEF 3.0 der Firma Una, Langenscheidts Geschäftskorrespondenz 2.0 sowie das an der Universität Wuppertal entwickelte Programm EUROJOB näher betrachtet werden, und zwar jeweils für die Sprachrichtung Deutsch–Französisch.

• Die computergestützten Briefstellhilfen EUROBRIEF und Langenscheidts Geschäftskorrespondenz basieren auf einem Inventar an Textbausteinen. Der Brief wird zunächst in deutscher Sprache erstellt und dann in die Fremdsprache übertragen. Diese beiden Softwareprodukte sind als Werkzeuge für den professionellen Einsatz konzipiert. So heißt es bei EUROBRIEF: "Die Profi-Software für Ihre fremdsprachige Geschäftskorrespondenz" sowie "Wichtig für alle Unternehmen im Bereich Export/Import". Daß der Anspruch der Professionalität bei näherer Betrachtung von den Programmen aber nicht eingelöst wird, soll nachfolgend skizziert werden.

Das Programm EUROBRIEF öffnet mit einem Adreßverwaltungsfenster, aus dem abgespeicherte Adreßdaten abgerufen oder neue Adressen eingetragen werden können. An dieser Stelle des Programms wird neben den Adreßdaten auch spezifiziert, wie der Briefautor die angeschriebene Person in einem entsprechenden deutschen Brief anredet. Mit der Auswahl der Anrede "Sehr geehrter Herr" wird automatisch die Grußformel bestimmt, im vorliegenden Fall "Mit freundlichen Grüßen", die sodann in dem mit "Schlussformel" bezeichneten Feld sichtbar wird. Die selektierten Daten werden unmittelbar in einen Briefeditor übertragen und erzeugen einen Rahmen für einen deutschen Brief, in dem der Absender, der Adressat, der Absendeort und das Datum, die Anrede, zusammengesetzt aus selektierter Anredeform und Namen, die Schlußformel, gegebenenfalls ein Betreff sowie Angaben über beigefügte Dokumente an der im Brief dafür vorgesehenen Position enthalten sind.

In den Texteditor lassen sich nun aus einer Hierarchie von insgesamt rund 3000 deutschen Textbausteinen die Elemente für einen Geschäftsbrief, etwa ein Angebotsschreiben, übertragen (siehe Abb. 4). Einzelne Textbausteine enthalten Variablen, die bei der Selektion des betreffenden Textbausteins mit den für den Brief erforderlichen Angaben im Quelltext und im Zieltext gesondert aktualisiert werden müssen (siehe Abb. 5).

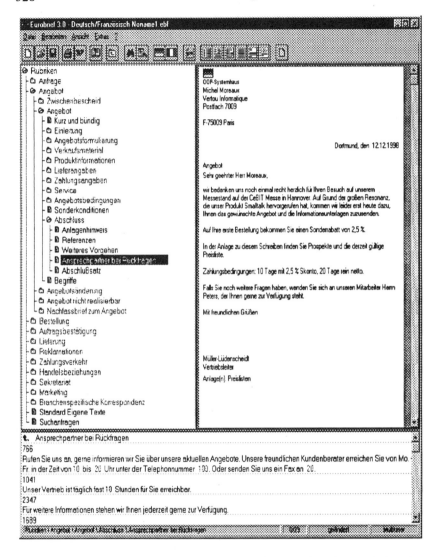

Abb. 4: EUROBRIEF — Textbausteinhierarchie mit selektierten Textbausteinen sowie deutscher Brieftext.

Die Relevanz von Textsortenwissen für die fremdsprachige Textproduktion 329

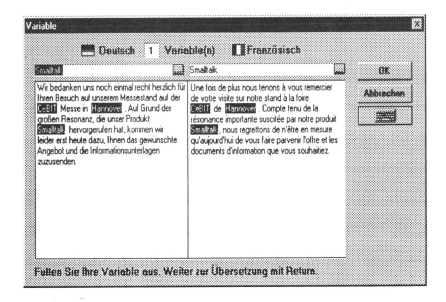

Abb. 5: Textbaustein mit zu ersetzenden Variablen im Programm EUROBRIEF.

Ist der Brief in der Quellsprache, im vorliegenden Fall Deutsch, vollständig (vgl. Abb. 4), so läßt sich per Mausklick auf das Symbol der französischen Fahne in der Symbolleiste der zielsprachige Text erzeugen (siehe Abb. 6).

Das Ergebnis der sprachlichen Transformation, die auf den ersten Blick so bestechend aussehen mag, erweist sich bei näherer Betrachtung jedoch als äußerst fehlerhaft: Zunächst einmal fällt auf, daß die Briefgestaltung im Französischen vollständig dem mit dem Programm erzeugten deutschen Layout folgt, das Adreßfeld also auch linksbündig erscheint, was im Französischen der *présentation à l'américaine* gleichkommt. Die Angaben von Ort und Datum, ihrer Gestaltung nach einzeilig und somit ebenfalls der amerikanischen Form folgend, enthalten im Französischen jedoch einen Fehler: nach der Angabe des Ortes muß — durch Komma getrennt — dem Datum der bestimmte Artikel, *le*, vorangehen, der hier allerdings fehlt. Eine weitere Auffälligkeit zeigt die Anrede. Die deutsche Anrede "Sehr geehrter Herr..." wird im Französischen mit der vertraulicheren Anredeform "Cher Monsieur" wiedergegeben. Dies ist aber nicht der einzige Verstoß in der Anrede. Unanhängig von dem Grad der Bekanntheit der angeschriebenen Person wird im Französischen im Unterschied zum Deutschen der Familienname der angeschriebenen Person nicht in der Anrede erwähnt. Auch die französische Grußformel, die als Entsprechung der deutschen Grußformel "Mit freundlichen Grüßen" eingesetzt wird, ist in Geschäftsbriefen dieser Art unüblich. Wie bereits in Abschnitt 2.2.2 erwähnt, werden kürzere Grußformeln wie "Salutations distinguées" inzwischen zwar vermehrt verwendet, jedoch in erster Linie in Kurzbriefen und Rundschreiben. Sie als Standardgrußformel in französischen Geschäftsbriefen einzusetzten, entspricht daher nicht den Gepflogenheiten in Frankreich. Schließlich sei noch darauf hingewiesen, daß auch die Entsprechung des deutschen Substantivs *Anlage(n)* nicht korrekt ist. Anstelle der in französischen Briefen üblichen Nominalgruppe *pièce(s) jointe(s)* wird hier im Französischen das Nomen *annexe* eingefügt. Andere deutsche Bezeichnungen, wie das bei entsprechender Selektion in der Adreßverwaltung automatisch eingesetzte Nomen "Postfach" oder die Funktion des Unterzeichneten, werden von EUROBRIEF nicht in die Fremdsprache überführt.

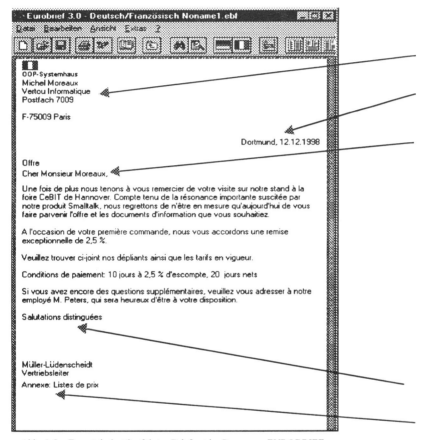

Abb. 6: Ins Französische überführter Brieftext im Programm EUROBRIEF.

Die Erstellung eines entsprechenden Briefes mit Langenscheidts Geschäftskorrespondenz zeigt dieselben Fehler. Das erstaunt nicht, handelt es sich bei diesem Produkt doch um die gleiche Software (EUROBRIEF), allerdings in einer niedrigeren Programmversion, die außer einer geringeren Zahl an Textbausteinen die Besonderheit aufweist, daß der mit beiden Produkten mögliche Export der Brieftexte in das Textverarbeitungsprogramm Microsoft Word 97 hier nur dann gelingt, wenn dieses zuvor softwareseitig als englische Programmversion deklariert wird.

Im Unterschied zu den beiden hier vorgestellten Programmen zur Erstellung fremdsprachiger Geschäftskorrespondenz ist das mit EU-Mitteln als Lingua-Projekt geförderte Programm EUROJOB, das bislang weder kommerzialisiert wurde, noch frei zugänglich ist, als unterstützendes Werkzeug zum Verfassen fremdsprachiger Bewerbungsschreiben konzipiert. Der Benutzer erhält durch das Programm zahlreiche Hinweise für die Bewerbung in Deutschland und im europäischen Ausland (wahlweise Frankreich, Großbritannien, Dänemark oder Portugal) und wird über Konventionen von Bewerbungsschreiben und Lebensläufen des betreffenden Landes informiert. Anders als bei EUROBRIEF und Langenscheidts Geschäftskorrespondenz, wo der Brief zunächst in Deutsch verfaßt und dann auf der Basis der ausgewählten Textbausteine beispielsweise ins Französische übertragen wird, wird der Benutzer durch EUROJOB dazu angeleitet, das Bewerbungsschreiben, das denselben Konventionen wie Geschäftsbriefe folgt, direkt in der Fremdsprache zu erstellen (siehe Abb. 7). Dabei werden dem Benutzer neben Hinweisen zur Präsentation des Anschreibens zahlreiche Formulierungshilfen zur Verfügung gestellt, wobei anzumerken ist, daß die Autoren des Programms fälschlicherweise behaupten, daß in Frankreich keine Norm für die Gestaltung von Briefen existiert: "In Frankreich existiert keine DIN-Norm [sic!] wie in Deutschland, die regelt, was in welcher Zeile zu stehen hat."

Die Relevanz von Textsortenwissen für die fremdsprachige Textproduktion 333

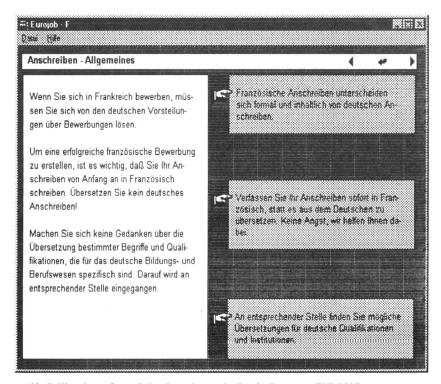

Abb. 7: Hinweise zu französischen Bewerbungsschreiben im Programm EUROJOB.

Die in EUROJOB zusammengestellten Hinweise zum Verfassen einer Bewerbung in Frankreich erstrecken sich sowohl auf formale Angaben als auch auf Anregungen zum Inhalt und zur sprachlichen Ausgestaltung des Schreibens (siehe Abb. 8). Sie versetzen den Benutzer des Programms in die Lage, ein französisches Bewerbungsschreiben entsprechend den zielkulturellen Konventionen zu verfassen. Die Informationen und Formulierungsvorschläge werden dem Benutzer jeweils im oberen Teil des Bildschirms präsentiert, während die untere Bildschirmhälfte dazu vorgesehen ist, dem Fortgang der Information entsprechend sein Bewerbungsschreiben zu verfassen.

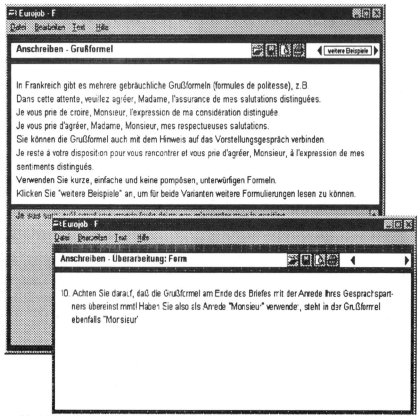

Abb. 8: Formulierungshilfen, Editionsfenster und Hinweise in EUROJOB.

4 Bewertung der computergestützten Briefstellhilfen

Unterzieht man die drei Softwareprodukte einer Bewertung, der die Überlegungen in Abschnitt 1 zugrunde gelegt werden, die zu den dort dargestellten Textproduktions- und -rezeptionsmodellen geführt haben, so lassen sich im Rahmen einer inhaltlichen Bewertung die nachfolgend in 4.1 aufgeführten Punkte nennen. Ein weiteres Bewertungskriterium stellt die Benutzeroberfläche der Systeme dar, die unter dem Gesichtspunkt von Textsortenwissen in der vorliegenden Untersuchung allerdings nur von untergeordneter Bedeutung ist.

4.1 Inhaltliche Bewertung

Dem Programm EUROJOB kann man bescheinigen, daß es die Konventionen des französischen Geschäftsbriefs bzw. Bewerbungsschreibens transparent darstellt und die Besonderheiten gegenüber funktionsgleichen deutschen Texten gut kommentiert, auch wenn die Autoren offensichtlich keine Kenntnis der Afnor-Norm haben.

Im Unterschied zu der Behandlung von Textsortenkonventionen in EUROJOB werden die Präsentationskonventionen der französischen Geschäftskorrespondenz von Langenscheidts Geschäftskorrespondenz und Una EUROBRIEF nur unzureichend berücksichtigt. Dazu gehört, daß ein differenzierter Gebrauch von Anrede- und Grußformeln im Französischen nicht reflektiert wird. Des weiteren treten Fehler bei den Entsprechungen zwischen deutschen und französischen Textbausteinen auf, was am Beispiel der Datumsangabe und des Anlagenvermerks gezeigt wurde.

4.2 Benutzeroberfläche

Was die Benutzeroberfläche anbelangt, muß das im Rahmen eines Lingua-Projektes entstandene Programm EUROJOB als sehr einfach bezeichnet werden. So müssen beispielsweise anders als bei den zwei Briefstellhilfen alle im Programm enthaltenen Textbausteine vom Benutzer abgeschrieben werden.

Demgegenüber zeichnen sich Langenscheidts Geschäftskorrespondenz und Una EUROBRIEF durch eine einfach zu handhabende Benutzeroberfläche aus, wobei das Produkt von Langenscheidt einige Systemfehler aufweist.

5 Berücksichtigung von Textsortenkonventionen in den betrachteten computergestützten Briefstellhilfen

Weder in Langenscheidts Geschäftskorrespondenz, noch im Programm EUROBRIEF findet der 'Kulturfilter' bei der Übertragung des quellsprachigen Brieftextes in die Fremdsprache konsequent Anwendung. Anders als die Softwareprodukte mit dem Attribut "professionell" suggerieren, ist die Kenntnis der Textsortenkonventionen für Geschäftsbriefe im Französischen bei der Benutzung der Programme eine wesentliche Voraussetzung, damit der fremdsprachige Text überhaupt als "source text in the target culture" (House 1997:69) gelten kann.

Im Programm EUROJOB wird dem Benutzer der kulturelle Filter mit Hilfe von Erläuterungen an die Hand gegeben. Da mit EUROJOB aber keine vollständigen Briefe mittels Textbausteinen erstellt werden, sind auch hier neben sprachlichen Kenntnissen Textsortenkenntnisse erforderlich, um einen zielkulturell funktionsgerechten Text zu erstellen.

Literatur

Bas, L./Hesnard, C. (1994), *La correspondance commerciale française*, Paris.
Grand-Clément Mikles, Odile (1991): *La correspondance personnelle, administrative et commerciale*, Paris.
House, Juliane (1977), *A Model for Translation Quality Assessment*, Tübingen.
House, Juliane (1997), *Translation Quality Assessment. A Model Revisited*, Tübingen.
Larousse (1996), *Guide de correspondance. 500 modèles de lettres*, Paris.
Mißler, Bettina (1997), "EUROJOB. Ein multilinguales Schreibwerkzeug", in: Knorr, Dagmar/Jakobs, Eva-Maria (edd.): *Textproduktion in elektronischen Umgebungen*, Frankfurt/Main etc., 157-170.
Nord, Christiane (1998), "Textlinguistik", in: Snell-Hornby et al. (edd.): *Handbuch Translation*, Tübingen, 59-61.
Pruvot-Büttner, Claude ([3]1997), *PONS — Französische Handelskorrespondenz im Griff*, Stuttgart etc.
Reiß, Katharina/Vermeer, Hans J. (1984), *Grundlegung einer allgemeinen Translationstheorie*, Tübingen.

Zitierte Normen

Présentation des lettres, NF Z 11-001, Juli 1982, Afnor, Paris.
Schreib- und Gestaltungsregeln für die Textverarbeitung, DIN 5008, Mai 1996, Berlin.
Geschäftsbrief - Einzelvordrucke und Endlosvordrucke, DIN 676, Mai 1995, Berlin.

POSSIBILITÉS ET LIMITES DES TRANSFERTS CULTURELS DANS LES TRADUCTIONS ALLEMANDES D'AUTEURS ANTILLAIS, À L'EXEMPLE DE GÉRARD ETIENNE ET DE PATRICK CHAMOISEAU

(DANIELLE DUMONTET, Mainz)

1 Introduction

Il serait abusif de croire que les œuvres traversent facilement les frontières, surtout quand elles sont écrites pour un champ particulier, plus le champ d'origine est éloigné du champ d'accueil, plus le passage est difficile. La question qui se pose alors pour tout éditeur, est la suivante, quelles sont les œuvres que je dois accueillir et faire traduire et pour lesquelles, il y a en plus un public de lecteurs. Ces questions fondamentales, s'il en est, trouvent parfois des réponses qui s'esquissent difficilement. Toutefois en Allemagne, un médiateur s'est trouvé en la personne de Janheinz Jahn, qui, après avoir assisté à une conférence de Léopold Sédar Senghor à l'Institut français de Frankfurt am Main sur "La poésic modcrnc africainc ct antillaisc" s'cst enthousiasmé pour une littérature qu'il venait tout juste de découvrir:

> "En 1951 un jeune professeur du nom de Léopold Sédar Senghor tint à l'Institut français de Francfort-sur-le-Main une conférence sur la poésie moderne africaine et antillaise. Jahn, qui se trouvait parmi l'auditoire, fut comme saisi d'un coup de foudre et décida d'en savoir plus sur cette nouvelle forme littéraire proposée par l'Afrique et la diaspora au reste du monde." (Momath Thiam 1984/1985:128)

Janheinz Jahn à travers deux publications[1] qui, en son temps, eurent beaucoup de succès, entreprit de faire œuvre de médiateur entre un public non initié et des œuvres écrites dans des aires considérées comme nouvelles pour leurs lecteurs allemands. Grâce à Jahn qui traduisit et adapta les œuvres d'Aimé Césaire en allemand, la littérature négro-africaine, entra dans l'enseignement supérieur en Allemagne. Non seulement il fit œuvre de médiateur par l'intermédiaire de ses traductions pour lesquelles il obtint en

---

[1] Voir indications dans la bibliographie.

1970 le prix décerné par l'"Akademie für Sprache und Dichtung" de Darmstadt, mais aussi de collectionneur, puisqu'il entreprit de rassembler toutes les revues, tous les journaux et textes écrits par des auteurs noirs qu'il légua par la suite à l'université de Mayence qui dispose ainsi d'un fonds précieux pour tout chercheur. Sa vision de la littérature négro-africaine était marquée par le mouvement de la Négritude, c'est la raison pour laquelle il ne différenciait les aires géographiques d'où émergeait cette nouvelle littérature qui l'avait tant subjugué. Mais de là à affirmer que Jahn ait aplani les difficultés des transferts d'une aire à l'autre serait, je pense, erroné. Marie-Line Séphocle dans son article "La réception de Maryse Condé et Simone Schwarz-Bart en Allemagne"[2] ne voit que des éléments positifs dans le processus de réception des auteurs caribéens de langue française puisqu'elle constate que les principales œuvres de ces deux écrivaines ont été traduites en allemand et ont été critiquées dans la presse en général. Ces conclusions me semblent par trop hâtives et ne révèlent qu'une face de la réception des auteurs caribéens d'expression française en Allemagne. En effet croire que les auteurs caribéens seraient automatiquement traduits en allemand est faux, croire qu'il y a une politique déterminée menée par différentes maisons d'édition serait également trompeur. Qu'en est-il? Effectivement nous trouvons des traductions des textes de Maryse Condé, de Simone Schwarz-Bart et de Gisèle Pineau entre autres dans une maison d'édition allemande, le Peter Hammer Verlag qui s'est spécialisé dans la traduction d'œuvres en provenance du dit "tiers-monde", un des auteurs de cette maison d'édition, connaissant le plus de succès est un auteur originaire du Cameroun, Francis Bebey[3]. Nous trouvons également une autre maison d'édition allemande, une petite maison d'édition sise à Heidelberg, le Wunderhorn Verlag qui œuvre à la (re)-connaissance d'un auteur martiniquais, Edouard Glissant dont ont été publiés en langue allemande, *La Case du commandeur* (1981), *Die Hütte des Aufsehers* (1983), *Le Discours antillais* (1981), *Zersplitterte Welten* (1986) (version abrégée), *Mahagony* (1987), *Mahagony* (1989), *Le Quatrième siècle* (1964), *Die Entdecker der Nacht* (1991) et tout dernièrement la traduction allemande de l'essai *Faulkner, Mississippi*. Jusqu'à présent il n'est toutefois pas question de

---

[2] Cet article a paru dans l'ouvrage collectif édité par Maryse Condé, *L'Héritage de Caliban*, voir dans la bibliographie.

[3] Il est intéressant de consulter à ce sujet l'étude d'Albert Gouaffo citée dans la biliographie, étude consacrée au processus de réception littéraire des œuvres d'expression française en provenance de l'Afrique de l'Ouest. Il serait tout à fait intéressant de faire une étude semblable sur la réception des œuvres des Antilles françaises en Allemagne.

traduire le dernier roman de l'auteur, *Tout-Monde,* car malgré tous les efforts de cette maison d'édition, les romans de Glissant ne trouvent pas de lecteurs en Allemagne. Sur ce point, tous les éditeurs consultés sont d'accord pour dire qu'il y a de 2 000 à 3 000 lecteurs potentiels d'œuvres en provenance de la Caraïbe francophone. La situation peut paraître modifiée au premier abord si l'œuvre en question a reçu un prix littéraire important dans son champ d'origine ou bien si l'auteur a obtenu un prix lui assurant une renommée mondiale, mais là encore la prudence est de mise[4]. Il serait donc trop hâtif de vouloir prétendre que les transferts fonctionnent d'une aire à l'autre sans problème. Si nous regardons le cas de Gérard Etienne, les droits de publication en Allemagne ont été achetés pour *La reine soleil levée* par une petite maison d'édition, le Schönbach Verlag, qui avait créé une série intitulée "Inseln im Winde", *(Iles sous le vent)* dans laquelle elle a publié un roman de Xavier Orville, auteur martiniquais, *Der Tränenverkäufer (Le Marchand de larmes).* Depuis la publication du roman de Gérard Etienne, *Der Aufstand der Sonnenkönigin* (1990), la maison d'édition a interrompu ses activités pour se fondre au sein d'une plus grande maison d'édition, le Unionsverlag et n'a plus l'intention de continuer à publier d'autres auteurs caribéens, car d'après l'éditrice qui m'a dit avoir vendu seulement 2 000 exemplaires du roman de Gérard Etienne dans sa version allemande, il n'y aurait pas de public pour ce genre de textes en Allemagne.

Si *Texaco* de Patrick Chamoiseau a été publié dans sa version allemande en 1995 dans une grande maison d'édition, le Piper Verlag, c'est parce qu'il était porté par le prix littéraire obtenu en France, le prix Goncourt obtenu l'année même de sa parution en 1992, un prix littéraire devant signifier forcément le succès ou du moins pouvant le faire espérer. C'est ce que Bourdieu appelle "l'opération de sélection", qui publie-t-on et où le publie-t-on. Toujours pour Bourdieu, "le transfert d'un champ national à un autre se fait au travers d'une série d'opérations sociales" (Bourdieu 1990:3). L'opération de sélection est suivie de "l'opération de marquage", impliquant le choix de la collection, le choix du traducteur et éventuellement une préface ou le choix d'un préfacier. Toutes ces opérations permettent en effet le passage d'une œuvre d'un champ à un autre et vont bien entendu

---

[4] Voir à ce sujet la réception avortée du roman de Patrick Chamoiseau, *Texaco,* paru dans une maison d'édition importante en Allemagne, le Piper Verlag qui avait acheté les droits d'auteur sur la foi du prix Goncourt obtenu par l'auteur. Voir aussi la réception avortée de deux romans de Raphaël Confiant qui, parus eux aussi dans une grande maison d'édition, n'ont pas trouvé de lecteurs et bloquent ainsi une politique de transfert de littératures d'une aire à l'autre.

influencer la réception d'une œuvre écrite pour un champ littéraire x, dans un champ littéraire y. Pierre Bourdieu dans une conférence intitulée "Les conditions sociales de la circulation internationale des idées" insiste sur le fait que croire que la vie intellectuelle est spontanément internationale, est absolument faux. Pour lui:

> "la vie intellectuelle est le lieu, comme tous les autres espaces sociaux, de nationalisme et d'impérialismes et les intellectuels véhiculent, presque autant que les autres, des préjugés, des stéréotypes, des idées reçues, des représentations très sommaires, très élémentaires, qui se nourrissent des accidents de la vie quotidienne, des incompréhensions, des malentendus, des blessures (celles par exemple que peut infliger au narcissisme le fait d'être inconnu dans un pays étranger." (Bourdieu 1990:2)

Il faut donc cesser de croire qu'effectivement l'échange d'idées se fait au même moment de la même manière dans les différents espaces de notre univers. Ainsi, pour Bourdieu, les échanges internationaux sont soumis à un certain nombre de facteurs, le premier facteur étant le fait que les textes circulent sans leur contexte. Ainsi, le fait que les textes circulent sans leur contexte et qu'ils "n'importent" pas ou qu'ils n'emportent pas avec eux le champ de production dont ils sont le produit, a pour conséquence que les récepteurs, étant eux-mêmes insérés dans un champ de production différent, les réinterprètent en fonction de la structure du champ de réception. Les premiers récepteurs étant la maison d'édition et le traducteur, nous allons dans un premier temps étudier le marquage des deux romans dont nous avons choisi de parler, pour ensuite dans un deuxième temps parler de leur traduction en langue allemande et analyser les stratégies de transfert choisies et réalisées. Rappelons que notre choix s'est porté sur les romans *Der Aufstand der Sonnenkönigin* (1990) de Gérard Etienne et *Texaco* (1995) de Patrick Chamoiseau, tous deux traduits par la même traductrice, Giovanna Waekerlin Induni.

2 Le marquage

Le marquage est une opération effectuée par la maison d'édition qui choisit une stratégie de vente de l'œuvre en question dans son nouveau champ d'accueil. Pour le roman de Gérard Etienne, le layout sur la couverture présente un dessin dans lequel le lecteur reconnaît le soleil, les palmiers, un noir à la bouche ouverte, cette même bouche ouverte se retrouvant dans quatre versions différentes symbolise la souffrance et évoque chez le futur lecteur les associations soleil des tropiques et souffrance. Sur la page deux de la couverture se trouve une biographie de l'auteur Gérard Etienne retraçant les étapes de sa lutte politique qui le mèneront d'abord en prison où il connaîtra la torture, puis en exil au Canada où il vit depuis 1964. A aucun endroit, il n'est question de son activité de romancier, mais l'accent est mis dans cette notice biographique sur l'aspect éminemment politique de l'auteur, présenté comme une victime du régime des Duvalier. Fait que nous n'allons nullement remettre en question, mais il s'agit d'une présentation de l'auteur par trop simplifiée, puisque ses activités d'écrivain sont tues. La page quatre de la couverture contient un résumé du roman: Mathilda, une "mère Courage caribéenne"[5] lutte de toutes ses forces en ayant recours à tous les moyens possibles, y compris la magie noire, pour sauver la vie de son homme Jo. Suivent immédiatement la relation entre le roman et les expériences vécues de l'auteur qui, ayant connu la torture sous le régime des Duvalier, dénonce les méfaits de la dictature ainsi que les abus de pouvoir des prêtres du vaudou. Le personnage du prêtre du vaudou est présenté de manière plus explicite, l'accent étant mis sur le droit de la première nuit que celui-ci possède, ainsi que sur le fait qu'il est le maître de toutes les femmes du voisinage, qu'elles soient vierges, mariées ou célibataires. Le lecteur apprend également qu'une cérémonie vaudouesque est décrite de manière époustouflante. La phrase de conclusion du résumé de l'intrigue du roman est étonnante: les forces occultes n'ayant pas réussi dans leur entreprise, la révolte des petites gens opprimées et par le pouvoir et par la religion du vaudou sera brutalement réprimée. Ainsi, le lecteur du résumé ne sait pas si la révolte est réprimée suite au manque de succès de la cérémonie vaudouesque! Qu'apprend donc l'acheteur potentiel du roman de Gérard Etienne et donc futur lecteur? Une figure féminine à l'instar de la mère Courage de la littérature allemande luttera pour sauver la vie de son mari contre les suppôts d'un pouvoir politique corrompu ainsi que contre des prêtres d'une religion qui utilisent le pouvoir que leur donne cette religion sur les petites gens pour en abuser. A tout cela s'ajoute un brin de sexe et de

---

[5] Remarquons l'essai d'insérer la protagoniste Mathilda dans la littérature nationale allemande. Tout lecteur reconnaît l'allusion à l'héroïne de Bertolt Brecht.

magie noire qui marque bien la distance existant entre le monde du lecteur et le monde de l'écrivain.

Le marquage du roman *Texaco* fonctionne de manière tout à fait différente. En effet sur la couverture figure une reproduction du tableau "Portrait d'une négresse" de Marie-Guillemine Benoist, une reproduction qui situe le roman immédiatement dans la catégorie "romans exotiques". Il est par ailleurs intéressant de constater que la même année paraissait en Allemagne un roman historique d'un auteur suisse allemand Lukas Hartmann, *Die Mohrin*,[6] avec la même reproduction sur la couverture, à la seule différence que le sein de la négresse est plus voilé que sur la couverture de Texaco. Nous avons découvert que cette reproduction a souvent été utilisée chaque fois qu'il s'agissait de promouvoir la vente d'un roman situé sur le continent africain, par exemple elle a orné des romans de l'Africain Sembène Ousmane. Ce portrait d'une négresse semble avoir une fonction hautement appellative dans ce que l'on pourrait appeler, la conscience collective de l'Européen blanc qui retrouve dans cette reproduction tous les stéréotypes liés à la femme noire à la sexualité facile, voire animale. Sur la couverture de Texaco se trouve aussi la mention "Ein Martinique-Roman", situant d'emblée le roman explicitement dans le contexte martiniquais, sans tenir compte du fait que certes l'action du roman est centrée sur l'île de la Martinique, mais que l'auteur n'avait aucunement pour intention unique de cibler son champ d'accueil sur la Martinique. Tout lecteur du champ d'origine, à savoir l'ensemble de la francophonie avec ses relations difficiles et conflictuelles avec le centre, la France, sait décoder les relations particulières existant entre le département de la Martinique, ancienne colonie esclavagiste et la Métropole, mais que peut décoder le lecteur du champ d'accueil étranger? Pour un lecteur allemand, cette mention n'est pas porteuse de sens au-delà du fait que le roman se déroule certainement dans une île de la Caraïbe, la Martinique, et cette mention ajoute à l'effet d'exotisation déjà produit par le choix de la reproduction. Sur la page deux de la couverture se trouve un résumé de l'intrigue du roman mettant l'accent sur le personnage de Marie-Sophie Laborieux, qualifiée de "die geheimnisvolle Matadorin", "la matadore mystérieuse", une création linguistique à partir du femme-matador des auteurs antillais, cette même

---

[6] Ce roman relate les aventures d'une esclave achetée en 1763 en Haïti qui vit cachée chez un aristocrate, dont elle est la maîtresse. Elle aura un enfant de cette liaison, un petit mulâtre, qui s'avèrera être un aïeul de l'auteur, condamné à vivre dans un Bern loin d'accepter la différence ethnique de cet enfant né d'une liaison interdite.

„matadore" qui éveille à la vie une multitude de personnages pittoresques, créant par là une vision kaleidoscopique de la société martiniquaise. La phrase de conclusion situe l'auteur Patrick Chamoiseau dans la lignée du prix Nobel, Derek Walcott, utilisant ainsi une référence à une instance reconnue, à l'institution littéraire garantissant le succès.

Le marquage de ces deux romans fonctionne de manière diamétralement opposée. Pour le roman de Gérard Etienne, il s'agit avant tout de mettre l'accent sur l'aspect politique d'une œuvre qui se veut dénonciatrice d'un système dictatorial corrompu dans une aire lointaine où plus personne en Europe ne s'étonne qu'il s'y passe des choses horribles. Les associations proposées sont: régime dictatorial corrompu, pratique de la magie noire, sexe, lutte politique et échec de cette même lutte et créent un effet de mise à distance d'un monde marqué par l'échec.

Pour le roman de Patrick Chamoiseau, l'accent est mis sur le pittoresque de l'univers caribéen caractérisé par le baroque merveilleux dans lequel se meuvent de belles négresses nourrissant les fantasmes des Blancs, créant ainsi un monde exotique difficile toutefois de prendre au sérieux. Là aussi il y a mise à distance par le marquage accentuant l'effet d'exotisation.

3 Les romans dans leur contexte d'origine et leurs traductions en allemand

Gérard Etienne, poète, romancier, essayiste et journaliste né en Haïti et vivant au Canada[7], dénonce dans son quatrième roman *La reine soleil levée* les stéréotypes littéraires de la femme noire en campant un personnage de femme forte, Mathilda, décidée à sauver son mari Jo en proie à un mal non défini qui paralyse le transporteur. C'est le refus de la maladie ainsi que la volonté forcenée de guérir son mari qui va mener Mathilda à s'opposer aux forces opprimant le petit peuple haïtien, le pouvoir en place et tous ses alliés, que sont les médecins, les prêtres du vaudou et à rallier tous les opposants dans une manifestation qui sera certes cruellement réprimée, mais qui démontre que le petit peuple haïtien saura un jour s'organiser et échapper au

---

[7] Il est intéressant de noter que la majorité de la production romanesque haïtienne voit le jour à l'extérieur d'Haïti. Suite à la politique de répression et de persécution des Duvalier et de leurs successeurs, nombre des intellectuels haïtiens ont dû s'exiler et est née une littérature de la diaspora en France, aux Etats-Unis et surtout au Canada. La diaspora haïtienne représente le flux migratoire le plus actif dans le domaine littéraire au Québec.

phénomène de zombification qui paralyse le pays. Dans une description hallucinante de la cérémonie de guérison célébrée par un grand prêtre du vaudou, cérémonie à laquelle avait fini par consentir Mathilda après avoir dû accepter l'échec de la médecine générale, l'auteur condamne définitivement les manigances des prêtres du vaudou qui se servent des superstitions du peuple haïtien pour mieux le maintenir dans la dépendance et la peur et se font ainsi les collaborateurs de l'oppression et de la répression qui règnent partout. Le roman se termine sur la répression forcenée de la rébellion menée par Mathilda à la tête d'une bande décidée à lutter contre les morts vivants qui font vivre "ces jeux d'illusion qu'ont inventés les maître du vaudou" (Etienne 1989:193). Le roman est organisé en douze parties qui relatent la maladie de Jo, la lutte de Mathilda pour sauver son mari, ses compromis avec la médecine générale et les guérisseurs, son recours aux prêtres du vaudou qui s'avèrent être des charlatans profitant de la misère physique et morale de leurs adeptes, le réveil du petit peuple, qui fasciné par le courage de Mathilda qui, elle, ose affronter sans peur les maîtres du pouvoir temporel et spirituel, la suit dans sa marche contre la mort et finalement la répression sauvage de cette lutte organisée par les tenants du pouvoir. Le roman se termine sur la mort de Jo et de Mathilda, mais sur une note optimiste permettant au lecteur de s'imaginer voir un jour le peuple haïtien se lever définitivement pour se débarrasser de ses geôliers. Un des rares intellectuels à avoir suivi le rassemblement hétéroclite de la bande soutenant Mathilda, a réchappé au massacre et recueille les dernières paroles de Mathilda mourante:

> "Pas à la maison, dit-elle au jeune homme, d'une voix moribonde. A Carrefour-feuille, au pied du morne l'Hôpital. Il s'appelle Alexis. Va maintenant avant que la Reine Soleil... levée..." (Etienne 1989:195)

C'est cette dernière phrase qui donnera le titre au roman en référence à Jacques Stephen Alexis, auteur tué par les partisans de Duvalier, et à son roman *Compère Général Soleil* (1955), titre traduit par *Der Aufstand der Sonnenkönigin*, titre explicatif et non pas associatif comme l'était l'original calqué sur la syntaxe du créole.

Le lecteur allemand ouvrant le roman sera immédiatement confronté à un effet d'étrangeté, en effet dans l'original, la division en douze chapitres était effectuée par l'intermédiaire de chiffres, dans la version allemande, nous avons désormais une division indiquée par des mots créoles: "ioun", "dèx", "tois", "quate", "cinq", "siss", "sète", "rouitt", "nèf", "diss", "ronze", et "douz". La traductrice a choisi de créoliser délibérément le texte de Gérard Etienne, comme elle l'explique dans une annotation à la fin du livre:

> "Das Kreolische ist aus einer Verschmelzung der romanischen Sprachen - aber auch aus des Holländischen und Englischen (sic) - mit der Sprache der Eingeborenen Afrikas, Asiens und Amerikas entstanden. Besonders in der Karibik wird jedes Wort durch Verkürzung, oft auch durch Weglassen der Vokale, dem westafrikanischen Sprechrhythmus angepaßt. Um die Dynamik des Stils von Gérard Etienne nicht zu verfälschen, habe ich versucht, dort, wo die deutsche Syntax es zuläßt, den vorliegenden Text seiner prägnanten Sprache anzupassen, auch wenn dies in einem ersten Moment auf den deutschen Leser befremdend wirken mag."
> (Anmerkung der Übersetzerin, S. 271)

La remarque de la traductrice est ici ambiguë, le lecteur peut comprendre que la langue de Gérard Etienne est un français créolisé ou un créole francisé. Or, l'auteur refuse d'être classé dans la catégorie des auteurs haïtiens pratiquant une esthétique du réalisme merveilleux, tel qu'il avait été défini par Jacques Stephen Alexis avec comme composants: "l'imagerie des paysages", la "belle amour humaine", l'illustration d'un patrimoine culturel populaire et national, la solidarité des lutteurs de classe, la préfiguration progressiste, optimiste, lyrique du pays (*Du réalisme merveilleux des Haïtiens*, 1956 de Jacques Stephen Alexis). Au contraire Gérard Etienne pratique une esthétique de retournement, d'opposition, il s'attache à décrire un peuple de mendiants zombifiés par la répression, vivant dans la crasse, la flaque, la mare. Là où les arbres étaient musiciens[8], ils ne parlent plus aux hommes dans le roman de Gérard Etienne. Il n'y a plus surabondance lexicale pour décrire une nature magnifiée, mais une succession de phrases sèches qui dénoncent la métamorphose d'un paysage sous l'influence de ses habitants:

> "Pas de changement au quartier Saint-Martin. Toujours grouillant, couvert de saletés qui donnent envie de vomir. Des couches d'urine fermentées ainsi que des odeurs putrides de rigoles embuent les yeux..."
> (Etienne 1989:21)

---

[8] Allusion au roman de Jacques Stephen Alexis *Les Arbres musiciens* paru à Paris en 1957.

Cette esthétique du retournement se traduit dans un refus absolu chez l'auteur d'utiliser des mots créoles:

> "J'avais tellement été obsédé par la pratique créolisante que j'ai produit trois versions de La Reine. Cela veut dire que sur le strict point lexicologique toutes les unités relèvent du français standard et sont représentées dans Le Robert. Il faut comprendre que dès Le Nègre[9] mon lectorat n'était plus haïtien, mais francophone, d'où cette espèce de précaution à ne pas embrigader la personne lectrice dans une énonciation qu'elle ne peut décoder à cause d'un mot inconnu."
> (Etienne, courrier électronique du 10 juin 1998)

Or la traductrice prend un malin plaisir à créoliser le texte d'Etienne, quelques exemples: lorsque l'auteur parle du "Grand Chef", la traductrice parle de "Gran-Boß", lorsqu'il parle du "temple du Maître", elle choisit de dire "Tempel von Gran-Maitre", cet emprunt lexical n'étant nullement justifié d'après le texte d'origine, il doit plutôt avoir la fonction de renforcer le degré d'authenticité du texte allemand, ou bien encore un exemple plus explicite de la stratégie choisie:

> "Vous avez la connaissance du pouvoir des feuilles (...) Son titre de grand prêtre du vaudou réduit à celui de connaisseur en feuilles."
> (Etienne 1989:37)

> "Sie sind doch ein docté feuilles. (...) Sein Rang eines mächtigen Houngan auf den eines Blätterdoktors herabgemindert." (Etienne 1990:44)

Etienne qui avait refusé l'exotisme facile en n'utilisant pas justement l'expression créole *docté feuilles* est rattrapé par la traductrice qui donne une fois une traduction en créole et sa transposition ou explication en allemand. Une pratique qui se retrouve assez souvent dans le texte, sans qu'il y ait une nécessité venant du texte de départ. Il y a plutôt une volonté marquée d'éloigner plus que de raison le texte de son lecteur dans le champ d'accueil: "Aujourd'hui, hélas, il n'est pas au bout de ses tribulations" (Etienne 1989: 12) donne dans la version allemande: "Der Ärger mit der

---

[9] Allusion au roman *Le Nègre crucifié* de Gérard Etienne paru à Montréal en 1974.

verfluchten Karre, *hélas*, scheint kein Ende zu nehmen" (Etienne 1990:10). La traductrice, comme nous pouvons le constater dans cet exemple hésite entre une accentuation de l'effet d'altérité exprimé dans le texte allemand par *hélas* écrit en italiques et une accentuation du sens traduit de manière redondante et explicative. Un autre exemple:

"Il se met à tourner autour d'elle (la brouette), à ravaler sa colère de ne pouvoir décharger à l'heure convenue, la marchandise d'une pratique combien difficile avec laquelle il entretient pourtant de très bons rapports au marché de la Croix-des-Bossales." (Etienne 1989:13)

"Er geht um das Gefährt herum, schluckt seinen Ärger hinunter, sieht ganz so aus, als ob er die Ladung nicht pünktlich wird abliefern können, Teufel nochmal, ausgerechnet, wo die Ware doch für eine mehr als anspruchsvolle Kundschaft bestimmt ist, mit der er, Gott sei Dank, ausgezeichnete Beziehungen unterhält auf dem Markt von Croix-des-Bossales." (Etienne 1990:11)

Là où le style de Gérard Etienne est sec, saccadé, là où il renonce aux déterminants, où il a recours aux phrases prédicatives, la traductrice pratique le rajout. Le rajout est un des éléments qui marquent la traduction: "Le cœur déchiré, la honte au visage, il monte la pente" (Etienne 1989:17) donne en allemand "Blutenden Herzens macht sich Jo auf dem Heimweg. Die Schmach steht ihm ins Gesicht geschrieben" (Etienne 1990:18) ou bien encore "Dos courbé, reins disloqués, genoux douloureux. Il marche." (Etienne 1989:18) devient: "Gebückt, verrenkt, schmerzende Knie, bleiernde Glieder. Er schleppt sich mühsam vorwärts" (Etienne 1990:19).

Quelques traductions de termes lexicaux peuvent prêter à confusion dans le processus de réception du texte d'Etienne. L'auteur en effet met en scène le couple de petites gens, Mathilda et Jo. Jo, contrairement à beaucoup de gens du peuple haïtien a du travail, - il n'est pas chômeur, terme parfois traduit par "Müßiggänger", (ce terme met l'accent sur l'oisiveté de la personne!) alors que l'auteur pense à ceux qui n'ont pas de travail, die "Arbeitslosen" - et il est courageux, il est transporteur, c'est-à-dire que dans sa brouette il transporte les marchandises de ses "pratiques" ou clientes. Or la traductrice traduit le terme transporteur, le seul utilisé par l'auteur par "Lastenträger", "Fuhrunternehmer" ou bien encore "Transportunternehmer", (ces deux derniers termes laissent supposer que nous avons affaire ici à un entrepreneur!) traductions qui altèrent la compréhension du texte, puisqu'il s'agit, pour l'auteur, de mettre en scène les gens du peuple et de montrer les premiers germes d'une rébellion contre les autorités pratiquant la répression à leur égard et voulant les maintenir dans un système féodal. Le personnage de Mathilda, la femme noire courageuse, que l'auteur veut opposer justement à tous les clichés sur la femme noire, clichés transportés non seulement par la littérature des Blancs, mais aussi par la littérature écrite par les Haïtiens eux-mêmes, est qualifiée de "femme rebelle" dans le texte de départ, ce qui donne à l'arrivée "ein resolutes Frauenzimmer[10]", qui en allemand est connoté de manière péjorative.

La traductrice réorganise la composition en petits paragraphes et change la ponctuation, par exemple Gérard Etienne n'utilise jamais les signes de suspension, jamais les points virgule, jamais les points d'interrogation, mais uniquement le point. Tout le système de ponctuation a été modifié par la traductrice qui assouplit ainsi la langue de l'auteur, qui rappelle le rythme d'une musique jazz syncopée et lui enlève ainsi de son âpreté originaire.

Le glossaire qui est inséré à la fin du roman donne différents types d'explications, des explications de termes créoles utilisés par la traductrice et non par l'auteur, des explications utiles concernant la cosmogonie des dieux du vaudou, des explications concernant la personne de l'auteur Jacques Stephen Alexis ainsi que des explications d'ordre historique non nécessaires pour la compréhension du roman, mais certainement utiles pour tout lecteur non informé de l'histoire tragique et chaotique du pays d'Haïti. Mais il reste quelque part un arrière-goût d'arbitraire, comme si la traductrice voulait se substituer à l'écrivain et donner des explications que ce dernier n'a pas voulu insérer dans son texte.

En guise de conclusion sommaire pour cette partie, nous pourrions dire que la traduction proposée insiste sur l'effet d'exotisation du texte, créant ainsi une plus grande distance entre le texte de la langue de départ et celui de la langue d'arrivée. La traduction n'amène pas le texte dans le champ d'accueil, elle l'importe certes tout en le mettant à distance de son lecteur potentiel.

---

[10] D'après la définition du Duden, *Deutsches Universalwörterbuch*, il y a deux acceptions du terme que je voudrais indiquer: "a) (salopp abwertend) als liederlich, leichtfertig o. ä. angesehene weibliche Person; b) (veraltet, noch landsch.) weibliche Person: ein junges Frauenzimmer".

Regardons maintenant la traduction allemande du roman de Patrick Chamoiseau[11], *Texaco*. Pourtant, avant de passer à l'étude de ce texte, j'aimerais revenir sur la trame de ce roman, le situer dans une production romanesque antillaise[12] qui s'adresse à un public français[13], francophone mais absolument pas uniquement créolophone[14]. Chaque traducteur traduisant considère avant tout son travail comme un travail de lecture: nombreuses sont les remarques lues ou entendues "la traduction m'apparaît d'abord comme une lecture", "traduire, c'est lire" etc... Alors au début est la lecture. Relisons *Texaco*: *Texaco* est l'histoire d'une épopée qui retrace, reprend les fils de l'histoire d'un peuple auquel l'Histoire n'a pas donné accès. C'est un livre qui se veut le livre de la genèse d'un peuple qui n'a pas été pris en compte par l'histoire officielle. C'est ainsi que la division se fait en deux parties, l'une étant intitulée, annonciation, l'autre, résurrection. L'histoire démarre sur l'arrivée du Christ à Texaco, un urbaniste chargé de raser ce quartier insalubre, qui tombe dans le labyrinthe des cases accrochées au morne sur l'ancêtre fondatrice de ce quartier, qui ne se voit pas d'autres armes que d'opposer aux plans du jeune urbaniste, sa parole créole foisonnante qui va s'employer à partir de mille détours à faire comprendre ce qu'est l'habitat créole. A partir de là, les mille et une histoires de la Martinique et des habitants, les esclaves, les descendants d'esclaves, les Koulis, les nègres Kongo, les mulâtres, les blancs Békés seront racontées à partir de la perspective du personnage principal du roman, la femme-matador, Marie-Sophie Laborieux, qui a entrepris de retracer et de tracer sur

---

[11] Rappelons que Patrick Chamoiseau est né à Fort-de-France en Martinique, qu'il a écrit un certain nombre de romans que je citerai par ordre de parution: *Chronique des sept misères* (1986), *Solibo Magnifique* (1988), *Antan d'Enfance* (1990), *Texaco* (1992), *Une Enfance créole II* (1994), *L'esclave vieil homme et le molosse* (1997), un essai *Ecrire en pays dominé* (1997), un essai en collaboration avec Jean Bernabé, linguiste et Raphaël Confiant, romancier créoliste et créolophone, *Eloge de la créolité* (1989) et un essai sur la littérature des Antilles française, y compris celle d'Haïti, en collaboration avec Raphaël Confiant, *Lettres créoles* (1991) pour ne citer que ses textes les plus importants.

[12] Quand je dis antillais/antillaise, je pense aux départements français des Antilles, c'est-à-dire la Martinique et la Guadeloupe.

[13] Il est peut-être intéressant de constater que les auteurs des Antilles françaises essaient de publier plutôt en France dans les grandes maisons d'édition, Gallimard de préférence, que dans les petites maisons d'édition qui existent aussi en Martinique...

[14] Les auteurs martiniquais et guadeloupéens n'ont pas de relations simples avec leurs potentiels lecteurs de là-bas... mais comme disait Edouard Glissant "nous écrivons pour nos lecteurs futurs"... car d'un côté les lecteurs français de France ne comprennent pas toujours ce que les auteurs antillais veulent bien leur dire et les lecteurs créolophones de là-bas ne veulent pas lire des textes écrits dans une langue qui n'est ni le créole, ni le français de France, mais peut-être un français Banane. Et voilà nous sommes au cœur du problème!

des cahiers l'histoire de sa famille, celle de son vieux père Esternome, qui a connu la vie des habitations, du temps de l'esclavage, qui lui a raconté la conquête de la liberté avec ses périodes bien troublées au moment de l'abolition dans la ville de Saint-Pierre, la conquête des mornes entreprises par les nègres devenus désormais libres, une conquête toutefois bien vite avortée suite aux attraits de la ville, de l'En-ville comme le nomme l'auteur, cette conquête de l'En-Ville qui va désormais tarauder Esternome, suivant en cela les conseils donnés par un vieux nègre, un Mentô, ces nègres dépositaires des savoirs ancestraux. Esternome, une fois arrivé à Fort-de-France fera la connaissance de celle qui allait devenir sa dernière compagne, Idoménée et qui devait lui donner une fille, Marie-Sophie Laborieux, celle qui deviendra la narratrice du roman et l'informatrice du marqueur de paroles, l'auteur. L'histoire se termine sur la rencontre entre la narratrice et le marqueur de paroles qui, un jour, se rendra dans ce quartier à la recherche du dernier Mentô et rencontrera celle qui devait lui faire connaître le souffle de la parole créole, le tourbillon du créole et les affres de celui qui veut essayer de transcrire dans une langue d'écriture le foisonnement de l'oral. Ce sont plus de trois cents ans d'histoire qui sont présentés dans un nouvel ordre chronologique, mis d'ailleurs en exorde au roman, un ordre chronologique qui ne se réfère pas aux dates de l'histoire officielle, mais qui se réfère aux différents matériaux de construction utilisés. L'écrivain ne se présente que comme celui qui a reçu la parole de l'informatrice: sont insérés comme témoignages des extraits des cahiers de Marie-Sophie Laborieux conservés à la bibliothèque Schoelcher de Fort-de-France, sont insérés également des notes de l'urbaniste, qui peu à peu apprend à décoder, à déchiffrer les règles de l'habitat créole. Cette présentation succinte du roman Texaco ne rend pas toute l'ampleur des procédés d'investigation de l'espace martiniquais utilisés par l'auteur, mais permet d'imaginer la complexité de l'écriture, complexité à laquelle s'est vue confrontée bien sûr la traductrice. De plus, ce texte se veut écrit dans l'esprit de la créolité, qui est à la fois ordre et désordre, unité et multiplicité, chaos et errance, enracinement et errance. La langue de l'écriture est une langue qui mêle le français standard, des expressions en créole traduites approximativement, des phrases en français sous lesquelles affleure l'expression créole ou bien même des traductions francisées d'expressions ou de proverbes créoles et toute cette écriture est soustendue par l'effort de l'auteur de faire passer dans la scripturalité les effets d'oralité de la parole créole. Un extrait de l'original peut nous permettre de mieux comprendre:

"L'Informatrice parlait d'une voix lente, ou parfois très rapide. Elle mélangeait le créole et le français, le mot vulgaire, le mot précieux, le mot oublié, le mot nouveau..., comme si à tout moment elle mobilisait (ou récapitulait) ses langues. Elle avait des périodes de voix-pas-claire comme certains grand conteurs. Dans ces moments-là, ses phrases tourbillonnaient au rythme du délire, et je n'y comprenais hak: il ne me restait qu'à m'abandonner (débarrassé de ma raison) à cet enchantement hypnotique. Parfois, elle me demandait de rédiger telles quelles certaines de ses phrases, mais le plus souvent elle me priait „d'arranger" sa parole dans un français soutenu - sa passion fétichiste. Mon utilisation littéraire de ce qu'elle appelait "sa pauvre épopée" ne lui fut jamais évidente. Elle en avait une haute idée, mais elle n'en percevait jamais l'esthétique." (Chamoiseau 1992:494-495)

A la différence de Gérard Etienne qui ne veut pas utiliser de termes créoles inconnus de son public francophone, Patrick Chamoiseau réclame pour lui d'utiliser toutes les possibilités que lui donnent ce qu'il appelle ses quatre langues, le créole, le français, le créole francisé et le français créolisé. De plus, il veut faire entrer dans sa langue d'écriture son imaginaire créole avec tout ce que cela comporte d'incompréhensible pour un lecteur francophone, mais non créolophone. Il ne veut pas sacrifier à la transparence, donc chez lui il n'y a ni glossaire, ni notes explicatives de bas de page. Il veut imposer à son lecteur l'opacité d'un monde jusque là nié et dans son existence et dans sa culture. C'est à partir de cette conception de l'auteur que la traductrice a renoncé en toute connaissance de cause à un glossaire. Mais dans la version originale de *La reine Soleil levée* de Gérard Etienne, il n'y avait pas non plus de glossaire! Donc suivant en cela à la lettre les recommandations de l'auteur, la traductrice a déclaré traduire un livre d'un français créole, or la langue d'écriture de Chamoiseau est une construction littéraire et non pas une transposition d'une langue déjà existante. Une remarque pour les non créolophones, Patrick Chamoiseau n'utilise pas forcément le créole, la langue de l'oral, dans ses dialogues mais surtout et avant tout dans ses séquences narratives, dans lesquelles il mêle les "citations" lexicales en créole, les créations lexicales ("déparler", "malement" etc...), les composés ("son manger-macadam" etc.), les constructions nominales (sans article), les spécificateurs créoles ("une charge de temps", "toutes qualités de paroles"...), les constructions verbales particulières telle que "elle prit-courir", les interrogations et assertions avec marqueurs tels que "han" ou "ho", les choix graphiques, toujours symboliques tels que les "céhêresses", les "achélèmes", les onomatopées créoles ou interjections telles "tomber flip", "comprendre hak" etc... et enfin les figures du discours où transparaît une certaine rhétorique créole. A cela s'ajoutent les énumérations sans fin qui ne sont pas sans sacrifier aussi à un certain malin plaisir de la part de l'auteur à "couillonner" le lecteur:

> "Il me criait Bôbô, Kanaille, La peau-sale, Chienne-dalot, Vagabonne, Coucoune-santi-fré, Fourmis-cimetière, Bourrique, Femme-folle, Prêlzombi, Solsouris, Calamité publique, Manawa, Capital-cochonnerie, Biberon de chaude-pisse, Crasse-dalot-sans-balai (...) Moi, je le criais Mabouya-sans-soleil, Chemise de nuit mouillée, Isalope-sans-église, Coco-sale, Patate-blême-six semaines, La peau-manioc-gragé, Ababa, Sauce-mapian, Ti-bouton-agaçant, Agoulou-grand-fale, Ababébétoum, Enfant-de-la-patrie, La crasse-farine...." (Chamoiseau 1992:396)

> "Er betitelte mich mit Nuttenaas, Kanaille, Negerhur, räudige Hündin, Pißdohle, Kuhfotze, Grabsteinschickse, Müllkute, Hudelmetz, Höllenbrut, Rinnsteinratte, Unflat, Landplage, Metze, Pißpott, Saubesen (...) Ich meinerseits beschimpfte ihn mit Maulwurf, Strohpinkler, Scheißtrümp, Dreckschwanz, Lahmarsch, Waschbrettvisage, Tapergreis, Giftspritzer, widerlicher Knösel, Freßwanst, lahmer Hengst, Kasernenfurz, Kackmeier ..." (Chamoiseau 1995:373)

L'exubérance lexicale de l'auteur Chamoiseau n'a pas été sans influence sur le comportement linguistique de la traductrice qui a, peut-être par mimétisme, elle aussi voulu montrer sa créativité dans la langue d'arrivée. Regardons donc les stratégies utilisées par la traductrice dans le processus de transposition de termes traduisant des réalités de la vie créole: par exemple les termes utilisés pour décrire les personnes, le "chabin" est traduit par "Schabän", ce mot calqué sur le mot français à l'orthographe allemande a été créé par la traductrice qui rajoute dans une parenthèse (p. 110) "Schabän nennt man bei uns die weißen Neger" (sans dire que cette explication est une explication de la traductrice en personne!). L'expression "l'En-ville", expression au départ créole, "Anvil", traduite en français par Chamoiseau, devient en allemand "das Anwill". La traductrice donne l'explication suivante:

"Zum Wort Anvil/Anwill: Im französischen Original transliteriert der Autor das kreolische Wort Anvil, damit der französische Leser es richtig ausspricht: En-ville - ein Wort übrigens, das kein Franzose kennt und das in keinem französischen Wörterbuch zu finden ist. Ich hätte nun die Möglichkeit gehabt, das französische Wort En-ville zu übernehmen, was deutsch falsch ausgesprochen worden wäre. Ich hätte ein Wort dafür erfinden können, was ein Verrat an diesem bedeutungsschweren Wort bedeutet hätte. So habe ich mich entschieden, auf das kreolische Wort zurückzugreifen, das V durch ein W zu ersetzen und ein L anzuhängen, damit der deutsche Leser es mental richtig ausspricht." (Lettre de la traductrice)

Un autre exemple: "le béké" des Antilles devient en allemand, "der Beke", le mentô", "der Mento", "le major", tantôt "unser Major", tantôt "der Kazike" qui évoque plutôt une réalité mexicaine ou sud-américaine qu'antillaise, "la Doum", "der oder das Doum", "la câpresse" devient "Die Kapresse", le "nègre-marron" devient "Der Buschneger" ou bien "der Marronnenneger" ou bien encore "die Marronen" (sic). La traductrice intègre des termes dans la langue allemande, nous pourrions dire qu'elle a une pratique de créolisante. Au sujet du mot "béké", la traductrice donne l'explication suivante:

"Zum Beke: Der deutsche Leser braucht die fonetische Krücke des é nicht, daher habe ich durch Großschreibung eingedeutscht und das Wort möglichst am Anfang im Text erklärt. Es hätte wenig gebracht, das so oft wiederholte Beke kursiv zu schreiben, nur um das überflüssige é zu übernehmen. Mit Wörtern spielen bedeutet nicht, semantische Regeln mißachten." (Lettre de la traductrice)

Pour le mot "Mentô" écrit tel quel dans l'original, la traductrice explique qu'elle a choisi d'enlever le r de "Mentor" qui n'est pas prononcé en créole. Les termes se référant aux réalités antillaises ont été systématiquement intégrés dans la langue allemande, avec parfois une explication entre parenthèses que le lecteur, ne connaissant pas l'original, ne reconnaît pas comme étant une remarque de la traductrice. Les exemples sont légion, "bakoua" devient "Bakoua", "la grand-case" "Gran-Case", "le nègre congo", "Kongo" etc... Les expressions créoles sont intégrées comme étant des expressions allemandes, "comprendre hak" devient "Hak verstehen"...

Par ailleurs la traductrice a une relation toute particulière au créole, puisque lorsque dans le texte original se trouvent des termes tout à fait français, elle les traduit par des termes créoles écrits en italiques, "l'et-caetera" sera en allemand "das kisisi-kisala", "juste-compte", "jistikont", "bondieu-seigneur", "bondié-seigneur", un juron employé par les gendarmes qui sont français de métropole et qui ont recours à un juron d'un registre tout à fait élevé dans la gamme des jurons: "tudieu bong sang de bonsoir" ou bien encore un juron tout à fait courant "putaing", le g marquant la prononciation du sud de la France devient un juron créolisé dans le texte allemand: "tudyé bon san de bonswa" et "putaing! ", leur appartenance au monde créole étant marqué par les lettres italiques. Pour expliciter les stratégies de la traductrice qui tantôt intègre le terme décrivant une réalité de la vie antillaise, tantôt le traduit en créole, ou bien allant encore plus loin, traduit des termes français dans le texte original par des expressions créoles marquées en tant que telles dans le texte allemand: l'exemple le plus drôle étant la traduction de "pot d'Aubagne" qui signifie pour tout Français aussi de France, le pot de chambre et qui devient dans la traduction "potchanm", j'aurai recours à un exemple plus long:

"Elle échoua parmi nous, à Texaco, menant encore l'enquête sur la Madone évaporée à l'aide de quimboiseurs, de femmes-dormeuses et de négrillons moins hauts que la science des mystères. Ils finirent par la retrouver, après moult aventure au pays des merveilles, dans une chapelle du Quartier La Jossaud, derrière Rivière-Pilote, poussiéreuse, éteinte dans son plâtre dénué de toute magie depuis que les békés-piloteurs avaient vidé la yole avant de s'envoler." (Chamoiseau 1992:435)

"Sie strandete bei uns in Texaco, forschte aber nichtsdestotrotz mit Hilfe von Kyenbwazören, Dormézen, Buckligen, deren okkulte Fähigkeiten größer waren als sie selbst, (c'est moi qui souligne) unbeirrbar nach der in Luft aufgelösten Madonna. Und nach mult wundersamen Abenteuern fanden sie sich schließlich tatsächlich, staubbedeckt in einer Kapelle von La Jossaud hinter Rivière-Pilote, verblaßt in ihrem jeglicher Magie entblößten Gips, seit die Beke-Steuermänner das Boot geplündert hatten, bevor sie verdufteten." (Chamoiseau 1995:409)

Le mot "quimboiseur" à l'orthographe francisée par Chamoiseau redevient davantage créole, sans l'être pour autant car la graphie est allemande, c'est le même procédé qui a été utilisé pour la "dormeuse". Quant à l'adjectif français "moult" qui est un adjectif de l'ancien français, mais d'un emploi littéraire jusque dans les chansons populaires, est tout à fait compris par l'ensemble de la communauté française, qu'en est-il de "mult" en allemand? La revendication de l'auteur Chamoiseau, de pouvoir utiliser tous les termes dont il dispose, qu'ils proviennent du français standard, littéraire, du vieux français ou bien du créole, celle aussi de pratiquer la création lexicale, ce sont des revendications que semblent avoir fait siennes la traductrice. Que penser de la traduction du mot créole „coucoune" qui désigne le sexe de la femme par "Kukune"? L'explication de la traductrice:

> Die vom Mittelhochdeutschen geprägten normannischen Wurzeln des Kreolischen kamen uns dabei entgegen: Das in Martinique so beliebte Wort Koukoun zum Beispiel findet sich in keinem französischen Wörterbuch. Das Mittelhochdeutsche kennt jedoch das Wort kule für Grube, das Wort kunnen für das "Minnespiel treiben", was über das einschlägige deutsche Wort Kunne zum kreolischen k(o)ukun(ne) führt. (Nachwort der Übersetzerin, in Chamoiseau 1995:474)

Mais le lecteur français ou francophone comprend de quoi il s'agit, et le lecteur allemand? La traductrice s'est substituée à l'auteur et a pris l'identité de celui qui s'appelle "le marqueur de paroles" et qu'elle appelle "der Wortspieler" ou bien encore de celui qui est crié "oiseau de Cham" et qu'elle traduit par "Vogel des Cham", une traduction qu'elle défend en disant que l'Allemand attentif reconnaît derrière le Cham, le Kham du viel haut allemand. Peut-être....Mais ce qui me paraît beaucoup plus intéressant, c'est que la traductrice jongle avec l'original, elle rajoute des explications, elle intègre systématiquement dans le texte du roman à l'aide de parenthèses certes, toutes les notes de bas de page, supprimant ainsi toute l'ironie du texte, elle modifie l'ordre des paragraphes et introduit à la page 459 du roman en allemand un extrait d'un autre roman de Patrick Chamoiseau, Solibo-Magnifique:

> Chamoiseau? Chamzibié oder Ti-Cham. Weil du für sie der Abkömmling - Vogel also - des Cham aus der Bibel warst, jenes, der eine schwarze Haut hatte... (in: Chamoiseau 1995:459)

qui explique ainsi la signification de Vogel des Cham, ce jeu de mots dont la signification est très importante pour le marqueur de paroles qui se place ainsi dans la descendance de cette race noire mise à l'esclavage et maintenue dans l'esclavage pour de bonnes raisons puisqu'elles se trouvent dans la bible. Ce qui me chagrine le plus, c'est que la traductrice traduise systématiquement l'expression femme-matador qui est une expression qui chante la force des femmes antillaises, leur esprit de débrouillardise qui fait qu'elles luttent, qu'elles combattent, qu'elles prennent la vie à deux mains, par "ein resolutes Frauenzimmer - eine Matadorin" (qui doit expliquer le sens à donner à Frauenzimmer!) qui, à mon avis, dénigre les femmes. Tout *Texaco* qui est un hommage à la femme créole et à la parole créole, peut-il être dans la langue d'arrivée aussi un hommage à "ein resolutes Frauenzimmer"? Seuls les lecteurs peuvent ou pourraient me le dire... mais justement il y a eu très peu de lecteurs (entre 2000 et 3000 lecteurs), si peu que le roman Texaco dans sa version allemande disparaît des rayons de librairie. Ce roman couronné par un prix littéraire dans son champ d'origine, a connu un échec retentissant sur le marché allemand et cet échec conditionne ainsi la traduction d'autres auteurs antillais d'expression française, puisque la première conclusion tirée est qu'il n'y a pas de public en Allemagne pour ce genre de problématique. Or quel rôle joue la traduction dans la réception d'un roman venant d'un univers marqué par l'altérité dans le champ d'accueil?

4 Conclusion

En guise de conclusion sommaire, nous pourrions dire que les traductions proposées insistent sur un effet d'exotisation des textes d'origine, créant ainsi une plus grande distance entre les textes au départ et les textes dans leur nouveau champ d'accueil. Les traductions n'amènent pas les textes dans le champ d'accueil, elles les importent certes, tout en les mettant à distance des lecteurs potentiels.

Dans les pratiques de la traduction littéraire en général, longtemps ont prévalu les versions intégrant les textes traduits dans le champ de la littérature d'accueil. Ces dernières années est née une discussion autour du concept d'étrangeté, d'altérité exigeant du traducteur qu'il respecte les intentions de l'auteur, ses éventuels écarts linguistiques ainsi que les données ethnologiques du texte de départ. Ce respect de l'altérité exige de la part du traducteur de gros efforts, mais il exige aussi de la part du lecteur de gros efforts de compréhension d'un univers qu'il ne connaît pas ou bien pour lequel il a déjà des schémas de compréhension. Ainsi dans les deux traductions que nous avons examinées, nous pouvons dire que pour la version allemande du roman de Gérard Etienne, il y a une accentuation de l'effet d'altérité, accentuation par rapport au texte de départ et ainsi une inscription du texte dans une littérature exotique ou du moins à effet d'exotisme mettant en scène un univers dont le lecteur n'attendait pas autre chose que magie noire, corruption et sexe. Mais cet effet d'exotisation, si au premier abord, il semble pouvoir satisfaire les attentes du lecteur, à l'arrivée il ne peut pas entièrement les combler, car le texte dans sa version allemande, ne correspond toutefois nullement au type de littérature exotique.

Pour ce qui est de la version allemande de *Texaco*, les attentes des lecteurs potentiels sont encore davantage déçues, puisque la version allemande qui insiste lourdement sur l'effet d'altérité des écarts linguistiques, décourage tout lecteur potentiel qui ne sait que faire d'une langue qui n'est ni la sienne, en l'occurrence l'allemand, ni véritablement une transposition d'un créole, dont il pourrait arriver à décoder le sens grâce à des moyens de soutien, il s'agit d'un allemand créolisé par la traductrice qui semble avoir voulu prendre la place de l'auteur et pratiquer son pouvoir de créativité linguistique à l'exemple de l'auteur. La question que nous pouvons nous poser est la suivante, que faire lorsque le texte devient trop étrange, trop éloigné du champ d'accueil de son lecteur - il y a en effet dans le cas étudié un effet de multiplication du caractère d'altérité du texte d'origine, ce qui accentue encore davantage l'effet d'opacité du texte qui devient alors incompréhensible, et ce d'autant plus que le marquage du texte a faussé dès le départ le processus de réception dans le champ d'accueil.

Deux questions restent à poser: la première étant comment transférer les faits culturels et linguistiques d'une aire à l'autre et la deuxième toute simple, existe-t-il des textes qui ne peuvent pas quitter leur champ d'origine?

Bibliographie

Œuvres étudiées et leurs traductions

Chamoiseau, Patrick, (1992), *Texaco*. Paris.
Chamoiseau, Patrick, (1995), *Texaco*. München.
Etienne, Gérard (1989), *La reine soleil levée*. Genève.
Etienne, Gérard (1990), *Der Aufstand der Sonnenkönigin*. Hannover.

Œuvres critiques

Albrecht, Jörn (1998), *Literarische Übersetzung: Geschichte, Theorie, kulturelle Wirkung*, Darmstadt.
Bednarski, Betty (1989), *Autour de Ferron. Littérature, traduction, altérité*, Toronto.
Burton, Richard D.E. (1997), *Le roman marron: Etudes sur la littérature martiniquaise contemporaine*, Paris.
Bourdieu, Pierre (1990), "Les conditions sociales de la circulation des idées", in: *Romanistische Zeitschrift für Literaturgeschichte*, 14, 1-10.
Gouaffo, Albert (1998), *Fremdheitserfahrung und literarischer Rezeptionsprozeß*, Frankfurt/Main.
Hartmann, Lukas (1995), *Die Mohrin*, Frauenfeld.
Jahn, Janheinz (1966), *Geschichte der neoafrikanischen Kultur. Eine Einführung*, Köln.
Jahn, Janheinz (^{2}1986), *Muntu. Umrisse der neoafrikanischen Kultur*, Köln.
Schreiber, Michael (1993), *Übersetzung und Bearbeitung: zur Differenzierung und Abgrenzung des Übersetzungsbegriffs*, Tübingen.
Séphocle, Marie-Line (1992), "La réception de Maryse Condé et Simone Schwarz-Bart en Allemagne", in: Condé, Maryse (ed.), *L'Héritage de Caliban*, Pointe-à-Pitre, 247-251.
Thiam, Momath (1984/1985), "Au commencement était Janheinz Jahn", in: *Etudes Germano-africaines*, 2-3, 128-130.

DIE SPRACHLICHE ANOMALIE IN DER PHILOSOPHISCHEN FACHSPRACHE UND DIE FRANZÖSISCHEN HEIDEGGER-ÜBERSETZUNGEN

(ANDREAS MICHEL, Heidelberg)

1 Übersetzung und Anomalieverlust

Als wesentliches Merkmal sowohl der literarischen als auch der philosophischen Diskurstradition des Deutschen haben Eucken (1879:76), Glockner (^{2}1956 II:XIII), Fourquet (1968:98) und Smith (1992:131-132) die Normabweichung und sprachliche Innovationsfreude erkannt. Gerade bei der Philosophie Heideggers spielt dieses Merkmal eine entscheidende Rolle. Heidegger ist in einigen Fällen wegen seiner stark idiolektisch geprägten Philosophiesprache zwar von verschiedener Seite scharf kritisiert worden, doch aufgrund der besonderen Diskurstradition besteht die Erwartungsnorm in Fachkreisen gerade darin, daß die Erwartungsnorm des Laien verletzt wird. Etwas überspitzt ausgedrückt: im Bereich der philosophischen Textproduktion gehört die sprachliche Normverletzung gewissermaßen zur Diskursnorm. Für Frankreich, dessen philosophische Diskurstradition mit der um Klarheit bemühten Sprache von Descartes ihren Ausgang genommen hat, traf dieses Phänomen lange Zeit nicht zu. Die starke Abweichung der Philosophiesprache von der Gemeinsprache gehörte somit auch nicht zum Erwartungshorizont des Lesers. Zur Übersetzungsproblematik einer normabweichenden Ausgangssprache tritt somit das Problem einer kulturellen Barriere infolge der unterschiedlichen Diskurstraditionen und Erwartungshorizonte. Koller (^{4}1992:123) weist in diesem Zusammenhang auf die Tatsache hin, "daß Übersetzungen dazu tendieren, normgerechter (und damit auch 'flacher') zu sein als ihre Vorlagen", denn "sie bewegen sich — im sprachlich-stilistischen Bereich — häufig im Rahmen einer mittleren Stillage und begnügen sich — bestenfalls — mit der gelegentlichen (und oft zufälligen) Andeutung von Normabweichung". Hinzu kann laut Koller (^{4}1992:123) ein weiteres zielsprachliches Phänomen treten, das auf den ersten Blick paradox erscheinen mag, denn "[n]icht selten läßt sich [...] beobachten, daß eine Übersetzung dem ZS-Leser einen Text besser erschließt, als dies für den muttersprachlichen Originalleser der Fall ist: die Übersetzung ist verständlicher als das Original".

2 Lexikographische *vs.* textuelle Äquivalenz

2.1 Die Übersetzung formaler Normwörter

Wir wollen uns auf eine grobe Zweiteilung der Äquivalenzen in eine *bilinguale lexikographische Normäquivalenz* sowie in eine *normabweichende Textäquivalenz* beschränken. Die erstgenannte Form stellt ein *textunabhängiges* Spektrum von Möglichkeiten dar, das je nach Gebrauchskonstellation aktiviert werden kann:

		textunabhängiges Spektrum von Möglichkeiten
L_1 = dt.		L_2 = frz.	jeweilige Grundbedeutung
Ding	⎫ ⎬ ⎭	- *chose* - *objet* - *affaire* - *machin* - *truc*	'Sache' 'Gegenstand' 'Angelegenheit' 'Dingsda' - ID.-

Wenn nun die frz. Übersetzer Heideggers den philosophiesprachlichen dt. Ausdruck *Ding* (der auf formaler Ebene in der Gemeinsprache ebenfalls vorkommt) durch *chose* wiedergeben, dann machen sie von der Möglichkeit Gebrauch, das adäquateste Äquivalent für einen philosophischen Kontext auszuwählen. Hinsichtlich dieser Form der Äquivalenz läßt sich daher folgendes festhalten:

> **Die Wiedergabe im Rahmen der bilingualen Normäquivalenz ist nur dann möglich, wenn der ausgangssprachliche Ausdruck zumindest formal der Normsprache angehört. Das Vorhandensein normsprachlicher Ausdrücke im Deutschen führt andererseits nicht automatisch zur Wahl eines adäquaten Normausdrucks im Französischen.**

Abweichende Lösungen müssen als unabänderliche Tatsachen hingenommen werden, denn der Übersetzer trifft seine Entscheidungen von Einzelfall zu Einzelfall, auch wenn diese für den Betrachter oftmals nicht einsichtig sind. Eine Form von *bilingualer Translations-Anomalie*, d.h. Verletzung der *bilingualen lexikographischen Normäquivalenz* liegt dann vor, wenn ein zur Norm gehörendes Wort der Ausgangssprache durch einen Normverstoß in der Zielsprache wiedergegeben wird, wie im folgenden Fall:

		Entscheidung des Übersetzers für eine textabhängige Lösung	
	L_1 = dt.	L_2 = frz.	jeweilige Grundbedeutung
Norm	*Entwurzelung*	*déracinement*	a) 'Verlust der Bodenhaftung einer Pflanze' b) 'Verlust der Vertrautheit eines Menschen' c) 'sonstige metaphorische Bedeutungen'
Text	*Entwurzelung*	**éracination*	exakte philosophische Bedeutung im Sinne Heideggers

Aus der Perspektive der bilingualen dt.-frz. Normäquivalenz kann *Entwurzelung* konkret und figurativ nur durch *déracinement* wiedergegeben werden, dennoch ist es jederzeit möglich, auf textueller Ebene andere Äquivalenzen zu schaffen, etwa um einen semantischen Unterschied zum bekannten Normwort zu kennzeichnen. So gibt der frz. Übersetzer das formale dt. Normwort *Entwurzelung* wegen seiner philosophischen Sonderbedeutung durch die lexikalische frz. Anomalie **éracination* wieder (vgl. Heidegger [16]1986:170; Heidegger/Vezin 1986:217). Durch die normsprachliche Motivation der Anomalie entstehen jedoch keine grundsätzlichen Schwierigkeiten hinsichtlich der Verständlichkeit. Problematisch wird es erst, wenn eine translatorische Anomalie auf ein *normsprachliches Substrat* stößt, das bei der textuellen Konstituierung des Terminus mitwirkt. Einen derartigen Fall haben wir in der dt.-frz. Textäquivalenz *besorgen* (→ *das Besorgen*) – *préoccupation* (vgl. Heidegger [16]1986:56-57; Heidegger/Vezin 1986:90-91). Beide Wörter gehören in ihren jeweiligen Sprachen formal zur lexikalischen Norm, dennoch besteht zwischen ihnen keine bilinguale lexikographische Normäquivalenz, die sich auf folgende Konstellation beschränkt:

		textunabhängiges Spektrum von Möglichkeiten	
	L_1 = dt.	L_2 = frz.	jeweilige Grundbedeutung
Norm	*besorgen*	- *s'occuper de* - *procurer* - *acheter*	'sich um etwas kümmern' 'beschaffen' 'kaufen'

Von derlei alltagssprachlichen Anwendungsbereichen, die gewissermaßen als *Normsubstrat* fungieren, leitet Heidegger seine philosophische Spezialbedeutung von *besorgen* (→ *das Besorgen*) ab. Daher ist es mit einer einfachen textuellen Äquivalenz-Festlegung der Termini *Besorgen* = *préoccupation* nicht getan. Wenn Heidegger ([16]1986:56-57) nun schreibt "Der Titel 'Besorgen' hat zunächst seine vorwissenschaftliche Bedeutung und kann besagen: etwas ausführen, erledigen, 'ins Reine bringen'" sowie "Der Ausdruck kann auch meinen: sich etwas besorgen im Sinne von 'sich etwas verschaffen'", dann schafft er ein Junktim zwischen den Normbedeutungen und der Fachbedeutung innerhalb seines philosophischen Systems. Gemeinsprachliche Norm und philosophische Neologie bilden hier ein werkimmanentes semantisches und assoziatives Kontinuum. In der frz. Übersetzung lesen wir "Le terme 'préoccupation' a tout d'abord sa signification préscientifique et il peut vouloir dire: mener quelque chose à terme, exécuter, 'mettre au net'. L'expression peut signifier également: se préoccuper de quelque chose au sens de 'se procurer quelque chose'" (Heidegger/Vezin 1986:90-91). All diese Aussagen, die sich ja im normsprachlichen Bereich bewegen sollen, müssen im Frz. als falsch betrachtet werden, da das Substantiv *préoccupation* die aufgezählten Bedeutungen eben nicht aufweist. Eine gewisse dt.-frz. Übereinstimmung ist lediglich bei einer idiomatischen Zusatzbedeutung festzustellen, die Heidegger nachschiebt: "Ferner gebrauchen wir den Ausdruck noch in einer charakteristischen Wendung: ich besorge, daß das Unternehmen mißlingt. 'Besorgen' meint hier so etwas wie befürchten" (*loc. cit.*). Im Hinblick auf die heutige dt. Umgangssprache muß diese Bedeutung nunmehr als obsolet bezeichnet werden. Der Aspekt des Befürchtens ist die einzig mögliche 'vorwissenschaftliche', d.h. alltagssprachliche Bedeutung von frz. *préoccupation*. Somit ist auch die mitübersetzte Formulierung *en outre* im metasprachlichen Satz "En outre nous employons aussi cette expression dans une tournure caractéristique: je suis préoccupé par l'éventualité que l'entreprise tourne mal. 'Être préoccupé' équivaut à peu près ici à craindre" (*loc. cit.*) völlig fehl am Platz. Das Beispiel führt uns anschaulich vor Augen, welche Komplikationen auftreten können, wenn terminologische und nichtterminologische Textkonstituenten, die ein assoziatives Kontinuum bilden, ohne Rücksicht auf ihre z.T. subtilen Vernetzungsstrukturen übersetzt werden. Mit Blick auf das Funktionieren einer normabweichenden Textäquivalenz können wir daher folgende Feststellung treffen:

> Die Wiedergabe einer Textkonstituente durch eine Translations-Anomalie ist nur dann möglich, wenn die Kohärenzstruktur des Textes ein solches Verfahren zuläßt. Erfordert etwa ein metasprachlich determiniertes Normsubstrat die Wiedergabe bestimmter Ausdrücke durch bilinguale Normäquivalente, so führen Translations-Anomalien unweigerlich zu elementaren Falschaussagen.

Der Heideggersche Terminus *Besorgen* steht in enger Beziehung zum Terminus *Sorge*. Hätte Vezin *Sorge* nicht mit *souci* übersetzt, sondern mit *préoccupation*, und *Besorgen* nicht mit *préoccupation*, sondern mit *occupation*, dann wäre zum einen die etymologische Kohärenz erhalten geblieben, zum anderen hätte man die Falschaussagen durch die *metasprachliche Falle* verhindern können. Das alltagssprachliche dt. Verb *besorgen* 'ausführen', 'erledigen' hätte ohne größere Reibungsverluste mit *s'occuper de* umschrieben werden können und das natürliche Äquivalent der obsoleten dt. Wendung *besorgen, daß* im Sinne von 'fürchten, daß' wäre ohnehin *se préoccuper de* (*préoccupation*).

2.2 Die Übersetzung von ausgangssprachlichen Anomalien auf formaler Ebene

Eine *automatische Translations-Anomalie* bietet sich an, sobald ein ausgangssprachlicher Ausdruck von der Normsprache abweicht, denn aufgrund der textuellen Einmaligkeit der lexikalischen Einheiten sowie der fehlenden Verankerung im *langue*-Bereich ist eine irgendwie geartete Normäquivalenz von vornherein nicht gegeben. Die ausgangssprachliche Anomalie auf *formaler Ebene* kann lexikalischer, graphemischer oder morphosyntaktischer Natur sein:

ausgangssprachliche Anomalie	L_1 = dt.	L_2 = frz.
1. lexikalisch	*wesen	*ester
2. graphemisch	*Ent-schlossenheit	a) *résolution* b) *déclosion déterminée c) *résolvance déterminée
3. morphosyntaktisch	*gewesend	*en étant-été

Die lexikalische Anomalie kann beispielsweise in Form von wiederbelebten Archaismen auftreten (z.B. *wesen* 'sein'). Der frz. Übersetzer hat sich in diesem Fall ebenfalls für eine archaische Form entschieden, und zwar für afrz. *ester* (< lat. STARE). Ein weiteres Charakteristikum von Heideggers Sprache ist die optische Zerlegung von Wörtern mittels Bindestrich, z.B. **Ent-schlossenheit* (Heidegger [5]1987:16). Der frz. Übersetzer gibt diese graphemische Anomalie mit drei unterschiedlichen Äquivalenten wieder. Das Substantiv **déclosion* (vgl. Heidegger/Kahn 1967:33) kennt die frz. Gemein- und Standardsprache nicht. Es lehnt sich an das afrz. Verb *déclore* 'öffnen' an und soll die von Heidegger hervorgerufene Nebenbedeutung des 'Geöffnetseins' reproduzieren. Die Mehrdeutigkeit des dt. Originalausdrucks soll durch die doppelte Übersetzung ausgeglichen werden, wobei das formale Normäquivalent *résolution* die lexikalisierte Standardbedeutung repräsentiert. Die frz. Übersetzung ist aber insgesamt durch eine gewisse Inkohärenz geprägt, denn an anderer Stelle wird *Ent-schlossenheit* durch **résolvance déterminée* wiedergegeben (vgl. Heidegger/Kahn 1967:34). Die morphosyntaktische Anomalie **gewesend* (Heidegger [16]1986:385) wird im Frz. ebenfalls durch eine morphosyntaktische Anomalie wiedergegeben (vgl. Heidegger/Vezin 1986:449-450), denn das Hilfsverb von *être* lautet *avoir*, nicht *être* (d.h. *en ayant été* statt *en *étant-été*).

Es kommt aber ebenso vor, daß Anomalien der Ausgangssprache durch normsprachliches Wortgut der Zielsprache wiedergegeben werden: **durchgehen* – *parcourir*, **er-messen* – *mesurer*, **Ein-same* – *solitaires* etc.

3 Unterschiedliche Übersetzungsstrategien bei der Wiedergabe von lexikalischen und grammatikalischen Anomalien im Französischen und Italienischen

Die Intensität sprachlicher Anomalien kann bei Übersetzungen verstärkt oder geschwächt werden. Im Bereich der romanischen Heidegger-Übersetzungen gibt es keine einheitliche Linie. Im Frz. hat man sich auf eine starke Entfernung sowohl von der Gemeinsprache als auch von der traditionellen Philosophiesprache eingelassen. Das Gegenbeispiel bildet die it. Übersetzungstradition, die dafür sorgt, daß sich die Texte Heideggers lesen lassen wie die übersetzten Texte der mittelalterlichen Scholastiker.

Bei der Wiedergabe des dt. Heideggerismus **an-wesen* ([†]*anwesen*) beispielsweise zeigen sich die fundamentalen Unterschiede hinsichtlich der it.

und frz. Übersetzungsstrategie. Während der it. Satz "Una cosa *si presenta*" (Heidegger/Vattimo 1968/90:71) voll und ganz der Norm- und Gemeinsprache angehört, enthält die frz. Wiedergabe "Une chose *ad-este*" (Heidegger/Kahn 1967:71) das norm- und gemeinsprachlich inexistente Kunstwort *ad-ester auf afrz. Grundlage, das den dt. Archaismus evozieren soll. Der Originalsatz "Etwas *west an*" (Heidegger [5]1987:46) bereitet im Textzusammenhang zwar kaum Schwierigkeiten, dennoch entspricht er im modernen Dt. nicht mehr der Norm. Beim Verhältnis von dt. **west an* und it. *si presenta* zeigt sich das von Koller ([4]1992:123) angesprochene Phänomen der größeren zielsprachlichen Klarheit, die in einigen Fällen eintreten kann, aber, wie das frz. Beispiel zeigt, keineswegs eintreten muß. Auch bei der Übersetzung anderer Ausdrücke zeigt sich die Grundverschiedenheit von frz. und it. Übersetzungsstrategie, d.h. Formalismus *vs.* allgemeine Verständlichkeit. Während im It. das fach- und gemeinsprachliche dt. Substantiv *Wesen*, das im Originaltext durch Kursivdruck hervorgehoben wird, durch das ebenfalls fach- und gemeinsprachliche Standardäquivalent *essenza* wiedergegeben wird, finden wir im Frz. mit [†]*estance* (< mlat. STANTIA) abermals einen wiederbelebten Archaismus (d.h. einen 'Neo-Archaismus') vor. Er ist motiviert durch das gleichfalls archaische Verb [†]*ester*, mit dem in der besagten frz. Übersetzung das dt. Verbalsimplex **wesen* wiedergegeben wird. Die Überführung ausgangssprachlicher Anomalien in zielsprachliche Normäquivalente (vgl. Koller [4]1992:123) manifestiert sich bei dem oben angeführten dt.-it. Textvergleich in besonders auffälliger Weise, denn der it. Übersetzer hat das schwach normabweichende, aber textlogisch gut funktionierende dt. Verb **wesen* jeweils durch unmarkiertes *essere* wiedergegeben ("Sein *west* als Erscheinen" *vs.* "l'essere è come apparire"). Auch die von Heidegger ([5]1987:77) bewußt eingesetzte grammatikalische Normverletzung *das schon *Ge-Wesende* wird im It. durch die praktisch normkonforme Konstruktion *ciò che è in quanto già stato* (Heidegger/Vattimo 1968/90:110-111) wiedergegeben.

Fassen wir nun unsere Beobachtungen kurz zusammen. Das dt. Verb **wesen* wird stilgerecht mit Hilfe des frz. 'Neo-Archaismus' **ester* wiedergegeben ("Sein *west* als Erscheinen" – "l'être *este* comme apparaître"), der durch die afrz. Grundbedeutungen 'se tenir debout', 'demeurer' etc. fast so etwas wie ein *diachrones Normäquivalent* darstellt. Die grammatikalische Anomalie *das schon *Ge-Wesende* wird im Frz. ebenfalls durch eine grammatikalische Anomalie wiedergegeben: **l'ayant-été-estant-déjà*. Insbesondere hier, obgleich nicht ausschließlich, zeigt sich uns die vom Übersetzer intendierte Systematik seiner gewählten Äquivalente, die sich darin äußert, daß das semantische und morphosyntaktische Assoziationsgefüge wesentlicher Textkonstituenten des dt. Originaltextes wiedergegeben wird. Der frz. Übersetzer hat nicht die kurzfristige pragmatische Effizienz zum Maßstab seiner Strategie gemacht, sondern die *Nachvollziehbarkeit der dt. Assoziationsstruktur* mit Hilfe geeigneter frz. Entsprechungen. Dieses System von semantischen und morphosyntaktischen Assoziationen ist über mehrere Passagen des Gesamttextes verteilt und speist sich teils aus den natürlichen Relationen der dt. Gemeinsprache, teils aus hinzugefügten Interpretationen Heideggers. Zum einen spielt das Partizip Perfekt *gewesen* des Grundverbs *sein* eine Rolle, aber ebenso das Substantiv *Wesen*, das aus dem alten Verb *wesen* 'sein', 'wohnen', 'sich befinden' etc. hervorgegangen ist. Hier wiederum tut sich eine Verbindung zu den Substantiven *Anwesenheit* und *Anwesen* auf. Letzteres wiederum zeigt (zufällige) semantische Übereinstimmungen mit gr. οὐσία und παρουσία. Dieses assoziative Motivationsgefüge kann im Frz. mit gemein- und normsprachlichen Mitteln nicht wiedergegeben werden, daher wird es mit Hilfe archaischer Entlehnungen aus dem Afrz. mühsam rekonstruiert. Zu diesem Zweck ist eigens ein *Index des termes allemands groupés par familles* mit Angabe der frz. Äquivalente, z.T. kurzen Erläuterungen sowie der Seitenzahlen erstellt worden, wobei die formale Kohärenz nicht in allen Fällen eingehalten wird (vgl. Heidegger/Kahn 1967:225). In der it. Übersetzungsstrategie, die — im Gegensatz zur frz. — auf die unmittelbare Verständlichkeit des gelesenen Satzes abzielt, behilft man sich damit, daß hinter den normsprachlichen Übersetzungsäquivalenten in Klammern die dt. Originalausdrücke angegeben werden. Die frz. Übersetzung macht von diesem Verfahren insgesamt nur einen sehr sparsamen Gebrauch und strebt eine gesamttextuelle Kohärenz an, wie die Nachbildung der ausgangssprachlichen Grammatikanomalie deutlich zeigt.

Literaturverzeichnis

Eucken, Rudolf (1879), *Geschichte der philosophischen Terminologie. Im Umriß dargestellt*, Leipzig.
Fourquet, Jean (1968), "Inwiefern ist das Individuum frei beim Gebrauch der Sprache?", in *Sprachnorm, Sprachpflege, Sprachkritik. Jahrbuch 1966/67*, Düsseldorf, S. 98-105.

Glockner, Hermann (^{2}1956), *Hegel-Lexikon*, Stuttgart.
Heidegger, Martin (^{16}1986), *Sein und Zeit*, Tübingen (^{1}1927).
Heidegger, Martin (1967), *Introduction à la métaphysique*. Traduit de l'allemand et présenté par Gilbert Kahn, Paris.
Heidegger, Martin (1968/90), *Introduzione alla metafisica*. Presentazione di Ganni Vattimo, Milano.
Heidegger, Martin (1986), *Être et Temps*. Traduit de l'allemand par François Vezin, Paris.
Heidegger, Martin (^{5}1987), *Einführung in die Metaphysik*, Tübingen (^{1}1953).
Koller, Werner (^{4}1992), *Einführung in die Übersetzungswissenschaft*, Heidelberg/Wiesbaden.
Smith, Barry (1992), "Zur Nichtübersetzbarkeit der deutschen Philosophie", in: Papenfuss, Dietrich und Pöggeler, Otto (edd.), *Zur philosophischen Aktualität Heideggers. Symposium der Alexander von Humboldt-Stiftung vom 24.-28. April 1989 in Bonn-Bad Godesberg. Im Spiegel der Welt: Sprache, Übersetzung, Auseinandersetzung*, Band 3, S. 125-147.

EINIGE TYPISCHE PROBLEME DER ÜBERSETZUNG FRANZÖSISCHER WIRTSCHAFTSFACHTEXTE

(SYLVIA REINART, Germersheim)

Jörn Albrecht zum 31.08.1999

Es ist eine immer noch weit verbreitete Ansicht, die Probleme, die sich bei der Erstellung von Fachübersetzungen ergeben, seien eher gering im Vergleich zu denen, wie sie bei sogenannten "gemeinsprachlichen" (oder gar literarischen) Übersetzungen auftreten.[1] Schwierigkeiten - wenn sie denn zu erwarten seien - beträfen vornehmlich den Bereich der Terminologie. Diese Ansicht wird nicht zuletzt auch durch die Berufsübersetzer selbst gestützt, die - auf die Schwierigkeiten, die sich bei ihrer Arbeit ergeben, angesprochen - Fachwortrecherchen fast immer an erster Stelle nennen. Wenn man von der - im wesentlichen unwidersprochenen - These ausgeht, daß das Wesentliche der fachlichen Aussage in den Fachtermini liegt, erscheint diese Auffassung verständlich. Der Fachübersetzer muß auf dem Gebiet der Terminologie zweifellos besonders sorgfältig arbeiten, um der herausragenden Rolle des Fachwortschatzes in der fachlichen Kommunikation Rechnung zu tragen. So scheint es auch nicht erstaunlich, wenn Experten angeben, drei Viertel der Arbeitszeit eines Fachübersetzers werde für Fachwortrecherchen aufgewendet (Arntz/Picht 1982:13 und Albrecht 1995:142). Unbestritten ist also, daß Recherchierkompetenz und die Kompetenz zum eigenständigen terminologischen Arbeiten unabdingbare Voraussetzungen für das Erstellen qualitativ hochwertiger Übersetzungen sind. Irrig erscheint mir dagegen - insbesondere für den Bereich der Wirtschaftsübersetzung - die Annahme, das Ermitteln der - zweifellos vorhandenen, aber aufgrund unzureichender sprachlicher Kenntnisse dem Übersetzer nicht bekannten - terminologischen Äquivalente in der Zielsprache sei das zentrale, wenn nicht gar das einzige Problem, das sich dem Fachübersetzer stellt.

---

[1] Diese Einstellung ist sicher nicht zuletzt auch in den Forschungsergebnissen der Maschinellen Übersetzung begründet, die eine vollautomatische und qualitativ hochwertige Übersetzung in absehbarer Zeit allenfalls für den Bereich der Fachübersetzung in Aussicht stellt, wohingegen in den übrigen Gebieten allgemein eher Pessimismus im Hinblick auf eine vollständige Automatisierung des Übersetzungsprozesses vorherrscht.

Tatsächlich erweisen sich die Schwierigkeiten, die sich bei der Übersetzung französischer Wirtschaftsfachtexte ergeben, als recht vielschichtig.[2] Maßgeblich verantwortlich hierfür sind sicherlich der sehr weite Gegenstandsbereich und der recht heterogene Sprachgebrauch, der von zum Teil recht flapsig formulierten Artikeln im Wirtschaftsteil der Tageszeitungen, deren Sprache von Fluck als "eigenartige Mischung aus Abstraktion und Metaphorik" kritisiert wird (1991:63)[3], bis hin zu der nicht zu Unrecht als „Fachjargon" bezeichneten Sprache, wie sie etwa die Börsianer verwenden, reicht.[4] Bei der Fachsprache des Börsenwesens handelt es sich zudem noch um einen Mischtyp aus mündlich und schriftlich konstituierter Sprache (Fluck 1991:60), so daß die Problematik der Unterschiedlichkeit gesprochener und geschriebener Sprache im Deutschen und Französischen mit in die Übersetzungen hineingetragen wird.[5] Damit gehört die Wirtschaftsfachsprache an ihrem einen Pol zur Sprache, die durch die Massenmedien verbreitet wird und daher einem breiten Empfängerkreis bekannt ist, gleichzeitig bleibt sie aber an ihrem anderen Pol so hochverdichtet, daß sie ausschließlich Wirtschaftsexperten verständlich ist.[6]

An der Schnittstelle vom Wirtschaftsexperten zum fachlich interessierten Laien bringt der Einsatz von Fachsprache also nicht die gewünschte Präzision, sondern wirkt umgekehrt als Kommunikationsbarriere.[7] Das Dilemma wird dadurch gelöst, daß zur Vermittlung gleicher Inhalte je nach Zielpublikum ein sehr unterschiedliches Maß an fachsprachlichen Mitteln eingesetzt wird.[8] Die Variationsbreite im sprachlichen Ausdruck ist daher sicherlich größer als man das bei Fachtexten im allgemeinen erwartet. Je geringer aber der Grad an Stereotypisierung eines Textes (und je größer die

---

[2] Die im folgenden dargestellten Probleme beziehen sich schwerpunktmäßig auf die Übersetzungsrichtung Französisch-Deutsch und sind zum Teil sicher sehr verschieden von denen, die in der umgekehrten Übersetzungsrichtung auftreten, wie z.B. die Probleme bei der Übersetzung deutscher Komposita (vgl. Allignol 1998).

[3] Zu Formen und Funktionen der Metaphorik in wirtschaftsfachsprachlichen Texten vgl. auch Christian Schmitt 1988:113-129.

[4] Eine genauere Darstellung der deutschen Börsenfachsprache findet sich bei Fluck 1991:60-63.

[5] Wobei gemäß den Untersuchungen von Ihle-Schmidt die gesprochene Wirtschaftsfachsprache der geschriebenen Wirtschaftsfachsprache erheblich näher steht als das bei der gesprochenen und geschriebenen Gemeinsprache der Fall ist (1983:62).

[6] Zum Thema "Stereotypisierung des Sprachgebrauchs" der Börsensprache vgl. Arnold 1973:107.

[7] Zum Thema "Fachsprachen als Barriere" vgl. auch Fluck 1991:37-46.

[8] Zur Problematik des Wissenstransfers zwischen Fachmann und Laien vgl. auch Göpferich 1997:153-174.

Nähe zur gesprochenen Sprache), desto stärker treten bei der Übersetzung Schwierigkeiten zutage, wie sie aus den sogenannten "gemeinsprachlichen" Texten bekannt sind.

Weiterhin besitzen Wirtschaftsfachtexte die Eigenart, daß sie im Vokabular, insbesondere aber auch in der Phraseologie, nicht selten den Bereich Recht berühren. Nicht zuletzt deshalb findet man derart viele - einsprachige wie mehrsprachige - "*dictionnaires juridiques et économiques*". Die Schwierigkeiten, die sich aus dem unterschiedlichen Aufbau der Rechtssysteme und der unterschiedlichen Definition von Rechtsbegriffen[9] ergeben, erweisen sich somit auch bei der Übersetzung von Wirtschaftsfachtexten als potentieller Stolperstein.[10] Texte aus dem Geschäftsbereich fordern dem Übersetzer schließlich häufig auch technische Fach- und Sprachkenntnisse ab. So können etwa Angebote bzw. Submissionsbedingungen eine mehr oder weniger detaillierte Spezifikation des Liefergegenstands enthalten. Wirtschaftstexte in Reinform findet man wohl allenfalls in Lehrbüchern, aber gerade die werden ja im Sprachenpaar Französisch-Deutsch höchst selten übersetzt.

Zusätzlich werden Wirtschaftsfachtexte im Unterschied etwa zu wissenschaftlich-technischer Literatur, bei der man von einem gleichen Wissenshorizont des Adressatenkreises in Ausgangs- und Zielsprache ausgehen kann (Koller 1992:299f.), häufig dann übersetzt, wenn der Kenntnisstand von AS- und ZS-Empfänger gerade *nicht* gleich ist. So gibt es ein breites Spektrum von Texten (Pressemitteilungen französischer Unternehmen; Werbeschriften französischer Banken, die um deutsche Geldanleger werben; Artikel, die im Wirtschaftsteil deutscher Tageszeitungen erscheinen sollen und das französische Wirtschaftsleben kommentieren,[11] etc.), die gerade mit dem Ziel übersetzt werden, ein bestehendes "Wissensdefizit" des zielsprachlichen Lesers auszugleichen bzw. die nicht den gewünschten Effekt erzielen

---

[9] Dabei erweisen sich selbst völlig unverdächtig erscheinende Sachverhalte unter Umständen als knifflige Angelegenheit. So sind etwa die Begriffsbestimmungen für "Kauf" und "*achat*" bzw. "*vente*" nach deutschem und französischem Recht durchaus nicht gleich. Im Unterschied zum deutschen Recht ist der Kauf in Frankreich nämlich gleichzeitig ein Verfügungsgeschäft, d.h. die Eigentumsübertragung erfolgt unmittelbar durch die Einigung (Fleck 1998:172) - ein Umstand, auf den der Übersetzer ggf. hinweisen muß.

[10] Auf die zusätzliche Schwierigkeit, die sich daraus ergibt, daß in der juristischen Fachsprache zahlreiche Unterschiede zwischen Deutschland, Österreich und der Schweiz zu beachten sind (Yvon 1998:222), sei hier nur am Rande hingewiesen.

[11] Gerade dieser Bereich bietet Anlaß zu zahlreichen Fehlerquellen, wie Fandrich in ihrem Artikel "Übersetzerische Fehlleistungen in der deutschen Presse - mit Schwerpunkt auf dem Gebiet Wirtschaft" feststellt (1987:27-35).

können, wenn das fachliche Hintergrundwissen, das beim ausgangssprachlichen Empfänger als bekannt vorausgesetzt werden kann, nicht vermittelt wird. Für den Übersetzeralltag bedeutet das, daß Wirtschaftsfachtexte häufiger als vielleicht andere Fachtexte "bearbeitet" und eben nicht "übersetzt" werden.[12]

Schließlich ist noch das Phänomen zu nennen, daß Kurzmitteilungen, Faxe etc., wie sie in den Sprachenabteilungen von Betrieben übersetzt werden, zum Teil unvollständige Sätze oder stichwortartige Notizen enthalten, die erst im Kontext des Geschäftsgeschehens bzw. durch Hinzuziehen von "Vorläuferdokumenten" verständlich werden.[13] Erschwerend kommt hinzu, daß Dokumente im internationalen Geschäftsverkehr - insbesondere im Englischen und Französischen - durchaus nicht immer von Muttersprachlern verfaßt werden.[14] So manches vermeintliche "Übersetzungsproblem" entpuppt sich nach zeitaufwendigen Recherchen und Rückfragen als Defekt des ausgangssprachlichen Textes.

Zuletzt ist auch auf die Bedeutung der Textsortenkonventionen hinzuweisen, deren Korrelierung eine weitere wichtige Aufgabe des Fachübersetzers darstellt. Die Einhaltung der zum Teil stark divergierenden Konventionen in Ausgangs- und Zielsprache erscheint umso wichtiger, als der Leser von Fachtexten - anders als etwa bei literarischen Texten - stets von der Bestätigung seiner Erwartungshaltung ausgehen kann. Nicht normkonforme Formulierungen stoßen daher auf geringe Akzeptanz beim Fachpublikum.

Die Liste der Problemstellungen ließe sich natürlich noch erweitern. Allein die bisherigen Ausführungen dürften jedoch deutlich gemacht haben, daß das Erstellen eines funktionsfähigen zielsprachlichen Textes dem Übersetzer von Wirtschaftsfachtexten sehr viel mehr abverlangt, als lediglich Äquivalenz auf der Ebene der Fachtermini herzustellen. Ein Umstand, der dazu beiträgt, daß einige Autoren nicht mehr von einer Übersetzung oder Translation, sondern von einer "Sprachdienstleistung" sprechen (vgl. etwa

---

[12] Für die Abgrenzung von "Übersetzung" und "Bearbeitung" lege ich die Definition von Michael Schreiber zugrunde, nach der Übersetzungen auf einer einzigen Varianzforderung, nämlich der Forderung nach Änderung der Sprache, ansonsten aber ausschließlich auf Invarianzforderungen beruhen, wohingegen Bearbeitungen auf einer Invarianzforderung (der Forderung nach Beibehaltung mindestens eines individuellen Textmerkmals) und ansonsten ausschließlich auf Varianzforderungen beruhen (Schreiber 1993:125).

[13] Die Probleme verstärken sich, wenn die Schriftstücke an freiberufliche Übersetzer weitergegeben werden, da die erforderlichen Unterlagen von den Betrieben oft nicht oder nur sehr zögerlich bereitgestellt werden.

[14] So werden etwa Geschäfte mit arabischen Staaten aus Kostengründen von deutschen Unternehmen nicht selten auf Französisch abgewickelt.

Koller 1996:124). Im folgenden soll nun versucht werden, schlaglichtartig einige der genannten Schwierigkeiten herausgreifen und sie anhand von Beispielen näher zu erörtern.

1 Begriffliche Inkongruenzen

Entgegen einer weit verbreiteten Auffassung können sprachenunabhängige begriffliche Grundlagen auch im Bereich der Fachsprachen nicht ohne weiteres vorausgesetzt werden (Albrecht 1992:73, Arntz 1998:81). Ursache für die begrifflichen Nicht-Übereinstimmungen können Unterschiede "in den Dingen selbst", Unterschiede in der vom Menschen geschaffenen fachlichen "Realität" und Unterschiede, die nicht in den Realia begründet sind, sein.[15]

1.1 Inkongruenzen, die nicht auf Unterschiede in den Realia zurückzuführen sind

Die Mehrzahl der begrifflichen Inkongruenzen in der deutschen bzw. französischen Wirtschaftsfachsprache stellt sich auf sprachlicher Ebene recht unspektakulär in Form von Eins-zu-viele-Entsprechungen bzw. Viele-zu-eins-Entsprechungen dar. Dabei scheint es, als seien die französischen Wirtschaftsfachtermini in sehr viel stärkerem Maß polysem als die deutschen (Weiß 1992:304). Die Desambiguierung polysemer Termini im Kontext ist aber nicht nur eines der Hauptprobleme der maschinellen Übersetzung[16]; sie stellt auch für den sogenannten "Humanübersetzer" eine Schwierigkeit dar, die sich nur durch Hinzuziehen von fachlichem Hintergrundwissen bzw. durch Befragung von Experten lösen läßt. Da dieses Problem in der einschlägigen Literatur jedoch bereits relativ ausführlich diskutiert wurde,[17] sollen hier ein paar kurze Beispiele genügen, um das Phänomen zu erläutern.

Wird in einem französischen Wirtschaftsfachtext der Terminus *baisse* verwendet, ist der Übersetzer - unabhängig vom speziellen wirtschaftlichen Teilgebiet, auf das er sich bezieht[18] - zunächst gefordert, eine grundsätzliche Unterscheidung zu treffen: Ist dem Kontext oder dem fachlichen Hinter-

---

[15] Vgl. hierzu auch Albrecht 1992:65-66, der eine noch detailliertere Unterscheidung trifft.
[16] Vgl. Luckhardt/Zimmermann 1991:4.
[17] Vgl. z.B. Jumpelt 1961:58-62; Fluck 1991:137-139; Weiß 1992:303.
[18] Er kann u.a. im Bereich Steuerwesen, Preis- und Zinsentwicklung, Börse etc. auftreten.

grundwissen zu entnehmen, daß ein Entscheidungsträger (etwa eine Regierung, Behörde etc.) für die *baisse* verantwortlich ist, kommen als Äquivalente die Ausdrücke "Senkung" oder "Rückführung" in Frage. Fehlt ein solcher Entscheidungsträger, liegt die Ursache für die *baisse* also allein im Marktgeschehen, müssen dagegen im Deutschen Termini wie "das Sinken", "der Rückgang" oder "die Baisse" gewählt werden (vgl. Fandrich 1991:81). Analog gilt bei *la hausse*, daß zwischen "das Steigen / der Anstieg / die Hausse" und "die Anhebung / Erhöhung" zu differenzieren ist.[19] In beiden Fällen ist das übersetzerische Problem - entsprechendes Fachwissen vorausgesetzt - verhältnismäßig gering, denn immerhin bleibt das Verhältnis der AS- und ZS-Termini (auf Sprachsystemebene) "als Bruch ganzer Zahlen ausdrückbar" (Albrecht 1992:74).

Etwas komplizierter gestaltet sich die Sachlage im Fall des französischen Begriffs *"rendement"*. Allein in Potonniers *Wörterbuch für Wirtschaft, Recht, Handel* ([2]1990) findet man nicht weniger als 24 potentielle Äquivalente für den französischen Terminus, darunter *Erfolg, Ergebnis, Erlös, Ertrag, Profit, Rendite, Ausbeute, Wirtschaftlichkeit* - Termini also, hinter denen im Deutschen zum Teil völlig unterschiedliche Konzepte stehen und die mittels Definition deutlich voneinander abgegrenzt sind. Nun könnte man versucht sein, von einem extremen Fall lexikalischer Mehrdeutigkeit zu sprechen. Anders als in den beiden zuerst skizzierten Beispielen erscheint es hier jedoch zumindest fraglich, ob die Summe der Extensionen der deutschen Begriffe der Extension des französischen "Gesamtäquivalents" entspricht. Kommt man zu dem Schluß, daß dies nicht der Fall ist, drängt sich der Verdacht auf, daß die fachsprachliche Lexik nicht notwendigerweise "logischer" strukturiert und damit zwischensprachlich weniger komplex ist als die gemeinsprachliche. Sehen wir uns noch ein weiteres Beispiel an, das diesen Verdacht bestätigen mag:

Im Bereich der Ernährungswirtschaft liest man im Französischen häufig den Ausdruck *industrie agro-alimentaire*. Er umfaßt die *industrie agricole*, die die Naturprodukte der Landwirtschaft nur wenig verarbeitet (z.B. Getreide zu Mehl, Zuckerrüben zu Zucker etc.) und die *industrie alimentaire*, die die in einer ersten Umwandlung erzeugten Rohstoffe weiterverarbeitet zu Fertigerzeugnissen, die auf dem Tisch des Verbrauchers ihren Platz finden. Das Französische kennt im übrigen keinen Begriff, der dem deutschen Begriff "Genußmittel" bzw. "Genußmittelindustrie" vollständig ent-

---

[19] Daneben bestehen - je nach Kontext - zahlreiche andere Übersetzungsmöglichkeiten, die jedoch alle auf der gleichen grundsätzlichen Differenzierung beruhen.

sprechen würde. So wird die Herstellung der alkoholischen Getränke zu den *industries alimentaires* gezählt. Der Ausdruck *industries de luxe*, der in den Wörterbüchern zuweilen als Äquivalent angeboten wird, erweist sich nur teilweise als deckungsgleich, umfaßt er doch neben Herstellern von Cognac und Champagner auch Parfüm- und Luxuskofferhersteller (Schumacher 1990:70). Der Sache etwas näher kommt da wohl schon der Ausdruck *stimulants*, der Anregungsmittel bezeichnet, zu denen die meisten Genußmittel gehören. Allerdings wird man die Bezeichnung **industrie des stimulants* in amtlichen französischen Statistiken kaum finden. Obwohl sich die Beziehungen zwischen den deutschen und französischen Begriffen also recht komplex gestalten, ist auch in diesem Fall eine praktikable Lösung für die übersetzerische Praxis zu finden: Der Leser eines Wirtschaftsfachtextes erwartet zweifellos keine genaue Information über die Systembedeutung der französischen Ausdrücke und bei einer Übersetzung von *industrie agroalimentaire* mit *Nahrungs- und Genußmittelindustrie* ist der "Meßfehler" sicherlich denkbar gering.

Abschließend sei noch ein letztes Beispiel bemüht, das den Bereich der *faux amis* oder *Pseudointernationalismen*[20] berührt: Die Analogie der Form scheint eine inhaltliche Entsprechung von *marché financier* und *Finanzmarkt* zu suggerieren. Der Blick in ein einsprachiges französisches Wörterbuch zeigt jedoch, daß *marché financier* definiert wird als "marché des capitaux disponibles à long terme", also das, was man im Deutschen als Kapitalmarkt bezeichnen würde. Der *marché monétaire* dagegen ist der "marché des capitaux disponibles à court terme," also der Geldmarkt. Der Ausdruck *marché des capitaux* schließlich fungiert als eine Art Oberbegriff für beides im Sinne des deutschen Ausdrucks Finanzmarkt.[21] Da nun aber die traditionelle Unterscheidung zwischen Geld- und Kapitalmarkt zunehmend an Bedeutung verliert, kann man davon ausgehen, daß eine Übersetzung von *marché financier* mit "Finanzmarkt" trotz der begrifflichen Divergenzen in den meisten Kontexten "korrekt", d.h. ausreichend präzise ist. So heißt es im *lexique de banque et de bourse* unter dem Eintrag *marché des capitaux* denn auch bereits im Jahr 1990:

"Cette distinction [i.e. entre *marché monétaire* et *marché financier*] tend à perdre toute signification : en effet, depuis 1984 les pouvoirs

---

[20] Weitere *faux amis* der französischen Wirtschaftsfachsprache in Reinart 1992:115-117.
[21] Alle französischen Definitionen nach Sousi-Roubi (1990): *lexique de banque et de bourse*: 141. Die entsprechenden Definitionen im Deutschen sind *Vahlens Großes Wirtschaftslexikon* ([2]1994), herausgegeben von Dichtel/Issing, entnommen.

publics ont entrepris un décloisonnement des marchés pour créer un grand marché unifié allant du jour le jour au long terme" (Sousi-Roubi 1990:141-142).

Für die Annahme, daß sich die Bedeutungsinhalte von *marché financier* und *Finanzmarkt* heute weitestgehend entsprechen, spricht auch der Umstand, daß die beiden Ausdrücke in französischen und deutschen Quellen in vergleichbaren Kontexten etwa die gleiche Gebrauchshäufigkeit aufweisen. Dennoch ist in einigen Fällen Vorsicht geboten. So ist etwa bei der Übersetzung von Texten im Zusammenhang mit der Europäischen Investitionsbank für *marché financier* der präzisere Ausdruck "Kapitalmarkt" vorzuziehen, da hier zumindest im Deutschen die begriffliche Differenzierung noch strikt eingehalten wird.[22] Aber auch wenn in der französichen Wirtschaftszeitung *Les Echos* vom 5. März 1998 im Zusammenhang mit der Einführung des Euro zu lesen steht:

"le calendrier prévoit le passage à l'euro de tous les marchés (marché des changes, *marchés financiers* et *marché monétaire*) [...] pour le début de l'an prochain",[23]

kommt als Übersetzung von *marché financier* wohl nur Kapitalmarkt in Frage. Man kann nun den geschilderten Sachverhalt dahingehend werten, daß man das Benennungspaar *marché financier-Finanzmarkt* als *faux amis* einstuft, die sich zu (partiellen) *vrais amis* gewandelt haben. Aber es liegt auch eine inklusive Opposition im Sinne Coserius[24] vor, denn *marché financier* kann im heutigen französischen Sprachgebrauch offenbar sowohl für den Oberbegriff "Finanzmarkt" als auch für einen seiner Teilbegriffe, den "Kapitalmarkt", stehen.[25]

---

[22] Was sich nicht zuletzt auch darin äußert, daß in den amtlichen Übersetzungen dieser Institution ausschließlich der Ausdruck *Kapitalmarkt* Verwendung findet.
[23] Hervorhebungen meinerseits.
[24] Coseriu 1966:182.
[25] Im Deutschen scheint sich die begriffliche Unterscheidung - zumindest im journalistischen Sprachgebrauch - ebenfalls immer mehr zu verwischen, so daß es möglicherweise nur noch eine Frage der Zeit ist, bis der Ausdruck *Kapitalmarkt* synonym zu Finanzmarkt verwendet wird.

1.2 Inkongruenzen, die auf Unterschiede in den Realia bzw. auf eine vom Menschen geschaffene unterschiedliche "Realität" zurückgehen

Häufiger noch als die oben skizzierten Inkongruenzen findet man in der Wirtschaftsfachsprache begriffliche Nicht-Übereinstimmungen, die auf Unterschiede "in den Dingen selbst" (Albrecht 1992:65) zurückzuführen sind, bzw. eine vom Menschen geschaffene unterschiedliche "Realität" widerspiegeln. Obwohl eine Unterscheidung beider Phänomene aus Gründen der Systematik wünschenswert erscheinen mag, wird an dieser Stelle darauf verzichtet, da eine trennscharfe Abgrenzung sich als schwierig, stellenweise sogar als unmöglich erweist. Zudem sind die übersetzerischen Probleme in beiden Fällen identisch.

Recht wenig Schwierigkeiten scheinen in der Regel solche Begriffe bzw. Realia zu machen, die in sehr ähnlicher Form im anderen Sprach- und Kulturraum existieren bzw. umgekehrt dort völlig unbekannt sind. Im ersten Fall sind die Berührungspunkte häufig so groß, daß auf eine Explikation einzelner abweichender Begriffsmerkmale verzichtet werden kann. Dies gilt zum Beispiel beim *CES*, dem *contrat emploi solidarité*, der problemlos mit *(staatlich finanzierte) Arbeitsbeschaffungsmaßnahme* ins Deutsche übertragen werden kann. Umgekehrt kann der Ausdruck *SMIC*, der für den in Deutschland unbekannten *salaire minimum interprofessionnel de croissance* steht, in der Übersetzung ebenso problemlos als "(in Frankreich geltender) gesetzlicher Mindestlohn (SMIC)" umschrieben werden. Sollte diese Erklärung sich im Einzelfall als nicht ausreichend erweisen, kann man auch, wie Wagner/Morgenroth es vorschlagen, den Begriffsinhalt mit "dynamischer gesetzlicher Mindestlohn für alle Arbeitnehmer, unabhängig von der Branche, in der sie beschäftigt sind" (1995:89) explizieren.

Ähnliches gilt für den *RMI*, den *revenu minimum d'insertion*, der sich charakterisieren ließe als "Sozialhilfe"; als "Mindesteinkommen zur Erleichterung der beruflichen Eingliederung" (Schumacher 1990:362), oder auch als "(in Frankreich 1988 geschaffene) kompensatorische Sozialleistung zur Sicherstellung eines Mindesteinkommens" (Wagner/Morgenroth 1995:90). Unter Umständen wird man aber auch erläutern müssen, daß im Falle des RMI der Staat die Differenz zwischen einem vom RMI-Empfänger u.U. selbst erwirtschafteten Einkommen und dem staatlich garantierten Mindestlohn übernimmt (Le Monde "Initiatives":81) oder auch, daß der

RMI - im Unterschied zur Sozialhilfe in Deutschland - vom Staat und eben nicht von den Gebietskörperschaften finanziert wird.[26]
Problematischer wird die Sachlage für den Übersetzer, wenn ähnliche Institutionen etc. dazu verleiten anzunehmen, man befinde sich "auf bekanntem Terrain". So hat P.A. Schmitt im Hinblick auf das Bausparwesen bereits 1986 darauf hingewiesen, daß in Frankreich drei verschiedene Bausparsysteme existieren, die weder zusammen noch einzeln mit dem deutschen Bausparwesen identisch sind (P.A. Schmitt 1986:253) und eine neuere Studie von Christian Schmitt[27] zeigt, daß dieser Umstand eine sehr differenzierte kontrastive Analyse von Zentralbegriffen des deutschen und französischen Bausparwesens erforderlich macht (1995:1067-1085). Es ist also Vorsicht geboten, denn es ist durchaus nicht gesagt, daß man auch dasselbe "meint", wenn man formal korrespondierende Ausdrücke gebraucht. Allerdings - und darauf weist auch schon P.A. Schmitt hin - kommt es nicht in jedem Text auf die kulturspezifisch differenzierenden Merkmale an (1986:253).

Zuweilen sind es auch landesspezifische juristische Bestimmungen, die dem Übersetzer das Handwerk erschweren. So spricht im Bereich der Unternehmensformen zwar einiges dafür, *société civile* mit "Gesellschaft des bürgerlichen Rechts" wiederzugeben; anders als die deutsche Gesellschaft des bürgerlichen Rechts, die auch *BGB-Gesellschaft*[28] genannt wird, ist die französische *société civile* aber im Handelsregister eingetragen und damit auch eine juristische Person (Wagner/Morgenroth 1995:201-202). Um Mißverständnisse zu vermeiden, wird man demzufolge unter Umständen den französischen Ausdruck beibehalten bzw. in einer Fußnote auf die unterschiedlichen rechtlichen Regelungen hinweisen müssen.

Schließlich kann es auch vorkommen, daß einzelne Begriffe nicht einmal im Ausgangssprach- und Kulturraum genau definiert sind. So verhält es

---

[26] Aus Gründen der Sprachökonomie empfiehlt es sich im Text zumeist, den Begriffsinhalt jeweils nur einmal zu erklären und die französische Abkürzung in Klammern anzugeben. So wird nicht nur dem "Eigennamencharakter", den die Mehrzahl dieser Ausdrücke haben, Rechnung getragen; diejenigen Leser, die mit dem Ausdruck vertraut sind, werden auch in die Lage versetzt, die vom Übersetzer im konkreten Fall nicht verbalisierten Begriffsinhalte "mitzuverstehen". Wird der Ausdruck im Text häufiger verwendet, bietet diese Methode zudem den Vorteil, daß die Abkürzung im folgenden als bekannt vorausgesetzt werden kann. So muß nicht an jeder Stelle die u.U. recht lange Periphrase wiederholt werden.
[27] Der lediglich *zwei* verschiedene Bausparsysteme in Frankreich unterscheidet.
[28] Der Ausdruck *BGB-Gesellschaft* verleitet - stärker noch als die Langform - dazu, zu glauben, für die französische Rechtsform würden genau dieselben rechtlichen Bestimmungen gelten wie für die deutsche und sollte daher m.E. als Äquivalent vermieden werden.

sich im Fall der französischen Rechtskonstruktion *fonds de commerce,* für die es im deutschen Handelsrecht keine genaue Entsprechung und in den französischen Gesetzestexten keine Definition gibt (Schumacher 1990:155). Zumeist wird der Begriff verstanden als eine Kombination aus Firmenwert (*good will*) und Geschäftsvermögen, d.h. die Gesamtheit aller Rechte und beweglichen Güter, die eine Geschäftsausübung ermöglichen. Je nachdem, ob es sich um einen Wirtschaftstext allgemeinen Inhalts handelt, in dem der Ausdruck nur quasi "zufällig" einmal vorkommt, oder ob die französische Rechtskonstruktion im Vordergrund des Interesses steht, und je nachdem, welcher Wissenshorizont beim zielsprachlichen Leser vermutet werden kann, wird man demzufolge unterschiedlich explizite Übersetzungslösungen finden müssen. Bedingt durch die Vagheit des französischen Begriffs ist es in jedem Fall eine Überlegung wert, ob nicht der Ausdruck *fonds de commerce* beibehalten und ggf. expliziert werden sollte, etwa in Form einer Periphrase wie "die französische Form des Firmen- und Geschäftswerts *fonds de commerce.*"[29]

Zuletzt sei noch darauf hingewiesen, daß die begrifflichen Nicht-Übereinstimmungen in der Fachsprache keinesfalls immer nur kleine Ausschnitte aus einem Begriffssystem betreffen. So weist Franz Schneider für den Bereich der Rechnungslegung (1998a und 1998b:112-119) sowie des Steuerwesens (in diesem Band) eindrucksvoll nach, daß die in Deutschland und Frankreich üblichen begrifflichen Einteilungen teilweise stark gegeneinander verschoben sind. Als Konsequenz hieraus ergibt sich, daß das Verhältnis der entsprechenden AS- und ZS-Termini im Regelfall nicht mehr als Bruch ganzer Zahlen ausdrückbar ist, oder - anders ausgedrückt - daß zahlreiche "irrationale" Äquivalenzen zwischen ihnen bestehen.[30]

2 Textsortenkonventionen

Das Thema "Textsortenkonventionen" kann aufgrund seiner Komplexität in diesem Rahmen natürlich nur gestreift werden (vgl. aber den Beitrag von Pöckl, in diesem Band). Angesichts seiner zentralen Bedeutung für den Übersetzungsvorgang soll es aber dennoch nicht vollständig ausgeklammert werden. Tatsächlich erleichtern Textsortenkonventionen dem Übersetzer

---

[29] Daß das Beispiel kein Einzelfall ist, mag der Terminus *groupe* belegen, der im Deutschen mit *Firmengruppe* bzw. *Konzern* wiedergegeben wird. Auch hier liegt dem französischen Ausdruck keine genaue Definition zugrunde.
[30] Zur verwendeten Terminologie vgl. Albrecht 1992:74.

insofern seine Aufgabe, als sie seine Auswahlmöglichkeiten aus der Vielzahl der denkbaren Verbalisierungen deutlich reduzieren. Nicht zuletzt deshalb wird auch immer wieder betont, bei der Formulierung von Fachtexten spielten stilistische Erwägungen keine Rolle. Voraussetzung ist allerdings, daß dem Übersetzer die unter Umständen sehr stark divergierenden Konventionen in AS- und ZS-Kultur bekannt sind. Daß das nicht immer der Fall ist, belegt die große Zahl besonders "origineller" übersetzerischer Formulierungen, wie man sie insbesondere bei Gebrauchsanweisungen immer wieder findet und die beim Leser im besten Falle ein Schmunzeln, eher aber Befremden und im schlimmsten Fall den Rückschluß auf die - ebenfalls mangelhafte - Qualität des Produktes bewirken. In jedem Fall lenken derartige Fehlleistungen vom fachlichen Inhalt ab, so daß es angemessen erscheint, in diesem Zusammenhang von einer "textuellen Interferenz" zu sprechen. Nach Kupsch-Losereit liegt eine solche textuelle Interferenz vor,

"[...] wenn die Textsortenbesonderheiten eines AT, also die syntaktisch-semantische und textuelle Gestaltung, im ZT reproduziert werden, obwohl andere Konventionen üblich und kommunikativ angemessen sind" (Kupsch-Losereit 1998:168).

Recht gut dokumentiert sind diese Besonderheiten im Bereich der deutsch-französischen Geschäftskorrespondenz, wo Unterschiede in bezug auf die äußere Form, den formalen Aufbau, die Anrede, Grußformeln, aber auch hinsichtlich textstruktureller Aspekte zu beachten sind. (Ausführlicher zu diesem Thema vgl. Koch 1998:205-208 und Seewald-Heeg, in diesem Band.) Verschiedene Konventionen lassen sich aber auch bei fast allen anderen Textsorten nachweisen, unter anderem im Hinblick auf die Gestaltung von Titeln, die Verwendung der Zeiten, die Informationsstruktur, den jeweiligen Grad an Emotionalität, etc.

Beginnen wir bei den **Titeln**. Titel und Überschriften in Fachtexten gelten als sachbezogen und werden in der Regel als "reduzierte Paraphrase des Textes" verstanden (Dressler 1972:18). Zwar gilt diese Feststellung tendenziell sowohl für das Deutsche als auch für das Französische; die sprachliche Realisierung dieser Paraphrasen weicht aber häufig voneinander ab (vgl. Schreiber, in diesem Band). So bestehen etwa die Überschriften französischer Lehrbücher und die Titel der französischen Wirtschaftspresse häufig aus vollständigen Sätzen, während im Deutschen ein telegrammartiger Stil auffällt, der sich durch das Fehlen von Verben und damit einhergehend durch einen ausgeprägten Nominalstil auszeichnet. Zudem erscheinen

Titel im Deutschen in der Regel betont nüchtern, wohingegen man im Französischen nicht selten deutliche Wertungen wie "dollar: insolente santé" (Le Point:25/01/97), Wortspiele wie "le train-train à la SNCF" (Les Echos: 07/12/98) oder sogar Anspielungen auf Buchtitel wie "à la recherche de l'emploi perdu" (Le Monde: Initiatives:4) findet.

Auch im Hinblick auf die **Verwendung der Tempora** können sich deutsche und französische Wirtschaftsfachtexte unterscheiden. So werden etwa Protokolle im Französischen im Präsens abgefaßt, während im Deutschen nicht selten dem Präteritum der Vorzug gegeben wird. Analog wird auch bei Bilanzen, Halbjahresberichten etc. im Deutschen eher das Präteritum benutzt, das den Rückblickcharakter der gemachten Angaben in den Vordergrund stellt, während im Französischen *passé composé*-Konstruktionen den Bezug zur Gegenwart verdeutlichen. Unterschiede ergeben sich auch dadurch, daß das französische *futur simple* oft eingesetzt wird, um eine Verpflichtung auszudrücken. In Floskeln wie "l'acheteur *prendra* livraison de la marchandise ..." muß der imperativische Charakter im Deutschen durch eine Formulierung wie "der Käufer *hat* die Ware *in Empfang zu nehmen*" wiedergegeben werden. Auffallend ist auch, daß im Französischen bei der überwiegenden Mehrheit der Wirtschaftsfachtexte auf eine strikte Einhaltung der *concordance des temps* geachtet wird, so daß neben den vorherrschenden Präsensformen auch "echte" Futur- und Vergangenheitsformen durchaus keine Seltenheit sind. Dagegen sind viele deutsche Texte ausschließlich im Präsens abgefaßt. Andere Tempora werden meist nur dann verwendet, wenn andernfalls Mißverständnisse zu befürchten wären.

Aber auch hinsichtlich der **Informationsstruktur** lassen sich bei einigen Textsorten unterschiedliche Präferenzen nachweisen. So gilt die konstante thematische Progression (Daneš 1970:76) als typisch für sachorientierte Texte: Ein Thema wird einmal "gesetzt", und an dieses Thema wird dann die jeweils "neue" Information angeknüpft (Gerzymisch-Arbogast 1994:40). Dieser Grundsatz scheint - vielleicht aufgrund der daraus resultierenden Monotonie - im Französischen weitaus häufiger durchbrochen zu werden als in entsprechenden deutschen Texten. Insbesondere in französischen Zeitungsartikeln wird das Rhema zuweilen vorangestellt und das Thema - fast beiläufig - erst ein paar Zeilen später nachgeliefert.

Daneben gibt es zahlreiche Konventionen, die jeweils nur für eine sehr kleine Gruppe von Texten gelten. Als Beispiel seien hier die INCOTERMS (International Commercial Terms) angeführt, die internationale Regeln für die Auslegung der gebräuchlichsten Vertragsformeln im internationalen Handel darstellen. Wenn hier im französischen Text steht "l'acheteur *doit payer le prix comme prévu dans le contrat de vente*", dann darf die deutsche Fassung keinesfalls lauten "*der Käufer muß den Preis vertragsgemäß zahlen*", sondern "der Käufer *hat* den Preis vertragsgemäß *zu* zahlen." Das Verb "müssen" ist hier, ähnlich wie bei anderen Vertragstexten, in bezug auf die Vertragsparteien nämlich in jedem Fall zu vermeiden.

Gleichzeitig findet man in der französischen Fassung der INCOTERMS recht viele Satzanfänge mit *lorsque, quand* oder *si*, die eine Übersetzung mit "wenn" zu suggerieren scheinen. So werden in der CIF-Klausel unter A8 (Pflichten des Verkäufers) gleich drei aufeinanderfolgende Sätze mit diesen Konjunktionen eingeleitet:

"*Quand* ce document de transport est émis en plusieurs exemplaires originaux, un jeu complet d'originaux doit être présenté à l'acheteur. *Si* ce document de transport fait référence à une charte-partie, le vendeur doit également fournir un exemplaire de ce dernier document. *Lorsque* le vendeur et l'acheteur ont convenus [sic] de communiquer électroniquement, le document mentionné aux paragraphes précédents peut être remplacé par un message d'échange de données informatiques (EDI) équivalent."

Tatsächlich gilt aber im Deutschen die Regel, ein "wenn" am Satzanfang nach Möglichkeit zu vermeiden. Als Übersetzung wäre also denkbar:[31]

"*Wird* ein solches Transportdokument in mehreren Originalausfertigungen *ausgestellt*, so ist dem Käufer ein vollständiger Satz vorzulegen. *Enthält* das Transportdokument einen Hinweis auf einen Chartervertrag,[32] so hat der Verkäufer zusätzlich ein Exemplar dieser Urkunde vorzulegen. *Haben sich* Verkäufer und Käufer auf elektronische Datenkommunikation geeinigt, kann das in den vorstehenden Absätzen genannte Dokument durch eine entsprechende Mitteilung im elektronischen Datenaustausch (EDI message) ersetzt werden."

---

[31] Der Übersetzungsvorschlag erfolgt in Anlehnung an die amtliche deutsche Fassung, entspricht ihr jedoch nicht vollständig, da sich der Übersetzer/die Übersetzerin an dieser Stelle - im Unterschied zu anderen Textpassagen - nicht immer an die Textsortenkonvention hält.

[32] Offizielle Variante, denkbar wäre auch: "Wird im Transportdokument Bezug genommen auf einen Chartervertrag, so ..."

3 Adressatengerechtes Übersetzen

Es ist eine relativ neue Erkenntnis, daß die Akteure der Wirtschaftskommunikation über bestimmte interkulturelle - und nicht nur fachsprachliche - Kompetenzen verfügen müssen (Müller 1991a:10). Kann die Kommunikation nicht direkt zwischen ausgangssprachlichem Sender und zielsprachlichem Empfänger erfolgen, muß folglich der Übersetzer (oder Dolmetscher) die kulturelle Mittlerrolle übernehmen. Schließlich geht es darum, "kultur- oder sprachspezifische Merkmale nicht bloß bewußtzumachen, sondern 'bei Bedarf' auch durch andere zu ersetzen" (Pöckl 1995:102). Damit wird dem Translator aber abverlangt, Probleme zu lösen, die nicht mehr rein sprachlicher Natur sind.

Beginnen wir mit einem harmlosen Beispiel: Bei der Übersetzung von Wirtschaftsfachtexten sieht sich der Translator immer wieder mit der Notwendigkeit konfrontiert, zu entscheiden, ob Zahlenangaben in FF in DM umzurechnen sind oder nicht. Auf diese Frage kann es wohl nur eine von Zielpublikum und Text abhängige Antwort geben: Angaben zur französischen Zahlungsbilanz etwa wird wohl kaum jemand lesen, der das Wertverhältnis FF-DM nicht kennt. Etwas anderes ist es da schon, wenn die französische Wirtschaftszeitung *Les Echos* am 16.03.1998 berichtet: "L'activité de prêt de la Banque européenne d'investissement a atteint 173 milliards de francs l'année dernière." Daß Statistiken der Europäischen Investitionsbank ausgerechnet auf französische Francs lauten sollen, wirkt wenig verständlich. Pragmatischer erscheint es, die weiter unten im Text erfolgende Angabe, 173 Mrd. FF entsprächen 26 Mrd. Ecus, aufzugreifen und diesen Wert (mit oder ohne Umrechnung in DM) in die deutsche Version zu übernehmen. Noch weniger sinnvoll ist es, eine Zahlenangabe, die sich etwa auf die portugiesische oder amerikanische Wirtschaft bezieht, in FF zu belassen. Ist hier kein genauer Umrechnungskurs zu ermitteln,[33] wird man sich eher mit Circa-Angaben in DM behelfen als die Franc-Angaben zu übernehmen.

Ein weiteres "Umrechnungsproblem" schließlich ergibt sich, wenn Renault S.A. in einer Zeitungsanzeige für das erste Halbjahr 1998 „un résultat net de 5 427 millions de francs" vermeldet (*Le Monde*:17.03.1998). Nun ist es innerhalb von Bilanzen oder tabellarischen Aufstellungen aus Gründen der Leserfreundlichkeit zwar durchaus üblich, eine einheitliche Maßeinheit zu verwenden, die dann auf alle Beträge bezogen wird - unab-

---

[33] Etwa weil der Wechselkurs im jeweiligen Zeitraum starken Schwankungen unterlegen war.

hängig davon, ob diese nun eine drei-, vier- oder gar fünfstellige Höhe erreichen. Für eine Überschrift innerhalb einer Zeitungsanzeige erscheint diese Vorgehensweise, gemessen an deutschen Verhältnissen, dagegen recht ungewöhnlich. Angesichts der Tatsache, daß Renault S.A. noch im Vorjahr rote Zahlen geschrieben hatte, mag man sich also fragen, ob die Zahlenangabe in Mio. - statt in Mrd. FF - vom Konzern vielleicht bewußt gewählt wurde. Tatsächlich ist diese Vorgehensweise in Frankreich aber keinesfalls ungewöhnlich, wie die Pressemitteilungen und Anzeigen anderer Unternehmen zeigen. Sicher wäre es also eine Überlegung wert, ob man nicht dem deutschen Usus folgen und die Angabe in Milliarden umrechnen sollte. Diesen Weg ging jedenfalls das Handelsblatt am 13./14.03.98 in einem "Renault mit Gewinn" überschriebenen Artikel und auch die Deutsche Renault AG entschied sich in ihrem Pressekommuniqué vom 11. August 1998, die Zahlen für den Gesamtkonzern in Mrd. auszuweisen (www.renault.de/pressemeldungen).

Zugegeben: Die bisherigen Beispiele bleiben insofern relativ "oberflächlich", als die Anpassung an deutsche Konventionen zwar wünschenswert erscheinen mag; das Unterbleiben einer solchen Anpassung das Verständnis beim zielsprachlichen Leser jedoch in keiner Weise beeinträchtigt. Anders sieht es dagegen aus, wenn in französischen Wirtschaftsfachtexten vom *Réseau écureuil,* der *Rive droite,* von *Bercy* oder dem *Palais Brogniart* die Rede ist. Nicht jeder deutsche Wirtschaftsexperte wird wissen, daß sich hinter dem *Réseau écureuil* das französische Sparkassennetz verbirgt, das das Eichhörnchen zum Logo hat. Etwas bekannter ist vielleicht, daß sich das Finanzzentrum Frankeichs in Paris am rechten Seineufer - eben *rive droite* - befindet[34] und daß das französische Finanzministerium seit Sommer 1989 im Pariser Stadtviertel *Bercy* untergebracht ist. Daß *Palais Brogniart* die Pariser Börse bezeichnet, dürfte dagegen wiederum nur Insidern bekannt sein. Wenn anzunehmen ist, daß dem zielsprachlichen Publikum die Funktion der genannten Ausdrücke nicht bekannt ist, wird man demzufolge als Übersetzungsmethode die Entmetonymisierung wählen.

Unterschiedliches Hintergrundwissen beim Empfänger des AS- und des ZS-Textes ist auch im folgenden Beispiel zu vermuten, das einem Artikel in *L'Expansion* vom 23.01.-04.02.98 entnommen ist, der sich mit der französischen Handelsbilanzstatistik befaßt:

---

[34] Lediglich die *Caisse des dépôts et Consignations* liegt am linken Seineufer (Schumacher 1990:201).

"Mais la perte de compétitivité n'est pas une fatalité dans les pays développés puisque les Italiens, ou plus encore les Américains, améliorent leurs positions au sein de l'OCDE - deux pays dont les monnaies ne sont pas surévaluées comme le couple franc-marc, soulignent *les anti-Trichet*."

Die ad-hoc-Bildung "anti-Trichet" kann nur verstehen, wer weiß, daß Jean-Claude Trichet Präsident der *Banque de France* ist - eine Information, die man damals, d.h. vor der Diskussion um die Leitung der EZB, bei einem deutschen Leser nicht ohne weiteres als bekannt voraussetzen konnte. Eine funktionsgerechte Übersetzung hätte etwa lauten können: "wie die Gegner (der Politik) des französischen Zentralbankchefs Jean-Claude Trichet betonen".

Schwierigkeiten kann dem Übersetzer aber auch die in Frankreich gängige Praxis, eigene Termini für fremdsprachige Eigennamen zu prägen, machen. So heißt es in einem Artikel der französischen Wirtschaftszeitung *Les Echos* vom 04.05.98, der sich mit den Aufgaben der Europäischen Zentralbank befaßt:

"Les lignes directrices de cette politique monétaire seront [...] définies et centralisées au sein de la BCE alors que les banques nationales, à l'image des *banques de réserve fédérale aux Etats-Unis ou des Länder en Allemagne,* appliqueront seulement les mesures qui relèvent de leur compétence."

Mit den *banques de réserve fédérale aux Etats-Unis* wird auf das US-amerikanische Notenbanksystem angespielt. In zwölf *federal reserve districts* sind jeweils *federal reserve banks* als alleinige Notenbanken und Zentralinstitute errichtet worden, bei denen die dem *Federal Reserve System* angehörenden Banken ihre Liquiditätsreserven zu halten haben. In vergleichbaren deutschen Texten ist es durchaus üblich, die amerikanischen Eigennamen beizubehalten. Als Übersetzung käme also in Frage "nach dem Vorbild der Federal Reserve Banks in den USA/des amerikanischen Federal Reserve Systems/des US-amerikanischen Notenbanksystems". Eine "wörtliche" Übersetzung der französischen Bezeichnung erscheint dagegen wenig angemessen. Sehr viel eingeschränkter ist das Spektrum der möglichen Übersetzungsäquivalente bei den *banques des Länder en Allemagne*, die in jedem Fall als die "deutschen Landeszentralbanken" zu bezeichnen sind.

Nicht immer wird sich die übersetzerische Entscheidung allerdings so einfach gestalten wie in den genannten Beispielen. Wichtig erschienen bisher neben der genauen Sachkenntnis des Übersetzers vor allem die Fähigkeit, den tatsächlichen Kenntnisstand des zielsprachlichen Empfängers richtig einzuschätzen, um erforderliche Erläuterungen zu geben und gleichzeitig die Gefahr zu bannen, daß sich der Leser durch allzuviele Erklärungen bevormundet fühlt. Zuweilen wird der Übersetzer aber nicht nur im AS-Text vorhandene Inhalte explizieren müssen, sondern darüber (mit) entscheiden müssen, *welche* Informationen jeweils an den zielsprachlichen Leser weitergegeben werden sollen. Die Verantwortung des Übersetzers ist dabei umso größer, als auch Fachtexte durchaus nicht immer mit einem klaren "Übersetzungsauftrag" vergeben werden. Allerdings ergibt sich die Funktionalität des Textes in der Regel aus den Umständen, unter denen eine Übersetzung in Auftrag gegeben wird.

Um den zielsprachlichen Adressaten in die Lage zu versetzen, einen Text zu verstehen, reicht es im einfachsten Fall aus, die Übersetzung mit einem **Vorspann** zu versehen, der an seinen Wissenshorizont anknüpft. In einem Text über das französische Steuerwesen könnte dies etwa durch die Erklärung geschehen, daß in Frankreich die Mehrzahl der (direkten) Steuern durch die Steuererklärung des Bürgers erhoben wird (sog. *impôt déclaratif*) und eben nicht - wie in Deutschland üblich - direkt vom Arbeitgeber an die Staatskasse abgeführt wird. Der Rest des Textes kann dann möglicherweise ohne weitere Eingriffe bleiben.

Während in diesem Fall die Grenze zur Bearbeitung noch nicht überschritten ist, kann es sich auch als notwendig erweisen, aktiv in die **Textgestaltung** einzugreifen, damit das Translat die intendierte Wirkung erzielen kann. Die Funktionsänderung, die eine Bearbeitung bzw. "Umfeldübersetzung" im Sinne Schreibers (1993:68) erforderlich macht, ergibt sich dabei vielfach "aus der Sache selbst". Wenn etwa die zur Bankengruppe CIC gehörige Banque CIAL (Crédit Industriel d'Alsace et de Lorraine) deutsche Kunden umwirbt, erscheint es fraglich, ob es sinnvoll ist, in einer Werbeschrift für Kapitalanlagen die beiden Seiten, die sich mit dem PEA (*Plan d'épargne en actions*) befassen, zu übersetzen, wenn in der Broschüre zu lesen steht, der PEA sei natürlichen Personen vorbehalten, die in Frankreich steuerlich veranlagt werden. Ebenso sind die Informationen zur steuerlichen Behandlung anderer Anlageformen mit der Angabe "déclaration des intérêts ou prélèvement libératoire forfaitaire" eindeutig am französischen Publikum ausgerichtet. Sollte der Text für potentielle Kunden in

Deutschland übersetzt werden, müßten hier andere (bzw. zusätzliche) Informationen gegeben werden.

Ein Zwang, andere Inhalte für das ZS-Publikum auszuwählen, besteht auch, wenn der französische Autohersteller Renault in seinen Bericht über das erste Halbjahr 1998 die Ergebnisse der Firmengruppe in Frankreich und zahlreichen anderen europäischen Staaten, nicht jedoch in Deutschland, aufführt (www.renault.com/fr/communiqués). Das Fehlen der Zahlen für Deutschland wird der französischen Zielgruppe wohl kaum auffallen; fehlen sie jedoch in der deutschen Fassung, werden die Adressaten möglicherweise argwöhnen, das in Deutschland erwirtschaftete Ergebnis sei wenig präsentabel - eine Vermutung, die in diesem konkreten Fall keinesfalls zutraf. Dieser Problematik dürfte sich auch die Deutsche Renault AG bewußt gewesen sein, denn in der deutschen Version sind die maßgeblichen Zahlen wie selbstverständlich eingefügt (www.renault.de/pressemeldungen).

Um Mißverständnissen vorzubeugen, sei hier noch eine abschließende Bemerkung gestattet: Da in den genannten Beispielen mehr oder minder schwere Eingriffe in den Ausgangstext erforderlich sind, wird der Übersetzer in der Regel nicht in Eigenregie, sondern nach Absprache mit dem Auftraggeber handeln. Dies gilt umso mehr, als die Textadaptation vom Übersetzer nicht nur "passives" Verständnis, sondern die Fähigkeit zur Textproduktion fordert, so daß sich auch die Vergütung anders berechnen muß als bei einer Übersetzung.

4 Defekte in ausgangssprachlichen Texten

Die meisten Texte sind "defekt" im Sinne von "suboptimal [...], also in irgendeiner Hinsicht nicht so gut, wie [sie] idealerweise sein könnte[n]" (P.A. Schmitt 1998:147). Dabei reicht das Spektrum der häufigsten Fehlerarten von formalen Defekten wie fehlenden Seiten oder doppelt vorhandenen Textabschnitten über fehlerhafte Zahlen und Maßeinheiten; Tipp- bzw. Druckfehler bis hin zu inhaltlich unklaren oder gar falschen Textpassagen (P.A. Schmitt 1998:148 und 1987:1-7). Daß diese Feststellung für Fachübersetzungen in besonderem Maße von Interesse ist, ergibt sich daraus, daß man vom Fachübersetzer im allgemeinen erwartet, die Defekte zu erkennen und ggf. zu beheben statt sie im Sinne einer "Loyalität" gegenüber dem

Ausgangstext in der Zielsprache zu reproduzieren.[35] Da kaum jemand einen Text so aufmerksam liest wie der Übersetzer, werden Fehlleistungen in der Tat häufig von ihm entdeckt, so daß als "Nebenprodukt" des Übersetzens oft nicht nur eine Behebung der Defekte in der Zielsprache, sondern auch eine Korrektur des AS-Textes mit abfällt.

Die Verpflichtung zur Verbesserung falscher bzw. zur Präzisierung ungenauer Angaben gilt in besonderem Maße dort, wo der AS-Text zielsprachliche Gegebenheiten zum Gegenstand hat. Vor dem Hintergrund der Einführung des Euros und der Diskussion um die punktgenaue Einhaltung der Konvergenzkriterien etwa berichtete die französische Tageszeitung *Le Figaro* am 22.04.97 unter dem Titel "L'industrie et la banque allemande toujours pour l'euro":

> "Le chef du patronat Hans-Olaf Henkel, comme les responsables du monde bancaire, estiment qu'il ne faut pas reporter l'euro ni s'arrêter à une simple question de décimales."

Die Bezeichnung *chef du patronat* scheint eine Übersetzung mit "Arbeitgeberpräsident" nahezulegen. Dies gilt umso mehr, als an zwei weiteren Textstellen vom *patron des patrons allemands* bzw. vom *président du patronat* die Rede ist. Nun war (und ist) Hans-Olaf Henkel aber Präsident des Bundesverbands der Deutschen Industrie (BDI), wohingegen der Titel "Arbeitgeberpräsident" im allgemeinen dem Präsidenten der Bundesvereinigung der Deutschen Arbeitgeberverbände (BDA; Dr. Dieter Hundt) vorbehalten ist. Die beiden Institutionen unterscheiden sich darin, daß der BDI als Zentralorganisation der deutschen Industrie zwar alle gemeinsamen Interessen der in ihm zusammengeschlossenen Industriezweige vertritt, nicht jedoch die sozialpolitischen Belange, die beim BDA liegen (Gabler). Wenn man die Gegebenheiten in Frankreich kennt, ist die Ungenauigkeit im AS-Text leicht verständlich. Tatsächlich erscheint nämlich die Aufgabentrennung, wie sie zwischen BDA und BDI vorliegt, als spezifisch deutsche Erfindung. Die entsprechende französische Arbeitgeberorganisation "Mouvement des entreprises françaises" (MEDEF),[36] erfüllt alleine die soziale und wirtschaftliche Funktion, die sich BDA und BDI teilen. Man sollte vom Übersetzer erwarten, daß er bei der Rückübersetzung - um die es sich ja han-

---

[35] Vgl. die Position von P.A. Schmitt 1998:149 und Nord 1995:7, die sich auf Titel in Zeitungstexten bezieht.

[36] Die Bezeichnung MEDEF ersetzt seit Ende Oktober 1998 den alten Namen C.N.P.F. (Conseil National du Patronat Français).

delt - die mangelnde Präzision des AS-Textes ausgleicht und mit "BDI-Präsident" oder "der Präsident des Bundesverbandes der Deutschen Industrie" übersetzt. Schließlich sind die Auswirkungen des Patzers in Ausgangs- und Zielsprache durchaus nicht dieselben. So ist die Formulierung im Französischen zwar zweifellos unglücklich, reicht aber trotz ihrer "Schräglage" für den französischen Leser zum Verständnis vollkommen aus. Eine "wörtliche" Übersetzung ins Deutsche dagegen hätte vermutlich zur Folge, daß man dem Verfasser des Textes wenig Kompetenz zubilligen und den Artikel ungelesen zur Seite legen würde.

5 Fazit

Die Probleme, die bei der Übersetzung von Wirtschaftsfachtexten auftreten können, sind in ihrem Facettenreichtum denen sogenannter "gemeinprachlicher" Übersetzungen in vielem ähnlicher, als man dies zunächst vermuten könnte. So möchte man Bernd-Dietrich Müller gerne zustimmen, wenn er schreibt: "Internationale Wirtschaftskommunikation [...] ist nur zu einem sehr geringen Teil eine Fach-Kommunikation mit spezieller Lexik" (1991b:32).

Literaturverzeichnis

Albrecht, Jörn (1992), "Wortschatz versus Terminologie: Einzelsprachliche Charakteristika in der Fachterminologie". In: Albrecht, Jörn / Baum, Richard (Hg.) (1992), *Fachsprache und Terminologie in Geschichte und Gegenwart*. Tübingen: Narr: 59-78.

Albrecht, Jörn (1995), "Terminologie und Fachsprachen", in: *anglistik & englischunterricht* 55/56, 111-161.

Allignol, Claire (1998), "Die zusammengesetzten Wörter: Eine Schwierigkeit bei der Übersetzung technischer Fachtexte aus dem Deutschen ins Französische". In, *Lebende Sprachen Nr. 2/98*: 64-66.

Arnold, Volker (1973), "Kritische Analyse des Sprachgebrauchs der Wirtschaftsjournalistik in Tageszeitungen - Vorschläge für eine Unterrichtseinheit der Sekundarstufe II." In: *Projekt Deutschunterricht. Bd. 4.* Stuttgart: 94-119.

Arntz, R. / Picht, H. (1982), *Einführung in die übersetzungsbezogene Terminologiearbeit*. Hildesheim, Zürich, New York: Olms.

Arntz, Reiner (1998), "Terminologie der Terminologie", in: Snell-Hornby et al. (Hg.) (1998): 77-82.
Banque Cial (o.J.), *Les classiques de l'épargne*. Werbebroschüre, o.O.
Bretthauer, Peter (1997), "Der falsche Freund im öffentlichen Dienst", in: *Lebende Sprachen 1/97*, 19-21.
Coseriu, Eugenio (1966), "Structure lexicale et enseignement du vocabulaire", in: *Actes du premier colloque international de linguistique appliquée (26-31 octobre 1964)*, Nancy: Annales de l'Est: 175-252.
Daneš, František (1970), "Zur linguistischen Analyse der Textstruktur". In: *Folia Linguistica* 4: 72-78.
Dichtl, Erwin/Issing, Otmar (Hg.) (1994), *Vahlens Großes Wirtschaftslexikon in vier Bänden*, München: Vahlen/Beck.
Dressler, Wolfgang U. (1973), *Einführung in die Textlinguistik*, Tübingen: Niemeyer.
Fandrich, Brigitte (1987), "Übersetzerische Fehlleistungen in der deutschen Presse - mit Schwerpunkt auf dem Gebiet Wirtschaft". In: *Lebende Sprachen Nr. 1/87*: 27-35.
Fandrich, Brigitte (1991), *Kommentierte Wirtschaftsübersetzungen. Französisch-Deutsch*. Ismaning: Hueber.
Fleck, Klaus E.W. (1997), "Terminologie et phraséologie relatives à la vente", in: *Lebende Sprachen Nr. 2/98*: 66-69.
Fleck, Klaus E.W. (1998), "Quelques termes juridiques et économiques dans leur contexte", in: *Lebende Sprachen Nr. 4/97*: 172-174.
Fluck, Hans-Rüdiger (4/1991), *Fachsprachen*, Tübingen: Francke.
Gabler Wirtschafts-Lexikon (13/1993), Wiesbaden: Gabler.
Gerzymisch-Arbogast, Heidrun (1994), *Übersetzungswissenschaftliches Propädeutikum*, Tübingen; Basel: Francke.
Göpferich, Susanne (1997), "Der Kommunikationsmittler im Wissenstransfer vom Fachmann zum Laien.", in: Drescher, Horst W. (Hg.) (1997), *Transfer. Übersetzen - Dolmetschen - Interkulturalität. 50 Jahre Fachbereich Angewandte Sprach- und Kulturwissenschaft der Johannes Gutenberg-Universität Mainz in Germersheim*. Frankfurt am Main; Berlin; Bern; New York; Paris; Wien: Lang, 153-174.
Ihle-Schmidt, Lieselotte (1983), *Studien zur französischen Wirtschaftsfachsprache*, Frankfurt am Main/Bern: Lang.
INCOTERMS 1990, Köln: ICC Publishing S.A.
Jumpelt, Rudolf Walter (1961), *Die Übersetzung naturwissenschaftlicher und technischer Literatur*, Berlin: Langenscheidt.

Koch, Wolfgang (1998), "Geschäftskorrespondenz", in: Snell-Hornby et al. (Hg.) (1998), 205-208.

Koller, Hans (1996), "Erstellung wettbewerbsfähiger Sprachdienstleistungen unter den künftigen Rahmenbedingungen". In: Arntz, Reiner/Mayer, Felix/Reisen, Ursula (Hg.) (1996), *Deutscher Terminologie-Tag e.V. Akten des Symposiums „Terminologie für ein vielsprachiges Europa". Köln, 12.-13. April 1996.* Deutscher Terminologie-Tag e.V. Bolzano/Köln: 124.

Koller, Werner (^{4}1992), *Einführung in die Übersetzungswissenschaft*, Heidelberg/Wiesbaden: Quelle und Meyer.

Kupsch-Losereit, Sigrid (1998), "Interferenzen", in: Snell-Horny et al. (Hg.) (1998):167-170.

Le Monde "Initiatives": A la recherche de l'emploi perdu. 1989-1992. Hors série. (ohne Ort, ohne Datum).

Luckhardt, Heinz-Dirk/Zimmermann, Harald H. (1991), *Computergestützte und maschinelle Übersetzung. Praktische Anwendungen und angewandte Forschung,* Saarbrücken: AQ-Verlag.

Morgenroth, Klaus/Villard, Claudie (1992), *Traduction comparée du français et de l'allemand. Textes économiques.* Paris: Masson.

Müller, Bernd-Dietrich (Hg.) (1991), *Interkulturelle Wirtschaftskommunikation.* (Studium Deutsch als Fremdsprache - Sprachdidaktık; Bd. 9). München: iudicium verlag.

Müller, Bernd-Dietrich (1991), "Die Bedeutung der interkulturellen Kommunikation für die Wirtschaft", in: Müller, Bernd-Dietrich (Hg.) (1991): 27-51.

Nord, Christiane (^{3}1995), *Textanalyse und Übersetzen.* Heidelberg: Groos.

Pöckl, Wolfgang (1995), "Nationalstile in Fachtexten? Vom Tabu- zum Modethema.", in: *Fachsprachen,* 17. Jg. 3-4, 98-107.

Potonnier, Georges et Brigitte (^{2}1990), *Wörterbuch für Wirtschaft, Recht und Handel. Band II. Französisch-Deutsch.* Wiesbaden: Brandstetter.

Potonnier, Georges et Brigitte (^{3}1997), *Wörterbuch für Wirtschaft, Recht und Handel. Band I. Deutsch-Französisch.* Wiesbaden: Brandstetter.

Reinart, Sylvia (1993), *Terminologie und Einzelsprache: vergleichende Untersuchung zu einzelsprachlichen Besonderheiten der fachsprachlichen Lexik mit Schwerpunkt auf dem Sprachenpaar Deutsch-Französisch.* Frankfurt an Main: Lang

Schmitt, Christian (1988), "Gemeinsprache und Fachsprache im heutigen Französisch. Formen und Funktionen der Metaphorik in wirtschaftsfachsprachlichen Texten.", in: Kalverkämper, Hartwig (Hg.) (1988), *Fachsprachen in der Romania*. Tübingen: Narr.

Schmitt, Christian (1995), "Sachnorm und Sprachnorm. Eine kontrastive Studie zu Zentralbegriffen des deutschen und französischen Bausparwesens." In: Feldenkirchen, Wilfried/Schönert-Röhlk, Frauke/ Schulz, Günther (Hg.) (1995), *Wirtschaft. Gesellschaft. Unternehmen. Festschrift für Hans Pohl zum 60. Geburtstag. 2. Teilband*, Stuttgart: Franz Steiner Verlag: 1067-1085.

Schmitt, Peter A. (1987), "Fachtextübersetzung und 'Texttreue': Bemerkungen zur Qualität von Ausgangstexten", in: *Lebende Sprachen* Nr. 1/1987: 1-7.

Schmitt, Peter A. (1998), "Defekte im Ausgangstext", in: Snell-Hornby et al. (Hg.) (1998), 147-151.

Schneider, Franz (1998a), *Studien zur kontextuellen Fachlexikographie. Das deutsch-französische Wörterbuch der Rechnungslegung*. Tübingen: Niemeyer (Lexicographia: Series maior; 83).

Schneider, Franz (1998b), "Die Rückstellung in der Unternehmensbilanz. Deutsch-französischer Terminologievergleich. Grundlage einer Verstehenskompetenz für das Fachgespräch", in: *Lebende Sprachen* Nr. 3/98: 112-119.

Schreiber, Michael (1993), *Übersetzung und Bearbeitung: zur Differenzierung und Abgrenzung des Übersetzungsbegriffs*. Tübingen: Narr.

Schumacher, Horst (1990), *Handbuch der französischen Wirtschaftssprache. Fachsprache und Praxis der französischen Wirtschaft*. Berlin: Langenscheidt.

Snell-Hornby, Mary/Hönig, Hans G./Kußmaul, Paul/Schmitt, Peter A. (Hg.) (1998), *Handbuch Translation*.Tübingen: Stauffenberg.

Sousi-Roubi, Blanche (1990), *lexique de banque et de bourse*. Paris: Dalloz.

Wagner, Horst / Morgenroth, Klaus (1995), *Wirtschaftslexikon Französisch. Definitionen. Übersetzungshilfen. Glossare*, Ismaning: Hueber.

Weiß, Bert (1992), "Lernziel Explizität. Hauptschwierigkeiten frankophoner Studenten beim Übersetzen französischer Wirtschaftstexte ins Deutsche", in: Albrecht/Baum (Hg.) (1992): 302-318.

www.renault.com/fr/communiqués, abgerufen am 15.10.98.

www.renault.de/pressemeldungen, abgerufen am 15.10.98.

Yvon, Mechthild (1998), "Konferenztexte", in: Snell-Hornby et al. (Hg.) (1998): 221-222.

Romanistische Kongreßberichte
Herausgegeben von
Alberto Gil und Christian Schmitt

(Vol. 1) Schmitt, Christian (Hrsg.): Grammatikographie der romanischen Sprachen. Akten der gleichnamigen Sektion des Bamberger Romanistentages (23.-29.9.1991). 1993. 726 p. ISBN 3-86143-009-6 120 DM

(Vol. 2) Schmitt, Christian/Schweickard, Wolfgang (Hrsg.): Die romanischen Sprachen im Vergleich. Akten der gleichnamigen Sektion des Potsdamer Romanistentages (27.30.9.1993). 1995. 466 p. ISBN 3-86143-027-4 98 DM

(Vol. 3) Schmitt, Christian/Schweickard, Wolfgang: Kulturen im Dialog. Die iberoromanischen Sprachen aus interkultureller Sicht. Akten der gleichnamigen Sektion des Bonner Hispanistentages (2.-4.3.1995). 1996. 403 p. ISBN 3-86143-047-9 98 DM

Vol. 4 Gil, Alberto/Schmitt, Christian: Kohäsion, Kohärenz, Modalität in Texten romanischer Sprachen. Akten der Sektion "Grundlagen für eine Textgrammatik der romanischen Sprachen" des XXIV. Deutschen Romanistentages, Münster (25.28.9.1995). 1996. 417 p. ISBN 3-86143-052-5 98 DM

Vol. 5 Gil, Alberto/Schmitt, Christian: Kognitive und kommunikative Dimensionen der Metaphorik in den Romanischen Sprachen. Akten der gleichnamigen Sektion des XXV. Deutschen Romanistentages, Jena (28.9. - 2.10.1997). 1998. 521 p. ISBN 3-86143-080-0 98 DM

Vol. 6 Reinart, Sylvia/Schreiber, Michael (Hrsg.): Sprachvergleich und Übersetzen: Französisch und Deutsch. Akten der gleichnamigen Sektion des ersten Kongresses des Franko-Romanistenverbandes (Mainz, 24.-26.September 1998). 1999. 392 p. ISBN 3-86143-100-9 98 DM